Konzepte der Humanwissenschaften

Mary McClure Goulding
Robert L. Goulding

Neuentscheidung
Ein Modell der Psychotherapie

Mit einem Vorwort von Rüdiger Rogoll

Klett-Cotta

Aus dem Amerikanischen übersetzt
von Ursula und Friedemann Pfäfflin
Die Originalausgabe erschien unter dem Titel
»Changing Lives through Redecision Therapy«
im Verlag Brunner/Mazel, New York 1979

Printed in Germany 1981
Umschlag: Heinz Edelmann
Gesamtherstellung: H. Mühlberger, Augsburg

CIP-Kurztitelaufnahme der Deutschen Bibliothek

Goulding, Mary McClure:
Neuentscheidung : e. Modell d. Psychotherapie /
Mary McClure Goulding ; Robert L. Goulding.
Mit e. Vorw. von Rüdiger Rogoll.
[Aus d. Amerikan. übers.
von Ursula u. Friedemann Pfäfflin].
– Stuttgart : Klett-Cotta, 1981.
(Konzepte der Humanwissenschaften)
Einheitssacht.: Changing lives
through redecision therapy ⟨dt.⟩
ISBN 3-12-902951-6
NE: Goulding, Robert:
McClure Goulding, Mary

Inhalt

Vorwort

Was willst du in deinem Leben ändern? war die mich verblüffende Frage, die mir Bob Goulding vor zehn Jahren bei meinem ersten Besuch eines seiner Marathons stellte; dazu seine und Marys scharfe Beobachtung meiner Reaktion, ihrer beider sehr direktes Intervenieren, ihre klaren Konfrontationen sowie ihre wohlwollende Unterstützung, ihre so wohltuende Einfachheit und schließlich ihr köstlicher Humor – das waren Kriterien, für die ich mich sofort begeisterte, die aber in meiner damals gerade laufenden Psychotherapie-Ausbildung nicht erlaubt waren. – Ich war verwirrt. – Am nächsten Tag wagte ich mich mit meinen quälenden Fragen hinsichtlich meiner therapeutischen Fähigkeiten an die beiden Lehrtherapeuten. Und wieder eine freudige Überraschung: Mein damaliges Gestammel wurde nicht irgendwie gedeutet, sondern ich erhielt konkrete Antworten; die Gouldings redeten wie ihnen der Schnabel gewachsen war, manchmal sogar etwas schnodderig – auf jeden Fall aber *natürlich.* Meine Entscheidung war klar: Diese Art der Therapie habe ich gesucht. Noch am gleichen Abend hatte ich meinen Ausbildungsvertrag.

Ähnliche Erlebnisse hatten viele Kolleg(inn)en, die im letzten Jahrzehnt zu Hunderten (vielleicht sogar zu Tausenden) aus aller Welt die Gouldings in Kalifornien zur Weiterbildung aufsuchten. Dort lernten sie aus erster Hand all die Einzelheiten jener Therapieform, die heute unter dem Namen »Neuentscheidungstherapie« als eine der drei Hauptrichtungen der Transaktionsanalyse (TA) bekannt ist, und die in diesem Buch authentisch, spannend, begeisternd und vor allem allgemeinverständlich geschildert wird.

Die Gouldings zählen zu den ersten Schülern und Mitarbeitern Eric Bernes und gehörten bis zu ihrer »Pensionierung« zu den am meisten frequentierten TA-Ausbildern überhaupt. Sie haben dieses Buch aus der Fülle ihrer vielseitigen Therapieerfahrungen geschrieben. Sie bestechen durch ihren Scharfsinn, ihre rasche Intuition, ihre Menschlichkeit, ihre Klarheit und ihre positive Lebenseinstellung, deren Spaß und Freude selbst ängstliche Phobiker und jammerige Depressive aufhorchen lassen.

Bob und Mary lassen durch ihre Begeisterung theoretische Modelle lebendig werden, gehen auch mit noch so komplizierten Situationen spielerisch um und überzeugen immer wieder: Kein Mensch taugt ohne Freude. Dabei mißachten sie keineswegs die schmerzvolle Situation; Trauer und Freude wechseln ebenso geschwind wie Weinen und Lachen. – Sie zeigen an Hand von Transkripten und Falldarstellungen deutlich, wie sie auf vertragsmäßiger Basis mit solchen und anderen Gefühlen und den entsprechenden Verhaltensweisen umgehen und dabei die Verantwortung immer beim Patienten lassen.

Neben den beiden Hauptsäulen der TA, Vertrag und Entscheidung, machen Bob und Mary sich einen großen Vorteil der TA – nämlich: offen zu sein für andere Psychotherapieformen – zunutze, indem sie die Schwachstellen der TA mit den Vorzügen der Gestalt und der Desensibilisierung auskleiden. Die glücklichste Kombination dieser drei Methoden stellt wohl die faszinierende Technik zur Phobiebehandlung dar, der sich kein neugieriges *Kind* zu entziehen vermag. Diese Kombination wird von Kritikern oft als Aneinanderreihen oberflächlich gelernter Methoden abgewertet und als Zeichen von psychotherapeutischem Dilettantismus angesehen. – Dazu kann nur gesagt werden, daß Bob sowohl bei Eric Berne als auch bei Fritz Perls gelernt hat und zu den ersten Therapeuten gehört, die die großen Ideen von Eric und Fritz – die ja beide nebeneinander und unabhängig voneinander ihre sich überschneidenden Konzepte entwickelten – schöpferisch verbanden; er hat damit die Grundlage für die eigene Neuschöpfung, die »Neuentscheidung«, geschaffen.

Auch kann sich der Leser mit Hilfe dieses Buches ein anschauliches Bild von der ebenfalls noch unüblichen Eins-zu-Eins-Arbeit im Rahmen einer Großgruppe von zwanzig Teilnehmern machen und sehen, daß deren zahlreiche Vorteile ihre wenigen Nachteile deutlich überwiegen. Die daraus resultierende hohe therapeutische Wirksamkeit mag nicht nur kassenärztlichen Forderungen nach Wirtschaftlichkeit Genüge leisten, sondern ist gleichzeitig ein konkretes Angebot, dem soviel beklagten Mangel an Therapieplätzen abzuhelfen!

Das vorliegende Buch zählt zu den besten TA-Büchern, die ich kenne. Doch auch Therapeuten anderer Schulen können sich aus ihm interessante und wirksame Anregungen sowohl für sich selbst als auch für ihre Arbeit holen. Das gilt besonders für die Kollegen und Kolleginnen, die keinen Spaß mehr an ihrer Arbeit haben und darum schnell ausgebrannt sind.

Bob und Mary zeigen deutlich, daß Therapie – auch mit schwer gestörten Patienten – und Freude einander nicht ausschließen, daß Lachen immer noch die beste Medizin ist und daß jeder Mensch über die Kraft verfügt, sich zu ändern, wenn er will.

Rüdiger Rogoll

Dank

Als sich Bob 1961 Eric Bernes Sozialpsychiatrie-Seminar in San Francisco anschloß, hatte das Seminar nicht mehr als 20 Mitglieder, von denen die meisten zum Leitungsgremium des Seminars gehörten! In der Nachfolge dieses Seminars entstand die Internationale Gesellschaft für Transaktionsanalyse (International Transactional Analysis Association, ITAA). Sie hat inzwischen mehr als 10 000 Mitglieder in mehr als 50 Staaten rund um die Welt. Diese Organisation stellt die Richtlinien für TA-Therapeuten auf und für solche Mitglieder, die ihre Kenntnisse der Transaktionsanalyse in anderen Bereichen anwenden, wie zum Beispiel im Geschäftsleben oder im Erziehungssektor. Für volle Mitgliedschaft werden mündliche und schriftliche Prüfungen vorausgesetzt.

Als erstes wollen wir unseren Dank den Freunden aus den allerersten Tagen der TA sagen: Joseph Concannon, Franklin Ernst, Kenneth Everts, Viola Litt Callaghan, Ray Poindexter, M. Boyce, Frances Matson, Myra Schapps, Claude Steiner, Herb Courland, Anne Garrett, Paul McCormick, Tom und Amy Harris. Aus der unmittelbar daran anschließenden Zeit danken wir: Jean Fowler, Jeanne Kanevski, Jack Dusay, Muriel James, Dorothy Jongeward, Stephen Karpman, Hedges Capers, H. D. Johns, Elizabeth Palms, Sol Samuels, Gordon Haiberg, Mary Michelson, Bill Collins, Herb Enos, Gordon Gritter, Ben Lewis, Bob Hodges, Margaret Frings Keyes. Im weiteren Verlauf wurden viele andere gute Freunde Mitglieder des Lehrkörpers für Kliniker (Clinical Teaching Member, CTM): John Daley, Len Campos, Tom Frazier, Jerry White, Treva Sudhalter, Jon und Laurie Weiss, Natalie und Morris Haimowitz, Fanita English, Richard Abell, Charles Tuggle, David Steere, Shulamit Peck, Kristyn Huige, Lois Johnson, Bill und Tracy Wolfson, Stanley Woollams, Harris Peck, John Anderson, Louis Forman, John O'Hearne, Lillian O'Hearne, Graham Barnes, Vann Joines, Marty Holloway, Barbara und Jim Allen, Harry Boyd, John Gladfelter, Martin Haykin, Martin Groder, Jack Kaufman, Dorothy Hellman, Vince Gilpin, Paul Ware, Curtis Steele und Nancy Porter, Barbara Hibner Gonzales, Rudi Rogoll, Gisela Kottwitz, Mike Reddy und Carol Solomom. Wir könnten fast alle

Namen von der Liste der Angehörigen des Lehrkörpers nennen und mehr als die Hälfte der übrigen 10 000 Mitglieder, die wir im Laufe der Jahre unterrichtet und von denen auch wir gelernt haben.

Wir möchten unseren Mitarbeitern danken: Ruth McClendon, Les Kadis, Bob Drye, Gene Kerfoot, George McClendon, Bill Holloway, Jim Heenan, George Thomson, John McNeel und Ellyn Bader, Ed Frost, Will Baumker, Liladee Bellinger und Joan Minninger sowie unseren früheren Mitarbeitern Charles Elias, Virginia Satir und Anita Plummer.

Wir danken unseren Freunden, die Gestalttherapeuten sind: Jim Simkin, Miriam und Erv Polster, Joen Fagan und Irma Shepherd. Von jedem von ihnen haben wir viel gelernt und auch von vielen unserer Freunde in der großen Familie der Amerikanischen Akademie für Psychotherapie (American Academy of Psychotherapists).

Und natürlich danken wir Eric und Fritz und Dave Kupfer.

Für das Lesen erster Entwürfe dieses Buches und für Diskussionen darüber gilt unser besonderer Dank den Teilnehmern der vierwöchigen Workshops 1977 und 1978 sowie den Kandidaten des Fielding Institutes, die im Mai 1978 hier an einem Workshop teilnahmen.

Ganz besonders möchte ich (Bob) meinem ältesten und liebsten Freund, meinem Bruder Phil G. Goulding, für seine ausgezeichnete Arbeit bei der Herausgabe des Buches und für seine Ermutigungen danken. Seiner Geduld, seinem Witz und seinem Können verdanken wir, daß das Buch nicht im Fachjargon, sondern in gutem, einfachem Englisch geschrieben ist. Mary dankt ihm natürlich auch.

1 Neuentscheidungstherapie – Einführung

Wir haben dieses Buch geschrieben, um Psychotherapeuten zu zeigen, wie man Menschen heilt.

Wir haben es auch geschrieben, um Menschen zu helfen, sich selber zu heilen.

Wir sehen keinen Widerspruch in diesen beiden Zielen. In erster Linie wenden wir uns an Psychotherapeuten. Nach unserer Ansicht sind diese jedoch mit keinen anderen magischen Kräften ausgestattet als denen, wie sie auch jenen Menschen zur Verfügung stehen, die sie zu heilen beabsichtigen. Wenn das Ergebnis einer Behandlung tatsächlich nur von den magischen Kräften der Therapeuten abhinge, gäbe es keine Heilungen.

Seit über fünfzehn Jahren befassen wir uns hauptsächlich damit, Therapeuten beizubringen, wie man Menschen heilt. Methodisch kombinieren wir dabei viele Ansätze, einschließlich (aber nicht ausschließlich) Transaktionsanalyse, Gestalt, Interaktive Gruppenpsychotherapie und Desensibilisierung. Wir sind offen für alles, was wirkt, und geben dies auch weiter – alles, was wirkt und Menschen hilft, zum Beispiel ihre Phobie hinter sich zu lassen, ihre Angst in Begeisterung zu wenden, ihre Zwänge und Depressionen abzulegen und statt dessen *das Leben zu genießen.* Wir haben Paaren geholfen, mit ihren ewigen Kämpfen aufzuhören, und wir haben ihnen geholfen, sich aufeinander einzulassen. Anderen Paaren haben wir geholfen, woanders Erfüllung zu suchen, wenn sie sie nicht gemeinsam finden wollten. Wir haben Menschen beigebracht, wie sie *ihre Gefühle selbst in die Hand nehmen können,* anstatt sich damit zu täuschen, daß andere Leute sie ärgerlich *machen* oder traurig, deprimiert, ängstlich, wütend, verwirrt, gelangweilt und besorgt.

Eric Berne, Genius und Begründer der Transaktionsanalyse, schrieb das millionenfach aufgelegte Buch *Spiele der Erwachsenen* und gründete die Internationale Gesellschaft für Transaktionsanalyse (International Transactional Analysis Association, ITAA), die heute 10 000 Mitglieder hat. Er schrieb und sprach darüber, wie man Menschen *heilt,* und weniger darüber, wie man »Besserungen erzielt«. Bevor Berne in eine Gruppensitzung ging – so berichtete er –, hielt er kurz inne und fragte sich: »Wie kann ich jeden hier im Raum *heute* heilen?« Das ist unsere Leitfrage seit fünfzehn Jahren, und genau davon handelt dieses Buch.

Die von uns angewandten Methoden sind einfach, klar und treffsicher. Zum Lehren und Weitergeben wäre dies allerdings nicht genug: Sie sind auch *mitteilbar*. Psychotherapie sei eine Kunst, keine Wissenschaft, sagt man. Aber sie kann ebensogut Wissenschaft sein wie Kunst; und Wissenschaft kann gelehrt werden – wie Kunst. Unsere Methoden verlangen nicht, daß der Therapeut allmächtig oder allwissend ist. Sie verlangen aber, daß er sorgfältig zuhört, sorgfältig beobachtet und sorgfältig konfrontiert.

Unser Ansatz ist erfinderisch, da wir ständig nach neuen Methoden Ausschau halten. Für Mißerfolge geben wir nicht dem Klienten die Schuld; wir stellen auch keine Listen von »behandlungsunfähigen Klienten*« auf, die wir dann dem Jahreskongreß der Amerikanischen Psychiatervereinigung präsentieren. Wir suchen vielmehr bei uns selber – und bei anderen – nach Methoden und Wegen, um Bedingungen zu schaffen, die Veränderungen begünstigen. Wir nennen die Therapiemethode, welche wir anwenden, um Veränderungen zu erreichen, *Neuentscheidungstherapie*. Das vorliegende Buch beschreibt diese Methode. Zunächst wird der theoretische Rahmen der Transaktionsanalyse, mit unseren Modifikationen, dargestellt, und dann bringen wir ausführliche Beispiele unserer Arbeit.

Beim ersten Kontakt mit einem Klienten hören und achten wir auf mehrere Zusammenhänge: Worüber beklagt sich der Klient am meisten? Was hat dieser Klient mit sich gemacht, als er sich entschloß, Hilfe zu suchen? Was fühlt er? Welches Verhalten mag er an sich selber nicht? Quält er sich mit fixen Ideen, anstatt zu denken? Ist er depressiv? Ist er meistens ärgerlich oder gelangweilt oder überängstlich? Ist er in seiner Ehe unglücklich? Bei der

---

* Die Autoren gebrauchen im amerikanischen Original sowohl »Klient« als auch »Patient« und wechseln auch ständig zwischen Patient und Patientin bzw. Klient und Klientin, wohl um den sexistischen Sprachgebrauch zu vermeiden. Wir haben uns jedoch in der deutschen Ausgabe dafür entschieden, durchgängig den unter Psychologen eingeführten Begriff »Klient« zu verwenden und – um der besseren Lesbarkeit willen – statt der Unterscheidung Klient/Klientin den Plural »Klienten« einzusetzen (Anm. d. Red.).

Arbeit? Ein *bestimmtes* Gefühl oder Denken oder Verhalten muß dasein, worüber der Klient unglücklich ist, sonst würde er nicht vor uns sitzen. Was will er verändern? Diese bestimmte, vom Klienten gewünschte Veränderung wird Inhalt des *Behandlungsvertrages*.

Nachdem wir den Fokus der Beschwerden herausgefunden und mit dem Klienten seinen spezifischen Vertrag formuliert haben, wollen wir wissen, was er empfindet. Wie erlebt er normalerweise sich selber und seine Umgebung? Welche Spiele spielt er, um seinen Weltschmerz zu behalten? An welche Weltanschauungen und Phantasien klammert er sich, um unglücklich bleiben zu können? Liegt er zum Beispiel nachts wach und grübelt voll Angst über die Zukunft? Grübelt er darüber nach, was der Präsident der Vereinigten Staaten macht, nur damit er selber seine Wut behalten kann? Kurz: Verschließt er die Augen vor dem *Hier und Jetzt*, damit er unglücklich sein kann?

Wenn wir einem Klienten zuhören, fordern wir ihn auf, im Präsens zu bleiben. Berichtet er über die Vergangenheit, so fordern wir ihn auf, so zu tun, als sei er eben jetzt in diesem vergangenen Geschehen, und darüber so zu sprechen, als finde es in diesem Augenblick statt. Möchte der Klient über jemanden reden, fordern wir ihn auf, so zu tun, als sei die Person im Raum, und sich vorzustellen, daß er direkt zu dieser Person spreche. Auf diese Weise halten wir unsere Therapie zentriert im *Hier und Jetzt*. Wenn der Klient in einer Szene ist, statt nur darüber zu reden, verbindet er die Erinnerung mit dem Affekt und kann sich mit seinen inneren Kämpfen direkter auseinandersetzen.

Sobald der Klient seine Autonomie aufgibt, fordern wir ihn auf, sie in Anspruch zu nehmen. Er sagt zum Beispiel: »Mir kam der Gedanke . . .« Wie in aller Welt soll das zugehen, daß ein Gedanke »kommt«? Wer ist es, der denkt? Wir fordern ihn deshalb auf, dies anders zu formulieren und Verantwortung für seine eigenen Gedanken zu übernehmen. Beginnt er einen Satz mit »Es« und sagt beispielsweise, wenn er davon spricht, daß er Angst hat oder depressiv ist: »Es kommt über mich« – was zum einen unmöglich ist, zum andern wie eine Ausflucht klingt –, fordern wir ihn auf, seinen Satz mit »Ich« zu beginnen. »Ich erschrecke mich« und »Ich mache mich traurig und deprimiere mich« – das sind Äußerungen, die dem Rechnung tragen, was der Klient tatsächlich mit sich macht.

Wir fordern den Klienten auf, sich dessen bewußt zu sein, daß er für seine eigenen Gefühle verantwortlich ist. Wir zeigen ihm, daß er sich selber Angst macht. Es gibt keine unkontrollierbaren Gefühlswolken, die auf uns herabschweben, selbst wenn wir so reden, als sei dies der Fall. Wir vertreten auch, daß jeder Mensch sich selber fühlen macht und niemand die Gefühle einer anderen Person erzeugt.

Es sind nicht irgendwelche Leute, die einen »ärgerlich machen«. Man wählt Ärger als Reaktion auf den Stimulus, den eine andere Person setzt – es ist der *eigene* Ärger. Das ist eine der wichtigsten Aussagen dieses Buches. Die Vorstellung, daß wir für unsere eigenen Gefühle verantwortlich sind, steht unserer Literatur, unseren Liedern und unserer Erziehung entgegen. »Du machtest mich verliebt in dich, ich wollte es nicht sein«, tönt der Schlager. »Die Weltlage macht uns allen Sorgen«, sagt der Kommentator. »Du machst mich so besorgt, daß ich nicht schlafen kann«, sagt die Mutter zur Tochter. Therapeuten, die ihre Klienten fragen: »Wer oder was macht das mit Ihnen?«, verstärken die Selbsttäuschung des Klienten, er sei ein hilfloses Opfer, unfähig, es mit seinen eigenen Gefühlen aufzunehmen.

Wir explorieren, welche frühen Entscheidungen der Klient getroffen hat, um in dem Zuhause seiner Kindheit zurechtzukommen. Mit welchen Entscheidungen versuchte er, den ihm offen und verdeckt erteilten Vorschriften zu genügen? Wie sieht sein Lebensstil aus? Ist er ein Held oder ein Durchschnittsmensch, Gewinner oder Verlierer? Wie setzt er diese frühen Entscheidungen auch heute noch ein? Und, um es noch einmal zu sagen, welche Veränderung wählt er für sich? In welcher Weise will er anders empfinden, sich anders verhalten, anders denken?

Uns interessieren die Punkte, an denen er festgefahren ist. In der Gestalttherapie werden sie als »Sackgassen« oder »Patt-Situationen« beschrieben. Uns interessiert, in welcher Beziehung seine Sackgassen zu seiner jüngsten wie auch zu seiner früheren Vergangenheit stehen und wie wir ihm helfen können, diese Sackgassen zu durchbrechen.

So steckt beispielsweise jemand, der sagt: »Ich möchte mit dem Rauchen aufhören« und sich dabei eine Zigarette anzündet, offensichtlich in einer Sackgasse. Ein Teil von ihm sagt: »Ich will nicht rauchen«, während ein anderer Teil sagt: »Ich will rauchen.« Bis er diesen Konflikt löst, wird er rauchen und sich selber Vorwürfe machen, oder er wird nicht rauchen und sich elend fühlen. Diese Sackgasse kann, wie die meisten Sackgassen, sehr wohl in Beziehung zu einer frühen Entscheidung stehen, die er noch immer außerhalb seines Gewahrseins hält – einer Entscheidung zum Beispiel, sich selbst zu verletzen.

Unserer Erfahrung nach konzentriert sich gute Therapie meist darauf, dem Klienten beim Durchbrechen einer Reihe von Sackgassen beizustehen, welche ihren Ursprung in den Botschaften haben, die er als Kind bekam, und in den Entscheidungen, die er als Antwort auf diese Botschaften traf.

Wenn der Klient seine Sackgassen durcharbeitet, bieten wir ihm kognitive Verstehenshilfen dafür an, wie seine alten Muster, zu denken, zu fühlen und zu handeln, ineinanderpassen und sein Leben heute beeinflussen. Reine Gestalttherapeuten geben meist solches kognitive Feedback nicht. Reine TA-Therapeuten lassen selten die Arbeit mit dem starken Affekt zu, die zum Durchbrechen von Sackgassen führt. Die Bedeutung sowohl der affektiven wie der kognitiven Aspekte unterstreichen die Forschungsarbeiten von Lieberman, Yalom und Miles.[1]* Sie stellen fest, daß die besten Ergebnisse von Therapeuten erzielt werden, die ein Maximum an kognitivem Feedback bei ausgewogener Stimulation der Affekte geben.

Wir arbeiten nur mit Gruppen, und zwar meistens mit intensiven Gruppen, bei denen die Teilnehmer drei Tage, eine Woche, zwei Wochen oder vier Wochen bei uns bleiben. Der Prozeß in einer Gruppe, bei der die Teilnehmer für einige Zeit zusammenleben, ist nach unseren Erfahrungen weit wirkungsvoller für Veränderungen als in fortlaufenden Gruppen, die sich ein- oder zweimal pro Woche für eine oder zwei Stunden treffen. Wir arbeiten aus vielen Gründen mit Gruppen. Einer davon ist die Unterstützung und Ermutigung, welche die Teilnehmer sich gegenseitig geben. Die Gruppe kann von den Klienten als Raum für Experimente genutzt werden, anders zu sein. Ein Klient hatte möglicherweise ein traumatisches Erlebnis im zweiten Schuljahr. Er beschloß daraufhin, nie wieder etwas vorzutragen, und blieb phobisch. Jetzt fällt es ihm schwer, öffentlich zu sprechen oder auch nur in seiner

---

* Die hochgestellten Ziffern beziehen sich auf die Anmerkungen, S. 346 ff.

eigenen Klasse zu unterrichten. Sobald aber wichtige festgefahrene Punkte bearbeitet sind, kann dieser Klient die Gruppe als begeisterte Zuhörerschaft für seine erste »öffentliche Rede« nutzen.

Gruppentherapie gibt dem Therapeuten mehr Spielraum, mit der Arbeit aufzuhören, wenn es zum Vorteil des Klienten ist. Durchbricht ein Klient zum Beispiel eine wichtige Sackgasse in den ersten paar Minuten der Arbeit, dann möchten wir, daß er sein Siegesgefühl auskostet, bevor er weiterarbeitet. Das geht schwer, wenn wir in einer Einzeltherapie noch vierzig Minuten Zeit haben. In einer Gruppe können wir zu jemand anderem weitergehen, während der Klient seinen Sieg genießt.

Ein weiterer Vorteil der Gruppentherapie liegt darin, daß andere Gruppenteilnehmer die Zeit ausnutzen können, während ein Klient arbeitet. Jeder kann im stillen für sich arbeiten und dabei Entschlüsse fassen, sobald er an etwas ähnliches – oder an etwas anderes – aus seinem Leben erinnert wird. Wenn ein Klient für sich einen Durchbruch schafft, werden andere durch die Veränderung ermutigt, und sie werden zuversichtlicher, daß auch sie Veränderungen für sich herbeiführen können.

Das Gruppenklima unterscheidet sich vollständig von einem Setting, bei dem die einzelnen Klienten einander nicht einmal im Wartezimmer begegnen; einer geht aus der Hintertür, bevor der nächste vorn hereinkommt. Obwohl in Einzeltherapie viel Gutes geleistet wird, zeigt unsere Erfahrung, daß *wir* mit Gruppentherapie effektiver arbeiten und – für uns äußerst wichtig – daß sie uns mehr Spaß macht.

Unsere Therapiemethode ist nicht kompliziert. Wohl verlangt sie Geschick, aber kompliziert ist sie nicht – und die Kunstgriffe sind weder gegen den Klienten gerichtet noch ihm in irgendeiner Weise verborgen. Wir können die meisten Höhenphobien in zehn Minuten heilen und Wasserphobien in weniger als einer halben Stunde (vgl. Kapitel 11). Andere Probleme brauchen vielleicht länger, aber die Menschen verändern sich sehr schnell – so scheint es jedenfalls Therapeuten, die davon überzeugt sind, daß Therapie ein komplizierter, langdauernder Prozeß sei. Gewiß, als wir mit Therapie anfingen und noch innerhalb des klassischen Systems arbeiteten, dauerten Behandlungen länger – manchmal ein Leben lang –, und sie waren viel zu kompliziert.

Wir lehren unsere Methoden der Neuentscheidung bei den Treffen und Workshops der Amerikanischen Gesellschaft für Gruppenpsychotherapie, der Amerikanischen Akademie für Psychotherapie, der Amerikanischen Psychiatrischen Vereinigung und der Internationalen Vereinigung für Transaktionsanalyse sowie auf Workshops und Fachkongressen überall in der Welt. Oft sind Therapeuten skeptisch. Man fordert uns heraus und kommt, um mit uns zu arbeiten. Bill Holloway, ehemaliger Schatzmeister der Amerikanischen Gesellschaft für Gruppenpsychotherapie (AGPA), hat uns fünf Jahre lang voll Skepsis zugehört und kam dann nach Kalifornien, um selbst zu sehen. Er lernte unsere Methoden, ergänzte dadurch seine eigenen Methoden und Fähigkeiten, bestand die Prüfung zum klinischen Mitglied und zur Lehrbefugnis in TA, wurde Präsident der ITAA, schloß sich unserem Lehrkörper am Western Institute for Group and Family Therapy (WIGFT) an und ist nun Trainer und Therapeut in Südkalifornien. In vielen Teilen der Welt sind Ausbildungsinstitute von Therapeuten eingerichtet worden, die unsere Methoden gelernt haben.

Was ist eine Neuentscheidung?

Ein Mann hörte einen unserer Vorträge und beklagte sich anschließend bei seiner Therapeutin, daß sie nie »so eine Neuentscheidungsarbeit« mit ihm mache. Sie erinnerte ihn daran, daß er keine Selbstmordabsichten mehr hatte, daß er Freundschaften schloß, anstatt allein zu bleiben, und mit wachsendem Erfolg in seinem Beruf arbeitete. Um alles dies zu erreichen, mußte er Neuentscheidungen getroffen haben. »So«, sagte er enttäuscht, »irgendwie dachte ich, Neuentscheidungen wären aufregender.«

Neuentscheidungen sind nicht immer »aufregend«, sofern aufregend entweder dramatisch oder kompliziert bedeutet. Wenn ein Kind keine Angst mehr hat, geht es zum Auskundschaften in den Keller. Es kann stolz sein auf seinen neuen Mut, oder es erinnert sich vielleicht nicht einmal mehr daran, daß es einmal Angst hatte. So oder so, es hat sich neu entschieden.

Neuentscheidungen können nicht durch bloßes Zur-Kenntnis-Nehmen von »Tatsachen« getroffen werden. Ein Kind versucht etwa, sich einzureden, es könne in den Keller gehen, wenn es sich nur vor Augen halte: »Tatsache ist, daß im Keller nichts ist, was mich verletzen könnte.« Das Kind würde dann reagieren wie der kleine Junge in der Geschichte mit den Kreplachs (mit Fleisch gefüllte dreieckige Pfannkuchen; Anm. d. Übers.), die man oft Anfängern in der Psychotherapieausbildung erzählt: Ein kleiner Junge hat Angst vor Kreplachs. Deshalb schickt seine Familie ihn zu einer Psychiaterin. Diese entwickelt einen schönen Behandlungsplan. Sie nimmt den kleinen Jungen zum Einkaufen der Zutaten für die Kreplachs mit. Wieder zurück, hacken und braten sie das Fleisch, fügen die anderen Zutaten hinzu, und bereiten den Teig. Der Kleine ist mit Interesse dabei und hat keine Angst. Sie rollen den Teig aus, schneiden ihn in passende Stücke, legen das Fleisch darauf und schlagen die erste Ecke des ersten Kreplachs um. Auch jetzt hat er keine Angst. Sie schlagen die zweite Ecke um. Als sie gerade die letzte, dritte Ecke umschlagen, schreit der Junge: »Oh, ein Kreplach!« und rennt aus dem Zimmer. Die Vernunft eines Erwachsenen ist nicht genug.

Auch Anpassung führt nicht zur Neuentscheidung. Wenn das Kind beschämt, geschlagen oder in die Ecke gestellt wird, bis es bereit ist zu tun, was es soll, dann geht es in den Keller, weil es vor den Eltern mehr Angst hat als vor dem Keller. In diesem Fall wird es wahrscheinlich ängstlich bleiben und wird weitere pathologische Entscheidungen treffen. Vielleicht traut es den Eltern nie mehr. Vielleicht beschließt es, seine Angst niemandem mehr zu zeigen. Es unterdrückt vielleicht den kindlichen Teil in sich, in der Meinung, seine »Kindlichkeit« habe das Problem verursacht. Wenn es dafür geliebt wird, daß es mutig und stark genug ist, seine Kellerangst zu überwinden, geht es vielleicht in den Keller, um geliebt zu werden. Wieder trifft es eventuell zusätzliche Entscheidungen, diesmal um den Preis, geliebt zu werden.

In der Neuentscheidungstherapie erfährt der Klient den kindlichen Anteil des Selbst, genießt seine kindlichen Eigenschaften und schafft Phantasieszenen, in denen er ohne Gefahr jene einengenden Entscheidungen aufgeben kann, die er in der Kindheit traf. Er wiederholt die Kellerszene und dieses Mal *durchlebt er die Szene so, wie er sie haben möchte.*

Hans hat Angst im Dunkeln, seit er als Kind den Film »Der Zauberer von Oz« gesehen hat. Er schafft sich eine entsprechende Szene,[2] und zwar stellt er sich vor, nachts in dem Haus zu sein, in dem er jetzt lebt, und eine Taschenlampe in der Hand zu haben. Er will die Taschenlampe immer dann anknipsen, wenn er sich selber wegen der Dunkelheit Angst macht, und will sie ausknipsen, sobald er keine Angst mehr hat. Als er in seiner Phantasie die Kellertür erreicht, knipst er die Taschenlampe an und sagt, er habe Angst. Der Therapeut schlägt vor, er solle rufen: »Nein, ich werde nicht in diesen Keller gehen, weil dort die böse Hexe sein könnte!« Indem Hans dies sagt, lacht er vergnügt, denn er erkennt, daß er keine Angst mehr vor Hexen hat.

Renate gibt vor, daß sie die Kobolde in ihrem Keller verkörpere, und versucht, die anderen »Kinder« in der Gruppe zu erschrecken. Indem sie selber der Kobold wird, der Leute erschreckt, hört sie auf, selbst zu erschrecken. Ellen, die eine frühe Szene mit ihrer Mutter durchlebt, erkennt, daß sie in Wirklichkeit nicht Angst vor dem Keller hat, sondern vor ihrer sadistischen Mutter, die sie zur Strafe in den Keller zu stecken pflegte. Sie versichert, daß sie sich jetzt vor solchen Müttern schützen könne, und hat spontan keine Angst mehr.

Ein depressiver Klient stellt sich vor, daß er sich selber als Neugeborenes auf die Arme nimmt, sich selber liebkost und sich das Versprechen gibt: »Ich werde mich um dich kümmern.« Danach sieht sich der Klient als ebenjenes Neugeborene, das geliebt und umsorgt wird. Immer wieder werden Klienten »wie kleine Kinder«, in ärgerlichen, traurigen, lustigen oder aufregenden Situationen, um das Pathologische aus ihrer Vergangenheit abzuschütteln. Dies meinen wir mit Neuentscheidungstherapie.

In diesem einleitenden Kapitel haben wir einige Aspekte der Neuentscheidungstherapie hervorgehoben. In den folgenden Kapiteln werden wir zunächst die Grundlagen der Transaktionsanalyse (TA) umreißen und beschreiben, wie wir diese Grundlagen einsetzen, um Neuentscheidungen zu erreichen. Danach werden wir die von uns angewandte Methode anhand von Transkripts aus unserer Arbeit mit Klienten im einzelnen diskutieren.

2 Überblick über die Transaktionsanalyse

Transaktionsanalyse als eine Theorie der Entwicklung von Verhalten hat nichts Kompliziertes an sich. Dies ist einer ihrer wichtigsten Vorteile für Therapeut und Klient. Wie andere Systeme hat sie jedoch eine eigene Fachsprache und spezifische Grundvoraussetzungen. Bevor wir unsere Arbeit im einzelnen darstellen, wollen wir in diesem Anfangskapitel einen kurzen Überblick über die Grundannahmen geben und einige – bei weitem nicht alle – Fachbegriffe definieren. Einige davon werden wir kurz diskutieren: die Ich-Zustände oder Haltungen (Kindhaltung oder Kind-Ich; Elternhaltung oder Eltern-Ich und Erwachsenenhaltung oder Erwachsenen-Ich); Transaktionen; positive und/oder negative Verstärkungen; Spiele; typische negative Gefühlsreaktionen; destruktive Grundgebote; Antreiber; Entscheidungen und Skripts.

Die theoretischen Grundlagen der Transaktionsanalyse wurden von Eric Berne, von vielen anderen Therapeuten sowie einigen Nicht-Therapeuten beschrieben. Sie sind zugänglich in Büchern, in den Zeitschriften *TA Bulletins*, *TA Journal*, *Voices* und in anderen Publikationen (vgl. die Bibliographie im Anhang). Unser Konzept von Transaktionsanalyse stimmt nicht immer mit der von anderen beschriebenen und praktizierten Grundtheorie überein. Wir werden in diesem Kapitel einige Punkte ansprechen, in denen wir anderer Meinung sind. Und im ganzen Buch werden wir immer wieder Differenzen diskutieren.

Ich-Zustände, Haltungen

Die Grundsteine der Transaktionsanalyse sind die Ich-Zustände. Nach Bernes Definition handelt es sich um psychische Positionen, die man an jemandem beobachten und beschreiben kann. In einfacher Form lassen sie sich in den bekannten drei Ich-Zuständen skizzieren (vgl. Abb. 1).

Abb. 2 zeigt unser vollständiges Diagramm der Ich-Zustände.

Das Eltern-Ich oder die Elternhaltung setzt sich zusammen aus

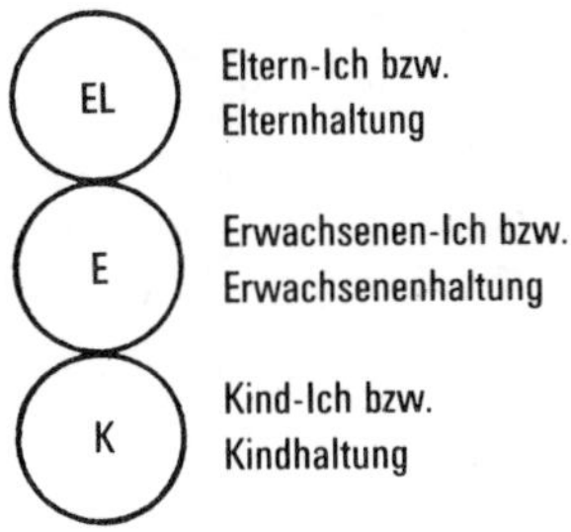

Abb. 1: Einfache Darstellung der Ich-Zustände bzw. Ich-Haltungen

Introjekten von realen Eltern oder Elternfiguren und dem, was jemand aus anderen Quellen über Elternverhalten erfahren und sich zu eigen gemacht hat. Menschen verhalten sich nach außen hin ähnlich wie jene Elternfiguren. Und innerlich geben sie sich selber Leitsätze über Verhalten, Denken und Fühlen – Leitsätze, die sie von irgend jemandem übernommen haben, ebenso wie Leitsätze, die sie selber erfinden, sofern Elternfiguren nicht zur Verfügung stehen. Das Kind-Ich oder die Kindhaltung ist der Anteil einer Person, der denkt, fühlt und sich verhält, wie sie es früher tat, besonders als Kind, aber manchmal auch noch als Erwachsene. Das Erwachsenen-Ich oder die Erwachsenenhaltung ist der Anteil, der denkt, Daten speichert und abruft und sich in seinem Handeln von der Logik, nicht von Gefühlen leiten läßt.

Die Kindhaltung oder das Kind-Ich

Frühe Kindhaltung

Um die Entwicklung der Ich-Zustände leichter zu verstehen, ist es hilfreich, zunächst an das Kind im präverbalen Alter zu denken und daran, wie es seine primären Ich-Haltungen entwickelt: frühe Kindhaltung, frühe Erwachsenenhaltung und frühe Elternhaltung.

Das Kind kommt mit einem funktionsfähigen Körper und einer Reihe von Impulsen auf die Welt: es hat Hunger, trinkt, macht die Windeln voll und zeigt noch weitere Verhaltensweisen, die gewöhnlich in gleicher Weise bei allen Neugeborenen auftreten. Ohne Informationen von außen, ohne lenkende Einflüsse hat das Kind grundlegende Impulse, die zu sichtbarem Verhalten führen. An

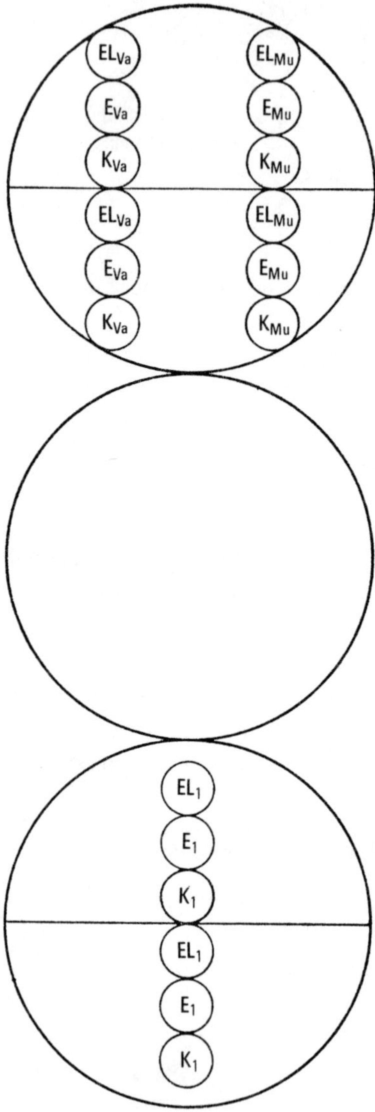

Abb. 2: Komplexes Diagramm der Ich-Zustände bzw. Ich-Haltungen

diesem Punkt sind sich Transaktionsanalyse und psychoanalytische Theorie in gewisser Weise ähnlich. Die psychoanalytische Theorie stellt Impulse fest und nennt sie das »Es«. Bestimmte beobachtbare Verhaltensweisen des kleinen Kindes beschreiben

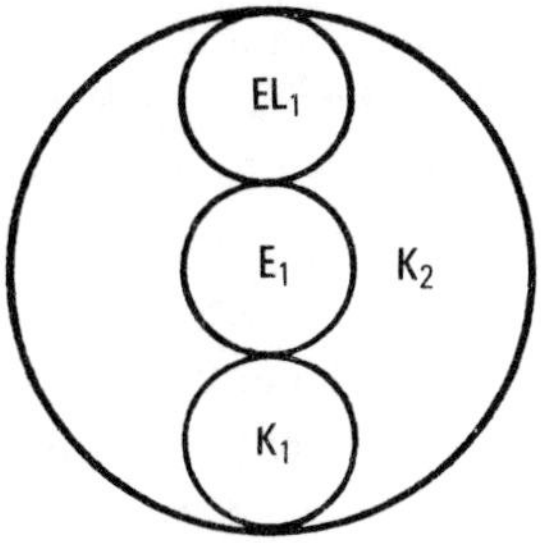

Abb. 3: Das Diagramm zeigt die Struktur des Kind-Ich bzw. der Kindhaltung. Das Erwachsenen-Ich bzw. die Erwachsenenhaltung und das Eltern-Ich bzw. die Elternhaltung sind noch nicht berücksichtigt, sondern die Entwicklung der frühen Kindhaltung, der frühen Erwachsenenhaltung und der frühen Elternhaltung.

wir in der Transaktionsanalyse als die frühe Kindhaltung, eine Haltung, die der Ebene des Kleinkindes entspricht. Wir sagen, ein Kind ist in seiner frühen Kindhaltung, wenn es sich wie ein Kleinkind benimmt – egal in welcher Entwicklungsphase es sich befindet. Wenn zum Beispiel ein Kind im Alter von fünf Jahren aus Reaktion auf eine Verletzung wie ein Wickelkind schreit, am Daumen lutscht, einnäßt und keine Beziehung zu anderen aufnimmt, sagen wir, es ist in seiner frühen Kindhaltung. Dieser Ich-Zustand ist in Abb. 3 dargestellt.

Hier stellt der große Kreis die Kindhaltung insgesamt dar, der innere Kreis repräsentiert die frühe Kindhaltung innerhalb der Kindhaltung. Sie wird als K_1 bezeichnet. Die Kindhaltung insgesamt wird als K_2 bezeichnet.

Aus der frühen Kindhaltung kommen die Gefühle. Wenn ein Kleinkind liebevoll und mit genügend Anregungen aufgezogen wird, entwickelt sich K_1 über die Grundimpulse hinaus. Aus ihm kommen begeisternde Anregungen für das weitere Leben und die Entwicklung.

Frühe Erwachsenenhaltung

Das Kleinkind macht die ersten Beobachtungen an seiner Umgebung und an sich selber und entwickelt allmählich die frühe Erwachsenenhaltung. Berne bezeichnet diese Haltung wegen der damit verbundenen Intuition als »kleinen Professor«. (Wir werden hier, in Anlehnung an die Übersetzung von Schlegel, die uns am zutreffendsten erscheint, vom kleinen Pfiffikus sprechen; Anm. d. Übers.) Und diese in der Entwicklung begriffene Erwachsenenhaltung wird E_1 genannt (vgl. Abb. 3). Das Kleinkind lernt zum Beispiel, daß die Brust oder die Flasche nicht ein Teil seiner selbst ist, sondern kommt und geht; es lernt, daß seine Finger und Zehen ein Teil von ihm selbst sind, seiner Kontrolle unterworfen. Es entwickelt jetzt seinen kleinen Informationsspeicher, verarbeitet die Information und trifft auf ihrer Grundlage Entscheidungen. Diese Information ist präverbal und besteht aus vermutlich bildhaften Engrammen. Bob hat Schizophrene behandelt, die frühe bildhafte Erinnerungen an die Kleinkindjahre hatten. Wenn die Patienten in der Therapie regredieren, müssen sie erst um Worte ringen, mit denen sie ihre Erfahrungen beschreiben können. Oft müssen sie (in der Therapieszene) ein späteres Alter aufsuchen, um zu beschreiben, was sie in der frühen Szene erlebt haben.

Diese einfache, averbale Erwachsenenhaltung bleibt weiterhin innerhalb des Kind-Ich, wenn das Kind zu »denken«, zu beobachten und Daten zu sammeln anfängt und aufgrund dieser Beobachtungen und Datensammlung handelt. Einige nennen es den »kleinen Erwachsenen« oder den »intuitiven Erwachsenen«. Wie schon erwähnt, nannte Berne ihn liebevoll den kleinen Professor (kleinen Pfiffikus), weil das kleine Kind oft fast unglaublich klug und intuitiv beobachtet und auf die Welt reagiert. Obwohl es zuzeiten erstaunlich klug sein mag, speichert es doch – indem es sich auf averbale Daten stützt, um seine Umgebung zu begreifen –, auch fehlerhafte Informationen und handelt dementsprechend. Marys Enkel Brian zum Beispiel bestand darauf, mit dem Kopf voraus die Treppe hinunterzukrabbeln, und machte ein fürchterliches Theater, als wir ihn umdrehten, so daß er mit den Füßen voraus kriechen mußte. In diesem frühen Lebensabschnitt hatte sein Erwachsenen-Ich (E_1) sich zurechtgelegt, daß er mit dem Kopf voraus krabbeln müsse – vielleicht um sehen zu können, wohin die Reise ging.

Frühe Elternhaltung

Das kleine Kind entwickelt auch eine rudimentäre Elternhaltung, die als EL_1 bezeichnet wird (vgl. Abb. 3). Als Marys Enkel Brian drei Monate und Bobs Enkel Robert 13 Monate alt waren, drückte der kleine Robert Brians Kopf liebevoll an seine Brust, so wie seine Mutter ihn drückte. Das war, soweit wir beobachten konnten, der erste Hinweis auf Roberts frühe Elternhaltung. Im Handumdrehen wechselte Robert allerdings zu seiner frühen Kindhaltung (K_1) zurück und nahm Brians Rassel weg. Als die Erwachsenen dann schimpften, fand er mit seinem frühen Erwachsenen-Ich (E_1) heraus, daß er die Rassel behalten konnte, wenn er Brian zum Ersatz ein anderes Spielzeug gab.

Das frühe Eltern-Ich ist demnach das Introjekt der realen Eltern. Bevor das Kind Sprache begreift, bildet es dieses Introjekt aus der frühen *Wahrnehmung* des Verhaltens und der Gefühle seiner Eltern. Wenn Vater und Mutter kritisch sind, wenn sie das Kind zum Beispiel wegen seines Daumenlutschens schelten, kann das Kind ihre Mißbilligung und ihr Schelten in sein frühes Eltern-Ich übernehmen. Möglicherweise schilt es sich später selber aus, und zwar auf irrationale, affektgeladene und weitgehend averbale Weise, und verachtet sich selber. Wenn es dann selber Vater oder Mutter geworden ist und sich inzwischen nicht geändert hat, widert es ihn/sie möglicherweise an, wenn die eigenen Kinder am Daumen lutschen, ohne daß er/sie weiß warum. Und er/sie warnt sie vielleicht völlig irrational und übertrieben vor den Folgen des Daumenlutschens.

In diesem irrationalen, destruktiven Element des frühen Eltern-Ich sehen manche TA-Therapeuten das ganze EL_1. Sie nennen diesen frühen Ich-Zustand etwa die Hexenmutter, den Menschenfresservater und das Elternschwein. *Wir sind gegen diese Nomenklatur.* Sie ist abschätzig, und wir sind gegen abschätzige Begriffe in wissenschaftlicher Literatur. Überdies läßt eine solche Bezeichnung den wohlwollend-fürsorglichen Anteil von EL_1 ebenso außer acht wie jenen Teil, der die fröhlichen und aufregenden Botschaften des Kind-Ich von Vater und Mutter umfaßt.

In der TA-Literatur ist wenig darüber geschrieben worden, wie einem Kind von fröhlichen Eltern Spielraum für Spaß und Freude eingeräumt wird. Normalerweise werden Glück und Verspieltheit als natürliche Gegebenheiten der Kindheit betrachtet. Wir wollen nicht gegen die Ansicht ankämpfen, daß das Kind natürlicherweise Spielfreude und freie Einfälle entwickelt. Wir denken jedoch, daß Eltern zu oft für die negativen Seiten im Leben eines Kindes verantwortlich gemacht werden und daß sie nicht genug Anerkennung bekommen für die Fröhlichkeit ihrer Kinder, deren Voraussetzung sie gleichermaßen schaffen. Diese Fröhlichkeit, diese Lust am Leben, die viele Eltern erfüllt, wird der frühen Elternhaltung des Kindes anteilig einverleibt und legt die Grundlage dafür, daß auch das Kind fröhlich werden kann. Wir erinnern uns an den kleinen Sohn eines befreundeten Psychiaters. Mit Begeisterung zog er in der Garageneinfahrt den Kopf ein, wenn er hinter seinem Vater herging. Der Vater war so groß, daß er den Kopf einziehen mußte. Der Sohn ahmte den Vater nach – und übernahm gleichzeitig Vaters Lebensfreude.

Bob und seine Tochter beobachteten eines Nachmittags, wie unser Enkel Robert zwischen dem kleinen und großen Schwimmbecken in unserem Garten hin und her lief. Nachdem er mehrfach vom kleinen Becken in das niedrige Wasser des abschüssigen großen Beckens gewechselt war, geriet er schließlich ins tiefe Wasser und ging langsam unter. Wäre seine Mutter ängstlich oder erschrocken gewesen, so hätte sie vielleicht geschrien und ein Theater gemacht. Dann hätte Robert möglicherweise ihre ängstliche Kindhaltung als ängstlichen Anteil in sein kleines Eltern-Ich übernommen und später als Furcht erlebt, die sich in dem Satz ausdrücken läßt: »Begib dich nicht in die Nähe von Wasser!« Außerdem hätte er die Erfahrung gemacht, daß Wasser etwas ist, vor dem man panische Angst haben muß. Und er hätte dies in seinem frühen Erwachsenen-Ich speichern können. Ohne korrektive Erfahrung wäre er dann vielleicht wasserscheu geworden.

Bob packte jedoch Robert sofort und zog ihn heraus. Robert verzog das Gesicht, als ob er heulen wollte, und Bob rief: »Mensch, Robert kann schwimmen! Du bist ein toller Schwimmer. Du bist prima!«, lachte ihn an und zeigte, wie sehr er sich freute. Robert veränderte schnell seinen Gesichtsausdruck, lachte auch und übernahm in sein Kind-Ich eine Erinnerung an Bob, die er in sein frühes Erwachsenen- und Eltern-Ich einverleiben konnte. Seine Mutter nahm ihn danach zurück ins Schwimmbecken, spielte mit ihm und hielt ihn so, daß er auf dem Wasser treiben konnte. Er paddelte mit Armen und Beinen, und sie lachte mit ihm. So unterstützte sie die Umkehrung des Erlebnisses in ein fröhliches Erlebnis.

Wir stimmen mit einigen TA-Theoretikern an zwei grundlegenden Punkten in bezug auf EL_1 *nicht* überein. Erstens widersprechen wir dem Konzept, daß EL_1 nur negativ sei. Zweitens widersprechen wir der von Berne entwickelten Vorstellung, wie sich EL_1 herausbildet. Er meinte, EL_1 sei der *automatische* Speicher für alle negativen Botschaften, die von den Eltern kommen. In seinem Buch *Was sagen Sie, nachdem Sie »Guten Tag« gesagt haben?*[1] schreibt Berne: »Es stammt vom Kind-Ich des Vaters oder der Mutter und wird in das Eltern-Ich des Kindes eingefügt... Dort wirkt es wie eine positive Elektrode, die eine automatische Reaktion liefert.« Nach Berne ist das Kind also völlig ausgeliefert, insofern EL_1 automatisch ins Gehirn gepflanzt wird. Es ist ein Opfer von allem, was die Eltern sagen oder tun: »Wenn das Eltern-Ich in seinem Kopf den Knopf drückt, springt Jeder (Name eines Patienten) an, ob sein übriges Selbst dies will oder nicht. Er sagt etwas Dummes, handelt unbeholfen, nimmt noch einen Drink, oder setzt beim nächsten Rennen alles auf eine Karte, ha ha ha.« So werden die Macken der Eltern, ihr Zorn und ihr Aufbrausen automatisch Teil der Introjektionen und für immer Teil der Elternhaltung des Kindes.

Im Gegensatz dazu meinen wir, daß das Kind *sehr wohl* filtert, auswählt und als Antwort auf solche Botschaften für sich Entscheidungen trifft, und daß es in gewissem Umfang die Kontrolle darüber hat, was es übernehmen will und was nicht. Der kleine Robert hätte trotz der Reaktion seiner Mutter und Bobs Reaktion weiterhin Angst vor Wasser haben können. Ein anderes Kind, das von der Angst seiner Eltern erschreckt worden ist, kann sich später neu entscheiden, daß Wasser nichts Schreckliches ist, und es kann sich entscheiden, schwimmen zu lernen.

Wir kennen Klienten, die solche Botschaften offensichtlich gefiltert haben und darüber ohne viel Affekt objektiv sprechen. Einer sagt zum Beispiel: »Ich hab' natürlich wenig darauf gegeben, was sie sagte, weil sie so was immer sagte, wenn sie betrunken war. Ich bin einfach zum Spielen rausgegangen.« Deshalb sagen wir, daß das Kind sein frühes Eltern-Ich mitgestaltet, indem es die Botschaften entweder annimmt oder indem es sich mit Hilfe seiner frühen Kindhaltung und frühen Erwachsenenhaltung gegen sie abschirmt.

Unbefangene Kindhaltung und reaktive Kindhaltung

Das heranwachsende Kind entscheidet sich aufgrund seiner eigenen Bedürfnisse und Wünsche. Es entscheidet sich auch aufgrund dessen, was andere an Entscheidungen von ihm erwarten. Wird es zum Beispiel dafür gelobt, daß es auf den Topf geht, und/oder getadelt, wenn es in die Hosen macht, dann wird es den Topf benutzen lernen, um es anderen recht zu machen. Lernt es auf den Topf gehen einfach nur deshalb, weil es das Gefühl nasser Hosen nicht mag, dann trainiert es sich aus seinen eigenen Bedürfnissen heraus zur Sauberkeit. Als der kleine Robert Brian die Rassel wegnahm, handelte er spontan. Er sah in der Rassel ein Spielzeug, wollte es haben und nahm es. Hier ist – noch – keine Anpassung an elterliche Regeln über Egoismus, Besitz oder solchen Unsinn wie: Zu den ganz Kleinen muß man nett sein. Er entdeckte jedoch sofort, daß den Erwachsenen nicht gefiel, was er machte. Er hörte ihr Schimpfen und sah ihr Stirnrunzeln und überlegte sich sofort, *wie er sie* zufriedenstellen konnte, nämlich indem er Brian ein anderes Spielzeug gab. Man kann sich vorstellen, wie froh er über die Entdeckung war, daß er mit einer Handlung gleichzeitig sich und die anderen zufriedenstellen konnte. Für ein 13 Monate altes Kind ist das ganz schön gewitzt.

Die Unterscheidung zwischen dem ursprünglich unbefangenen, freien Kind-Ich und dem angepaßten, reaktiven Kind-Ich ist im Vergleich zu der vorher erwähnten strukturellen Unterteilung in EL, ER und K eine *funktionale* Unterteilung. Abb. 3 (S. 27) zeigt das Strukturdiagramm, Abb. 4 das Funktionsdiagramm, bei dem das Kind-Ich K_2 unterteilt wird in das unbefangene und das reaktive Kind-Ich.

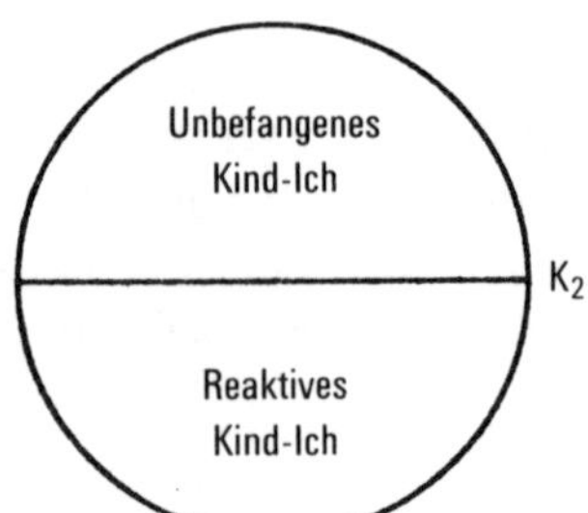

Abb. 4: Das Diagramm zeigt die *funktionale* Unterteilung des Kind-Ich

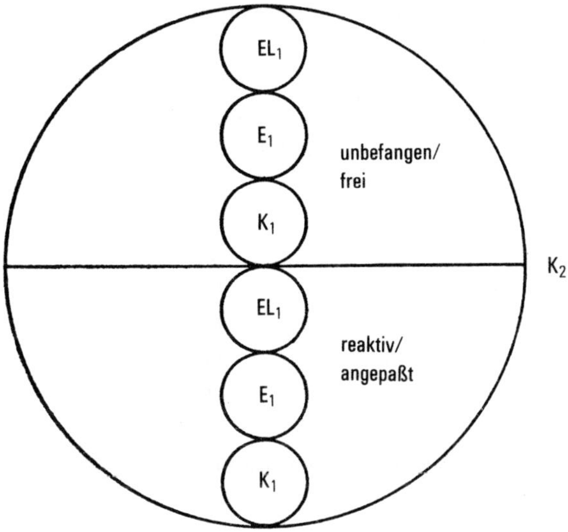

Abb. 5: Das Diagramm zeigt die Struktur der unbefangenen und der reaktiven Kindhaltung

Wie in Abb. 5 dargestellt, hat Mary diese Unterteilung modifiziert und gezeigt, daß die drei frühen Ich-Zustände im funktionalen Diagramm enthalten sind.

Die Neuentscheidungstheorie, um die sich das vorliegende Buch dreht, wird in diesem *funktionalen* Diagramm mit seinen *strukturellen* Bestandteilen graphisch expliziert. Das reaktive Kind-Ich trifft früh im Leben die Entscheidung, sich nach elterlichen Botschaften zu richten, weil es überleben will. Es übergeht dabei das freie, unbefangene oder natürliche Kind-Ich. Später, im Rahmen der Neuentscheidungstherapie, trifft das frühe Erwachsenen-Ich im Kind-Ich eine neue Entscheidung: um die pathologische Anpassung außer Kraft zu setzen und sich frei zu entfalten.

Zusammenfassung zu den Kindhaltungen bzw. Kind-Ich-Zuständen

Einige TA-Therapeuten glauben, die Entwicklung des Kind-Ich bzw. der Kindhaltung sei schon sehr früh abgeschlossen. Wir sehen es so, daß das Kind-Ich immer weiter wächst und sich weiterentwickelt und daß sich alle früheren und gegenwärtigen Erfahrungen in ihm addieren. Ein 45jähriger Mann mag sich völlig angemessen verhalten, bis er auf jemanden trifft, der wie der Folterknecht aussieht, welcher ihn in Vietnam gefangenhielt. Es kann sein, daß er sich plötzlich in panischer Angst zusammenrollt oder spürt, wie sein Herz pocht und seine Hände schwitzen und wie er von Angst überflutet wird. Eine 50jährige Frau mag im allgemeinen ganz sicher in einem großen, schweren Wagen fahren. Sitzt sie jedoch am Steuer eines kleinen, leichten Wagens, dann verhält sie sich, als würde sie gleich von einem entgegenkommenden Laster angefahren, und sie durchlebt noch einmal den Augenblick, wie sie im Alter von 40 Jahren von einem Laster gerammt wurde. Ihr Erwachsenen-Ich weiß, daß es nicht dasselbe Fahrzeug ist, aber nichtsdestoweniger *fühlt* sie sich so, als säße sie wieder in dem anderen Auto unmittelbar vor dem Unfall.

Es ist das Kind-Ich, das sich entwickelt. Wir betonen noch einmal, daß es das *Kind-Ich* ist, das die Arbeit leistet. Das Kind-Ich macht eigene Erfahrungen und kopiert andere, und dann integriert es diese Erfahrungen. Niemand tut ihm etwas, ohne daß das Kind an dem beteiligt ist, was es speichert und was es erlebt. Wenn also das Kind-Ich von Anfang an Erfahrungen integriert und auch später, wenn es größer, reifer und älter wird, weiterhin Erfahrungen integriert, dann kann es sich verändern und sich neu orientieren aufgrund eigener Entscheidungen und Neuentscheidungen. Vom praktischen Gesichtspunkt der Therapie her ist diese Einsicht außerordentlich wichtig.

Haben Sie sich zum Beispiel früher aufgrund Ihrer realen oder phantasierten Erfahrungen entschieden, Angst vor Wasser zu haben, dann können Sie sich heute entscheiden, keine Angst mehr davor zu haben. Wahrscheinlich würde es Bob Spaß machen, Ihnen beizubringen, daß Sie wirklich auf dem Wasser treiben können; aber sogar das können Sie selber lernen. Voraussetzung ist Ihre Bereitschaft, sich ins Wasser zu begeben und sich der Erfahrung auszusetzen, daß Sie auf dem Wasser treiben, wenn Sie tief einatmen und die Arme über den Kopf ausstrecken. Sie brauchen nicht noch einmal die Kindheit zu durchlaufen oder sich zehn Jahre lang analysieren zu lassen. Sie können alleine lernen, daß Ihr Körper nicht untergeht, und Sie können sich entscheiden, keine Angst mehr zu haben. Wie Schuppen fällt es von Ihren Augen, und Sie erfahren mit Ihrem Kind-Ich und begreifen mit Ihrem Erwachsenen-Ich, daß der Körper auf der Wasseroberfläche bleibt und daß Sie einfach *nicht* ertrinken *können* und auch nicht ertrinken werden, solange Sie genug Luft in der Lunge behalten – ob Sie nun viel oder wenig Luft dazu brauchen.

Die Elternhaltung oder das Eltern-Ich

Wir betrachten das Eltern-Ich als die Summe aus allen verbal erinnerten Überzeugungen, Gefühlen und Verhaltensweisen, die jemand *aktiv* integriert, und aus der Elternhaltung, die sich jemand selber aufbaut und im Verlauf seines weiteren Lebens immer weiter ausbaut. Das Eltern-Ich ist mehr als eine Reihe introjizierter »Tonbänder im Kopf«. Es setzt sich aus aktiv ausgewählten Introjekten und den reaktiven Prozessen zusammen, die vom Kind-Ich und Erwachsenen-Ich in Gang gesetzt werden. Auch hier unterscheiden wir uns von Berne. Er sah die Ausbildung der Elternhaltung als automatischen Introjektionsvorgang und nicht als einen aktiven Prozeß, indem die sich entwickelnde Person Entscheidungen trifft.

Wir denken, daß die Person filtert und aussucht, worauf sie hören will, je nachdem, wo sie psychologisch und physisch steht und welche weiteren stützenden Systeme ihr zur Verfügung stehen (wie Geschwister, Großeltern, nahe Freunde). Menschen introjizieren sich Eltern während ihres ganzen Lebens, angefangen bei den realen Eltern und wichtigen Menschen in ihrem Leben bis hin zu Figuren, die sie sich ausdenken. Ein junger Mann, der seinem Vater nie begegnet war, phantasierte einen freundlichen, liebevollen und fürsorglichen Menschen, integrierte diese Phantasie und bildete ebendiese Eigenschaften in seiner eigenen Elternhaltung immer mehr aus. Der Vorgang eigener Schöpfungen hört niemals auf. Wir erleben oft, wie Menschen ihre eigene Elternhaltung aus den Daten aufbauen, die ihr Erwachsenen-Ich sammelt, um alte Verzerrungen zu korrigieren. In der normalen Entwicklung und/oder in der Therapie schaffen sie sich genau die Elternhaltung, die sie sich ausdenken und die sie wollen. In dem Kapitel über Depressionen berichten wir im Detail, wie die Klientin Gisela im Zuge des therapeutischen Prozesses eine liebevolle Elternhaltung entwickelte.

Zum Vergleich: Das Kind entwickelt seine averbale und präverbale frühe Elternhaltung (EL_1) aus den Introjekten der Menschen aus seinem Umfeld. Dieser Ich-Zustand besteht aus Bildern und Lauten und der Bedeutung, die das Kind diesen Lauten und Bildern gibt. Später werden sie in Worte übersetzt – kritische, wohlwollende, fordernde ebenso wie lustige, spielerische und liebevolle. Das verbale Eltern-Ich (EL_2) entwickelt sich nach unserer Ansicht später und schließt neben der Imitation des Verhaltens und der Gefühle der Eltern auch deren Weltanschauungen und Lebensregeln ein. Religion, Philosophie und Moral sind alles Teile des Eltern-Ich.

Strukturell betrachtet läßt sich das Eltern-Ich dreifach untergliedern. Ein Klient zum Beispiel, der auf dem Tonband eine Passage abhört, in der er sich wie ein Vater oder eine Mutter verhält, erkennt möglicherweise in seiner Stimme und seinem Tonfall sofort den gleichen Tonfall und die gleiche Stimmlage, wie sie die Mutter an sich hatte, wenn sie aus ihrer Elternhaltung heraus schimpfte. Und später kann er hören, daß seine Stimme klingt wie die seines Vaters, wenn er müde von der Arbeit heimkam, erschöpft war und aus seiner entsprechenden Kindhaltung heraus schimpfte. Kindhaltung und Elternhaltung der realen Eltern lassen sich also eindeutig unterscheiden.

Abb. 6 zeigt die innere Struktur der Elternhaltung bei Einverleibung nur *eines* Elternteils, Abb. 7 den gleichen Sachverhalt bei Einverleibung *beider* Elternteile. In der Neuentscheidungstherapie sind diese Unterscheidung und das Erkennen verschiedener Ich-Zustände im Eltern-Ich für die Durcharbeitung von Sackgassen sehr wichtig.

Wie wir im Kind-Ich Struktur und Funktion unterscheiden, so gliedern wir auch das Eltern-Ich nach Struktur und Funktion. Im

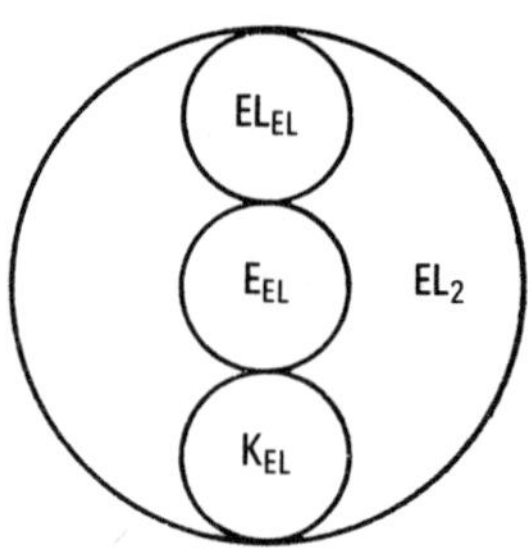

Abb. 6: Strukturdiagramm der Elternhaltung

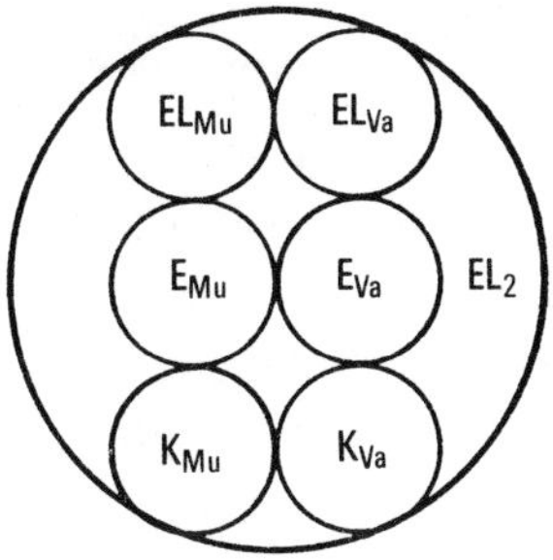

Abb. 7: Strukturdiagramm der Elternhaltung unter Berücksichtigung *beider* Eltern

EL_{Mu} = Elternhaltung der Mutter
EL_{Va} = Elternhaltung des Vaters
E_{Mu} = Erwachsenenhaltung der Mutter
E_{Va} = Erwachsenenhaltung des Vaters
K_{Mu} = Kindhaltung der Mutter
K_{Va} = Kindhaltung des Vaters
Selbstverständlich könnte man auch Ersatzeltern, wie z. B. Lehrer oder Psychoanalytiker, in die Kreise eintragen.

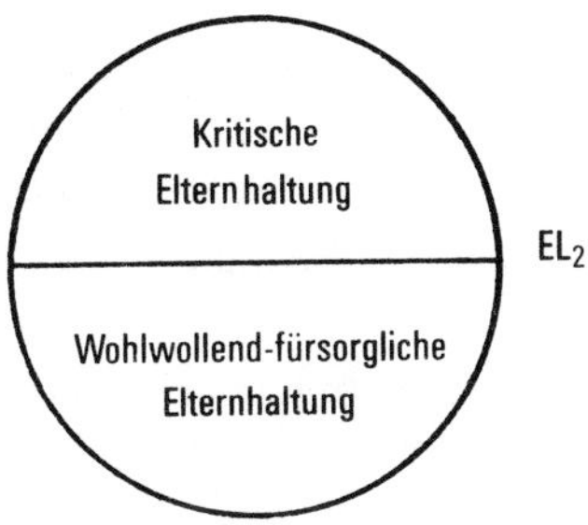

Abb. 8: Funktionale Unterteilung des Eltern-Ich

Eltern-Ich finden sich zwei Funktionen: die fürsorglich stützende oder wohlwollende Funktion und die kritische (vgl. Abb. 8). Diese Begriffe brauchen nicht weiter erklärt zu werden; sie sprechen für sich selber. Mary teilt das Eltern-Ich auf in innere und äußere Komponenten; das innere Eltern-Ich stützt und kritisiert das Selbst, wohingegen das äußere Eltern-Ich andere stützt und kritisiert.

Die Erwachsenenhaltung oder das Erwachsenen-Ich

Oft werden wir bei Vorlesungen von Zuhörern gefragt: »Wie unterscheidet sich das Erwachsenen-Ich vom Ich?« Bei beiden handelt es sich um theoretische Konzepte; das Erwachsenen-Ich bzw. die Erwachsenenhaltung kann man jedoch unmittelbar beobachten und beschreiben. Wenn Sie dieses Buch lesen, Daten speichern und das, was für Sie zutrifft, ohne Gefühlsbeteiligung von dem unterscheiden, was nicht auf Sie zutrifft, dann handeln Sie aus ihrer Erwachsenenhaltung. Wenn Sie sich ärgern und sagen: »Die haben keine Ahnung von dem, worüber sie schreiben«, dann sind Sie von der Erwachsenenhaltung übergewechselt in eine kritische Elternhaltung oder in die kindliche Widerspruchshaltung. Wir hören und sehen genau, was eine Erwachsenenhaltung ist, wenn wir einem Ingenieur zuhören, wie er ein Projekt entwirft, oder einem Richter zuhören, wie er das Gesetz auslegt, oder einem Arzt, wenn er eine Differentialdiagnose stellt. Es ist eine von Emotionen freie Haltung, die man beobachten kann, in der wir Daten speichern, Daten verarbeiten und aufgrund von Daten handeln. Der Unterschied zwischen dem kleinen Pfiffikus bzw. E_1 und dem Erwachsenen-Ich bzw. E_2 besteht darin, daß das Erwachsenen-Ich die Fähigkeit besitzt, Informationen auf der verbalen Ebene zu überprüfen, zu bestätigen und zu unterscheiden, was aufgrund der eigenen Erfahrung und der Erfahrung anderer wirklich der Realität entspricht.

Pathologien der Erwachsenenhaltung können von einem Mangel an inadäquaten Informationen herrühren, etwa wenn gebildete Leute ihre Berechnungen auf die »Tatsache« stützen, daß die Erde eine Scheibe sei. Das Problem liegt dann meist bei einer Vermischung. Damit ist gemeint, daß eine Ich-Haltung mit einer anderen verschwimmt und nicht mehr klar abgrenzbar ist. Die Person nimmt als Erwachsenenhaltung, was tatsächlich der Eltern- oder Kindhaltung entspricht. Man denke nur an Redensarten wie »Männer wollen immer nur Sex!« oder »Frauen sind technisch unbegabt«. Ein einzelner Mann ist vielleicht nur auf Sex aus, eine einzelne Frau mag technisch unbegabt sein. Die Redensarten und die in ihnen zum Ausdruck kommenden Überzeugungen werden aber wie *Tatsachen*, wie Fakten aus einer Erwachsenenhaltung gehandelt, um Vorurteilen Nahrung zu geben (vgl. Abb. 9). Vermischt

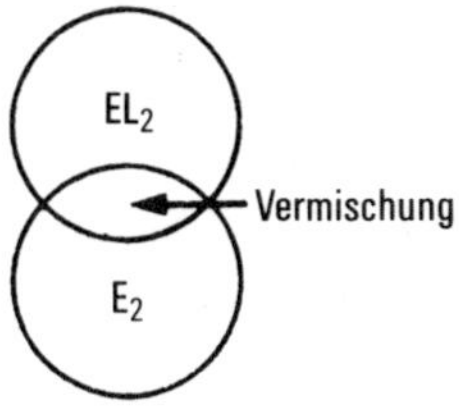

Abb. 9: Vermischung zwischen Elternhaltung und Erwachsenenhaltung

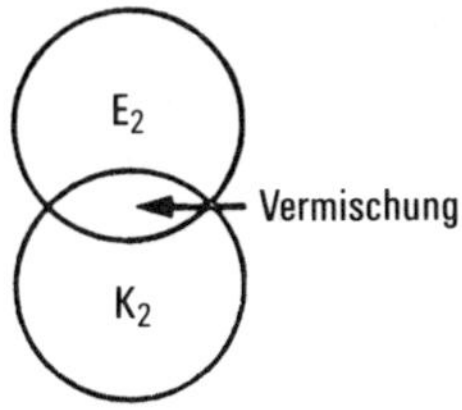

Abb. 10: Vermischung zwischen Kindhaltung und Erwachsenenhaltung

sich die Kindhaltung mit der Erwachsenenhaltung (vgl. Abb. 10), dann kann eine Angst wie eine Tatsache behandelt werden: Eine Person, die Angst vor Flugzeugen hat, erinnert sich an jedes Flugzeugunglück, vergißt alle anderen Flugzeuge, die sicher fliegen und sicher landen, und sagt: »Ich komme bestimmt ums Leben, wenn ich in ein Flugzeug steige.« Illusionen gehen auch auf Vermischungen mit der Kindhaltung zurück. Dabei transponiert das Kind-Ich aus Angst etwas real Vorhandenes, wie etwa einen Schatten, in etwas, das nicht real vorhanden ist, wie etwa eine Spinne. Dies kommt zum Beispiel im akuten alkoholischen Delir vor.

Eric Berne hat keine so komplizierten Vermischungen beschrieben, wie sie Abb. 11 zeigt. Dort sind alle Ich-Haltungen ineinandergeschoben; auch die Elternhaltung hat sich mit der Kindhaltung vermischt. Dies läßt sich häufig bei schizophrenen Klienten beobachten. So kann der Patient von seinem Kind-Ich aus die Stimme seines Vaters in seinem Kopf zu hören glauben und deshalb meinen, es sei wirklich sein Vater, der in der Kegelbahn nebenan sagt: »Du bist ein Schwuler.« Gleichzeitig kann er auch die Stimme des Psychiaters in seinem Kopf hören: »Wenn du hörst,

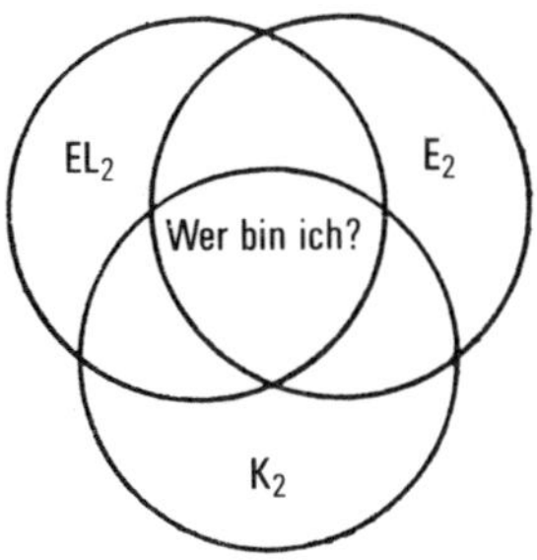

Abb. 11: Vermischung aller drei Ich-Zustände

wie dein Vater zu dir spricht, dann ist das eine Halluzination, denn schließlich ist er tot.« Und er kegelt weiter, als sei nichts gewesen. In diesem Fall handelt er noch keineswegs aus einer Erwachsenenhaltung, sondern entsprechend dem eben erst übernommenen Eltern-Ich (= Psychiater). Wenn wir dann mit ihm daran arbeiten, daß er selber unterscheiden kann, ob eine »Tatsache« wirklich eine Tatsache oder aber Phantasie ist, wird er allmählich die Vermischung der Ich-Zustände aufheben. Wir unterstützen den Klienten damit bei der Abgrenzung seiner Ich-Haltungen. Jack Dusays Buch über Egogramme[2] ist zur Klärung dieses Themenbereichs hilfreich. Bisweilen wenden wir auch die Technik von E. C. Stuntz[3] mit den fünf Stühlen an. Hier nimmt der Klient fünf Stühle, die das Erwachsenen-Ich, das unbefangene und das reaktive Kind, das wohlwollend-stützende und das kritische Eltern-Ich repräsentieren. Die Arbeit mit Gestalttechniken dient weitgehend der Entmischung und Abgrenzung der Ich-Haltungen, wie wir, anhand der Tonbandtranskripte aus Therapiesitzungen, in den folgenden Kapiteln noch näher zeigen und veranschaulichen werden.

In den Anfängen der Transaktionsanalyse wurde in den Therapiesitzungen viel Zeit darauf verwendet, die jeweiligen Ich-Zustände zu identifizieren. In seinem Buch *Principles of Group Treatment*[4] schrieb Berne, eine Behandlung müsse die Analyse von Ich-Zuständen, Transaktionen, Spielen und Skripts umfassen, und zwar in dieser Reihenfolge. Wir verwenden das Konzept der Ich-Zustände lieber so, daß wir im Anschluß an die therapeutische Arbeit entsprechende Diagramme aufzeichnen, um die affektive Arbeit durch Einsicht auf der kognitiven Ebene zu bereichern. Wir fragen nicht routinemäßig: »In welcher Ich-Haltung befindest du dich jetzt?« und sagen auch nicht: »Jetzt spricht dein Eltern-Ich.« Wir achten jedoch genau darauf, ob und wie sich die Ich-Haltungen verändern. Bei einem Workshop hörten wir, wie ein Psychiater ganz zu Anfang, noch bevor wir mit der Arbeit recht begonnen hatten, sagte: »Ich bin so müde. Man arbeitet hart, und Vergnügen hat man keins.« Er sprach damit die Müdigkeit an, die er empfand, gab aber zugleich die Elternbotschaften wieder: »Arbeite hart« und »Hab kein Vergnügen«. Anstatt ihn aufzufordern, diese Botschaften verstandesmäßig zu erkennen, fragten wir ihn, ob er bereit sei, ihnen mit Nachdruck die passende Antwort zu geben. Er tat das und entschied damit für sich neu, daß es in Ordnung sei,

Vergnügen zu haben und nur so hart zu arbeiten, wie es ihm recht war.

Gewöhnlich ist es therapeutisch von größerer Wirksamkeit, den Wechsel der Ich-Haltungen wie in dem erwähnten Beispiel zu nutzen, anstatt die Ich-Zustände nur zu identifizieren. Um letztere therapeutisch nutzen zu können, muß man sie jedoch vorher identifizieren. Ein Wechsel zeigt sich an durch Veränderungen im Vokabular, im Tonfall, in der Stimmlage, der Lautstärke und/oder der Sprechgeschwindigkeit; durch Veränderungen der Körperhaltung oder durch entsprechende typische Gesten.

Wir können dem Klienten vorspielen, was er gerade gesagt hat, wenn wir Video- oder Tonbänder benützen; und der Klient kann dann seine Ich-Haltungen selber identifizieren. »Sei ein unvoreingenommener, außenstehender Beobachter und höre diesem Mann zu. Mach dir beim Zuhören ein Bild, wie alt die Person wohl ist.« Die Stimme eines 60jährigen Mannes klingt unter Umständen wie die eines Sechsjährigen. Neigt jemand den Kopf zur Seite, so bringt er wahrscheinlich seine Kindhaltung zum Ausdruck und paßt sich vermutlich an. Fordert man ihn auf, den Kopf zuerst zur Seite zu neigen, ihn dann hoch zu tragen und »geradeheraus« zu sprechen (was natürlich eine doppelte Bedeutung hat), führt dies gewöhnlich zu größerem Gewahrsein und oft auch zu einem Wechsel von angepaßtem zu nicht-angepaßtem Denken, Verhalten und Fühlen. In dem Maße, wie Klienten sich bewußter werden, in welcher Ich-Haltung sie sich befinden, lernen sie besser, mit ihren Gefühlen umzugehen, ihre Position in ihrem Skript besser zu erkennen und sich darüber klar zu werden, daß sie Spiele spielten oder spielen. Sie werden sich ihres angepaßten Verhaltens viel bewußter und merken, wie angepaßt sie in bezug auf ihr verinnerlichtes Eltern-Ich und auf die Außenwelt reagieren. Wenn sie dessen gewahr geworden sind, können sie wissentlich wählen, ob sie angepaßt reagieren wollen oder nicht.

Transaktionen

Berne betonte anfangs, daß die Transaktionsanalyse auf zwei Grundpfeilern ruht: Zusätzlich zu den Ich-Haltungen sei die Untersuchung von Transaktionen grundlegend – von daher auch der Name Transaktionsanalyse. Berne unterschied komplementäre,

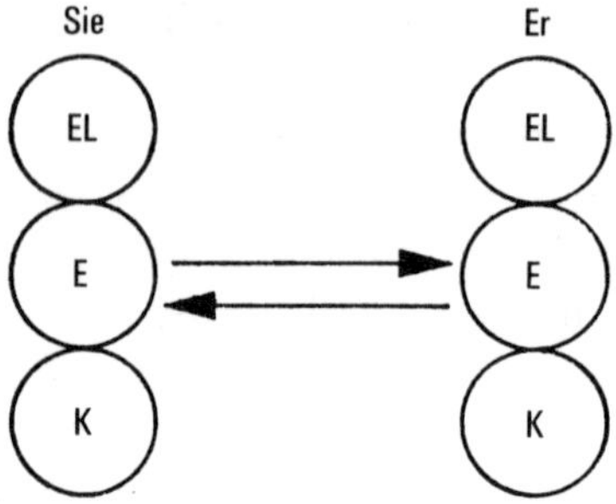

Abb. 12: Komplementäre Transaktion
Sie: Wie spät ist es?
Er: Genau zwölf.

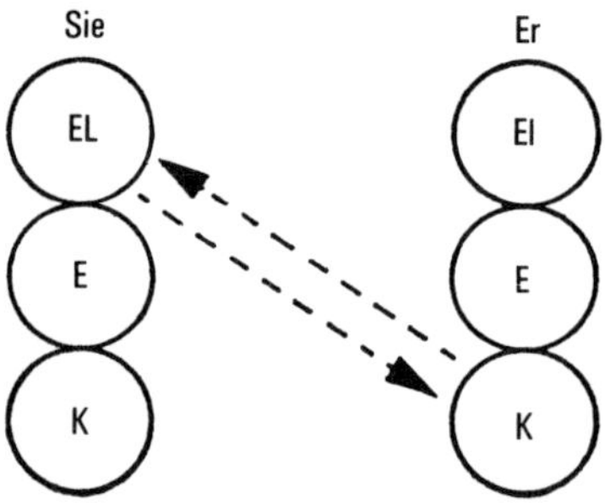

Abb. 13: Komplementäre (symbiotische) Transaktion.
Er: Bitte, kümmer' dich um mich.
Sie: Mach' ich.

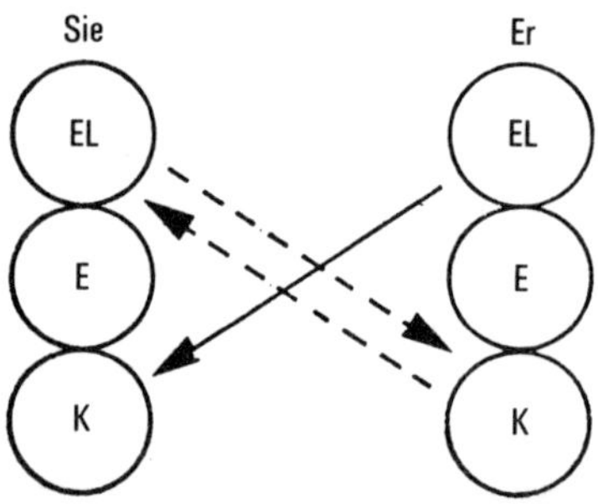

Abb. 14: Überkreuzte Transaktion.
Er: Bitte, kümmer' dich um mich.
Sie: Ja, mach' ich.
Er: Du sollst mich nicht bevormunden.

überkreuzte und verdeckte Transaktionen. *Komplementäre Transaktionen* sind parallele Transaktionen (vgl. Abb. 12). Ausgangspunkt komplementärer Transaktionen können alle drei Ich-Haltungen einer Person sein, und sie können sich an jede beliebige Ich-Haltung einer anderen Person richten. Ein Beispiel einer komplementären Transaktion in einer symbiotischen Beziehung zwischen einem Mann und einer Frau zeigt Abb. 13. Sie handelt aus der Elternhaltung und stützt ihn, wohingegen er sich unterordnet und wie ein Kind verhält. Beiden gefällt diese Aufteilung, und meistens verhalten sie sich nach diesem Muster. Wechselt er plötzlich in die Elternhaltung, kommt es zu einer überkreuzten Transaktion (vgl. Abb. 14), und schon wird es schwierig. Sie können sich nicht mehr verständigen, bis sie wieder komplementäre Transaktionen aufnehmen.

Verdeckte Transaktionen haben einen heimlichen Hintergedanken, der zumindest dem Erwachsenen-Ich verborgen bleibt. In Bernes bekanntem Beispiel fragt der Cowboy das Mädchen, ob sie sich den Heustadel ansehen will. Sein Hintergedanke, seine verdeckte Transaktion lautet: »Komm, wir halten ein Schäferstündchen.« Sie antwortet: »Ja, ich schau mir die Scheune gerne an«, und wenn sie der verdeckten Transaktion zustimmt, lautet ihre hintersinnige Antwort: *»Toll.«* Dann gehen sie zusammen ins Heu und haben Spaß am Sex. Daß sie sich verdeckter Transaktionen bedienten, hatte einzig und allein den Sinn, vor ihrem jeweiligen Eltern-Ich geheimzuhalten, was sie wirklich wollten. Versteht sie seinen Hintergedanken nicht, dann ist sie überrascht und vielleicht böse darüber, daß er versucht, sich mit ihr sexuell einzulassen. In gleichem Maße ist er vor den Kopf gestoßen, überrascht und über ihre Reaktion unglücklich. In dem Moment sind sie in ein Spiel verwickelt. (Spiele werden in diesem Kapitel weiter unten beschrieben.) Diese klassische Beschreibung des Vergewaltigungsspiels ist sexistisch. Wir haben deshalb in Abb. 15 vorgezogen, dem Mädchen, nicht dem Cowboy die Initiative zu überlassen.

Zusätzlich zu komplementären, überkreuzten und verdeckten Transaktionen gibt es auch direkte, indirekte und diffuse Transaktionen. *Direkte* sind Ich-du-Transaktionen, bei denen eine Person eine andere direkt anspricht. *Indirekte* sind Ich-er/sie/es-Transak-

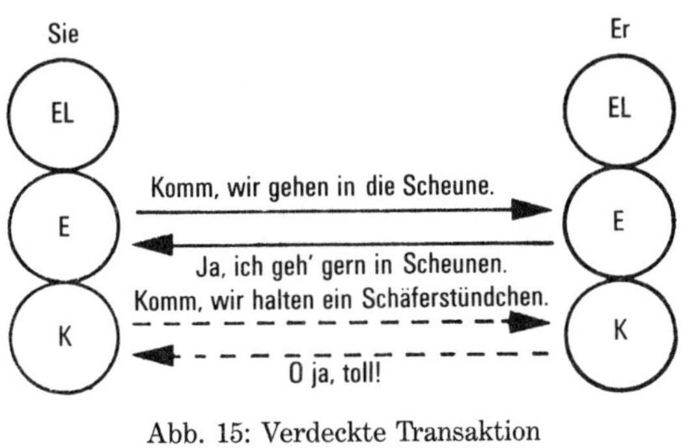

Abb. 15: Verdeckte Transaktion

tionen, bei denen jemand *über einen Dritten* zu jemand anderem spricht. *Diffuse* Transaktionen sind Ich-Ihr alle-Transaktionen, bei denen ein Einzelner unspezifisch eine Gruppe anspricht.

Normalerweise gebrauchen wir *nur* direkte Transaktionen in der Therapie, und wir fordern auch die Klienten auf, ihre Transaktionen direkt zu halten. Viele Paare beginnen ihre Arbeit mit indirekten Transaktionen und spielen »Tribunal«: »Er rührt keinen Finger im Haus«, »Sie kocht nie, was ich mag.« Wir sollen richten und schlichten und uns in ihr Spiel einbeziehen lassen und uns darin verwickeln. Fordern wir das Paar auf, sich gegenseitig direkt anzusprechen, wird ihr Tribunal-Spiel blockiert, und sie werden zugänglicher für eine Behandlung. Solange sie *über*einander reden, ist es schwer für sie, sich nahzusein – dabei ist es ihr erklärtes Ziel, mit dem Kleinkrieg aufzuhören und sich näherzukommen. Sprechen sie dagegen *miteinander*, dann merken sie, daß vieles, was sie sich gegenseitig sagen, in Wirklichkeit mit unerledigten Dingen in bezug auf ihre Eltern zusammenhängt. Und dann fordern wir sie auf, sich mit ihren Kommentaren »direkt« – in der Phantasie – an ihre Eltern zu richten.

Wir fordern die Klienten auf, sich vorzustellen, daß Mutter oder Vater auf dem Stuhl vor ihnen sitzt. Was sie uns sagen, sollen sie den Eltern sagen, in einer direkten Transaktion vom Ich zum Du, im »Hier und Jetzt«. Der Klient wird unmittelbar in die Kindhaltung überwechseln und sich mit seinem Kind-Ich der Situation stellen, statt nur aus einer abgeklärten Erwachsenenhaltung darüber zu referieren. Indem er Vater oder Mutter direkt anspricht, dann den Platz tauscht, um als Vater oder Mutter direkt zu antworten, wird eine Fülle von Erinnerungen an die damalige Szene und die damit verknüpften Gefühle wach, und der Klient erlebt sich so, als sei er im »Hier und Jetzt« unmittelbar in der alten Situation. Die Kindhaltung wird reaktiviert. Und indem er in der Szene alte unerledigte Dinge noch einmal durchlebt und abschließt, ist er jetzt in der Lage, frühe Entscheidungen affektiv zu revidieren, was soviel heißt wie Neuentscheidungen zu treffen. (Diese Veränderungen bzw. Neuentscheidungen werden im Kapitel 8 im einzelnen erläutert.)

Obwohl wir im Rahmen der Therapie selten diffuse Transaktionen (Ich-Ihr alle) anwenden, gebrauchen wir sie doch oft zur Informationsvermittlung und Klärung organisatorischer Fragen: »Ist allen bekannt, daß heute abend ein Seminar stattfindet?« oder »Wir wollen jetzt zum Essen gehen«. Viele Therapeuten verwenden diffuse Transaktionen in einer Form, die wir für unangemessen halten. Für einen Gruppendynamiker ist es zum Beispiel nicht ungewöhnlich, nach beendeten Ausführungen eines Klienten die Gruppe zu fragen: »Was empfindet die Gruppe dazu?« oder noch schlimmer: »Welche Gefühle macht das der Gruppe?« Das Problematische der ersten Äußerung ist, daß »die Gruppe« gar nichts empfindet, da eine Gruppe nicht eine Erfahrungseinheit, sondern eine soziale Einheit ist. Ein Mitglied ärgert sich vielleicht, ein anderes ist traurig, ein drittes verletzt, ein viertes verwirrt, und eines schließlich langweilt sich. In der zweiten Frage liegt ein zusätzliches Problem, nämlich, daß niemand irgend jemanden irgend etwas fühlen »macht«; jeder von uns »macht« seine Gefühle selber.

Verstärkungen

Obwohl wir weiter hinten ein ganzes Kapitel über Verstärkungen haben, fügen wir hier eine Definition ein, da wir den Begriff so häufig verwenden. Verstärkung ist ein Ausdruck für Beachtung. Es gibt drei Arten von Verstärkungen: *körperliche* (Berührung), *verbale* (Sprechen) und *nonverbale* (Winken, Zwinkern, Nicken, Gestikulieren usw.). *Unbedingte* Verstärkungen werden gegeben, indem einfach jemand da ist und so ist, wie er ist. Und *bedingte* Verstärkungen werden gegeben, indem jemand etwas Bestimmtes macht. Die Verstärkung bzw. Beachtung kann *positiv* sein, wie zum Beispiel angenehme körperliche Berührungen, herzliche Worte und freundliche Gesten, oder sie kann *negativ* sein, wie etwa Schläge, Zurechtweisungen und finstere Blicke.

Zeitstrukturierung

Berne war der Ansicht, es gebe sechs Arten, wie die Menschen ihre Zeit strukturieren: Rückzug (schlafen, tagträumen), ritualisiertes Verhalten (in der Kirche die Liturgie singen), Zeitvertreib (übers Wetter reden), Aktivitäten (arbeiten, ein Haus bauen), Spiele spielen (vgl. den Abschnitt über Spiele), sexuelle Intimität (Geschlechtsverkehr bei gegenseitiger Zuneigung oder andere

Ausdrucksformen von Nähe zwischen zwei oder mehr Menschen). Anstelle von »sexueller Intimität« sagen wir »Geschlechtsverkehr bei gegenseitiger Zuneigung«, weil man sexuelle Intimität auch jeder anderen Zeitstruktur anpassen könnte: Rückzug (Masturbation), ritualisiertes Verhalten (zwanghafte sexuelle Riten, wie sado-masochistisches Spiel), Zeitvertreib (es regnet draußen, also laß uns ins Bett steigen), Aktivität (Prostitution), Spiele spielen (z. B. »Hilfe! Vergewaltigung!« wie in der Cowboy-Geschichte im Abschnitt über Transaktionen) und natürlich die echte, intime Sexualität.

Spiele

In seinem ersten Buch über Transaktionsanalyse, *Transactional Analysis in Psychotherapy*[5], schrieb Berne über Spiele. Der Begriff »Spiel« – er wurde aufgrund von Bernes Buch *Spiele der Erwachsenen*[6] sehr populär – ist unglücklicherweise inzwischen so vielfältig und unterschiedlich definiert worden, daß daraus eine große Verwirrung resultierte. Wir verstehen unter einem Spiel eine Reihe von Transaktionen, die darin gipfeln, daß mindestens ein Spieler sich schlecht fühlt oder auf irgendeine Art und Weise verletzt ist. Das Spiel beginnt mit einer scheinbar klaren Aufforderung. Diese Aufforderung enthält jedoch auch einen heimlichen Hintersinn. Die Reaktion auf die Aufforderung ist offen und antwortet direkt auf den Hintergedanken. Was der Spieler am Ende davon hat, ist, daß er unglücklich oder verletzt ist. Die vollständige Abfolge der Transaktionen bleibt seinem Erwachsenen-Ich verborgen:

1. Scheinbar klare Aufforderung (»Ich werde die hintere Veranda für dich streichen.«)

2. Hintergedanke (da der oder die Betreffende die Ausführung immer wieder aufschiebt: »Du kannst mich ruhig weiter piesacken.«)

3. Reaktion auf den Hintergedanken (»Warum streichst du nicht endlich die Veranda?«)

4. Was hat der Spieler davon? Er ärgert sich, ist traurig, hat Angst oder fühlt sich schuldig und bestätigt sich im stillen, wie er sich und andere sieht im Sinne von Feststellungen wie »Ich bin in Ordnung« oder »Ich bin nicht in Ordnung« und »Du bist in Ord-

nung« oder »Du bist nicht in Ordnung«. (»Ich ärgere mich. Dauernd kritisiert sie mich. Ich kann es ihr wohl nie recht machen.«)

Jack Kaufman[7] erweitert diese Definition und betont, daß ein Spiel ein sich wiederholendes Verhaltensmuster darstellt. Ein Individuum spielt immer wieder das gleiche Spiel. Kaufman schlägt vor, daß der Therapeut einen Spieler nicht mit seinem Verhalten kontrontieren soll, bis er sicher ist, daß der Spieler das Spiel schon dreimal gespielt hat – außer natürlich, wenn es sich um ein Spiel handelt, bei dem sich der Spieler im Endeffekt selber schwer schädigt. Beim ersten Mal mag es Zufall sein, beim zweiten Mal eine ähnliche Situation; verhält er sich aber ein drittes Mal genauso, dann handelt es sich sicher um ein Spiel.

Mary vertritt die Ansicht, daß jeder Mensch aus einem Spiel seinen individuellen Gewinn zieht und daß er in dem, was er vom Spiel hat, wichtige unerledigte Dinge aus der Vergangenheit wiederholt. Gunther, Georg und Gerda spielen alle genau das gleiche Spiel; sie kommen zu spät, wenn sie zum Abendessen eingeladen sind, und man wirft ihnen das vor. Gunther ist dann traurig und sagt sich: »Andere kommen viel besser zurecht als ich« und »Ich mach nie was richtig.« Georg ärgert sich und sagt sich: »Wie können Freunde bloß so vorwurfsvoll sein« und »Am liebsten wäre ich allein.« Gerda ist ängstlich und sagt: »Sie müssen mich für ganz schrecklich halten« und: »Ich bin immer so durcheinander – ich frage mich, was ich als nächstes falsch machen werde!«

Das Zuspätkommen oder die Begründung des Zuspätkommens ist die scheinbar klare Aufforderung. Der Hintergedanke ist: »Mach mir Vorwürfe!« Was jeder davon hat, ist, was er in bezug auf die eigene Person und die anderen empfindet und glaubt. Dies alles spielt sich außerhalb der Kontrolle durch die Erwachsenenhaltung ab. Das heißt, die drei Spieler wissen nicht, daß sie zu spät kommen, damit man ihnen Vorwürfe macht und damit sie sich so fühlen, wie sie es im Endeffekt tun. Sie wissen nicht, daß sie unabgeschlossene Szenen aus der Vergangenheit in ihrem gegenwärtigen Verhalten wiederbeleben. Gunther spielt dasselbe Spiel mit seinem Vater, Gerda mit ihrer Mutter und Georg spielt das Spiel, das der Vater mit der Mutter früher gespielt hat.

Stephen Karpman[8] entwickelte zur Erklärung von Spielen das Drama-Dreieck. Er weist darauf hin, daß die Spiele dramatisch sind. Sie fordern vom Spieler, die Rollen des Verfolgers, des Retters und des Opfers einzunehmen. Die »dramatische Handlung« kommt in Gang, wenn die Spieler die Rollen wechseln.

In seinem letzten Buch *Was sagen Sie, nachdem Sie »Guten Tag« gesagt haben* bringt Berne das, was er unter einem Spiel versteht, auf etwa die folgende Formel: Ein Taschenspielertrick (Con) und die Bereitschaft des Partners, darauf hereinzufallen (Gimmick), führen zu einer Reaktion, einem Umkippen (Switch), einem Überraschungseffekt (Surprise) und schließlich zu dem Das-hab-ich-nun-Davon (Pay-off). Nach Bernes Definition weiß das Erwachsenen-Ich des Spielers nicht, daß es ein Spiel spielt. Auch glaubt Berne nicht, daß alle Spiele mit dem negativen Das-hab-ich-nun-Davon enden. Den Taschenspielertrick definiert er als eine Falle, mit der ein Spieler den Partner hereinlegen will. Der »Gimmick« ist die Achillesferse des Partners, der auf den Leim geht. Wenn er auf den Hintergedanken antwortet, ist er schon hereingefallen. Das Umkippen bezeichnet einen Wechsel der Ich-Haltungen oder, eher noch, einen Wechsel der Position im Drama-Dreieck. Den Überraschungseffekt illustriert Berne durch den Gesichtsausdruck der Ganoven in der alten Fernsehserie »Mission Impossible«, den sie zeigen, wenn sie merken, daß sie gleich alles verlieren, nachdem sie schon geglaubt hatten, gewonnen zu haben.

Obwohl die Spielregeln vieler TA-Therapeuten mindestens zwei Spieler erfordern, ist dies genaugenommen nicht notwendig, wie zum Beispiel das Spiel »Verlorener Autoschlüssel« zeigt: Der Spieler rennt gerade noch rechtzeitig, bevor ihn der Schneesturm begräbt, zu seinem Auto, und plötzlich, ach du Schreck! Die Schlüssel liegen im Auto, die Fenster sind verriegelt. »Du blöder Typ«, sagt er zu sich selber, »immer stellst du irgendwas Blödes an!« Er ist wütend und völlig durcheinander und macht sich noch eine ganze Weile mit Schimpfwörtern aus seinem Eltern-Ich fertig. Eine zweite Person ist am Spiel nicht unmittelbar beteiligt, obwohl der Betreffende natürlich mit seinen Eltern oder sonst jemandem früher das Spiel »Blöde« gespielt hatte. Dies hier ist ein Einpersonen-, ein Solitär-Spiel.

Einige Spiele sind gefährlich (Spiele dritten Grades), denn sie enden blutig, hinter Gittern oder im Grab. Wenn wir vermuten, daß ein solches Spiel im Gange ist, lassen wir es nicht bis zum Schluß kommen. Berichtet zum Beispiel ein Therapeut/Klient in einem Workshop von den Freuden offener sexueller Abmachungen oder sagt, er erzähle seinen Klienten, daß er mit seiner Frau die Vereinbarung getroffen habe, eine offene Ehe zu führen, so fragen wir sofort, ob er mit seinen Klienten sexuell verkehre. Wir glauben, daß so etwas der Behandlung von Klienten schadet, aber bevor wir (gleich zu Beginn) diesen ethischen und moralischen Standpunkt einnehmen, ziehen wir es vor, seinem Kind-Ich auf die Sprünge zu helfen, damit er das Spiel durchschaut. Wir fordern ihn auf, sich auszumalen, was wohl geschehen wird, wenn ihn jemand eines Tages bei der Ärztekammer anschwärzt oder ihn wegen Kunstfehlern verklagt. Sagt er, mit Klientinnen lasse er sich sexuell nicht ein, aber seine Klienten wüßten, daß er mit mehr als einer Person sexuellen Verkehr hat, dann fordern wir ihn auf, sich vorzustellen, er sitze auf der Anklagebank und versuche, sich gegen die falsche Anklage einer rachsüchtigen Klientin zu verteidigen, die vielleicht eine Lüge in Kauf nimmt, um einen Kunstfehler-Prozeß zu gewinnen. Zu erkennen, was er möglicherweise davon hat, hilft diesem Therapeuten/Klienten, die wahre Natur seines Spieles zu verstehen. Und er hört mit größerer Wahrscheinlichkeit mit dem Spiel auf, als wenn wir ihn gleich mit unserem moralischen und ethischen Standpunkt konfrontieren, auf den er vermutlich mit – vom Standpunkt der Kindhaltung betrachtet – »berechtigtem« Ärger reagieren würde.

In diesem Spiel lautet die scheinbar klare Transaktion: »Ich lasse mich auch mit anderen Frauen, nicht nur mit meiner Ehefrau, sexuell ein.« (Dies hört sich eindeutig an, so als wäre es eine reine Information.) Der Hintergedanke für den Künstler im Vergewaltigungsspiel lautet: »Schwärze mich bitte an« oder »Geh gerichtlich gegen mich vor.« Als Antwort wird die zweite Beteiligte im Vergewaltigungsspiel ihrem Anwalt erzählen, daß der Therapeut mit ihr ins Bett gegangen sei. Was der Therapeut davon hat, betrifft seine Gefühle sowie das, was er über sich und andere denkt. Er kann sich ärgern, verletzt oder gekränkt sein. Er kann über sich selbst sagen: »Ausgerechnet jetzt, wo ich auf dem Wege zum Erfolg bin, versage ich« oder: »Ich bin der letzte Dreck, am besten bringe ich mich um«, oder was sonst zu seinem negativen Grundkonzept von sich selber paßt. Über die Frau sagt er vielleicht: »Sie hat mich ruiniert« oder »Sie hat mich reingelegt«, und beide Aussagen bestärken seine Grundüberzeugung »Trau nie einer Frau!« Die vollständige Abfolge der Transaktionen liegt natürlich außerhalb des

Gewahrseins seines Erwachsenen-Ichs. Er lebt im Glauben, daß er das nur gemacht hat, weil er »ehrlich« ist oder weil er Frauen so gern mag.

Typische negative Gefühlsreaktionen (Rackets)

Die unangenehmen Gefühle, die jemand am Ende eines Spiels erlebt, nennt man in der TA-Literatur »Rackets«. Wie für Spiele gibt es auch für Rackets viele Definitionen. Berne beschreibt sie als unangenehme Gefühle, die sexualisiert und im Umgang mit anderen absichtlich aufgesucht und ausgebeutet werden. Dies ist eine komplizierte Definition, und wir wissen nicht, warum er die »Sexualisierung« hinzufügte, außer daß er vielleicht TA der Psychoanalyse anpassen wollte. Wir sind auch unsicher, was er mit »im Umgang mit anderen aufsuchen« meinte. Vermutlich wollte er damit ausdrücken, daß jemand eine Reihe von Transaktionen eingeht, um nachher sagen zu können »Das hab ich nun davon« oder »So geht es mir immer«. Aber Bernes Beschreibung hat in der TA-Literatur Verwirrung gestiftet und zu vielen verschiedenen Definitionen Anlaß gegeben. Einige TA-Therapeuten definieren Rakket als einen Prozeß, der dazu führt, daß ein Mensch am Ende unglücklich ist. Für uns ist der Prozeß der Zeitvertreib, die Phantasie oder das Spiel – das Racket ist einfach das chronische, stereotype, unangehme Gefühl, die typische negative Gefühlsreaktion.

Solche Gefühlsreaktionen sollen andere dazu bringen, daß sie sich ändern. Natürlich gibt es manchmal Situationen, in denen Menschen das machen, was wir wollen, wenn wir nur genug leiden. Jeder von uns hat die Erfahrung gemacht, daß er traurig war oder auf jemanden wütend – auf den Partner, ein Kind, die Eltern, den Vorgesetzten – und daß dieser andere daraufhin sein Verhalten änderte. Wir nennen den Einsatz von Rackets mit dem Ziel, das Verhalten von anderen zu ändern, Erpressung.

Eltern bringen ihren Kindern typische negative Gefühlsreaktionen bei. Die Mutter oder der Vater sagt: »Du machst mich so wütend, wenn du die Tür zuschlägst«, »Du machst mich so nervös mit deinem Pfeifen«, »Du machst mir so Angst, wenn du nicht rechtzeitig nach Hause kommst« oder »Du machst mich so glücklich, wenn du in die Toilette pinkelst.« Dem Kind wird auf diese Weise beigebracht, daß es für die Gefühle der Eltern verantwortlich ist. Es wächst in dem Glauben auf, andere Menschen fühlen zu machen. Hat es sich jemals gefragt, worüber sie wütend waren oder nervös oder ängstlich, bevor es auf der Bühne erschien?

Typische negative Gefühlsreaktionen werden auch anders eingesetzt. Ist jemand zum Beispiel in einem suizidalen Skript und hat irgendwann beschlossen, daß er sich jederzeit umbringen kann, »wenn alles zuviel wird«, dann wird er seine negativen Gefühle horten. Er wird sie wie Rabattmarken oder Gutscheine sammeln, damit er sich umbringen kann, sobald er »genug« Gutscheine hat. Solche Gutscheine können in vielfältiger Form produziert werden. Er kann Spiele spielen, in denen er schließlich einen Tritt bekommt und am Ende traurig ist. Er kann sich umtun, was für schlechte Nachrichten es heute wieder gibt, wie etwa den Krieg im Libanon oder die steigende Inflation. Er kann im Bett liegen und sich in seinen Gedanken alles vor Augen führen, was ihm je an Traurigem begegnet ist. Er erinnert sich daran, daß Mutter ihn nie mochte und Vater nie mit ihm spielte. Er kann seine Therapiestunden damit verbringen, immer noch traurigere Erinnerungen anzuschleppen. Um sich traurig genug zu fühlen, mag er sogar phantasieren, daß ihm etwas zustößt. Zum Beispiel kann er sich ausmalen, daß seine Frau ihm untreu ist, selbst wenn es keinen Grund zu dieser Annahme gibt.

Eines der Ziele der TA-Gestalttherapie besteht darin, dem Klienten zu helfen, daß er seine typischen negativen Gefühlsreaktionen aufgibt und sie durch gute Gefühle ersetzt. Ewig ängstliche Leute lernen, ihre Angst in Begeisterung zu wenden. Leute, die bisher immer mit Schuldgefühlen herumliefen, lernen, die Schuldgefühle aufzugeben und ihr Leben zu genießen. Chronisch wütende Leute nutzen ihre Wut, um aktiv zu werden, und lassen dann ihren Ärger sein. Als Bob eine Zeitlang jeden Morgen wütend auf Richard Nixon aufwachte, benutzte er seinen Ärger, um an Senatoren, Kongreßabgeordnete und andere hohe Beamte Hunderte von Briefen zu schreiben.

Destruktive Grundgebote und Antreiber

Jedes psychologische Modell enthält seine eigene Erklärung für die Entwicklung von psychischen Krankheitsbildern. Wir wollen nicht sagen, daß andere Systeme unrecht haben. Und wir wenden an, was wir von anderen Ansätzen gelernt haben. Freuds Entwicklungstheorie der Sexualität, Erik Eriksons zonales Modell der Ich-Entwicklung, die Lerntheorie der Behavioristen, Systemtheorien – alle erklären sich die kindliche Entwicklung und leiten daraus Möglichkeiten für die Behandlung ab. Wir legen die Betonung auf bestimmte pathologische Muster, die Eltern ihren Kindern vermitteln und die, sofern das Kind sie annimmt, zu chronischen Problemen im Leben des Kindes führen können. Wir nennen diese Muster bzw. verbal und averbal vermittelten Botschaften destruktive Grundgebote und Antreiber.

Destruktive Grundgebote

Destruktive Grundgebote sind Botschaften aus dem Kind-Ich der Eltern. Ihre besondere Färbung erhalten sie je nachdem, woran die Eltern selber leiden: Unglücklichsein, Angst, Enttäuschung, Ärger, Frustration, heimliche Sehnsucht. Während diese Mitteilungen aus der Sicht des Kindes irrational sind, können sie den Eltern, die sie geben, völlig rational erscheinen.

Wir haben eine Liste dieser destruktiven Grundgebote zusammengestellt und in den letzten zehn Jahren mehrere Artikel darüber geschrieben.[9] In vielen Ländern hielten wir einschlägige Vorlesungen, Seminare und Workshops. Unsere Auflistung erschöpft nicht alle Möglichkeiten; ohne Frage gibt es noch viel mehr verbale und averbale Botschaften und Muster, die Eltern ihren Kindern weitergeben und nach denen sich die Kinder richten oder auch nicht richten. Unsere knappe Liste der allgemeinen destruktiven Grundgebote ermöglicht es dem Therapeuten jedoch, genauer zu hören, was der Patient sagt, und seinen Behandlungsplan entsprechend zu verbessern.

Unsere Zusammenstellung der wichtigsten destruktiven Grundgebote umfaßt folgende: *Nicht. Sei nicht. Laß dich nicht ein. Sei nicht wichtig. Sei kein Kind. Werde nicht erwachsen. Schaff's nicht. Sei nicht du. Sei nicht normal. Sei nicht gesund. Gehör nicht dazu.*

Nicht. Dieses destruktive Grundgebot wird von Eltern vermittelt, die Angst haben. Aus ihrer eigenen Angst heraus erlauben sie dem Kind vieles von dem nicht, was völlig normal ist: »Geh nicht an die Treppe« (zum Krabbelkind); »Klettre nicht auf Bäume«;

»Lauf' nicht Rollschuh«, usw. Manchmal wollten solche Eltern das Kind nicht haben. Sie erkannten dann ihre primitiven Wünsche, nämlich, daß das Kind eigentlich gar nicht dasein sollte, und wurden nun aus lauter Schuldgefühlen und Erschrecken über ihre Gedanken überfürsorglich. In anderen Fällen sind die Eltern phobisch, psychotisch oder überbesorgt, wenn sie ältere Kinder durch Krankheit oder Unfälle verloren haben. Wird das Kind größer, so machen sich die Eltern über jede Handlung, die das Kind vorschlägt, Sorgen und sagen: »Aber vielleicht wäre es besser, wenn du darüber erst noch mehr nachdächtest.« Das Kind glaubt, daß nichts von dem, was es tut, richtig oder sicher ist; es weiß nicht, was es tun soll, und sucht nach jemandem, der ihm das sagt. Ein solches Kind wird später im Leben große Schwierigkeiten haben, Entscheidungen zu treffen.

Sei nicht. Von allen Botschaften ist diese die tödlichste und gleichzeitig die, auf welche wir in der Behandlung als erstes unser Augenmerk richten. Sie kann in subtiler Form zum Ausdruck gebracht werden, wie zum Beispiel: »Nur wegen euch Kindern laß ich mich nicht scheiden.« Weniger subtil: »Ich wollte, du wärst nie geboren – dann hätte ich deinen Vater nicht zu heiraten brauchen.« Die Botschaft kann auch averbal vermittelt werden: durch die Art, wie die Eltern das Kind halten, ohne es an sich zu drücken, oder dadurch, daß sie ein böses Gesicht machen und beim Essen und Baden schimpfen, daß sie das Kind anschreien, wenn es etwas will, oder es körperlich mißhandeln. Es gibt eine Fülle von Möglichkeiten, diese Botschaft zu übermitteln.

Die Mutter, der Vater, Kindermädchen, Erzieherinnen und ältere Geschwister können dieses destruktive Grundgebot vermitteln. Eltern sind vielleicht deprimiert, weil das Kind vor der Heirat unterwegs war oder nachdem sie keine Kinder mehr wollten. Die Schwangerschaft kann mit dem Tod der Mutter enden, und der Vater oder die Großeltern machen das Kind für den Tod der Mutter verantwortlich. Die Geburt mag schwer gewesen sein, und dem Kind wird zum Vorwurf gemacht, bei der Geburt zu groß gewesen zu sein: »Du hast mich bei der Geburt aufgerissen.« Solche Botschaften, oft in Gegenwart des Kindes erzählt, werden zum »Geburtsmythos« mit der Pointe: »Wenn du nicht wärst, sähe unser Leben besser aus.«

Laß dich nicht ein. Entmutigen die Eltern ein Kind, sich anzuschmiegen, dann wird das Kind dies so interpretieren, als habe man ihm gesagt: »Komm mir nicht zu nahe!« Mangel an körperlicher Berührung und Mangel an positiven Verstärkern führen dazu, daß das Kind einen solchen Schluß zieht. Wenn ein Kind einen Elternteil, dem es sich nahe fühlte, durch Tod oder Scheidung verliert, kann es dieses destruktive Grundgebot auch selber aufstellen, indem es sich zum Beispiel sagt: »Welchen Sinn hat es, sich näher einzulassen, sie sterben ja sowieso«, und es beschließt womöglich, sich nie wieder einzulassen.

Sei nicht wichtig. Wenn ein Kind zum Beispiel bei Tisch nicht sprechen darf, wenn man ihm sagt: »Kinder soll man sehen, aber nicht hören«, oder wenn es in anderer Weise abgewertet wird, kann es die Mitteilung als Aufforderung erleben, sich nicht wichtig zu nehmen. Es kann auch in der Schule eine solche Botschaft bekommen. In Kalifornien hatten es Kinder mit spanischsprachigem Hintergrund sehr schwer, sich als wichtig zu erleben, weil sie von den anderen Kindern, die nur *eine* Sprache sprechen, ausgelacht wurden, wenn sie versuchten, so gut Englisch zu sprechen wie sie Spanisch konnten, wobei ihnen das anfangs nur sehr bruchstückhaft gelang. Mit Sicherheit erhalten Schwarze diese Mitteilung von Weißen und auch von ihren eigenen (schwarzen) Müttern, weil sie ihre Kinder nicht so wichtig sein lassen wollen, daß sie mit den Weißen Schwierigkeiten bekommen.

Sei kein Kind. Eltern, die ihre älteren Kinder auffordern, auf die jüngeren aufzupassen, vermitteln diese Maxime, ebenso wie Eltern, die sehr früh mit der Sauberkeitserziehung anfangen und aus ihren Krabbelkindern »kleine Damen« oder »kleine Herren« machen, sie loben, wenn sie höflich sind, noch bevor sie wissen, was Höflichkeit bedeutet, und ihnen – solange sie selber noch Babys sind – sagen, daß nur Babys schreien.

Werde nicht erwachsen. Dieses destruktive Grundgebot gibt eine Mutter oft ihrem letzten Kind, ob es nun das zweite oder das zehnte ist. Auch Väter geben das Gebot häufig einem Mädchen vor oder während der Pubertät, wenn sie merken, daß sie der Tochter gegenüber sexuelle Gefühle entwickeln und Angst davor bekommen. Der Vater hält das Mädchen dann vielleicht von Sachen ab, die alle ihre Freundinnen machen – sich schminken, sich anziehen wie ein Teenager und sich mit Jungs verabreden. Der Vater hört eventuell auch auf, seine Tochter anzufassen, sobald sie reifer wird, und sie interpretiert das als »Werde nicht erwachsen, sonst liebe ich dich nicht mehr«.

Schaff's nicht. Hat der Vater seinen Sohn bisher beim Tischtennis geschlagen und spielt jetzt, seit der Sohn ihn schlägt, nicht mehr mit ihm, dann kann der Sohn dies so verstehen, als würde der Vater sagen: »Gewinn lieber nicht, sonst mag ich dich nicht mehr.« Und das schlägt um in »Hab keinen Erfolg« oder »Schaff's nicht«. Kritisieren perfektionistische Eltern ihre Kinder permanent, dann sagen sie ihnen: »Du machst nichts recht«, was soviel heißt wie »Schaff's nicht«.

Sei nicht du. Diese Maxime wird meistens einem Kind auf den Weg gegeben, welches das »falsche« Geschlecht hat. Sind schon drei Jungen da, und wünscht sich die Mutter ein Mädchen, bekommt aber wieder einen Jungen, dann macht sie aus ihrem jüngsten Sohn vielleicht ihre »Tochter«. Sieht ein Sohn, daß die Mädchen Bonbons kriegen, dann kann er das so verstehen, als hätte man ihm gesagt: »Sei kein Junge, sonst kriegst du gar nichts.« Und es fällt ihm dann möglicherweise schwer, sich entsprechend seinem Geschlecht zu identifizieren. Der Vater gibt nach vier Töchtern vielleicht auf und bringt der fünften bei, was »Jungs« und »Männer« machen, wie zum Beispiel Fußballspielen. (Es ist uns klar, daß dieser Satz sexistisch ist. Wir wollen jedoch nur auf das hinweisen, was in unserer Kultur tatsächlich geschehen ist und geschieht.)

Sei nicht gesund und *Sei nicht normal.* Eltern, die sich besonders um ihre Kinder kümmern, wenn diese krank sind, und sich nicht um die Kinder kümmern, wenn sie gesund sind, sagen ihnen praktisch: »Sei nicht gesund.« Verhält sich jemand verrückt und erntet dabei große Aufmerksamkeit, oder wird verrücktes Verhalten vorgelebt, ohne daß jemand Einspruch erhebt, dann lädt das Beispiel zur Nachahmung ein und heißt soviel wie »Sei nicht normal«. Wir haben viele Kinder von Schizophrenen gesehen, die Schwierigkeiten haben abzuschätzen, was wirklich und real ist und was nicht, obwohl sie selber nicht psychotisch sind. Sie verhalten sich nicht normal und werden oft so behandelt, als wären sie psychotisch.

Gehöre nicht dazu. Verhalten sich Eltern dauernd so, als sollten sie eigentlich irgendwo anders sein, etwa in Rußland, Irland, Italien, Israel oder England (wie z. B. im Fall mancher nach Australien oder Neuseeland ausgewanderter Engländer), dann ist es für das Kind schwierig zu wissen, wohin es gehört. Es hat vielleicht ebenfalls das dauernde Gefühl, daß es nicht dazugehöre, obwohl es doch in den Vereinigten Staaten von Amerika oder in Australien oder in Neuseeland geboren wurde.

Antreiber

Antreiber sind Botschaften aus dem Eltern-Ich der Eltern. Sie sind restriktiv und einschränkend und können, sofern ihnen Folge geleistet wird, Wachstum und Flexibilität ersticken. Zu ihnen gehören die von Taibi Kahler[10] zusammengestellten Antreiber: *Sei stark*, *Gib dir Mühe/Streng dich an*, *Sei perfekt*, *Beeil dich* und *Mach's mir recht*. Bei all diesen Antreibern kann man sich natürlich nie sicher sein, ob man ihnen wirklich gerecht geworden ist: War ich stark genug? Habe ich es ihm/ihr auch wirklich recht gemacht? Habe ich mich genug angestrengt? War ich schnell genug? Es ist unmöglich, perfekt zu sein. Mary ergänzt Kahlers Zusammenstellung durch den Antreiber *Sei vorsichtig*, der mit dem destruktiven Grundgebot *Nicht* korrespondiert.

Zu den Antreibern gehören auch von einer Generation zur nächsten weitergegebene religiöse, rassische und sexuelle Stereotype. Selbst Frauen, die sich für emanzipiert halten, erledigen das Kochen und Saubermachen zusätzlich zu ihrer normalen Berufstätigkeit, weil sie immer noch an den Antreiber glauben, daß Frauen ins Haus gehören.

Antreiber sind eindeutig, klar formuliert und ohne Geheimnisse. Wer einen Antreiber aufstellt, ist überzeugt, daß er dies zu Recht tut, und er wird seine Position verteidigen. »Natürlich gehören Frauen ins Haus. Was würde aus den Kindern, wenn die Frauen ihre Verantwortung nicht akzeptieren würden!« Ganz anders würde jemand antworten, der ein destruktives Grundgebot aufgestellt hat. Destruktive Grundgebote sind versteckte Botschaften. Wer sie aufstellt, ist sich selber gar nicht dessen bewußt, was sie bedeuten. Konfrontiert man einen Vater oder eine Mutter damit, daß sie ihrem Kind die Maxime »Sei nicht« auf den Weg gegeben haben, so sind sie beleidigt und werden es nicht glauben, sondern versichern, sie hätten niemals eine solche Absicht gehabt.

Berne glaubte anfangs, daß die Antreiber, also die Botschaften aus dem Eltern-Ich, den destruktiven Grundgeboten entgegengesetzt seien. Und er meinte, wenn der Klient dem Antreiber Folge leiste, brauche er dem destruktiven Grundgebot nicht zu folgen. Lautet das destruktive Grundgebot zum Beispiel »Sei nicht«und der Antreiber »Arbeite hart«, dann kann der Klient sein Leben retten, indem er hart arbeitet und seine suizidalen Impulse ignoriert. Klienten gehorchen jedoch eher den unbewußten destruktiven Grundgeboten als den Antreibern und bleiben dementsprechend trotzdem und während sie »hart arbeiten« depressiv. Lautet der Antreiber »Arbeite hart« und das destruktive Grundgebot »Werde nicht erwachsen«, dann ist es unmöglich, diese widersprüchlichen Botschaften zu befolgen. Man stelle sich die mißliche Lage eines Jungen vor, der die unbewußte Maxime »Sei kein Junge« annimmt, sich also wie ein Mädchen verhält, um es seinen Eltern recht zu machen, und den dieselben Eltern dann zum Fußballspiel mit anderen Jungs rausschicken, ihm verbieten, im Haus herumzuhängen und sich wie ein Mädchen zu verhalten! In anderen Fällen gehen Antreiber und destruktive Grundgebote in die gleiche Richtung. Ein Vater oder eine Mutter kann aus allen drei Ich-Haltungen dem Kind mitteilen, daß es nicht existieren soll, nicht wichtig sein soll und nicht groß werden soll. In solchen Fällen hat es das Kind besonders schwer, die Botschaften zurückzuweisen.

Gemischte Botschaften

Manche Botschaften können sowohl vom Eltern-Ich als auch vom Kind-Ich der Eltern gegeben werden. Dies gilt besonders für Botschaften, die Denken und Fühlen betreffen. Destruktive Grundgebote und Antreiber gegen das Denken sind zum Beispiel: *Denk nicht, Denk das nicht* (einen speziellen Gedanken) oder *Denk nicht, was du denkst, sondern denke, was ich denke (Du sollst mir nicht widersprechen)*. Analog lauten die Botschaften zum Fühlen: *Fühle nicht, Fühle das nicht* (ein spezielles Gefühl) oder *Fühle nicht, was du fühlst, sondern fühle, was ich fühle (Ich friere, zieh deinen Pulli an* oder *Du haßt deinen kleinen Bruder gar nicht, du bist bloß müde)*.

Entscheidungen

Um es noch einmal zu betonen: Eltern mögen destruktive Grundgebote und Antreiber aussenden, soviel sie wollen, für die Entwicklung eines Kindes werden sie erst dann wichtig, wenn das Kind sich *daran hält*. Es liegt in der Macht des Kindes, sie anzunehmen oder sie zu verwerfen. Es gibt kein destruktives Grundgebot, das dem Kind wie eine Elektrode ins Gehirn eingepflanzt wird, wie Berne[1] glaubte. Wir gehen sogar noch weiter und glauben, daß viele destruktive Grundgebote von den Eltern nie aufgestellt wurden. Ein Kind hat eigene Phantasien, erfindet selber Zusammenhänge oder mißversteht, was in seinem Umfeld passiert, und stellt dabei seine eigenen unbewußten Maximen auf. Stirbt sein Bruder, dann glaubt das Kind unter Umständen, daß seine Eifersucht auf den Bruder dessen Tod auf magische Weise herbeigeführt hat; denn von Lungenentzündung versteht das Kind nichts. Indem es sich schuldig fühlt, stellt es für sich selber möglicherweise das destruktive Grundgebot »Sei nicht« auf. Stirbt der geliebte Vater, so beschließt das Kind womöglich, sich nie wieder mit irgend jemandem näher einzulassen. Es gibt sich selber die Botschaft »Laß dich nicht ein«, weil es vermeiden will, den Schmerz, den es beim Tod des Vaters erlebte, noch einmal zu erleben. Es sagt praktisch: »Ich werde nie wieder jemanden lieben und dann kann ich auch nicht mehr verletzt werden.«

Wir haben eine begrenzte Zahl destruktiver Grundgebote aufgeführt. Es gibt jedoch fast unzählige Entscheidungen, die ein Kind als Reaktion auf solche Maximen treffen kann. Im folgenden nennen wir einige mögliche Reaktionen. Zunächst kann ein Kind dem Grundgebot einfach nicht trauen und es deshalb verwerfen. Vielleicht erkennt es, wie krank derjenige ist, der das Gebot aufgestellt hat. (»Meine Mutter ist krank. Was sie sagt, meint sie sowieso nicht ernst.«) Oder das Kind findet jemanden, der dem Gebot widerspricht und dem das Kind glaubt. (»Meine Eltern wollen mich nicht, aber mein Lehrer.«) Von den vielen möglichen pathologischen Entscheidungen, die als Reaktion auf Grundgebote getroffen werden, zählen wir im folgenden einige auf.

Sei nicht. »Ich sterbe, und wenn ich tot bin, wirst du mich endlich lieben.« »Ich krieg' dich schon, selbst wenn ich dabei draufgehe.«

Nicht/laß ... bleiben. Mögliche Entscheidungen, die das Kind als Antwort darauf treffen wird: »Ich kann mich nicht entscheiden«, »Ich brauche jemanden, der für mich entscheidet«, »Die Welt ist so schrecklich – ich habe Angst, etwas falsch zu machen«, »Ich bin schwächer als andere«, »Nie wieder entscheide ich etwas alleine.«

Werde nicht erwachsen. »Gut, ich bleibe klein« oder »hilflos« oder »dumm« oder »sexuell unattraktiv«. Eine entsprechende Entscheidung zeigt sich oft an der gesamten Körperlichkeit, am Tonfall, an Eigenschaften und im Verhalten.

Sei kein Kind. Mögliche Entscheidungen lauten: »Ich werde nie mehr um irgend etwas bitten; ich kümmere mich um mich selber«, »Ich werde mich immer um sie sorgen«, »Ich werde nie vergnügt sein«, »Nie wieder verhalte ich mich wie ein Kind.«

Schaff's nicht. Das Kind kann etwa folgende Entscheidungen treffen: »Ich mache alles falsch«, »Ich bin dumm«, »Ich verliere immer«, »Ich schlag' dich aus dem Feld, selbst wenn ich dabei draufgehe«, »Ich zeig's dir, selbst wenn ich dabei umkomme«, »Es ist ganz egal, wie gut ich bin, ich müßte besser sein, deshalb bin ich frustriert (oder: »schäme mich«; oder »fühle mich schuldig«).«

Laß dich nicht ein. Entscheidungen als Reaktion auf dieses Gebot sind zum Beispiel: »Ich werde nie mehr jemandem trauen«, »Ich werde mich nie mehr mit jemandem enger einlassen«, »Ich werde meine sexuellen Wünsche immer unterdrücken.« (Und im Zusammenhang damit: »meine Gefühle verbergen und körperliche Nähe vermeiden«.)

Sei nicht gesund und *Sei nicht normal.* Die Entscheidungen dazu können lauten: »Ich bin verrückt«, »Ich hab die schlimmste Krankheit, die es gibt, und möglicherweise sterbe ich daran.« (Und im Zusammenhang damit: »Ich versage mir, mich zu bewegen oder zu denken.«)

Sei nicht du (Sei kein Junge oder kein Mädchen). Als Reaktion entscheidet das Kind zum Beispiel: »Ich zeig's ihnen, daß ich so gut bin wie jeder andere Junge/jedes andere Mädchen«, »Wie sehr ich mich auch anstrenge, recht machen kann ich's nie«, »Eigentlich bin ich ein Mädchen, auch wenn ich einen Penis habe«, »Eigentlich bin ich ein Junge, auch wenn ich wie ein Mädchen aussehe«, »Ich tu so, als wär ich ein Junge/Mädchen«, »So wie ich bin, kann ich nicht glücklich sein«, »Ich muß mich immer schämen.«

Sei nicht wichtig. Das Kind entscheidet beispielsweise: »Niemand läßt mich was sagen oder machen«, »Alle anderen gehen vor«, »Ich bringe es nie zu etwas«, »Wenn ich es vielleicht doch zu etwas bringe, darf es niemand erfahren.«

Gehöre nicht dazu. Die Entscheidungen lauten zum Beispiel: »Ich werde zu niemandem gehören« (oder »zu keiner Gruppe« oder »zu keinem Land«) oder »Niemand mag mich, weil ich nicht dazugehöre.«

Zu den gemischten Botschaften über Denken und Fühlen:

Denke nicht. Mögliche Entscheidungen lauten: »Ich bin dumm«, »Ich kann nicht für mich allein denken«, »Ich kann mich nie konzentrieren.«

Denke nicht das bzw. *Denke was anderes.* »Es ist schlecht, sexuelle Phantasien zu haben, da denke ich lieber an was anders« (so jemand kann zwanghaft werden), »Ich erwähne das lieber nicht« oder »Ich denke nicht mehr daran« (was immer dieses »das« hier bedeutet, wie z. B. ein Adoptivkind zu sein oder »Vater ist nicht mein richtiger Vater«). Oder: »In Mathe bin ich nicht gut« (oder in Biologie, im Kochen, beim Fußballspielen, je nachdem, welche Botschaft mit dem Grundgebot verknüpft wurde).

Denke nicht, was du denkst – denke lieber, was ich denke. »Ich habe immer unrecht«, »Ich mach' den Mund nicht auf, bis ich weiß, was die anderen denken.«

Als Reaktion auf die Maximen über die Gefühle werden ähnliche Entscheidungen getroffen:

Fühle nicht. Das Kind reagiert zum Beispiel so: »Gefühle sind Zeitverschwendung«, »Ich fühle gar nichts.«

Fühle nicht das. »Ich werde nie wieder weinen«, »Ich bin nie wütend – Wut ist tödlich.«

Fühle nicht, was du fühlst, sondern fühle, was ich fühle. »Ich weiß nicht, was ich empfinde.« So jemand fragt die Therapeuten und die Gruppenmitglieder: »Was soll ich jetzt fühlen? Wie würdet ihr fühlen, wenn ihr an meiner Stelle wärt?«

Skripts

Anders als andere TA-Therapeuten, die ihre Diagnose auf ausgefüllte Skript-Fragebögen stützen und die Meinung vertreten, die Behandlung müsse auch die Aufarbeitung der kleinsten Verästelungen des Skripts umfassen, arbeiten wir lange nicht so ausführlich mit den Skripts. Wir bevorzugen Kurztherapien und halten es deshalb für vorteilhafter, direkt den Komplex von destruktiven Grundgeboten, Entscheidungen und typischen negativen Gefühlsreaktionen anzugehen und uns im großen und ganzen wenig um das Skript des Klienten zu kümmern. Angehenden TA-Therapeuten empfehlen wir jedoch, Skript-Fragebögen zu benutzen und sich in die Skripttheorie einzuarbeiten. Sie können sich dann später entscheiden, welche Aspekte der Skripttheorie sie in ihrer eigenen Arbeit besonders betonen möchten.

Sobald ein Kind eine frühe Entscheidung für sich getroffen hat, beginnt es, nach der Skripttheorie, sein weiteres Leben auf der Basis dieser Entscheidung zu planen und sich dabei an einem Märchen oder einer anderen Geschichte als Vorbild zu orientieren. Eine vierzigjährige ledige Frau zum Beispiel, die noch keine klaren Vorstellungen über ihre Berufsziele hat, sagt, sie »warte darauf, daß irgend etwas passiert«. Als Kind mochte sie am liebsten das Märchen vom Dornröschen. Eine andere Frau schuftet schon ihr ganzes Leben und versucht damit, ihren undankbaren Ehemann und ihre Kinder zufriedenzustellen. Sie erinnert sich, daß sie am liebsten das Märchen vom Aschenputtel hörte. Viele junge männliche Mitarbeiter der Kalifornischen Jugendbehörde orientieren sich an Vorbildern aus Fernsehprogrammen, wie zum Beispiel »Rifleman«. Im Laufe des Lebens trifft eine Person gewöhnlich weitere Entscheidungen und erweitert die Ausgangsgeschichte. Ziel unserer Arbeit ist, daß sich die Klienten zugestehen, ihr Leben autonom zu gestalten, und sich nicht mehr abhängig machen von den alten Entwürfen ihres Kind-Ich, wobei es keine Rolle spielt, ob diese Entwürfe dem Muster von Gewinner- oder Verliererskripten folgen.

Berne glaubte, daß Kinder das ihnen angetragene Skript übernehmen müßten und daß sie darauf angewiesen seien, im Therapeuten ein starkes Eltern-Ich anzutreffen, damit sie ihr Skript ändern können. TA-Therapeuten und andere Therapeuten, welche die Beziehung zwischen Patient und Therapeut als verbesserte Neuauflage des Eltern-Kind-Verhältnisses verstehen, vertreten diese Ansicht ebenfalls. Ebensowenig, wie wir an die Elektrodentheorie glauben, glauben wir, daß jemand dem ihm angetragenen Skript passiv ausgeliefert ist. Wir glauben, daß das Individuum sein Skript selber schreibt. Und wir glauben, daß es dieses Skript mit Hilfe eines starken Eltern-Ich auch selber umschreiben kann, wobei es die Elternhaltung bzw. das Eltern-Ich selber aufbaut und nicht einfach vom Therapeuten übernimmt. Es mag für einen Therapeuten befriedigend sein zu denken, der Patient brauche ihn als besseren Vater oder bessere Mutter. Aber abgesehen von Jugendlichen und Psychotikern kann der Patient diese Funktion selber viel besser übernehmen.

George McClendon[11] arbeitet in seiner Arbeit mit Familien sowohl mit Familienskripts als auch mit individuellen Skripts. Er glaubt, daß Familien ihre Skripts, die er »Mythen« nennt, kennen müssen, damit jedes Familienmitglied imstande ist, sich aus der Vergangenheit zu lösen und seine Kraft in sein heutiges Leben fließen zu lassen. Therapeuten, die lernen wollen, wie man Skripts erkennt, schlagen wir vor, sich in die TA-Literatur gründlich einzulesen und mit Skript-Fragebögen wie den von William Holloway[12] und Paul McCormick[13] entwickelten praktisch zu arbeiten.

3 Sackgassen und Neuentscheidungen

Als Sackgasse bezeichnen wir einen Punkt, an dem zwei oder mehr entgegengesetzte Kräfte aufeinanderstoßen, einen festgefahrenen Ort, ein Patt. Jemand hat sich über das Geländer der Golden-Gate-Brücke geschwungen, hält sich jedoch noch fest. Er zögert und sagt sich: »Aber ich will eigentlich gar nicht sterben.« Ein anderer Teil in ihm sagt: »Ich will *doch* sterben.« Solange er in dem Konflikt schwankt, ob er loslassen will oder nicht, ist er in einer Sackgasse. Springt er, dann hat er das Patt überwunden. Springt er nicht, sondern entscheidet sich, nicht zu sterben, dann hat er die Sackgasse in Richtung aufs Überleben durchbrochen, mindestens für eine Zeitlang. Möglicherweise steht er später wieder vor demselben Konflikt, im Augenblick hat er ihn jedenfalls gelöst. (Wir sind mit solchen befristeten Lösungen, die gewöhnlich aus der Erwachsenen-Haltung kommen, nicht zufrieden. Wir arbeiten darauf hin, daß sich das Kind-Ich neu entscheidet, sich weder jetzt noch in Zukunft umzubringen.)

Bob teilt die Sackgassen in drei Typen oder Grade ein.[1] Die *Sackgasse ersten Grades* stellt einen Konflikt zwischen dem Eltern-Ich des Individuums und seinem Kind-Ich dar und geht auf die Antreiber zurück. Wie wir bereits früher erklärt haben, geben die Eltern, solange sie leben, Botschaften aus ihrem Eltern-Ich, zum Beispiel die Botschaft *»Arbeite hart«*. Der Vater sagt zum Sohn: »Jede Arbeit, die es wert ist, daß man sie macht, muß auch gut gemacht werden«, »Mach immer noch zehn Prozent mehr.« Der kleine Junge will es seinem Vater recht machen und möchte von ihm anerkannt werden; deshalb beschließt er als kleiner Pfiffikus (ER_1), hart zu arbeiten, um seinem Papa zu gefallen. Er arbeitet hart, bis er 55 ist, und es geht ihm – wenn auch außerhalb seines bewußten Gewahrseins – noch immer darum, es den Eltern recht zu machen. Mit 55 beschließt er, daß er etwas langsamer tun will, und nimmt sich in seinem Erwachsenen-Ich vor, nur noch acht Stunden täglich und fünf Tage in der Woche zu arbeiten sowie jedes Jahr einen Monat Urlaub zu machen. Es scheint, als habe er seine Sackgasse durchbrochen. Die Entscheidung seines »denkenden« Erwachsenen-Ich ist jedoch normalerweise nicht genug.

Kaum tut er langsamer, da bekommt er Kopfschmerzen oder, falls er jetzt anfängt, Golf zu spielen, ertappt er sich dabei, daß er an einem Tag gleich 36 Löcher spielt. Er geht angeln und ist schon im Morgengrauen im Yellowstone-Park unterwegs. Anstatt zu entspannen, verbringt er den ganzen Tag damit, von einem Parksee zum anderen zu laufen, um möglichst alle Fische zu fangen. Noch immer hört er auf die alte elterliche Botschaft, den Antreiber »Hart arbeiten, Erfolg haben, die Arbeit gut machen«. Weil er die Entscheidung nur vom Verstand her, aus der Erwachsenen-Haltung, getroffen hat, und nicht als Neuentscheidung des frühen Erwachsenen-Ich im Kind-Ich, steckt er immer noch in der Sackgasse.

Die Therapie muß dergestalt sein, daß der Patient eine Szene aus seiner Kindheit aufgreift und in dieser Szene seine Eltern (natürlich in der Phantasie) konfrontiert; er sieht Papa vor sich und sagt ihm, daß er nicht mehr so hart arbeiten wird. Gewöhnlich erinnert jemand eine reale Szene und erlebt die Gefühle, die er damals hatte, im Jetzt wieder. Ein Teilnehmer aus einem unserer Marathons erinnert zum Beispiel, daß er vorhatte, sich bei einer Baseball-Mannschaft einzuschreiben. Aber sein Vater, ein Kleinbauer, wollte das nicht zulassen, weil der Sohn Beeren pflücken sollte. Der Patient geht in die Szene zurück und sagt seinem Vater, daß er auf jeden Fall Baseball spielen werde, egal was der Vater sagt. Danach arbeitet er nicht mehr so hart.

Das erste Mal, als er das seinem Vater sagte, zog er die Schultern ein, als ob der Vater ihn schlagen wollte. Wir forderten ihn auf, es noch mal anders zu sagen und dann der Vater zu sein und so zu antworten, wie er meinte, daß der Vater antworten würde. Auf Vaters Stuhl sagte er (als Vater): »Laß dir ja nicht einfallen, mir so zu widersprechen. Marsch an die Arbeit und auf den Traktor!« Dann wechselte er auf seinen eigenen Stuhl und sagte dem Vater noch einmal, daß er Baseball spielen werde und nicht arbeiten und daß Vater ihm nichts mehr antun könne. Dann fragte er seinen Vater, wie es komme, daß er ihn nie, wenn er möchte, spielen lasse. Und als Vater antwortete er: »Weil wir essen müssen, und ich kann nicht die ganze Arbeit allein machen, und wenn du nicht hilfst, haben wir nichts zu essen.« Auf seinem eigenen Stuhl antwortete er darauf: »So war es damals, und heute ist es nicht mehr so. Ich verdiene genug Geld in meinem Beruf, ich brauche nicht dauernd Überstunden zu machen.« Nachdem er in seiner Kindhaltung eine neue Entscheidung getroffen hatte, machte er jetzt realistische und konkrete Pläne in seiner Erwachsenenhaltung: »Ich melde mich bei Fielding an« (einer Einrichtung ähnlich der Fernuniversität) »und reduziere die Stunden in meiner Privatpraxis, so daß ich nicht mehr Tag und Nacht arbeite. Finanziell kann ich mir das leisten, indem ich in eine billigere Wohnung ziehe und mein teures Auto verkaufe und mir dafür ein billigeres kaufe.«

Um es noch einmal zu sagen: Die Sackgasse ersten Grades ist eine Reaktion auf die Antreiber. Das Kind entscheidet ursprünglich, daß es tun will, was die Eltern verlangen, etwa hart zu arbeiten. Und fühlt sich dabei möglicherweise auch wohl, solange es für die Arbeit Anerkennung bekommt und solange es die Arbeit nicht als Störfaktor erlebt, der ihn an der Erfüllung anderer Wünsche hindert. Wenn er das ändern möchte und weniger arbeiten will, dabei aber das Gefühl hat, nicht weiterzukommen, zu einer Veränderung »nicht in der Lage zu sein«, dann steckt er in einer Sackgasse. Um dieses Patt zu durchbrechen, trifft das Erwachsenen-Ich in seinem frühen Kind-Ich – derselbe kleine Pfiffikus, der die ursprüngliche Entscheidung, hart zu arbeiten, getroffen hatte – eine neue Entscheidung.

Bei der *Sackgasse zweiten Grades* hat sich der kleine Pfiffikus in Reaktion auf ein destruktives Grundgebot und nicht in Reaktion auf einen Antreiber entschieden. Der Vater hat zum Beispiel aus seiner Elternhaltung heraus die Botschaft gegeben: »Arbeite hart« (Sackgasse ersten Grades) und aus seiner Kindhaltung das destruktive Grundgebot »Sei kein Kind«. Die Entscheidung kann dann gelautet haben: »Ich werde mich nie mehr wie ein Kind verhalten.« Das trifft für viele Therapeuten zu, die wir ausbilden und behandeln. Sie arbeiten hart, nehmen sich wenig Zeit zum Spielen, und wenn sie spielen, ist ihr Spiel nicht so spontan, frei und unbefangen wie das Spiel von Menschen, die ein solches destruktives Grundgebot nicht akzeptiert haben. Diese Therapeuten opfern sogar ihren Urlaub, damit sie vier Wochen lang zum Lehrgang hierherkommen können!

Solche Menschen können aus der Erwachsenenhaltung heraus entscheiden, nicht schwer zu arbeiten und mehr zu spielen, aber das Spielen behält den Charakter eines Programms und ist nicht frei. Die Lösung dieser Sackgasse bzw. dieses Konfliktes zwischen dem frühen Erwachsenen-Ich im Kind-Ich (E_1) und dem Kind-Ich der Eltern, das inzwischen Teil des frühen Eltern-Ich (EL_1) wurde, ist sehr viel mehr gefühlsgeladen als die Lösung einer Sackgasse ersten Grades. Um zu einer erfolgreichen Lösung zu kommen, setzt sich der Klient der Erinnerung an seine realen Eltern aus, hört noch einmal, wie sie sprachen, und vergegenwärtigt sich, wie sie aussahen und fühlten. Oft liegt der Unterschied in der Intensität der Gefühle der Eltern, die bei der Durcharbeitung von Sackgassen ersten Grades nicht so stark ausgeprägt sein mag. Der Therapeut schafft eine Umgebung, in welcher der Klient intensiv dieselben Gefühle empfindet wie damals, als er die ursprüngliche Entscheidung traf. Der Klient *muß* in seiner Kindhaltung sein und nicht in seiner Erwachsenenhaltung! Üblicherweise geschieht dies in der Wiederbelebung einer alten Szene, in welcher der Klient nicht nur den Ort und die beteiligten Personen lebhaft wiedererlebt, sondern auch die Gefühle, die er und alle anderen ursprünglichen Spieler hatten.

Ein Dialog wird in Szene gesetzt. Dabei gibt der Klient sein Ziel an: »Ich bin in Ordnung, wenn ich spiele. Wenn ich mich wie ein Kind verhalte, bin ich in Ordnung. Wenn ich lache, fröhlich und erregt bin, bin ich in Ordnung.«

Der Dialog geht weiter, indem der Klient zuerst den Part jenes Elternteils übernimmt, der das destruktive Grundgebot gegeben hat, und dann wieder er selbst ist. Und der Klient arbeitet dabei den Konflikt durch. Manchmal leistet sein introjizierter Elternteil großen Widerstand, und der Klient muß es wagen, die Neuentscheidung gegen die Mißbilligung des anderen Anteils in ihm selber, nämlich des Eltern-Ich (EL_1) in seinem Kind-Ich (K_1), zu treffen. In anderen Fällen findet er von irgendwoher in sich selber Unterstützung, zum Beispiel von dem jeweils anderen introjizierten Elternteil oder von introjizierten Großeltern – oder vom Psychotherapeuten. Manchmal muß er sich selber eine neue Elternhaltung aufbauen, damit schließlich sein Erwachsenen-Ich im Kind-Ich und sein Eltern-Ich im Kind-Ich der Neuentscheidung zustimmen. Am Ende sagt, glaubt und erlebt der Klient: »Ich spiele, ich verhalte mich wie ein Kind, ich lache, bin vergnügt und aufgeregt! Ich bin in Ordnung, so kindlich wie ich bin!«

Eine solche Arbeit ist nicht leicht. Der Therapeut muß genau hinhören und mit großer Sorgfalt günstige Rahmenbedingungen schaffen. Sie ist extrem schwer, wenn der Therapeut einen Klienten nur ein oder zwei Stunden wöchentlich sieht. Weniger schwer ist sie in Gruppen oder an Wochenenden, in einwöchigen oder vierwöchigen Workshops.

Die *Sackgasse dritten Grades* ist eine Patt-Situation, in der sich der Patient schon *immer* so erlebt hat, wie er ist, unabhängig davon, wie dieses Erleben inhaltlich ausgeprägt ist. Ein depressiver Klient zum Beispiel, der erfolgreich eine Sackgasse zweiten Grades durcharbeitet und beschließt, sich nicht umzubringen, kann und wird wahrscheinlich seine Depression aufgeben. Er kann sich aber immer noch als wertlos erleben und erklären, daß er sich *schon immer* wertlos gefühlt hat. Er erlebt seine Gefühle jedoch nicht als Ergebnis destruktiver elterlicher Gebote und seiner Entscheidung, sich diesen anzupassen, sondern vielmehr als seine Natur. »Von Geburt an« war er schon so, erklärt er. Bei diesen Sackgassen dritten Grades wurden die destruktiven Grundgebote schon so früh und/oder so averbal vermittelt, daß der Klient überhaupt nicht gewahr ist, daß sie je gegeben wurden. Deshalb reicht die Arbeit, wie sie bei einer Sackgasse zweiten Grades angemessen ist, zwischen dem Kind-Ich des Klienten und dem phantasierten Kind-Ich seiner ursprünglichen Eltern nicht aus, um an die Wurzeln des Konfliktes heranzukommen. Obwohl wir wissen, daß dem Klienten ein destruktives Grundgebot gegeben wurde und er eine Entscheidung traf, bleibt dies seinem Erleben unzugänglich. Die entscheidende Arbeit muß deshalb zwischen den beiden Seiten seines kleinen Pfiffikus stattfinden – zwischen dem kleinen Pfiffikus, der sich angepaßt hat, und dem kleinen Pfiffikus des freien Kind-Ich, der sich neue Seinsweisen einfallen lassen kann. Die Arbeit findet ausschließlich zwischen den beiden Seiten des Kind-Ich statt, in einem Doppelmonolog zwischen dem Ich (des angepaßten oder reaktiven kleinen Pfiffikus) und dem Ich (des freien oder unbefangenen kleinen Pfiffikus), nicht dagegen als Ich-du-Dialog, den man gewöhnlich in der Sackgassen-Arbeit ersten und zweiten Grades anwendet.

Um es noch einmal zu sagen: Bei Sackgassen dritten Grades glaubt der Klient, er sei schon immer dickköpfig, wütend und zu nichts nütze gewesen, habe schon immer nicht spielen können; er habe wirklich das falsche Geschlecht und sei tragischerweise im falschen Körper geboren worden. Um solche Sackgassen durchzuarbeiten, muß der Klient beide Seiten einnehmen: »Ich bin das männliche Ich« und auch »Ich bin das weibliche Ich«. Oder »Ich bin das spielerische Ich« ebenso wie »Ich bin das Ich, das nie spielt«. Und er muß abwechselnd jede Seite sein, bis er die Kraft und Energie auf der Seite des freien, unbefangenen Kind-Ich erlebt. Wenn ein Mensch dies erlebt, wenn er beispielsweise erlebt, daß er etwas wert ist, dann erfährt und weiß er, wie faszinierend es ist, sich zu ändern. Es ist dies eine mächtige und bewegende Erfahrung: Der Klient trifft eine Neuentscheidung, gibt eine ihm scheinbar lebenslang anhaftende Eigenschaft auf und erlebt seine Autonomie und Freiheit.

Zusammenfassung

Bisher haben wir allgemeine Grundlagen der TA diskutiert, angefangen mit dem grundlegenden Konzept der drei Ich-Haltungen: dem Erwachsenen-Ich, das Daten sammelt und verarbeitet und sich diesen Daten entsprechend verhält; dem Kind-Ich, das sich aus realen und vorgestellten Kindheitserfahrungen zusammensetzt; dem Eltern-Ich, das gegenüber der Person selber oder anderen gegenüber die Elternfunktion übernimmt, wie es dies von den Eltern oder Ersatzeltern gelernt hat oder aufgrund der dem Kind-Ich und Erwachsenen-Ich innewohnenden Kraft, selbst ein Eltern-Ich zu schaffen.

Wir haben über Transaktionen, Verstärkungen und Spiele geschrieben. Wir haben erklärt, was typische negative Gefühlsreaktionen, was destruktive Grundgebote, Antreiber und Entscheidungen sind. In diesem Kapitel haben wir den Schwerpunkt auf die Sackgassen gelegt und das Thema Neuentscheidungen angeschnitten.

Was ist unser Ziel? Das Ziel ist nicht, die Entstehung einer neuen Sprache zu begünstigen oder gar andere zu überreden, unsere Sprache zu benutzen. Der Jargon wirkt keine Wunder. Man könnte genausogut andere Ausdrücke wählen. Die Worte sind nicht mehr als handliche Etikette, um eine Theorie der Entwicklung von Verhalten zu verstehen. Sie sind nur insoweit nützlich, als sie Leuten helfen, glücklicher zu leben.

Unser Ziel ist, eine Situation zu schaffen, in der Veränderungen stattfinden. Wir arbeiten lieber intensiv als in die Länge gezogen und ermutigen den Klienten, sich in kurzer Zeit zu ändern – an einem Wochenende, in einer Woche, in zwei Wochen oder in einem Monat – und dann nach Hause zu gehen und seine Veränderungen ohne weitere Therapie zu praktizieren. Zu negativer oder positiver Übertragung ermutigen wir nicht, im Gegenteil. Wir haben jedoch nichts dagegen, wenn Klienten uns um unserer selbst willen mögen. Auf jede denkbare Art und Weise ermutigen wir die Klienten, sich selbstverantwortlich zu verhalten, zu denken und zu fühlen. Wir entmutigen sie, abhängiges Verhalten fortzusetzen. Wir sind mehr an innerpsychischen Veränderungen interessiert als an der Analyse von Transaktionen, Gruppenprozessen und zwischenmenschlichen Beziehungen. Der Gruppenprozeß interessiert uns wenig, und wir sprechen selten über ihn, obwohl wir natürlich Mut dazu machen, daß während der Kurse etwas in Gang kommt. Dieser reale »Prozeß« findet täglich 24 Stunden statt, nämlich wenn die Teilnehmer miteinander essen, spielen oder in Zwei- bis Vierbettzimmern übernachten. In erster Linie machen wir Einzeltherapie im Rahmen der Gruppe, weil es für einen Klienten leichter ist, in der Kindhaltung zu bleiben und dabei Neuentscheidungen zu treffen, wenn die Szene einfach gehalten und die Anzahl der real Beteiligten auf ein Minimum beschränkt wird. Nach der Neuentscheidungsarbeit praktiziert der Klient, was er gelernt hat – im Schwimmbad, bei Tisch oder abends bei Gitarrenspiel und ruhigen Gesprächen.

4 Verträge

Der Prozeß bis zum Vertragsabschluß

Der therapeutische Vertrag setzt den Schwerpunkt für die Behandlung. Die Klienten entscheiden, welche speziellen Glaubenssätze, welche Gefühle und welche Verhaltensweisen sie ändern wollen, was sie an sich selber verändern wollen, um selbstgesetzte Ziele zu erreichen. Mit den Therapeuten arbeiten sie den Vertrag genau aus, schließen ihn jedoch mit sich selber. Die Therapeuten dienen als Zeugen und Geburtshelfer.

Einige Klienten wissen genau, was sie wollen:

Jan: Tag, ich heiße Jan. Ich bin hier, weil ich befördert worden bin, und das bedeutet, daß ich Vertreter schulen muß. Ich habe gehört, daß ihr die Angst vor öffentlichem Reden heilt, und ich habe schreckliche Angst davor, öffentlich zu sprechen.

Andere Klienten drücken sich unbestimmt aus:

Rolf: Ich möchte gerne daran arbeiten . . . ich versuche, mit meinem Chef zurechtzukommen. Außerdem, und das hängt irgendwie damit zusammen, läuft es immer auf Streit hinaus.

Bob: Sag ein Beispiel, wie du vor kurzem mit deinem Chef zurechtkommen wolltest und dich dann mit ihm gestritten hast.

Rolf: Ja, gerade letzte Woche. Wir waren in meinem Büro . . .

Mary: Gut. Stell dir vor, daß du jetzt im Büro bist, und berichte die Szene so, als passierte sie eben jetzt. Hier ist noch ein Stuhl. Wenn du dein Chef bist, setz dich auf den Stuhl und sage, was dein Chef sagte.

Bevor wir fragen, was der Klient ändern will, müssen wir erst wissen, wovon er spricht. Wenn Rolf sagt, er wolle besser klarkommen, brauchen Therapeut und Klient Informationen, auf die sie sich beide beziehen können. Wir verschaffen uns die Information so, daß wir nach einem Beispiel fragen und den Klienten auffordern, die Szene ins Hier und Jetzt zu bringen und die Rollen aller Beteiligten in der Szene zu spielen. Wir fördern Ich-du-Dialoge, selbst dann, wenn das Du nur in der Phantasie des Klienten anwesend ist. So zu arbeiten, ist lebendiger und realer als das Herbeten dessen, »was passiert ist«, in Vergangenheitsform. Außerdem wird der Klient, wenn er mitten in der Szene steckt, beim Berichten sich viel eher auch Gefühle erlauben.

Anne: Ich werde innerlich immer ganz gespannt, wenn ich einen Mann mag, wenn ich einem Mann sagen möchte . . ., daß ich mit ihm befreundet sein möchte.

Mary: Denk an einen spezifischen Mann, mit dem du in letzter Zeit befreundet sein wolltest, etwa so: »Ich bin auf einer Party und sehe . . .«

Anne: Ich sollte sagen, daß ich mich nur bei Männern so verhalte, von denen ich meine, daß sie auch zu haben sind. Nicht bei verheirateten Männern.

Mary: Gut. Greif einen Mann und eine Szene heraus.

Anne: Gut. Ja. Letzten Freitag. Ich bin . . . Jörg ist mein Ausbilder. Nach dem Unterricht gehe ich mit ihm Kaffee trinken. Ich stelle mir vor, wie ich ihm sage, daß ich ihn mag. In meiner Phantasie frage ich ihn, ob wir uns wieder treffen können, und statt dessen sage ich ihm plötzlich, daß ich weg muß. Und ich gehe.

Bob: Stell dir vor, du hast die Therapie abgeschlossen. Wiederhole die Szene so, wie du sie einrichten würdest, wenn du dich verändert hast, und sei so, wie du sein möchtest.

Anne: Ich freue mich über mich selbst, während ich ihm von meiner Arbeit erzähle. Ich stelle mir vor, ihn wiederzusehen. Anstatt wegzulaufen, . . . (*Pause*) . . . sage ich: »Ich fand es sehr schön, mit dir Kaffee zu trinken. Dies war wirklich schön. Können wir uns wieder treffen?« Ich bin glücklich. Das ist es, was ich möchte. Ja!

Anne spürt ihre Gedanken und Gefühle gleichzeitig, während sie die neue Szene schafft. Sie sieht lebendig aus, und ihr Beispiel ist für jedermann klar.

Zu einer scheinbaren Verständigung kommt es, wenn Klienten Worte gebrauchen, die nicht viel ausdrücken, etwa »Ich möchte mich in bezug auf mich selber in Ordnung fühlen«, »Ich möchte anderen näher sein«, »Ich möchte mich besser mitteilen«. In jedem Fall beschleunigt ein spezifisches Beispiel die Vorbereitungen zum Vertragsabschluß.

Thomas: Ich möchte eine alte Platte, ein Gefühl, ein Skript aufgeben. (Seine Worte zeigen, daß er mit TA-Terminologie vertraut ist und sie mißbraucht.)

Bob: Ein was?

Mary: Eine Platte, ein Skript, ein Gefühl? Merkst du, wie du dich in Verwirrung bringst? Und wenn wir sagen würden: Gut, mach weiter, dann wären wir mit dir verwirrt.

Thomas: Das ist wahr. Als ihr vorher mit Bertram gearbeitet habt und er sagte: »Am liebsten würde ich mich umbringen«, war ich traurig. Und dann dachte ich an meine Eltern, und ich hatte diesen verrückten Gedanken: »Ich werde mich nie umbringen, aber ich werde wie meine Eltern enden. Ich werde unglücklich sterben.«

Bob: Was meinst du mit »unglücklich sterben«?

Thomas: Sie bekamen nie, was sie wollten.

Mary: Also lebten sie unglücklich und starben dann. Was willst du nun für dich, so daß du, wenn du einmal stirbst, sagen kannst: »Ich habe glücklich gelebt«? Sag's kar.

Wir wissen nicht, was Thomas will. Er weicht aus, schweift ab, weigert sich, Beispiele zu geben, und erklärt schließlich, daß er sehr hart arbeitet, sich mit seiner Arbeit quält, statt sie zu genießen, keine Hobbys hat. Und seiner Frau macht die Sexualität mit ihm keinen Spaß. Er ist depressiv und fühlt sich wertlos. Sein erster Vertrag lautet, sich nicht umzubringen. Sein zweiter Vertrag lautet, sich selber für wertvoll zu halten, sein dritter Vertrag lautet, sich zu freuen.

Wie Thomas ist auch Roland schwer zu verstehen. Eine andere Methode zur Verbesserung der Verständigung zwischen Therapeut und Klient besteht darin, Klienten aufzufordern, in Kindersprache zu sprechen.

Roland: Ich möchte mich selbst verwirklichen und zu mir selber stehen.

Bob: Sag das mal in Kindersprache.

Roland: Es kommt mir immer so vor, daß mit mir was nicht stimmt.

Bob: Aha, was denn? (Auch Bob nimmt einen kindlichen Tonfall an.)

Roland (*Pause*): Ich bin doof und garstig und kann andere nicht ausstehen.

Bob: Das alles bist du? (Lautet die Antwort: »Ja«, dann fragen wir nach einem Beispiel, einer Situation und einem Ort, wo Roland das ist, was er »doof und garstig« nennt und wo er glaubt, daß mit ihm etwas nicht stimme.)

Roland: Nein. Das ist es. Ich will mich nicht mehr so runtermachen.

Auch Lisa weiß anfangs nicht, was sie an sich ändern will.

Lisa: Ich fühle mich ... wie ausgelöscht. Genau jetzt fühle ich es. Ich habe Angst und bin nervös, zittere.

Bob: Und was sagst du dir im Kopf, so daß du Angst spürst und dich nervös fühlst? (Bob betont, daß sie sich diese Gefühle selber macht, sie kommen nicht von irgendwoher.)

Lisa: Mhm. Ich muß was Schweres machen und will nicht. (*Sehr weiche, leise Stimme.*)

Mary: Was Schweres? Worum handelt es sich?

Lisa: Ich weiß nicht. Ich zittere.

An diesem Punkt können wir uns entweder auf Lisas Angst und Zittern konzentrieren oder sie auffordern, ihre Furcht zu ignorieren, damit sie herauskriegt, was sie für sich möchte.

Mary: Wenn du nicht zittern würdest, woran würdest du arbeiten wollen?

Lisa: Gehört zu werden, etwas wert zu sein.

Bob: Gut. Sag das mit »Ich«.

Lisa: Etwas wert sein? »Ich möchte etwas wert sein. Ich möchte gehört werden.«

Bob: Noch mal. So laut, daß man es hört.

Lisa: »Ich möchte etwas wert sein. ICH MÖCHTE ETWAS WERT SEIN.«

Bob: (*lacht*): Ich höre dich. Gut. Dein Ziel ist also, dir keine Angst mehr zu machen und gehört zu werden. Fabelhaft!

Auch Margret demonstrierte ihr Problem in der Therapiesituation direkt. Sie reagierte auf die Therapeutin, wie sie früher auf ihre Eltern reagiert hatte.

Margret: Ich fühle mich gut. Ich möchte mich auch dann gut fühlen, wenn ich nicht alles richtig mache.
Mary: Beispiel? Wann hast du dich in letzter Zeit nicht gut gefühlt, weil du nicht alles richtig gemacht hast?
Margret: (*lange Pause*): Mir fällt kein Beispiel ein.
Mary: Und wie fühlst du dich jetzt?
Margret: Dumm.
Mary: »Dumm« ist ein Urteil. Wenn du dich selber als dumm bezeichnest, was fühlst du dann?
Margret: Ich weiß nicht. (*Pause*) Traurig.
Mary: Gut. In der Szene mit mir jetzt läßt du dir kein Beispiel einfallen, das heißt, du machst nicht alles richtig, du bezeichnest dich als dumm und fühlst dich traurig. Kommt dir dieser Ablauf bekannt vor?
Margret: Ja. (*Seufzt.*) Es ist praktisch die Geschichte meines Lebens. Meine Mutter ist sehr viel klüger als ich . . . und ich fühle mich immer dumm . . . und traurig.
Mary: Du hast gerade eine scharfsinnige Beobachtung gemacht. Nämlich, daß du auf mich so reagierst, als wär ich deine Mutter. Deshalb bin ich sicher, daß du nicht dumm bist. Du hast dir hier kein Beispiel einfallen lassen, du hast dich selber als dumm bezeichnet und dann traurig gefühlt. Möchtest du irgend etwas ändern?
Margret: Ich möchte mich nicht mehr für dumm halten.
Mary: Großartig!

Solche ersten Verträge zur Veränderung sind vielleicht nicht die wichtigsten Verträge, welche Klienten für sich abschließen könnten. In der Tat fangen Klienten oft mit einem Vertrag an, der relativ harmlos ist, um sich nicht zu exponieren, solange sie sich in der Gruppe noch nicht sicher fühlen. Klienten können jederzeit während des therapeutischen Prozesses ihre Verträge ändern, oder die Therapeuten können einen anderen Vertrag vorschlagen, wenn neues Material auftaucht.

Bevor die erste Sitzung zu Ende ist, wollen wir jedenfalls so viel über einen Klienten wissen, daß wir möglichst sicher sein können, daß er nicht suizidal ist, nicht jemand anderen umbringen will und nicht Gefahr läuft, psychotisch zu werden.

Verträge, sich und andere nicht umzubringen

Verträge, weder sich noch andere umzubringen, haben Vorrang vor allen anderen Verträgen, die ein Klient abschließen will, der in Gefahr steht, sich oder jemand anderen umzubringen. Ein solcher Vertrag ist eine Erklärung des Klienten aus seiner Erwachsenen-Haltung, daß er auf sich achtgeben will und seine selbstmörderischen oder mörderischen Impulse erfolgreich abwehren wird. Zu seinem eigenen Schutz gibt er diese Garantie, nicht zu töten, für die Dauer eines Tages, einer Woche, eines Monats, und setzt die Behandlung während dieser Zeit fort. Bevor der alte Vertrag ausläuft, muß ein neuer befristeter Vertrag geschlossen werden, falls der Klient noch keine Neuentscheidung zum Leben getroffen hat. Ist der Klient bereit, einen Tag lang am Leben zu bleiben, dann muß der Therapeut vor Ablauf des Tages eine neue Verabredung festsetzen und mit dem Klienten Vorkehrungen treffen, jemand anderen aufzusuchen, falls der Therapeut aus irgend welchen Gründen die Verabredung nicht einhalten kann. Was wir in diesem Kapitel über Verträge sagen, die sich darauf erstrecken, sich nicht umzubringen, gilt genauso für Verträge, keinen anderen zu töten.

Ist ein Klient suizidal, so fragen wir zunächst nach Information über sein derzeitiges Leben. Wie spielt es sich ab, mit welchen ungelösten Problemen rechtfertigt er seine Absicht, sich umzubringen? Es kann sich um Scheidung handeln, um Bankrott, Arbeitslosigkeit, Entfremdung von Freunden, Einsamkeit oder den Tod eines geliebten Menschen. Diese Probleme müssen später gelöst werden. Zuerst muß er trotz all dieser Probleme sich neu fürs Leben entschieden haben.

Manche suizidalen Klienten haben keine spezifischen äußeren Probleme. Sie beschlossen schon früh als Kinder, als sie ihres Unglücklichseins gewahr wurden: »Wenn ich älter werde und erfolgreich, werde ich glücklich sein.« Im Kindergarten glaubten sie, sie würden glücklich werden, wenn sie erst zur Schule gingen, und in der Schule glaubten sie, sie würden glücklich werden, wenn sie sie erst hinter sich hätten. Wenn sie die Abitursrede halten könnten, wären sie glücklich, und dann, wenn sie einen Studienplatz für Medizin bekommen würden, dann würden sie sich endlich mit sich selber wohl fühlen. So überspringen sie erfolgreich eine Hürde nach der anderen und kommen zu uns und sagen: »Ich habe eine gutgehende Praxis, verdiene mehr Geld, als ich ausgeben kann, und trage mich mit Selbstmordabsichten. Es gibt keine konkrete Herausforderung mehr, und trotz allem, was ich bisher erreicht habe, war ich nie glücklich.« Ihr Vertrag ist derselbe wie ein Vertrag für Klienten mit ernsten aktuellen Problemen: am Leben bleiben und die Neuentscheidung treffen, sich nicht umzubringen. Wenn der Klient sich erst einmal neuentschieden hat, dann kann er das Problem lösen, daß er glaubt, es gebe für ihn keine Herausforderung mehr und keine Möglichkeit, glücklich zu sein.

Bernd ist ein Mann mittleren Alters, seit kurzem geschieden. Er ist untergewichtig, weil er zuwenig ißt. Vor zwei Monaten machte er einen ernsthaften Selbstmordversuch und ist immer noch depressiv. Wir besprechen mit ihm seine Probleme: Einsamkeit, keine Freunde, keine Freundin außer gelegentlichen »Über-Nacht-Besuchen«, zunehmende Unzufriedenheit mit seiner Arbeit, die er bisher gern gemacht hatte. Wir fordern ihn auf, in der Phantasie einen typischen Arbeitstag und dann ein typisches Wochenende durchzugehen, und erfahren, daß er meistens alleine ist und sich in Grübeleien über die Vergangenheit verliert.

Wir stellen nun zwei Stühle vor ihn hin und fordern ihn auf, sich der Erfahrung seiner beiden Seiten auszusetzen: der Seite, die er umbringen möchte, und der Seite, die er am Leben lassen möchte. Auf dem ersten Stuhl ist er der Teil von sich, den er umbringen will.

Bernd: Die Seite, auf der ich ein armseliger kleiner Greis bin: »Ich war mein ganzes Leben lang ein kleiner alter trübsinniger Mann, der nicht weiß, wie er mit Leuten umgehen soll. Deshalb bin ich einsam. Wirklich, es lohnt sich nicht, daß man mich kennt.« (*All das sagt er ganz langsam, über zehn Minuten verteilt.*)

Wir fragen ihn nach der anderen Seite, die festzuhalten sich lohnt.

Bernd: Ich glaube, diese Seite gibt es gar nicht.
Bob: Doch. Sie hat dich hierhergebracht, anstatt daß du dich umgebracht hast. Fang damit an: »Ich brachte Bernd hierher ...«

Nach sehr langem Zögern findet Bernd Zugang zu dieser Seite und spricht davon, daß er es mag, wie er arbeiten und denken und sich in andere einfühlen kann.

Bernd: Ich habe nicht viel Vertrauen in Therapie.
Bob: Gut. Ich höre das. Ich weiß allerdings auch, daß ich keine Leiche heilen kann. Bist du bereit, dich am Leben zu halten, solange wir arbeiten?
Bernd: Offen gesagt, ich weiß nicht. (*Pause.*) Ich weiß nicht.

Bernd spricht über seine Depression, ohne zu begreifen, daß er sich selber deprimiert. Er hat das Gefühl, als sei er in den Klauen einer unheilbaren Krankheit gefangen. Er erzählt von seiner Geschichte, von einigen sehr traurigen Kindheitserinnerungen, während wir immer wieder betonen, wie wichtig es für ihn ist, mit Hilfe eines Vertrags dafür zu sorgen, daß er am Leben bleibt.

Bob: Nimm noch mal die Seite von dir, die am Leben bleiben will. Das ist die Seite, die einfühlsam und klug ist und die sich am Leben freuen will. Die Seite, die dich heute hergebracht hat.
Bernd: Ich kenne diese Seite nicht richtig.
Mary: Lern sie kennen! Fang an mit: »Ich möchte leben ...«
Bernd: »Ich möchte leben. Ich glaube nicht an ein Leben nach dem Tod. Und, offen gesagt, das ist vielleicht ganz gut so. Wenn ich daran glauben würde, würde ich sterben.«
Bob: Bleib bei der Seite, die leben will.
Bernd: »Ich weiß, daß zum Leben mehr gehört als das, was ich habe. Ich möchte mehr davon wissen.« Ich kam her ... ja, das ist die Seite von mir, die hofft ... oder ich wäre nicht hier. Mir wurde gesagt, ihr seid besonders gut mit solchen Leuten wie mir, und, ja, ich weiß, ich habe Hoffnung. Ich brachte mich her, um nicht so elend zu bleiben ... um eine endgültige Entscheidung zu treffen. Ja, eine Woche lang werde ich leben.

Bernd blieb diese Woche am Leben. Er nahm an allen zehn Therapiegruppen teil und hatte außerdem noch mehrere Einzelsitzungen. Am sechsten Tag verlängerte er seinen Vertrag, am Leben zu bleiben, um eine zweite Woche. Vor Beginn der dritten Woche hatte sich Bernd neu entschieden: »Ich werde mich nicht umbringen, weder absichtlich noch unabsichtlich.« Er nahm weiterhin an zwei Gruppen wöchentlich teil, um seine Hemmungen, anderen nahezukommen und fröhlich zu sein, zu überwinden. Als sechs Monate später in der Familie ein schweres Unglück passierte, war Bernd wieder depressiv und dachte an Selbstmord. Er erneuerte seinen Vertrag, erlaubte sich zu trauern und fand zu seiner Entscheidung zurück, am Leben zu bleiben und auf sich achtzugeben.

Mit so depressiven Klienten wie Bernd sollte der Vertrag unserer Meinung nach immer auf eine überschaubar kurze Zeit befristet sein. Dadurch halten wir den Klienten auf das Hauptthema konzentriert, nämlich sein Leben. Verträge, die sich über mehrere Monate erstrecken, können gefährlich sein, weil Therapeut und Klient sich unter Umständen in die Arbeit an nicht lebenswichtigen Bereichen verlieren oder dem Klienten »der Dampf ausgeht« und er sich stillschweigend aus der Therapie fortstiehlt und sich umbringt. Stiehlt sich ein suizidaler Klient aus der Therapie fort, indem er auch nur *eine* Verabredung versäumt, nehmen wir sofort Kontakt mit ihm auf und arbeiten mit ihm, damit er seinen Vertrag erneuert oder in stationäre Behandlung geht.

Bei Ausarbeitung und Abschluß eines Vertrages, sich nicht umzubringen, achten wir auf Hinweise darauf, daß jemand den Vertrag möglicherweise nicht halten wird. Die Körpersprache kann inkongruent sein, etwa wenn ein Klient seinen Kopf verneinend schüttelt, während er verbal Zustimmung zum Ausdruck bringt, oder mit seinen Händen gestikuliert, als wolle er den Therapeuten auf Entfernung halten. Der Klient drückt sich unter Umständen zweideutig aus und sagt zum Beispiel: »Ich glaube, ich kann sagen, ich werde mich nicht umbringen.« Ein depressiver psychotischer Klient stimmt vielleicht zu, und gleichzeitig steigert sich seine Unruhe, oder er spricht vordergründig nach, was der Therapeut ihn zu sagen auffordert, stellt aber keine wirkliche Beziehung her.

Wenn jemand weiß, daß er sich während der Vertragszeit nicht umbringen wird, berichtet er gewöhnlich über eine Veränderung seiner Gefühle und zeigt das auch. Er bringt beispielsweise unmittelbar zum Ausdruck, wie erleichtert und beruhigt er ist, von der selbstquälerischen Alternative Sein oder Nicht-Sein, die bisher sein ganzes Denken und Handeln beherrscht hat, befreit zu sein. Er kann Verzweiflung darüber zum Ausdruck bringen, daß ihm jetzt bewußt ist, einen Fluchtweg vor seinen Problemen abgeschnitten zu haben, und daß er die Probleme noch lösen muß. Wie immer er reagiert, seine Stimme wird gewöhnlich kräftiger, und seine Bewegungen stimmen mit dem, was er sagt, überein.

Haben wir irgendeinen Zweifel über seine Absichten oder Möglichkeiten, so fordern wir ihn auf, sich vorzustellen, er habe gerade die Praxis verlassen, und laut und im Präsens zu phantasieren, was er von dem Augenblick an, in dem er die Praxis verläßt, bis zu seiner nächsten Verabredung hier macht, denkt und fühlt. Wir unterbrechen ihn jedesmal, wenn er Gefühle der Depression oder Suizidgedanken äußert, und fragen ihn, was er tun wird, um am Leben zu bleiben. Wir möchten, daß er vorausplant, an wen er sich zur Unterstützung wenden kann, und was er tun wird, wenn derjenige nicht erreichbar ist.

Ein ernsthaft suizidgefährdeter Klient wie Bernd sollte, wenn er nicht stationär behandelt wird, täglich mit dem Therapeuten arbeiten. Manche Klienten müssen stationär behandelt oder anderswie geschützt werden, weil ihre Denkprozesse nicht ausreichend intakt sind, um verläßliche Verträge abzuschließen, weder sich noch andere umzubringen. Dies trifft zum Beispiel zu auf psychotische, hirnorganisch geschädigte oder aufgrund von Alkohol oder Drogen in ihrer Zurechnungsfähigkeit beeinträchtigte Klienten. Klienten, die bei Genuß von Alkohol oder Marihuana noch depressiver und suizidaler werden, brauchen eine Entscheidung zur Abstinenz, bis sie nicht mehr selbstmordgefährdet sind oder andere gefährden. Menschen mit hysterischer Charakterstruktur sind, sofern sie sich nicht auf eigenständiges Denken einlassen, eventuell zu impulsiv, um ihre Verträge zu halten. Klienten, die an sich gute Anwärter für eine ambulante Behandlung wären, leben vielleicht in so schwierigen sozialen oder wirtschaftlichen Umständen, daß man zu der Einschätzung kommt, durch ihr Umfeld würden Suizid- oder Mordimpulse mächtig unterstützt. Zeitweilige stationäre Behandlung ist deshalb unter Umständen die beste Wahl. Therapeut und Klient schätzen die Fähigkeit des Klienten ab, Verträge zu schließen. Und jeder Klient, der keinen verläßlichen Vertrag, sich oder andere nicht umzubringen, abschließen will oder kann, sollte für so lange ins Krankenhaus gebracht werden, bis er einen solchen Vertrag geschlossen hat.

Depressive Klienten tragen sich manchmal auch mit Selbstmordabsichten, ohne dies dem Therapeuten zu sagen. Sobald ein Klient einen Mangel an Lebenswillen zeigt, fragen wir: »Hast du die Absicht, dich umzubringen?«

Alice: Ich möchte mich meiner Tochter gegenüber anders verhalten.
Mary: Wie alt ist sie?
Alice: Dreizehn.
Mary: Sag's ihr. Sieh sie vor dir. Und sag ihr genau, wie du dich ihr gegenüber anders verhalten willst.

Auch in diesem Beispiel wird ein Vorgehen in der Ich-du-Form und im Präsens gewählt, damit Klientin und Therapeutin die Realität der Klientin verstehen und klar wird, wie die Klientin sich innerhalb ihrer Realität verändern will.

Alice: Susanne ist meine Tochter. »Susanne, ich möchte dir zuhören. Ich möchte mehr zuhören und mehr für dich dasein. Ich möchte, daß du beliebt bist und ausgehst und dich amüsierst. Ich glaube, du hängst soviel bei mir herum, weil ich einsam bin.«
Mary: Bist du einsam?
Alice: Ja.
Bob: Willst du dich umbringen?
Alice: Ich denk manchmal daran, aber ich würde es nicht tun. Meine Tochter braucht mich.
Mary: Im Augenblick ist deine Depression wichtiger als dein Verhalten deiner Tochter gegenüber. Willst du diese Woche am Leben bleiben und daran arbeiten, die Entscheidung zu fällen, um *deinetwillen* zu leben?
Alice: Ja.
Bob: Gut. Mir scheint, der eigentliche Grund, warum du herkamst, war, daß du nicht mehr depressiv sein willst.
Alice: Ja.

Um die Stärke zu testen, mit der sich jemand an seinen Vertrag hält, fragen wir, ob irgendwas »passieren könnte«, das die Klientin von ihrem Vertrag abbringen würde.

Bob: Du hast gesagt, du willst diese Woche am Leben bleiben. Gibt es irgend etwas, das passieren könnte, überhaupt irgend etwas, das du als Entschuldigung nehmen würdest, dich doch umzubringen?
Alice: Mir fällt nichts ein... meiner Tochter wird diese Woche nichts passieren...
Bob: Denk darüber nach. Laß dir Zeit. Willst du entscheiden, daß du am Leben bleibst, egal, was deiner Tochter passiert? Oder sonst jemandem?
Alice: Eine Woche? Ja. Ja, das mache ich.
Bob: Sicher?
Alice: Ja.
Bob: Denkst du an irgend etwas anderes, oder fällt dir sonst was ein, das du als Grund heranziehen könntest, dich diese Woche umzubringen?
Alice: Nein, ich werde diese Woche am Leben bleiben.

Mit dem Vertrag, sich nicht umzubringen, arbeiten wir auch bei Klienten, die im klinischen Sinne nicht depressiv sind, aber für sich selber eine Gefahr darstellen, weil sie rücksichtslos Auto fahren oder fliegen, beim Bergsteigen oder Tauchen kein Risiko scheuen, oder deren Lebensgeschichte den Eindruck erweckt, daß sie »Unfallpersönlichkeiten« sind. Auch Menschen, die auf ihren Körper schlecht achten, schlagen wir einen solchen Vertrag vor: Diabetikern, die sich nicht an ihre Diät halten; Klienten, die nichts gegen ihren hohen Blutdruck unternehmen, und allen, die sich mit Drogen, Nikotin, Alkohol oder übermäßigem Essen allmählich umbringen (vgl. Kapitel 9).

Verträge und Neuentscheidungen, andere nicht umzubringen, sind notwendig für Klienten, die Mordphantasien haben oder gewalttätig werden. Sie schließen einen Vertrag, niemanden zu verletzen oder zu töten, unabhängig vom Ausmaß der Provokation, die auf sie zukommt. Wir gehen technisch genauso vor wie bei Verträgen, sich selber nicht umzubringen. Gleichzeitig appellieren wir an das Kind-Ich des Klienten, keinen Mord zu begehen, um der daraufstehenden Strafe aus dem Weg zu gehen. Will oder kann der Klient einen solchen Vertrag nicht schließen, möchten wir ihn in Gewahrsam wissen.

Der Vertrag, niemanden umzubringen, kann für einen paranoiden Klienten enorm erleichternd sein. Während eines einwöchigen Workshops wurde ein Teilnehmer akut paranoid; er glaubte, ein anderer Teilnehmer habe es auf sein Leben abgesehen, um dann seine Witwe zu heiraten. Zu der Zeit hatte gerade die Rotwildjagd begonnen, und in den unserem Gelände benachbarten Hügeln wurde viel geschossen. Aus diesem Faktum leitete der Mann seinen Glauben ab, daß sein vermeintlicher Mörder Killer gedungen hätte, die ihn erschießen sollten. Wir arbeiteten zuerst mit »dem anderen Mann« und bekamen von ihm sehr leicht einen Vertrag, daß er niemanden umbringen würde, da er weder in die Frau verliebt war noch sonst in irgendeiner Weise in Gefahr, jemanden umzubringen. Dann arbeiteten wir genauso mit dem paranoiden Teilnehmer. Nach mehreren Sitzungen erklärte er überzeugend, daß er nicht töten werde – weder den anderen Teilnehmer noch seine Ehefrau, noch Bob oder Mary oder sonst jemanden, unabhängig davon, wie er provoziert würde oder wie er sich eine Provokation ausmalen würde. Als er dies selber fest glaubte, nahmen seine paranoiden Symptome ab, und er war in der Lage, seine Wut und Eifersucht zu erkennen und sich damit auseinanderzusetzen. Nach dem Workshop blieb er mehrere Jahre in fortlaufender Therapie, ohne daß weitere akute paranoide Episoden aufgetreten wären.

Manche Therapeuten meinen, nur Kriminelle oder Verrückte seien potentielle Mörder, und vergessen deshalb, wie wichtig der Vertrag, keinen anderen umzubringen, für Klienten ist, die gegebenenfalls »unabsichtlich« töten. Wir machen den Vertrag, keinen anderen umzubringen, auch bei Klienten, die sich betrunken hinters Steuer setzen, um ihnen klarzumachen, daß sie mit ihrem Verhalten andere möglicherweise töten. Mit diesem Vertrag fahren sie nicht mehr in betrunkenem Zustand. Einmal initiierten wir denselben Vertragsabschluß bei einer reizenden, scheinbar harmlosen älteren Frau, die trotz schwerster Kurzsichtigkeit ohne Brille fuhr.

Verträge, nicht psychotisch zu reagieren

Klienten mit kurzen, akuten psychotischen Episoden in der Anamnese können manchmal erfolgreich Verträge schließen, zukünftig bei Belastungen nicht psychotisch zu reagieren. Wir sprechen mit ihnen ihre derzeitigen Probleme durch und welche Alternativlösungen ihnen zur Verfügung stehen. Außerdem schauen wir uns genau an, welche Verhaltensweisen sie wählen können, wenn wieder ähnliche Probleme auftreten wie früher vor akuten psychotischen Episoden. Sie lernen, auf Gefahrensignale in ihnen selber als auf Zeichen dafür zu achten, daß sie Medikamente einnehmen oder andere Maßnahmen ergreifen müssen, damit sie nicht psychotisch werden.

Chronisch psychotische Klienten können ihr Verhalten unter Umständen auf diese Weise so kontrollieren, daß sie nicht stationär behandelt zu werden brauchen. Hanna war von ihrem 18. bis 43. Lebensjahr fast durchgehend eine menschenscheue Patientin gewesen, und man hatte sie mehrmals mit Elektroschocktherapie behandelt. Sie war gerade eine Woche aus dem Krankenhaus entlassen, als sie sich zwei unserer Therapiegruppen anschloß, die sich jeweils einmal wöchentlich trafen. Ihre Angehörigen verlangten bereits wieder mit Nachdruck, daß sie erneut stationär aufgenommen werden sollte. Ihr Vertrag lautete schlicht, all das an sich zu ändern, was sie ändern mußte, um nicht wieder in die Klinik zu müssen. Um ihren Vertrag zu erfüllen, setzte sie die von ihrer Tante angestellte Betreuerin an die Luft. Sie stellte die Telefonate mit ihren Verwandten, die glücklicherweise nicht in der Nähe wohnten, ein. Und schließlich ging sie alleine zum Gericht und erreichte eine Änderung der Vormundschaft. All dies machte sie, während sie ab und zu immer noch halluzinierte und immer noch Zeichen einer organisch bedingten Denkstörung zeigte.

In der Gruppe störte sie oft, sprach zum Beispiel von den Engländern, die das Trinkwasser vergifteten, oder behauptete, daß bestimmte Gruppenmitglieder verrückt seien. Wir konfrontierten ihr psychotisches Reden und sagten: »Hanna, du sagst wieder unsinniges Zeug.« Und wir bestärkten sie, wenn sie wieder vernünftig redete. Schrittweise ließ sie sich zu der Erkenntnis bringen, daß sie jeweils »verrückt« wurde, um andere Gruppenmitglieder nicht über Ärger oder Sexualität reden zu hören. Danach gab sie sich die Erlaubnis, aus einer Gruppensitzung wegzugehen, wenn sie diese Themen vermeiden wollte. Später tolerierte sie alle Themen, machte scharfsinnige Beobachtungen über Gruppenmitglieder und kam ihnen viel näher. Sie schloß die Behandlung nach zwei Jahren ab und lebt – zehn Jahre später – noch immer in der Stadt.

Bevor wir andere Probleme mit ihnen bearbeiten, fordern wir Borderline-Klienten auf, einen Vertrag zu schließen, nicht psychotisch zu reagieren. Karl, ein Borderline-Klient, nimmt an einem Wochenend-Workshop teil. Normalerweise nehmen wir solche Klienten nicht auf, denn sie brauchen eine langfristige Gruppe und können durch die Intensität der Arbeit anderer Gruppenmitglieder erheblich verunsichert werden. Bei unserer Auswahlprozedur war Karl irgendwie durchgeschlüpft.

Karl: Ich ziehe mich immer wieder zurück und dann passe ich wieder genau auf. Ich lerne immer mehr über die Menschen und ihre Augen. Manchmal würde ich hier gerne arbeiten. Ich bin unsicher, was ich machen soll. Weil ich nämlich den Kontakt verliere, sobald ich anfange zu arbeiten. (*Zwischen jedem Satz liegen lange Pausen.*) Am Ende entscheide ich mich für etwas, das einem anderen gefällt, oder ich schließe mich den Vorschlägen anderer an. Was ich also mache, ist: mich zurückziehen.

Bob: In jedem Fall ziehst du dich zurück.

Karl: Darin liegt auch was Gutes. Ich wäre bereit, heute ... mhm ... noch weiter ... mhm ... dem Problem nachzugehen.

Karls Beschreibung dessen, was geschieht, wenn er anfängt zu arbeiten, ist bisher insofern noch nicht so stark in Erscheinung getreten, als dies seine erste Äußerung in der Gruppensitzung im Workshop ist. In den Pausen spricht er unablässig, hört nicht zu und macht den Eindruck, als sei er ziemlich durcheinander.

Karl: Ich würde gerne ... ich möchte nicht gezwungen werden.

Bob: Gut.

Karl: Die Frage bleibt ...

Mary: Ich bin nicht bereit, weiter dem Problem nachzugehen, solange ich nicht weiß, was du an dir ändern willst.

Karl: Das sagte ich doch gerade. (*Lange Pause.*) Ich würde gerne ... was mich betrifft, ich weiß nicht, was ich machen will. Ich komme über diesen Punkt nicht hinaus... ich kann nicht denken.

Mary: In jedem Fall wertest du dich ab. Also, welchen Berufsabschluß hast du?

Karl: Welchen Berufsabschluß?

Mary: Ja, du bist intelligent genug, daß du dein Studium abgeschlossen hast, oder?

Karl: Ja.

Mary: Du wertest beides ab. Deine Ausdauer und deinen Verstand.

Karl: (*lange Pause*): Ich glaube nicht, daß du mich verstehst.

Mary: Sag mir's.

Karl: Wo ich im Augenblick bin, ja? Es ist etwas schwierig für mich, meine Empfindungen zu beschreiben, weil mir die Worte fehlen, das zu beschreiben.

Bob: Quatsch! Ich erlebe dich so, daß du 'ne ganze Menge redest und wenig tust.

Karl: Ja!

Bob: Willst du das ändern oder in dem Schlamassel sitzen bleiben?

Karl: Da hab ich also zwei Möglichkeiten?

Bob: Nein, viele.

Karl: Im Moment nehm' ich dir, glaube ich, übel, daß du dir ein fertiges Bild darüber machst, wie ich bin.

Bob: Ich sagte, wie ich dich erlebe. In den Pausen redest du ziemlich viel, und das meiste verstehe ich nicht. Ich höre, wie du davon redest, daß du was machen willst, und du machst es nicht. Was sich in deinem Kopf abspielt, was du über dich selber weißt, das weiß ich nicht. Ich weiß nur, was ich erlebe.

Karl: Mhm.

Bob: Und ich vermute, daß das, was in deinem Kopf vor sich geht, zwanghaftes Grübeln ist, nicht Denken.

Karl: (*lange Pause*): Ich würde gerne darüber nachdenken, mir das überlegen. Ich hatte auch gerade so einen Gedankenblitz. Ich würde tatsächlich gerne ... Das Gegenteil ist auch wahr.

Mary: Das Gegenteil wovon?

Karl: Das Gegenteil davon, daß ich nicht genötigt werden möchte. Ich kann mir vorstellen, daß ich mich völlig dem überlassen will... ohne zu wissen, wo es hinführt..., was ihr mit mir machen wollt.

Bob: Das zu tun, kommt mir nicht in den Sinn.

Karl: Was mich jetzt beunruhigt, ist: Bin ich überhaupt da . . . habe ich Kontakt? Ich möchte nicht . . .

Mary: Schau, wie du dich wieder abwertest. Du wertest deinen Verstand ab. Du wertest dich ab, indem du sagst, du wüßtest nicht, was du machen willst. Du wertest dich ab, indem du so tust, als wärst du nicht stark genug, zu mir »Nein« zu sagen, obwohl du tatsächlich schon die ganze Zeit, seit wir angefangen haben, auf deine Art nein sagst. Und ich soll also, weil du dich überall abwertest, für dich denken.

Karl: Was willst du denn, das ich sagen soll?

Mary: Ich will nichts Bestimmtes. Wie auch Bob schon sagte, will ich dir den Weg nicht zeigen, weil das hieße, daß ich deinen eigenen Verstand abwerten würde.

Karl: Ja, wirklich, ich hab das Denken abgeschaltet.

Mary: Gibt es etwas, das du in dieser Hinsicht an dir ändern willst?

Karl: Ich würde dem Problem gern nachgehen im Hinblick auf . . .

Mary: Ich ergebe mich! Ich gebe auf! (*Schwenkt ein weißes Tuch.*)

Karl: So schlimm steht es um mich doch auch wieder nicht.

Mary: Ich ergebe mich. Ich gebe auf. Du hast gewonnen.

Karl (*lange Pause*): Was ist passiert? Ich bin nicht . . . ich respektiere, daß du aussteigen kannst.

Mary: Verstehst du's?

Karl: Ich glaube, du meinst, ich muß mehr aus mir herauskommen, damit du mit mir arbeitest.

Mary: Nein. Ich will hören, was du an dir ändern willst. Ich werde aber nicht mit dir einem Problem nachgehen.

Karl: Ich möchte zweierlei. Das eine ist folgendes: (*Pause*) Vertrauen.

Bob: Was?

Karl: Darauf vertrauen, daß ich meinen Denkapparat benütze. Ich muß langsamer machen. Ich möchte euch sagen, was mir durch den Kopf geht. Statt verzweifelt zu sein (*Pause*), will ich mich wehren.

Mary: Worüber bist zu verzweifelt?

Karl: Ich habe dich gehört. Einen Augenblick. Blocke nicht ab. Strafe. Wie ein . . . (*unverständlich*)

Mary: Worüber bist zu verzweifelt?

Karl: Wofür das Leben gut sein soll. Ich muß sofort etwas haben.

Mhm ... ich weiß. Mhm ... ihr geht zu schnell vor. (*In gereiztem Ton*): Ich bin mir bewußt, daß dies alles Abwehr ist, ja? Die Hand ausstrecken. Ich habe immer wieder die Erfahrung gemacht: Wenn ich die Hand ausstrecke, werde ich weggestoßen. Das tut weh.

Mary: Ich will langsamer vorgehen. Ich will aber lieber konkrete Beispiele als Phantasien. Ich möchte wissen, wie dein tägliches Leben aussieht und worüber du verzweifelt bist.

Karl: Meistens lebe ich ganz zurückgezogen. Mal sehn. Ich engagiere mich in vier oder fünf verschiedenen Bereichen und versuche meistens, erfolgreich zu sein, versuche, daß es mir Spaß macht.

Mary: Gib mir ein Beispiel von einem deiner Bereiche.

Bis zu diesem Punkt hatten wir große Mühe, Transaktionen auf der Ebene zwischen Erwachsenen-Ich und Erwachsenen-Ich herzustellen. Der Klient antwortet ausweichend. Wir möchten den Klienten auf der Ebene des Erwachsenen-Ich ansprechen und wollen nicht, daß er in seiner konfusen Kindhaltung bleibt.

Karl: Gern. (*Seufzt.*) In bezug auf ... also Malen fasziniert mich.

Bob: Malst du?

Karl: Nein, ich habe zwei Bilder gemalt ... das ist lange her. Mich fasziniert das Gefühl, daß etwas fließt.

Mary: Ich möchte, daß du dich konkret ausdrückst. Womit verdienst du deinen Lebensunterhalt?

Karl: Entschuldigung. Meinen Lebensunterhalt verdiene ich mit ... (er nennt eine Beschäftigung aus dem Dienstleistungsbereich). Ich habe keine Freunde. Und ich ... ich habe das Gefühl, daß ich nichts mache. Ich spüre keine Hoffnung. An der Arbeitsstelle tue ich nichts. Ich sitze an meinem Schreibtisch. Ich spreche mit niemandem.

Mary: Und lebst du mit jemandem zusammen?

Karl: Ich bin frustriert. Ich weiß nicht, wie ich an andere herankommen soll. Ich habe eine Freundin, und damit wird alles nur noch komplizierter. Deshalb glaube ich, ich muß was für mich tun.

Bob: Bist du depressiv?

Karl: Ich weiß nicht.

Bob: Suizidal?

Karl: Nein. Ich weiß nicht genau, wo ich stehe.

Bob: Wenn du verzweifelt bist, denkst du dann an Selbstmord?

Karl: Ich wehr' mich dagegen, zerbrech' mir den Kopf . . . ich denke schon daran. Und ich . . . ich werde mich nicht umbringen.

Mary: Jetzt sprichst du klar. Hast du dich auch entschieden, nicht dadurch auszusteigen, daß du verrückt wirst?

Karl: (*lange Pause*): Der Gedanke ist mir nie gekommen. Es ist mir nicht bewußt, daß ich ans Verrücktwerden denke.

Mary: Ich frage dich das, weil du so unspezifisch und ausweichend geredet hast. Du hast dich abgewertet und so getan, als ob du nicht denken könntest. (*Pause.*) Wirst du dafür sorgen, daß du nicht verrückt wirst?

Karl: Bei dem Gedanken, das allein schaffen zu müssen, komme ich mir absolut hilflos vor. Und wenn ich um Hilfe bitten muß, fühle ich mich gedemütigt.

Mary: Und jetzt? Jetzt, wo du gezeigt hast, daß und wo du Hilfe brauchst. Was fühlst du jetzt?

Karl: Ich schäme mich.

Mary: Wirklich?

Karl: Plötzlich wird mir klar, wieviel Leute hier im Zimmer sind.

Mary: Und die sind alle in bester seelischer Verfassung und würden nie daran denken, um Hilfe zu bitten. (*Lachen.*)

Karl: Es klingt vielleicht komisch, aber der Gedanke hilft mir wirklich ein bißchen. (*Fängt an zu weinen.*)

Bob: Hanna, gibst du ihm bitte das Kleenex? (Bob: Beim Abhören des Tonbandes bin ich überrascht, daß ich mich durch seine Hilflosigkeit zu dieser Handlung veranlassen ließ. Normalerweise gebe ich nur dann ein Kleenex, wenn der Patient darum bittet.)

Karl: Ich brauche keins.

Bob: Gut. Falls du eins brauchst, kannst du dir's nehmen.

Karl: Mir geht's jetzt gut.

Mary: Weißt du, daß du das so klar sagst, das gefällt mir sehr gut.

Bob: Mir auch.

Karl: Wirklich?

Mary: Ja. Du machst es dir vielleicht schwerer, wenn du ohne Kleenex auskommen mußt, aber ich bewundere dich . . . denn du könntest das Taschentuch ja auch nehmen und so tun, als würdest du es benutzen.

Karl: Ich verstehe nicht, was du meinst: »so tun, als würde ich es benutzen«?

Mary: Du tust nicht so, als ob du das Kleenex benutzt, bloß weil Bob sagt: »Gib mal die Kleenex rüber.«

Karl: Gut. Ja. Und so wie ich mich verhalte, vergeude ich Zeit.

Bob: Ja.

Karl: Wo sind wir jetzt? Ich bin ganz durcheinander.

Bob: Ich habe ein paar harte Daten über dich herausbekommen. Ich weiß jetzt, du hast eine Freundin und im Zusammenhang damit Schwierigkeiten. Du erledigst deine Arbeit nicht und fühlst dich verzweifelt. Das ist viel mehr, als ich vor fünfzehn Minuten über dich wußte. Und ich vermute, du mußt viel daran arbeiten, daß es für dich in Ordnung ist, etwas zu erreichen, auch wenn jemand anders ebenfalls möchte, daß du etwas erreichst. Daß es in Ordnung ist, etwas zu schaffen, sogar dann, wenn sie es von dir wollen?

Karl: Sogar dann, wenn sie es wollen?

Bob: Ja. Weil du – das Beispiel mit dem Kleenex zeigt es – so stur bist, daß du, wenn jemand von dir will, du sollst etwas tun und sei es auch nur ein Kleenex nehmen, dann vielleicht sagst: »Geh zum Teufel« – nur um ihm eins zu geben, es ihm heimzuzahlen.

Karl: Das könnte eine Gefahr sein.

Bob: Ja. Paßt das?

Karl: Ja. Das Wort »ihm eins geben«. Es jemandem geben, heimzahlen. Das ist ein magisches Gefühl . . . es jemandem zu geben, indem man nicht mit ihm kooperiert, und ihn dadurch machtlos zu machen.

Bob: Genau. (*Lange Pause.*)

Mary: Welche Rolle spielen deine Eltern für dich heute?

Karl: Meine Familie wohnt in den Südstaaten. Beide Eltern leben. Mein Vater ist etwa fünfzig, meine Mutter ist fünfundvierzig. Sie hat wieder geheiratet, einen Arzt, und mein Vater ist immer noch allein. Er arbeitet bei einem Konzern. Ich sprach ihn vor kurzem. Mir wurde klar, daß ich meinen Vater sprechen mußte. Ich hatte schon lange das Bedürfnis, das zu tun. Also rief ich ihn an. Keine lange Einleitung. Ich sagte: »Papa, ich bin's. Ich mag dich wirklich sehr gern.« Er machte das, was ich auch immer machte . . . nichts Eindeutiges. Wie wenn man nach etwas greift – und da ist nichts. Kein Gefühl. Ich zog mich wieder zurück. Und sagte mir:

Gut so. Der Kontakt mit meiner Mutter ... der letzte war, als ich studierte. Ich schickte ihr ein paar Gedichte ... ich komme immer wieder vom Schreiben ab, ich kann mich nicht genug darauf konzentrieren.

Bob: Du willst dich nicht darauf konzentrieren.

Karl: Ich kann nicht, und dann ...

Bob: Du willst nicht.

Karl: Und ...

Bob (*brüllt*): DU WILLST NICHT!

Karl: Hab dich schon verstanden. (*Alle lachen.*)

Mary: Schau, da bist du auf jemand gestoßen, der genauso stur ist. (*Die Gruppe lacht.*)

Karl: Ich habe nicht die Fähigkeit. *Das* heißt »Ich kann nicht«.

Bob: Du hast die Fähigkeit, dabeizubleiben – du willst nicht. Und das ist völlig in Ordnung, solange du nicht sagst: »Ich kann nicht.« Es ist völlig in Ordnung, sich fürs Schreiben zu entscheiden oder auch dagegen.

Karl: Akzeptiert. Ich schrieb also Gedichte. Das ist ein interessantes Problem. Sie schickte sie mir zurück, und zwar völlig umgeschrieben und als Fotokopie. Sie hatte sie umgeschrieben und dann allen ihren und meinen Freunden geschickt. Da rief ich sie an. Ich war wütend.

Gruppenmitglied: Sie änderte *deine* Gedichte?

Karl: Ja.

Gruppenmitglied: Das ist ja das Letzte!

Bob: Kein Wunder, daß es dir schwerfällt, die Hand auszustrecken.

Karl: Ich mußte ihr erklären, was ich meinte. Sie verstand nicht, warum ich wütend war. Das half also auch nichts. Dann ... das nächste Treffen mit meinem Vater. Er kommt und besucht mich. Der Mann ist beknackt. Er ist verrückt. Paranoid. Zwanghaft. Benimmt sich wie ein Kind. Alkoholiker. Und er zog seine Schau ab. Wir gingen in die Stadt, und er brachte eine Frau mit. Zu der war er grob, gemein und brutal. Er kotzte auf Leute. Mhm. Wie er kommt, gehe ich auf ihn zu und umarme ihn, und er reagiert darauf peinlich berührt, als ob er in der Unterhose dastünde ... diese Peinlichkeit verlor sich während des ganzen Besuches nicht. Und meine Freundin bekam immer mehr Angst. (*Seine Stimme bleibt unverändert emotionslos.*)

Mary: Das war ein trauriger Besuch.

Karl: Es endete damit ... also, ich setzte mich zu ihm und sagte ... es ging mir wie jetzt, ich zitterte. Ich sagte: »Wenn du in meinem Hause bist, kannst du dich nicht so benehmen. Du hast dich anderen Leuten gegenüber anständig zu verhalten. Und du läßt das jetzt.« (*Er kämpft gegen ein Schluchzen an.*) Er sagte zu mir ... (*schluchzt und hämmert mit den Fäusten auf die Armlehne*). Ihr seht ja: Was er sagte, hat mich verletzt. Tut mir jetzt noch weh. Dann sagte er ... (*schluchzt*). Er verstand nicht, was ich ihm versuchte zu sagen. Und seine Antwort war: »Ich bin schockiert. Ich glaub's nicht. Drei Wochen meines Lebens hab ich hier verbracht, um mir so etwas anzuhören.« Ich sagte zu ihm: »Papa, ich mag dich wirklich gern.« Er sagte: »Das ist gelogen, nicht ein einziges Mal hast du ›Papa‹ zu mir gesagt.« Ich mußte ihn daran erinnern, daß ich's gerade eben gesagt hatte. Das tut wirklich weh, wenn man den eigenen Vater daran erinnern muß, daß man ihn liebt. Ich hab die Verbindung zu ihm abgebrochen. Bloß den Anteil nicht, der so schmerzt. Er ist ein Mensch, den ich am liebsten umbringen würde.

Bob: Du wirst es nicht tun?

Karl: Wenn ich so rede, ist das Gefühl sehr stark. Ich male mir aber nicht aus, daß ich in die Südstaaten runterfahre und es wirklich tue. Nein, ich werd's nicht tun.

Bob: Du hast da ganz schön verrückte Eltern.

Karl: Kommt mir auch so vor.

Bob: Mir auch. Die sind beide verrückt. Ich gratuliere dir, daß du es geschafft hast, ohne verrückt zu werden.

Karl: Danke.

Mary: Ich sehe, daß du erwachsen sein willst. Aber anders erwachsen als deine Eltern.

Karl: Ja, Mary. (*Er schluchzt wieder.*)

Mary: Und du hast schon etwas anderes gefunden – die Art, wie du deinem Vater gesagt hast, daß du keine Gewalt und keine Gemeinheiten in deinem Haus duldest.

Karl: Ja, Mary. Ich möchte dir danken, daß du mich nicht unterbrochen hast.

Mary: Ich möchte dir danken, daß du mir's sagst, wenn ich dich unterbreche und wenn ich zu schnell vorgehe.

Karl: Ich brauche Zeit, ich kann nicht schnell arbeiten.

Bob: Du kannst es, und du hast es auch getan. (*Allgemeines Lachen.*)

Bob: Ich möchte, daß du weißt, daß du am Anfang wie ein Verrückter geredet hast. Du hast ein Thema berührt und bist dann in eine andere Richtung weitergegangen, die keinen Sinn ergab. Dann hast du aufgehört, verrückt zu reden, und warst völlig klar.

Karl *lacht froh. Die Gruppe applaudiert.*

Bei diesem Gespräch nahmen wir Karl ernst, indem wir darauf bestanden, daß er nicht wie ein Psychotiker redete. Wir wandten uns an seine gesunden Anteile und nicht an seine kranken. Er muß noch einen weiten Weg zurücklegen, bis er den Unterschied zu seinen Eltern hinreichend klärt, so daß er sicher sagen kann, er werde nicht verrückt werden, egal wie einsam, verzweifelt oder wütend er sein mag. Er braucht weitere Verstärkung für sein scharfes Denken und auch dafür, daß er sich erlaubt, gleichzeitig zu denken und zu fühlen.

Verträge mit Klienten, die sich sträuben oder unfreiwillig kommen

Das größte Problem mit Klienten, die sich gegen die Behandlung sträuben und nicht freiwillig mitarbeiten, liegt darin, daß sie davon ausgehen, andere Menschen, welche in irgendeiner Form Macht über sie ausüben, seien verantwortlich für den Vertrag. Oft ist dies auch richtig. Eltern erörtern mit Therapeuten, welches Symptomverhalten bei einem Kind »geheilt« werden muß. Therapeuten, die in der Sozialarbeit oder im Rahmen der Bewährungshilfe, in Strafanstalten und in Krankenhäusern tätig sind, setzen oft für die Klienten die Behandlungsziele fest. Der Mann, der sich weigert, mit in die Therapiegruppe seiner Frau zu gehen, erlebt sich in einer entsprechenden Situation, nämlich daß Therapeut und Gruppe längst festgelegt haben, was mit ihm nicht stimmt und was er ändern soll.

Bei einem Klienten, der sich nur zögernd einläßt, fragen wir gleich zu Anfang, welche Veränderungen »die anderen« von ihm erwarten. Wir erklären, daß wir das wissen wollen, um uns nicht unversehens vor den Wagen dieser anderen spannen zu lassen –

selbst wenn deren Ziele und Verträge im besten Interesse des Klienten liegen.

Mary: Gut, deine Frau will also, daß du nicht mehr trinkst. Vermutlich hat sie recht. Das Zeug ist Gift, und möglicherweise trägst du einen Hirnschaden davon oder stirbst an Leberversagen. Wenn du dich in irgendeiner Weise so ändern könntest, wie *du* willst, was würdest du dir wünschen?

Oder:

Bob: Ich sehe, deinem Sozialarbeiter liegt daran, daß du keine Sozialhilfe mehr brauchst. Du möchtest zu Hause bleiben, mit deinen Kindern spielen und Gemüse anbauen. Man ist also bereit, sechs Gruppensitzungen für dich zu bezahlen. Was wirst du in dieser Zeit an dir ändern, das *deinen eigenen Wünschen* entgegenkommt?

Vor vielen Jahren wurde Mary gebeten, einen Jugendlichen zu behandeln, dem diese Behandlung zur Bewährungsauflage gemacht worden war und der sagte, daß er genau das gleiche wolle, was auch der Richter von ihm erwartete, nämlich nicht mehr die Schule zu schwänzen, gute Noten zu bekommen und ein »guter Bürger« zu werden. Mary antwortete, sie glaube nicht, daß er regelmäßig zur Schule gehen wolle, sonst würde er es ja tun. Dann erklärte sie die Regeln: »In den nächsten sechs Wochen mußt du jede Woche einmal hierherkommen, oder du gehst ins Heim zurück. Das hat der Richter dir und mir gesagt. Wenn du nicht kommst, rufe ich deinen Bewährungshelfer an. Wenn du kommst, werde ich dich nicht dazu bringen, so zu sein, wie der Richter dich haben will. Mir liegt daran, daß du entscheidest, wie du sein willst.« In der dritten Sitzung sagte er in einer Mischung aus Anklage und Sehnsucht, daß er so gerne nicht mehr rot werden möchte. Der Vertrag lautete dann: »Nicht mehr rot werden bzw. sich darüber keine Gedanken mehr machen«. Sechs Monate später hatte er keine Angst mehr, rot zu werden. Er ging wieder zur Schule, beteiligte sich an einem Sonderlehrgang und bewältigte das sehr gut. Die Behandlung setzte er aus freien Stücken über die verlangten sechs Sitzungen hinaus fort.

Bei Klienten, die im Krankenhaus oder in der Haftanstalt sind, prüfen wir, ob das, was sie wollen, auch erreichbar ist. Selbstverständlich lautet die erste Antwort auf die Frage, was der Klient wolle: »Ich möchte hier raus.« Das ist gut! Wir fragen, welche Regeln es in der Institution gebe und wie man die Entlassung erreichen könne. Wenn der Klient das nicht weiß, ist es wichtig, daß er sich darüber informiert. Weiter: Unternimmt der Klient die notwendigen Schritte, um herauszukommen? Werden Teilnahme an Beschäftigungstherapie und »Kontakt zu Mitklienten« verlangt, dann bedeutet die Nichtteilnahme an der Beschäftigungstherapie oder die Kontaktverweigerung, daß ein Teil der Klienten daran interessiert ist, in der Institution zu verbleiben. Wenn das geklärt ist, kann der Vertrag zum Beispiel dahin gehen, sich genau an das zu halten, was für eine Entlassung gefordert wird.

Bei Strafgefangenen bedeutet eine Verhaltensänderung nicht ohne weiteres, daß sie auch früher entlassen werden. Die Frage heißt dann: »Gehen wir davon aus, daß du nicht früher entlassen wirst, auch wenn du dich änderst: Wie kannst du dich ändern, damit du hier besser leben kannst?« Gefangene im Marion-Gefängnis, die in einer Abteilung mit therapeutischer Gemeinschaft waren, waren daran interessiert, Therapeuten zu werden. Sie arbeiteten hart dafür und hatten sicherlich weit mehr kreative und glückliche Augenblicke als die meisten Gefangenen sonst.

Die Abwandlung unannehmbarer Verträge

Verträge aus der Elternhaltung

Unter einem Vertrag aus der Elternhaltung versteht man einen Vertrag, bei dem sich der Klient zu etwas verpflichtet, das er *eigentlich sollte*. Wir nehmen einen solchen Vertrag nur an, wenn der Klient auch aus seiner Kindhaltung her wenigstens ansatzweise ein Interesse am Vertragsziel hat. Alle Verträge, die darauf abzielen, sich nicht mehr zu überessen, das Rauchen oder Trinken einzustellen oder die Einnahme von Drogen, sind in erster Linie Verträge aus der Elternhaltung – und scheitern mit hoher Wahrscheinlichkeit, solange das Kind-Ich nicht eine Neuentscheidung trifft, zu leben und gesund zu werden. Deshalb muß von Anfang an das Kind-Ich in den Vertrag einbezogen werden.

Manche Eltern-Ich-Verträge sind schwer zu erkennen, weil das, was bei einer Person der Elternhaltung entspricht, bei jemand anderem nicht dasselbe bedeuten muß. Helmut will in Zukunft nicht mehr so leicht aufbrausen. Es ist ein Vertrag aus seinem Kind-Ich, weil er sich mit seinem Ärger daran hindert, Nähe herzustellen. Auch Christoph will damit aufhören, so leicht aufzubrausen. Bei ihm ist es aber ein Vertrag aus dem Eltern-Ich. Er hat vor kurzem zum ersten Mal geheiratet und macht sich Vorwürfe, weil er sich ständig über seine Stiefsöhne aufregt, die ihre Sachen herumliegen lassen, seinen Hund foppen und sich überhaupt so benehmen, wie man es von zwei Jungs erwarten würde, die sich mit dem neuen Stiefvater zurechtfinden müssen. Christoph war als Kind immer gehorsam, hatte seinen Ärger unterdrückt und sich statt dessen schuldig gefühlt. Jedes Mal, wenn er sich jetzt auch nur ein bißchen oder durchaus angemessen über die Jungs aufregt, hat er Schuldgefühle. Wir akzeptieren seinen Vertrag, den Ärger zu unterdrücken, nicht und schlagen statt dessen vor, daß er sich mit seinen ärgerlichen Selbstanteilen vertraut macht und lernt, sich durchzusetzen.

Anne schlägt einen Vertrag vor, den sie mit Sicherheit nicht halten will, wie schon an den Worten »Ich sollte . . .« abzulesen ist.

Anne: Mein Problem besteht darin, das Haus sauberzuhalten. (*Pause.*) Eigentlich *sollte* ich das Haus immer sauber haben.

Mary: Warum? (Die Frage »Warum« stellen wir selten in der Therapie und gewöhnlich nur dann, wenn Klienten meinen, die Gründe seien selbstverständlich.)

Anne: Weil es dreckig ist.

Mary: Na und? Als meine Kinder klein waren und ich mit ihnen zu Hause war, hatte ich den Staubsauger immer neben der Eingangstür stehen. Wenn plötzlich Besuch kam, konnte ich ihn dann schnell nehmen und so tun, als wollte ich gerade mit dem Hausputz beginnen.

Anne: (*lacht*): Schon recht, aber ich *sollte* . . .

Mary: Natürlich solltest du. Ein so netter Mensch wie du . . . Wenn du schon dein Haus nicht saubermachst, mußt du dich zumindest schuldig fühlen. Willst du wenigstens das tun?

Anne: Du bist sehr komisch.

Mary: Ich weiß. Und komischen Leuten sieht man nach, daß sie sich nicht mit so stumpfsinnigen Beschäftigungen wie Saubermachen abgeben.

Anne: Gut, wenn du meinen ehrenwerten Vertrag nicht annimmst, weiß ich nicht, was ich diese Woche bearbeiten soll.

Mary: Scheiße! Dann hast du das Geld für den Workshop rausgeschmissen. Wenn du dein Haus nicht saubermachst, solltest du wenigstens deine Seele aufräumen.

Anne: Nichts für ungut. Ich werde ganz zufrieden hier sitzen und ich werde mich nicht schuldig fühlen.

Bob, dem ein ähnlicher Eltern-Vertrag angeboten wurde, ging ganz anders darauf ein. Bei einem eintägigen Workshop für Psychiater in den Südstaaten hielt Bob vor einer großen Zuhörerschaft einen Vortrag. Ein Teilnehmer bat ihn zu zeigen, wie er technisch vorgehe, um Verträge zu schließen. Dieser Teilnehmer übernahm die Klientenrolle und kam nach vorn. (Die Sitzung wurde nicht auf Tonband aufgenommen; das Folgende ist daher ein Gedächtnisprotokoll.)

Bob: Was willst du heute an dir selber ändern?
Psychiater: Wie bitte??

Klassische Therapeuten stößt die Vorstellung »heute etwas ändern« vor den Kopf, weil die meisten Ausbildungsgänge die Therapeuten auf lange und kontinuierliche Arbeit mit Klienten vorbereiten. Die Frage ist jedoch sehr wichtig. Sie weist den Klienten darauf hin, daß Veränderung möglich ist, daß sie jetzt möglich ist, nicht nächste Woche oder nächstes Jahr; und sie macht den Klienten auf die Tatsache aufmerksam, daß es in seiner Hand liegt, sich zu ändern. Manche Therapeuten fragen: »Was willst du bearbeiten?« Bob sagt lieber »ändern«, weil der Patient sich sonst dafür entscheidet, zu arbeiten und zu arbeiten, und sich nie ändert.

Psychiater: Ich denke, ich könnte vielleicht –

Bob: Denke, könnte, vielleicht (*Bob betont die ausweichenden Formulierungen.*)

Psychiater: (*lacht*): Ich möchte nicht mehr Sachen auf die lange Bank schieben. (*Als Beispiel erwähnt er, daß er eine zur Veröffentlichung bestimmte Arbeit vor sich herschiebt.*)

Bob: Wenn du nichts schreibst, was sagst du dir dann selber?

Psychiater: Ich beschimpfe mich natürlich. Ich bin traurig und wütend auf mich und habe Schuldgefühle, weil ich das Schreiben aufgeschoben habe.

Nach unserer Erfahrung liegt das Problem nicht im Aufschieben, sondern darin, was sich jemand deswegen antut. Viele Menschen kritisieren sich, fühlen sich schlecht, versprechen, es in Zukunft besser zu machen, und quälen sich mit Gedanken an die unerledigten Arbeiten. Wir halten einen Vertrag für besser, der darauf abzielt, mit den Selbstvorwürfen aufzuhören. Das ist nämlich ein Vertrag, hinter dem das Kind-Ich steht. Erst später akzeptieren wir einen Vertrag mit dem Inhalt, daß der Klient etwas erledigt, das er bisher aufgeschoben hatte. Wenn wir nämlich auf der Seite des Eltern-Ich stehen, kann der Klient auch uns »eine Niederlage« beibringen, damit er sich dann nur noch härter kritisieren und sich noch schuldiger fühlen darf.

Bob: Bist du bereit, zuerst deine schlechten Gefühle aufzugeben und mit den Selbstvorwürfen aufzuhören? (*Der Psychiater und die anderen Teilnehmer lachen.*)

Psychiater: Ja.

Bob: Gut. Bist du bereit, jedes Mal, wenn du dich fertigmachst und beschimpfst, weil du die Arbeit nicht erledigt hast, umzuschalten und statt dessen eine sexuelle Phantasie zu haben? (*Wieder lachen Patient und Zuhörer.*)

Bobs Vorschlag, die Selbstvorwürfe durch sexuelle Phantasien zu ersetzen, soll dem Psychiater klarmachen, daß er Herr seiner Gedanken ist und daß er sich nicht unangenehmen, quälenden Gedanken und Selbstvorwürfen überlassen muß.

Psychiater: Sehr schön.

Bob: Gut. Das hast du also geklärt. Und jetzt: Welche Überschrift hat der Artikel, den du schreiben willst?

Psychiater *denkt einen Augenblick nach und nennt dann eine Überschrift.*

Bob: Schreib die Überschrift bitte auf ein Blatt Papier. (*Der Psychiater macht das.*) Und jetzt den ersten Satz. (*Der Psych-*

iater macht das.) Und jetzt den Schlußsatz (*Der Psychiater macht das.*) Gut. Jetzt hast du eine Überschrift, den ersten Satz und den Schlußsatz. Wann willst du die mittleren Teile ergänzen?

Psychiater: Bis Jahresende.

Bob: Und jedes Mal, wenn du dir deswegen Vorwürfe machst, wirst du dann statt dessen eine sexuelle Phantasie haben?

Er mag seinen Aufsatz schreiben oder auch nicht. Er wird ihn schreiben, wenn sein Wunsch, ihn zu schreiben, größer ist als sein Wunsch, ihn nicht zu schreiben. Ob er ihn nun schreibt oder nicht, Bob glaubt, daß der Psychiater gelernt hat, sich wegen des Aufschubs keine Selbstvorwürfe mehr zu machen.

Manchmal liegt die Schwierigkeit, einen Vertrag abzuschließen, darin, daß der Klient aus einer trotzigen Kindhaltung heraus den Therapeuten nur als Elternfigur erlebt, die bekämpft werden muß. Wie der Vertrag auch aussehen mag, der Klient wird ihn in einen Eltern-Vertrag verkehren, sobald ihn der Therapeut angenommen hat. Unser Mitarbeiter Robert C. Drye[1] schlägt vor, daß der Therapeut den Klienten sofort, wenn er diese Konstellation bemerkt, darauf aufmerksam macht und ihn obendrein für die Kreativität und Kraft, die in dem Widerstand steckt, positiv verstärkt. Bob Drye gab uns folgendes Beispiel:

Paul: Ich bin stinkwütend. In einer anderen Gruppe habe ich erlebt, wie Teilnehmer ihre Wut in der Therapie ablassen konnten, während sie vom Therapeuten und von Gruppenmitgliedern festgehalten wurden. Das könnte mir vielleicht helfen. Ich bin wie eingeschnürt, kriege kaum Luft.

Bob Drye: Ich möchte zuerst mehr über deine Wut wissen. Atme tiefer.

Paul (*atmet nicht tief durch*): Ich habe eine Granatenwut. Ich bin so wütend auf meine Mutter. Ich steh in der Tür und denke: »Wenn sie mir nicht zuhört, werde ich verrückt.«

Bob: Du atmest nicht durch.

Paul: Wenn ich ans Atmen denke, werde ich traurig.

Bob: So, als wollte ich dir etwas wegnehmen? Du möchtest dich deiner Wut aussetzen, und ich fordere dich auf, tief durchzuatmen.

Paul: Ja. (*lächelt.*)
Bob: Ich wette, deine Mutter hatte nicht viel Chancen, dich zu etwas zu bewegen. Du atmest immer noch nicht durch.
Paul: Sie hatte es sehr schwer mit mir (*lacht*).

Bob akzeptierte einen Teil von Pauls Vertrag, nämlich sich zu gestatten, tief Luft zu holen. Und auf der Stelle wurde daraus ein Eltern-Vertrag, gegen den Paul ankämpfte. Wenn Paul einen Vertrag schließt, muß er ihn möglicherweise ergänzen: »Ich werde zum Ziel kommen, selbst wenn das Ziel meinem Therapeuten, meiner Gruppe und meiner Mutter gefällt.«

Verträge, andere zu ändern

Unerfüllbar ist ein Vertrag auch dann, wenn er zur Voraussetzung hat, daß sich jemand anders ändert. Unter dem Vorwand, sich selber ändern zu wollen, präsentiert Jochen einen Eltern-Vertrag für seine Frau Sigrid. Beide nehmen am Workshop teil.

Jochen: Ich muß was ändern. (*Pause.*) Oh, zum Teufel, ich weiß nicht, wo ich anfangen soll.
Mary: Fang an mit »Ich will« statt »Ich muß«. »Muß« ist angebracht, wenn es ums Überleben geht. Menschen sagen »Ich muß«, wenn sie nicht wissen, daß es in Ordnung ist zu wollen.
Jochen: Nun, es kommt mir vor wie ein Muß. Ich will und muß die Art und Weise des Zusammenlebens mit Sigrid ändern.
Bob: Sag's ihr.
Jochen: Ich möchte meine Beziehung zu dir ändern. Das ist mein Vertrag.
Bob: Sag ihr mehr, und sag's spezifisch.
Jochen: Ich möchte frei sein können.
Bob: Du *kannst*.
Jochen: Was?
Bob: Du kannst. (Noch bevor wir wissen, wovon er spricht, greifen wir seine Opferhaltung an, indem wir den Unterschied zwischen »möchten« und »müssen« und den Unterschied zwischen »nicht fähig sein«, »nicht können« und »nicht wollen« betonen.)
Jochen: Ich möchte einen Weg finden, frei zu sein.
Mary: Sag's ihr genauer. Ein bestimmtes Verhalten, das du an dir

ändern willst. Laß solche Etiketten wie »frei sein« weg, weil die nichts aussagen.

Jochen: Ich weiß nicht. Ich fühle mich ziemlich stark kontrolliert. Beispiel. Im Flugzeug. Wir sitzen im Raucherabteil. Wenn ich mit dir zusammen sein will, muß ich im Raucherabteil fliegen.

Sigrid: Das stimmt. Ich will rauchen. Ich fliege auch alleine, wenn du lieber im Nichtraucher sitzen willst.

Mary: Also dient dieser Vertrag dazu, daß sich deine Frau ändert, stimmts?

Jochen: Ich will, daß sie mit dem Rauchen aufhört.

Mary: Also, zurück zum Anfang. Was willst du an dir selber ändern, damit du dich frei fühlst und die Beziehung besser wird – die Ziele hast du genannt –, ob nun deine Frau raucht oder nicht?

Später fragen wir Sigrid vielleicht auch, ob sie um ihretwillen das Rauchen einstellen will. Wenn ja, werden wir den Vertrag annehmen. Nicht jedoch als Vertrag, damit er sich besser fühlen kann. Das ist Erpressung.

Oft hat jeder Partner ein Programm für den anderen:

Reinhard: Ich möchte fürsorglicher zu meiner Frau sein und nicht so kritisch. (Das ist ein Eltern-Vertrag, nämlich was Reinhard wollen *soll.*) Ich mag unsere Auseinandersetzungen nicht. (Das könnte der Kindhaltung entspringen.)

Anke: Mit deiner Definition von Streit und Auseinandersetzung bin ich nicht einverstanden. Oft streite ich gar nicht, sondern bin bloß aufgedreht. Wie zum Beispiel als ich über den Gouverneur sprach, da hast du gesagt, ich würde streiten. Mir macht das Spaß, und ich kann es nicht leiden, wenn man mir sagt, ich redete zu laut. (Schon ist sie mitten in der Auseinandersetzung.)

Reinhard: Ich würde sagen, das stimmt. Es fällt mir ziemlich schwer, mich durchzusetzen und auch dir das Sich-Durchsetzen zu erlauben, ohne daß ich Angst kriege oder wütend werde. (Er gibt bereits nach, was dafür spricht, daß sein Kind-Ich möglicherweise *wirklich* Angst vor Auseinandersetzungen hat.)

Mary (die die Auseinandersetzung und Kapitulation nicht mitkriegt): Es geht also ums »Erlauben«.

Bob: Natürlich. (*Lacht.*)

Reinhard: Ich vermute, hier liegt mein Problem. (Er kapituliert wieder.)
Anke: Ich mag es nicht, wenn du sagst »Ich erlaube dir dies« und »Ich gestatte dir das«. Genau das bringt mich aus dem Häuschen. Ich hab auch eigene Verantwortung. Früher gefiel es mir. Aber jetzt, seit ich wieder zur Schule gehe und vieles alleine mache und viele Einfälle habe, gefällt mir das nicht mehr, und ich will es nicht mehr.
Gruppenmitglied: Bravo!

Die Gruppenmitglieder besprechen verschiedene Aspekte des Problems von Anke und Reinhard. Sie äußern ihre Ansichten dazu und schlagen einige Lösungen vor nach dem Modell: »Warum macht ihr nicht...«

Gruppenmitglied: Du, Anke, änderst dich also, und dir (Reinhard) gefällt's nicht.
Reinhard: Mir gefällt's, aber...
Anke: Das ist der Hauptgrund, weshalb ich herkommen wollte, damit Reinhard was zulassen kann, nachgeben kann.
Gruppenmitglied: Also seid ihr beide hergekommen, um euch gegenseitig zu ändern.
Mary: Vorzügliche Bemerkung! Du bist genau am Punkt. Also gut, laßt uns zurückkommen zu der Frage: Was will jeder von euch an sich selber ändern?
Anke: Das ist wichtig. Ich möchte, daß er was zulassen kann, daß er nachgibt. Was ist daran verkehrt?
Bob (*gibt ihnen einen Gürtel*): Jeder von euch ergreift ein Gürtelende und jetzt fordert einander auf, nachzugeben, loszulassen.

Anke zieht kräftig und schreit: »Laß los!« Reinhard läßt los, und Anke hält weiterhin ihr Gürtelende fest.

Bob: Anke, du hältst immer noch fest.
Anke: Oh. (*Pause.*)
Mary: Verstanden?
Anke: Ja, ich hab's. Ich hab's. (*Läßt den Gürtel fallen.*) Wenn ich wütend werde, weil du festhältst, bin ich oft diejenige, die nicht loslassen will. Danke. Ich hab was gelernt.

Bob: Bitte schön.

Mary: Fein. Etwas anderes: Reinhard, kommst du aus einem ruhigen Elternhaus?

Reinhard: Einem sehr ruhigen. Ich war Einzelkind. Ein sehr ruhiger Haushalt.

Mary: Zur Übung und zum Spaß: Sobald deine Frau das nächste Mal laut ist, dann tu, wenn du antwortest, so, als ob du Alexis Sorbas wärst: ein lauter Mann, der mit Händen und Füßen redet.

Reinhard (*lacht*): In Ordnung.

Mary: Viel Spaß!

Reinhard: Geht klar.

Spielverträge

Spielverträge sind Verträge, bei denen die Klienten den Therapeuten um seine Zustimmung bitten für irgendein Tun, welches zum Ergebnis hat, daß die Klienten am Ende verletzt oder unglücklich sind. Natürlich sind sich die Klienten dessen nicht bewußt, wenn sie den Vertrag schließen wollen.

Marianne: Ich möchte mein Gefühl meinem Vater gegenüber ändern. Daß ich ein Versager bin. Genau gesagt, ich lebe seit einem Jahr von meinem Mann getrennt und habe meinem Vater nichts davon gesagt. Er ist vierundachtzig.

Mary: Erzähl' weiter.

Marianne: Ich fürchte, das wäre für ihn ein solcher Schlag, daß ich es ihm nicht sagen sollte. Er könnte so enttäuscht sein, daß er einen Herzanfall bekommt. Weil er so alt und gebrechlich ist.

Bob: Gibt es einen Grund, warum er davon wissen muß?

Marianne: Wegen mir.

Bob: Warum?

Marianne: Ich komme mir unaufrichtig vor, weil ich ihm nichts gesagt habe.

Mary: Welche Reaktion erwartest du von deinem Vater . . . für dich?

Marianne: Ich möchte, daß er meine Entscheidung akzeptiert, daß er meinen Schritt nicht mißbilligt.

Mary: Also, wenn du sichergehen willst, daß die alte Masche abläuft – nämlich daß er aus Enttäuschung über dich und dein Tun stirbt –, dann brauchst du ihm nur zu sagen, daß du dich von deinem Mann getrennt hast. Dann kann er sagen: »Aha, noch ein Beweisstück mehr für meine Ablehnungskiste!« Und du kannst dich schuldig fühlen.

Marianne: Ja, ich würde mich schuldig fühlen. Worauf willst du hinaus? Ich hab's nicht mitgekriegt.

Mary: Erster Schritt: »Ich möchte, daß du mich akzeptierst und auch die Entscheidung, mich von meinem Mann zu trennen.« (Mary schreibt die Schritte des Spiels an die Tafel und verweist auf den ersten Schritt in der Spielanalyse, die scheinbar eindeutige Aufforderung. Danach kommt der heimliche Hintersinn, dann die Reaktion auf den Hintergedanken und schließlich das, was der Spieler davon hat. Vgl. Abb. 16.)

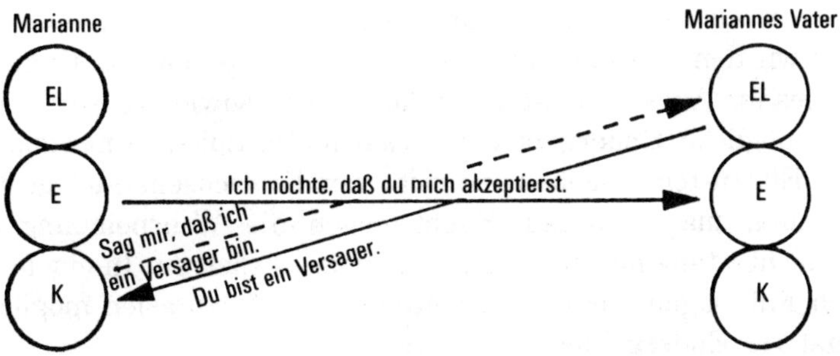

Abb. 16: Diagramm eines Spieles

Mary: Zweiter Schritt: »Sag mir, wie schlecht ich bin.«

Marianne: Nein, nicht »schlecht«. Es muß heißen: »Sag mir, daß ich ein Versager bin.«

Mary: Gut. Zweiter Schritt: »Sag mir, daß ich ein Versager bin.« Dritter Schritt: »Ich werde dir ganz bestimmt sagen, daß du ein Versager bist.« Und so hast du dir die Mißbilligung wieder eingehandelt. Und kannst dir über dich und ihn beliebige Sätze zurechtlegen. Und beliebige Gefühle. Das ist dann das, was du davon hast.

Marianne: Gerade das möchte ich nicht.

Bob: Die einzige Möglichkeit, auf diese Weise zu gewinnen, ist, wenn er sich ändert. Wie groß ist die Wahrscheinlichkeit, daß er sich ändert? Daß er deine Scheidung gutheißt?

Marianne: Sehr gering, so gut wie nicht vorhanden.
Mary: Gut. Ich nehme deinen Vertrag nicht an. Ihn annehmen würde nur heißen, dein Spiel unterstützen.
Marianne: Bei dem er sich schlecht fühlt und ich mich noch schlechter. Ja. Das möchte ich, ehrlich gesagt, nicht. Deshalb habe ich es ihm wohl nicht gesagt.
Bob: Schön.

Es wäre natürlich eine weitere Möglichkeit für sie, den Vater einzuweihen und sich nicht »schlecht zu fühlen«, egal wie er reagiert. Aber in Anbetracht seines Alters und ihrer Überzeugung, daß er es schlecht verkraften würde, scheint es ziemlich sinnlos zu sein, ihn einzuweihen. Jahrelang war er so fest davon überzeugt, Marianne könne ihn fühlen »machen«, daß er es inzwischen glaubt – und er ist nicht unser Klient.

Wenn wir den Verdacht haben, daß ein Spiel im Gange ist, fordern wir den Klienten auf, in die Zukunft zu gehen, das Ende des Spieles ins Auge zu fassen und das »beste« sowie das »schlechteste« mögliche Endergebnis zu erleben. Da Spiele vom Kind-Ich oder Eltern-Ich ausgehen und nicht vom Erwachsenen-Ich gesteuert sind, mag sich der Klient gegen die Wahrnehmung des »schlechtesten« möglichen Endergebnisses sperren. In einem solchen Fall sagen wir dem Klienten unsere Phantasien möglicher negativer Endergebnisse.

Mary: Gut, du sagst also deinem Chef, daß du kündigst. Und mögliche nachteilige Konsequenzen siehst du nicht. Ich versteh das nicht. Mir scheint, du gibst dir alle Mühe, die Möglichkeit zu übersehen, daß er dir so schlechte Zeugnisse ausstellt, daß du keine andere Stelle bekommst.

oder

Bob: Viele offene Ehen scheitern. Was fühlst du, wenn er sich entscheidet, eine dieser Partnerinnen mehr als dich zu lieben?

Endlosverträge

Manche Klienten arbeiten endlos auf ein zukünftiges Ziel hin mit dem heimlichen Programm, so lange unglücklich zu bleiben, bis sie vollkommen geheilt sind. Sie haben sich möglicherweise seit Jahren psychotherapeutischer Behandlung unterzogen in dem Glauben, sie müßten auch noch das letzte Stückchen Psychopathologie ausbuddeln, das letzte Symptom bis zu seinem Ursprung zurückverfolgen und verstehen und den letzten Tropfen negativer Gefühle zerredet haben, bis sie endlich glücklich sein können. Der eigentliche Anlaß, warum sie sich in Behandlung begaben, ist längst vergessen oder hinfällig geworden. Sie machen weiter, weil sie die gleichen Verstärkungen bekommen wollen, die sie schon in der Kindheit bekamen, Verstärkungen dafür, daß sie hart arbeiten, dulden und leiden. Von solchen Klienten akzeptieren wir nur *einen* Vertrag: daß sie ihr Leiden an der Vergangenheit aufgeben.

Iver: Ich habe eine unerledigte Geschichte mit meinem Vater.

Bob: Dein Vater ist tot?

Iver: Ja.

Bob: Und inwiefern betrifft die unerledigte Geschichte mit deinem toten Vater dein Leben heute?

Iver: »Ich bin wütend auf dich. Wütend, weil du dich nicht geschützt hast ... weil du nicht gekämpft hast, daß du du selber sein konntest.« (*Er beginnt sofort einen Dialog mit seinem Vater und ignoriert dabei Bobs Frage.*)

Mary: Bob bat dich, zunächst zu sagen, inwiefern das Festhalten an deinem Vater dein Leben heute betrifft.

Iver: Mhm ... was? Das kommt ... ich bin mit ihm irgendwie festgefahren.

Bob: Wie?

Iver: Mhm ... was ich merke, ist ... wenn ich nicht endlich wütend auf ihn werde, werde ich diese Geschichte nie zu Ende bringen. Sie kommt mir immer wieder hoch ...

Bob: *Du* läßt sie immer wieder hochkommen, aus welchem Grund auch immer. Und du sagst nicht, wie du dich ändern willst, wenn du diese Geschichte erledigt hast.

Iver: Ich sehe da eine Verbindung ... ich muß lernen zu kämpfen ... für mich selber geradezustehen.

Bob: Mehr dazu.

Iver: »Ich habe eine Stinkwut auf dich, weil du mir nicht beigebracht hast zu kämpfen. Du bist aus emotional geladenen Situationen weggelaufen, und ich tue dasselbe, weil es genau das ist, was du mich gelehrt hast.« (*Iver hält die Beute in den Klauen und setzt seine feurige Schmährede fort. Bob und Mary warten, bis er etwas abkühlt.*)

Bob: Wo bist du jetzt?

Iver: Ich spüre Trauer, Trauer um meine Frau und mein Kind. Mein Kind ist ein Krüppel. (*Er verbreitet sich über seine Frau und sein Kind.*)

Mary: Ich glaube nicht, daß dein Vater das zentrale Thema ist. Was ich sehe, ist, daß du alle diese dramatischen traurigen Geschichten hast, die du dir immer wieder vorerzählst. Wie lange bist du schon in Behandlung?

Iver: Zehn Jahre, länger als zehn Jahre.

Mary: Ach du lieber Himmel! Also hast du schon seit mehr als zehn Jahren immer wieder die Gründe zusammengetragen, daß du so traurig sein kannst.

Bob: Um deine Traurigkeit zu rechtfertigen, bist du offensichtlich bereit, einen ganzen Batzen Geld auszugeben. Bist du bereit, deine Jammerposition aufzugeben?

Iver: Ja. (*Schaut auf.*)

Bob (*lacht*): Du siehst aus, als ob der Himmel einstürzt.

Iver: Es könnte ja sein. Wenn ich meine Depressionen fallenlasse, können sie immer wieder hochspringen.

Mary: Stell dir vor, daß dein dickes Knäuel aus Trauer und Depressionen ein Jo-Jo sei. Du kannst damit noch mal zehn Jahre spielen, oder du kannst die Schnur durchschneiden.

Während des ganzen Vierwochenkurses konzentrieren wir uns nur darauf, daß Iver sich akzeptiert und sich so, wie er ist, annimmt und an sich freut. Wir weigern uns, irgendeinen Vertrag, »sich zu ändern«, anzuhören, außer dem, daß er sich annimmt und fröhlich ist. Allmählich genießt er die Zeit hier. Nachdem er in seine eigene Therapiepraxis zurückgekehrt war, berichtete er ganz begeistert davon, wie er mit Kurztherapien bei vielen seiner bisherigen Langzeitklienten gute Erfolge erzielte.

Therapie ohne Vertrag

Reine Gestalttherapeuten streben selten Verträge an und stellen statt dessen Kontakt her, tauschen Wahrnehmungen mit dem Klienten aus und arbeiten dort weiter, wo die Klienten blockiert sind oder Probleme auftauchen. Manchmal beginnen wir auch so, obwohl wir im Gegensatz zu den Puristen am Ende immer einen Vertrag haben.

Bob: Was ist los?
Karin: Was los ist? Ich bin ganz leer.
Bob: Sag mehr.
Karin: Ich habe gerade aufgehört zu atmen.
Bob: Sag mehr.
Karin: Ich sollte überhaupt nicht hier sein. (*Pause.*) Gut, jetzt sage ich, ich weiß nicht, was los ist.
Bob: Du weißt nicht, was womit los ist?
Karin: Ich weiß nicht.
Bob: Du hast genickt. Was sagt dein Nicken?
Karin: Ich habe Angst, dir das zu sagen. Ich weiß, was zwischen uns vorgeht. Ich möchte dir sagen, daß ich eine gute Therapeutin bin.
Bob: Achte darauf, wie du deinen Kopf hältst. Laß ihn so, und sei dessen gewahr, wie du deinen Kopf schräg hältst. Halte ihn jetzt gerade, und sag noch mal: »Ich bin eine gute Therapeutin.«
Karin (*hält den Kopf hoch*): Ja. Ich bin eine gute Therapeutin. (*Unter Tränen:*) Das fühlt sich völlig anders an.
Bob: Willst du »Ich« statt »Es« sagen?
Karin: Ich bin anders. Mit meinem Kopf oben, bin ich kompetent. (*Neigt den Kopf zur Seite:*) Von dieser Position aus eine gute Therapeutin zu sein ist schwer. (*Hebt den Kopf hoch.*) Ich bin fertig. Danke.

Nach diesem Stück Arbeit schließt Karin einen Vertrag, daß sie sich persönlich und in ihrem Beruf wichtig nehmen will.

Johanna beendet ihre Arbeit noch bevor sie einen klaren Vertrag hat:

Johanna: Ich bin froh, daß ich hier bin. Ich fühle mich richtig gut, richtig lebendig. Und dann wieder fühle ich mich schlecht und gebe auf. Ich weiß nicht warum.

Mary: Beispiel?

Johanna: Mir fällt keins ein. Meine Mutter ist irgendwie da drin und sagt mir, ich solle üben, und mein Vater steht unschlüssig herum. Und ich möchte aufgeben. Ich fühle mich nie lange wohl.

Bob: Lobt dich irgend jemand dafür, daß du gut bist, so wie du bist?

Johanna (*lange Pause*): Ich bin nicht sicher, daß ich gut bin, so wie ich bin. Mit meinem Kopf nehm ich dir ab, was du sagst, aber ich weiß nicht, wie mein Inneres dazu steht. Im Innern glaube ich nicht, daß ich in Ordnung bin.

Mary: He, war deine Heldin vielleicht die Jungfrau von Orleans? (Mary sagt dies auf gut Glück, weil ein Mädchen, das nicht »in Ordnung« ist, manchmal ein Junge hätte werden sollen.)

Johanna: O ja!

Bob: Die sich immer mehr aufbürdet.

Johanna: Und immer in der Erwartung lebt, auf dem Scheiterhaufen verbrannt zu werden. Das stimmt. Mein ganzes Leben lang habe ich gesagt: »Ich will nur noch diesen einen Kampf ausfechten.«

Mary: Als du geboren wurdest, was war da an dir nicht in Ordnung?

Johanna: Ich war ein Mädchen.

Mary: Das war auch bei der Jungfrau von Orleans nicht in Ordnung. Mensch, mir fällt gerade ein, daß die medizinische Fakultät einer Universität sich besonders hervorgetan hat mit Geschlechtsumwandlungsoperationen bei Frauen. Ein wahrer Durchbruch. Nicht nur Kosmetik. Was sie auf chirurgischem Gebiet machen –

Johanna: Das interessiert mich nicht! Ich bin gut so, wie ich bin! Mensch! ICH BIN GUT SO, WIE ICH BIN. Fantastisch . . . es stimmt. Ich spür' es jetzt richtig.

Bob: Sehr gut. Dein Vertrag heißt also, deine Entscheidung, daß du so, wie du bist, gut bist, zu festigen, damit du nicht weiterzukämpfen brauchst, es sei denn, du willst es.

Johanna: Das gefällt mir. Und ich glaube, ich habe die Entscheidung eben jetzt gefestigt.

Manchmal, wenn auch selten, arbeiten wir ohne Vertrag, weil der Klient nicht weiß, was er will. Länger als ein bis zwei Sitzungen hindurch würden wir das allerdings nicht machen.

Markus: Ich weiß nicht, was ich will. Ich schließe mich zuviel vor anderen Leuten ab. Seit ich in diesem Workshop bin, bin ich manchmal wirklich aus mir herausgekommen. Mehr als je zuvor. Zu anderen Zeiten schließe ich mich völlig ab. Früher habe ich mir deswegen Vorwürfe gemacht. Jetzt nicht mehr. Ich weiß nichts, was ich ändern will.

Mary: Wähl dir jemanden in diesem Zimmer, jemanden, von dem du dich abschließt. Und sprich zu ihm oder ihr. Ich möchte hören und sehen, wie du dich verhältst.

Markus: Gut. Mit dir, Pete, habe ich keinen Kontakt. (Pete ist einer unserer Freunde, kein Seminarteilnehmer. Er hat einen Vortrag gehalten und partizipiert jetzt zwei Tage lang als stiller Beobachter.) Ich käme mir irgendwie lächerlich vor, wenn ich dich ansprechen würde.

Pete: Warum das?

Markus: Morgen reist du ab. Ich habe also nichts, was ich von dir will.

Mary: Bald weg – also will ich dich nicht kennen. Paßt das zu Erfahrungen aus deiner Jugend?

Markus: Nein, niemand hat mich verlassen.

Bob: Hast *du* verlassen, bist du oft umgezogen?

Markus (*zieht die Luft ein*): Ich war jedes Jahr »der Neue«. Wir blieben nirgend länger als höchstens zwei Jahre. (Er beschreibt Schwierigkeiten, Freunde zu gewinnen.) Ich fühle vage, was es ist. Es ist nur ein . . . Gestern abend sprach ich mit dir, Kumpel (*spricht einen anderen Teilnehmer an*), und mittendrin dachte ich: Gott, will ich das wirklich, will ich mich mit dir festquatschen? Und ich blieb, und nach einer Weile gefiel es mir. Die Zeit miteinander verbringen. Das ist es, die Zeit miteinander verbringen . . . ich weiß nicht.

Bob: Doch, du weißt es. Bring deinen Satz »Das ist es, die Zeit gemeinsam verbringen . . .« zu Ende.

Markus (*weint*): Das fehlt mir so sehr.

Bob: Genau. Sag's nochmal.

Markus: Einfach Zeit miteinander verbringen, das fehlt mir.

Bob: Ja. Und dann sagst du: »Es hat doch keinen Zweck, morgen bin ich schon weg.«
Markus: Das stimmt.
Bob: Das ist es, was dir im Leben fehlt, und das ist es, was das Leben ausmacht. Leben ist heute, nicht morgen. Du verhältst dich so, als käme es im Leben nur aufs Morgen an.
Markus: Ja. Ich . . . ich höre dich. Und das Heute ist es, wo man schwer hineinkommt.
Mary: Was möchtest du also Pete über Heute sagen?
Markus (*weint*): Ich möchte dich gerne für heute kennenlernen.

Markus braucht seinen Vertrag nicht im einzelnen zu formulieren. Er hat einen wichtigen Kontakt zu einer Person hergestellt, die er bis jetzt gemieden hatte, und hat etwas darüber gelernt, daß das Leben im Hier und Jetzt stattfindet.

Gelegentlich möchten Klienten keine Verträge machen, weil sie dringendere Anliegen haben als die Veränderung der eigenen Person. Eine Frau hat die Zulassung zur Universität bekommen und läßt die anderen an ihrem Triumph teilnehmen. Der Sohn eines Mannes wurde wegen Ladendiebstahls festgenommen, und der Mann teilt seinen Ärger und Kummer mit seinen Freunden in der Gruppe. Ein Angehöriger stirbt, und die Klientin möchte ihrem Kummer Ausdruck geben. In solchen Augenblicken ermutigen wir die anderen, mit ihren Gedanken und Gefühlen zu antworten, und wir gehen unsererseits darauf ein.

Verdeckte Verträge

Jeder Klient möchte wachsen, sich ändern, besser leben – und jeder Klient kämpft, ohne daß sein Erwachsenen-Ich dessen gewahr wird, gegen seinen therapeutischen Vertrag. *Der verdeckte Vertrag ist der Pakt zwischen Therapeut und Klient, der darauf abzielt, den Klienten vom Erreichen seiner Ziele abzuhalten.* Unterdrückt ein Klient Gefühle, so kann der Therapeut dies analysieren oder aber statt dessen eine Atmosphäre schaffen, in welcher der Klient seine Gefühle erlebt. Unterdrückt ein Klient seinen Intellekt, dann gibt der Therapeut Ratschläge. Wenn ein Klient passiv bleibt und nichts unternimmt, dann ist auch der Therapeut der Meinung, der Klient könne nicht selbstverantwortlich handeln.

In dem Maße, wie Therapeut und Klient die Macht des Klienten verleugnen, ist der Klient ein Opfer. In dem Maße, wie sie glauben, er habe Macht, wo er tatsächlich keine hat, zum Beispiel die Macht, jemand anderen zu ändern, wird der Klient als allmächtig hochstilisiert und ist zugleich Opfer.

Der einfachste Weg, sich vor einem verdeckten Vertrag zu bewahren, besteht darin, sich jener Worte des Therapeuten und des Klienten gewahr zu werden, mit denen Autonomie verleugnet wird. Wir schlagen vor, daß Therapeuten ihre Sitzungen auf Band aufnehmen, um sorgfältig auf das Vokabular zu achten. Der Therapeut fragt sich: *»Wie habe ich den Mangel an Autonomie durch meine Worte verstärkt?«*, zum Beispiel so:
»Würdest du bitte *versuchen*, mir zu sagen . . .?«
»*Kannst* du deine Symptome beschreiben?«
»*Vielleicht könntest* du *etwas* mehr sagen?«
»Welches Gefühl hat dir das *gemacht*?«
»Wann *fing* deine *Depression an*?«

Versuchen

Wenn eine Klientin sagt: »*Ich will versuchen* zu . . .«, dann haben wir den Verdacht, daß sie sich alle Mühe geben wird, nicht zum Ziel zu kommen. Kinder lernen sagen »Ich will's versuchen«, um ihre Eltern abzuschütteln. Eltern, des Kämpfens überdrüssig, akzeptieren den Versuch als Ersatz fürs Tun. Natürlich gibt es Situationen, in denen das Wort zu Recht verwendet wird. Wir können versuchen, noch schneller zu schwimmen als bisher; wir können einen neuen Geschmack ausprobieren oder versuchen, andere zu beeinflussen, in dem Wissen, daß die Entscheidung bei ihnen liegt.

Therapeut und Klient müssen auf den Satz »Ich will's versuchen« achtgeben, wo er als Appell aus der Kindhaltung des Klienten an den Therapeuten zu verstehen ist, einen Pakt abzuschließen, der nicht zum Ziel führen soll. Der Klient »versucht«, das Rauchen einzustellen; »versucht«, nicht zu spät zu kommen; oder »versucht«, einen Tag am Strand zu genießen. Therapeuten, die aus der Position der Elternhaltung arbeiten, patronisieren ihre Klienten, indem sie sie auffordern, etwas zu versuchen, oder indem sie ihnen Ratschläge geben.

Bob hat eine Kuhglocke, die er »Versuchsglocke« nennt. Er

läutet sie laut, sobald jemand das Wort »versuchen« mißbraucht. Wir fordern die Klienten auf, sich klarzumachen, wie sie jedesmal die Selbstsabotage miteinplanen, wenn sie »versuchen« sagen, wo »tun« oder »machen« angebracht wäre.

Kann nicht

»Ich kann nicht« ist wie »Ich versuch's« ein anderes Wort für »Ich will nicht«, vor allem in Familien, in denen die Autonomie von »Ich will nicht« nicht zugelassen wird. Es gibt nur wenig, was wir nicht können, sofern es sich um die Änderung von Gedanken, Gefühlen und Verhalten handelt. Es gibt aber vieles, was wir nicht tun werden, solange wir an den Satz »Ich kann nicht« glauben.

Eine Klientin sagte: »Über mich kann ich nicht sprechen und auch nichts zu Papier bringen. Ich muß einen ganz wichtigen Brief schreiben, und zwar für meine Beförderung. Aber ich kann es einfach nicht.« Ganz offensichtlich kann sie es, will aber nicht. Solange sie an den Satz »Ich kann nicht« glaubt, wird sie Opfer bleiben. Ihre Arbeit in der Therapie beginnt mit der Erklärung: »Ich will nicht über mich schreiben.«

Wie die Klienten, so setzen auch Therapeuten das »Ich kann nicht« gelegentlich ein, entsprechend ihren destruktiven Grundgeboten und Antreibern. Als Mary einmal diese Zusammenhänge erklärte, brachte eine Sozialarbeiterin ihre Zustimmung durch eifriges Kopfnicken zum Ausdruck. In der Kaffeepause sagte jedoch dieselbe Sozialarbeiterin zu einer Freundin: »Könnte ich doch bloß den Hörer auflegen, wenn mich meine Klienten nachts anrufen!« Ihr eigenes »Ich kann nicht« war ihr offenbar entgangen. Solange diese Sozialarbeiterin nicht zur Kenntnis nimmt, daß sie den Hörer auflegen kann, wird sie womöglich auch mit anderen nicht erfolgreich arbeiten, mit anderen, die sich in Anstandsregeln gefangenhalten und meinen, sie »könnten« diese doch nicht brechen.

Gefühle machen

Kindern bringt man bei, sie seien für die Gefühle anderer verantwortlich. Marys Großmutter, eine sonst großartige, warmherzige Frau, hatte die Angewohnheit, einen mit fettem Speck angemachten Krautsalat aufzutischen, und Mary sollte ihn essen, »damit

Omas Gefühle nicht verletzt werden«. Warum wohl stützte sich die Großmutter auf Marys Abneigung gegenüber bestimmten Speisen, um sich verletzt zu fühlen, und warum wohl machte sie Mary für Gefühle verantwortlich, die ihre eigenen waren? Natürlich deshalb, weil sie gelernt hatte, daß andere ihr Gefühle machen. Benimmt sich ein Kind daneben, sagt ein ärgerlicher Vater: *»Du machst mich wahnsinnig.«* Eine depressive Mutter sagt: *»Du machst mich traurig.«* Und eine sich für alles verantwortlich fühlende Tante sagt: *»Du machst mir Schuldgefühle.«* Später wird das Kind ein Therapeut, der seine Klienten zu Opfern macht, indem er sie fragt: *»Was für ein Gefühl macht Ihnen das?«*

Einmal beobachteten wir einen guten Verhaltenstherapeuten, wie er bei einer phobischen Patientin ein Desensibilisierungsprogramm durchführte. Er sagte zu ihr: »Wenn Ihnen das Flugzeug Angst macht, heben Sie den linken Zeigefinger. Wenn Sie sich wohl fühlen, heben Sie den rechten Zeigefinger.« Seine Bemerkung impliziert, daß die Klientin dem Flugzeug ausgeliefert ist, ein Opfer des Flugzeugs ist. Wir sehen es als von entscheidender Bedeutung an, daß die Klientin erkennt, daß *sie sich selber Angst macht*, wenn sie fliegt oder sich vorstellt, im Flugzeug zu sitzen.

TA-Therapeuten, die dem Glauben aufsitzen, andere seien für ihre Gefühle verantwortlich, schreiben Artikel zum Thema: »Wie man Menschen in die Nicht-okay-Position bringt«. Das Wort »Abwertung« verwenden sie ebenfalls so, daß es ihren Glaubenssatz stützt. Wenn eine Frau dich auffordert, den Salzstreuer zu reichen, mußt du sie anhören, ihre Bitte annehmen und ihr den Salzstreuer reichen; sonst, so sagen diese Therapeuten, wertest du sie ab, und sie kann zu Recht wütend oder traurig werden und dich dazu zwingen anzuerkennen, daß du schuld daran bist. Sicher ist es wichtig, daß Menschen wissen, wann sie nicht angemessen auf andere eingehen. Es ist jedoch die Sache jedes einzelnen, ob er sich als abgewertet erlebt oder nicht. Der Klient, von dem das folgende Transkript stammt, war lange bei einem TA-Therapeuten in Behandlung, der glaubt, Abwertungen seien dafür verantwortlich, daß Leuten Gefühle gemacht werden.

Paul: Es war schlecht für mich, daß ich mich mit Annemarie traf. Sie machte zwei Sachen, mit denen sie mich enorm abwertete, verstehst du?

Mary: Nein.

Paul: Gut, ich will mich klar ausdrücken: Annemarie machte zweierlei, was mich völlig entwertete, und sie empfand es noch nicht einmal so.

Bob: Setz Annemarie vor dich hin, und sag ihr genau, was sie machte.

Paul: *(erklärt Annemarie, daß sie entgegen ihrem Versprechen vergessen hatte, wichtige Briefe zur Post zu bringen, und, wieder entgegen ihrem Versprechen, doch alte Bekannte aus der Nachbarschaft besucht hatte):* »Annemarie, ich werde nicht weiter mit dir zusammenleben können, wenn du mich derart abwertest. Du gibst mir das Gefühl, ich sei ein kleiner Junge.«

Bob: Sie hat dir überhaupt kein Gefühl gegeben. Es war deine Wahl, dich wie ein kleiner Junge zu fühlen.

Paul: Aber, so fühl ich mich, wie ein kleiner Junge, um den man sich einen Dreck schert.

Bob: Sie machte nicht, worum du sie gebeten hattest und was sie versprochen hatte, und es war deine Entscheidung, dich wie ein kleiner Junge zu fühlen.

Paul: »Ich fühl mich wie ein kleiner Junge. Du hast mir gesagt, du würdest das machen, und hast es nicht gemacht.« (Er ist jetzt ziemlich wütend.) »Wenn du mir sagst, du machst es nicht, dann ist das in Ordnung. Aber wenn du mir sagst, du machst es, und machst es dann doch nicht, dann bringst du mich in eine Nicht-okay-Position. Du entwertest mich ... und ich fühle mich wie ein kleiner Hosenscheißer.«

Wir arbeiten etwa fünfzehn Minuten an den Mechanismen, mit denen er es einrichtet, sich so zu erleben, wie er es als Kind tat. Wir unterstreichen die Tatsache, daß niemand jemand anderen in eine Nicht-okay-Position »bringen« kann.

Mary: Gut. Das ist ihr Verhalten. Vielleicht ein Spiel oder so was ähnliches. Es interessiert mich nicht, was sie macht. Du kannst dich entscheiden, das Problem so zu lösen, daß du ihre Fehler zählst statt ihre Stärken, oder du kannst dich entscheiden, dich von ihr zu trennen. Du triffst deine Entscheidungen für dich. Und du allein entscheidest, ob du dich aufgrund ihrer Handlungen als kleiner Junge fühlen willst. Verstanden?

Paul: Das ist ein neuer Gesichtspunkt. Ich denke darüber nach. Ich bin ganz perplex, wie wichtig das ist, was ich gerade lerne. Ich fühle mich etwas freier. Ich treffe die Entscheidungen. Das ist ein völlig neuer Gesichtspunkt, das Gegenteil von allem, was ich in meiner alten Gruppe gelernt habe. Ich muß darüber noch mehr nachdenken.

Mary: Gut. »Entwerten« und »abwerten« – diese Wörter haben sich Leute, die glauben, andere machen einem Gefühle, schnell zu eigen gemacht.

Bob: Wir werden aber genauso schnell dagegen zu Felde ziehen.

Die Gruppe lacht.

Ich – Es

Der Gebrauch von »Es«, wo eigentlich »Ich« gesagt werden müßte, weist darauf hin, daß Autonomie verleugnet wird. Manche Klienten stehen zu ihren Mängeln, nicht aber zu ihren Stärken, wenn sie zum Beispiel sagen: »Es (was ich gesagt habe) war gut bis zu der Stelle, wo ich aus dem Konzept kam.« Andere machen es umgekehrt und sagen: »Ich habe eine gute Rede gehalten, und dann ging alles daneben.« Sagt ein Klient regelmäßig »Ich«, wenn es um Schwierigkeiten geht, und »Es«, um jedes Eigenlob zu schmälern, dann vermuten wir, daß er depressiv ist. Menschen mit Charakterstörungen neigen eher dazu, immer dann »Es« zu sagen, wenn sie ihre eigene Verantwortlichkeit von sich schieben wollen.

Klienten reden von ihren Symptomen, als seien diese vom Himmel gefallen – und ihre Therapeuten reden genauso. Man sagt: »Die Depression bricht aus« anstatt »Ich mache mich traurig oder depressiv«. »Meine Wut zehrt alle meine Kraft auf« wird häufiger gesagt als »Ich werde wütend und tu dann so, als stünde es nicht mehr in meiner Kontrolle, wie ich mich fühle und verhalte«. Sätze wie »Ein Gedanke schoß mir durch den Kopf« stellen in Abrede, daß es der Klient ist, der denkt. »Es fühlt sich so, wie wenn . . .« stellt in Abrede, daß es der Klient ist, der fühlt. »Es passierte« stellt in Abrede, daß es der Klient ist, der autonom handelt.

Manche TA-Therapeuten machen aus ihren Ich-Haltungen ein neutrales »Es«, wenn sie beispielsweise sagen: »Unser Kind-Ich will Bier trinken gehen« oder »Mein Erwachsenen-Ich bemerkt, daß . . .« oder »Mein Eltern-Ich will dir helfen«. In unseren Gruppen machen wir die Klienten im Rahmen der Behandlung mit ihren Ich-Haltungen vertraut. Wir wollen allerdings, daß sie sich als Summe ihrer Teile erleben und »Ich« sagen.

Ein Klient sagt: »Wenn ich etwas anfange und knie mich nicht völlig in die Sache rein, dann zählt das nicht.« Mary fordert ihn auf, anstelle von »das« »ich« zu sagen: »Nur wenn ich mich völlig in eine Sache reinknie, zähle ich.« Unvermittelt beginnt er zu weinen und erinnert sich, wie er ein kleiner Junge war, der zu Hause »nicht mitzählte« und der deshalb immer mehr schuftete, um dadurch Gewicht zu erlangen. Der Schwerpunkt für seine Behandlung lautet: »Ich zähle mit!« Einige Sitzungen später berichtet er davon, was er erreicht hat, und sagt: »Es ist wirklich faszinierend.« Auch hier fordern wir ihn auf, »Ich« zu sagen. Als er dann sagt: »Ich bin faszinierend«, lächelt er und atmet tief durch. »ICH BIN faszinierend.« »ICH BIN FASZINIEREND.« Indem er das »Es« durch »Ich« ersetzt, erfährt er ganz neue Dimensionen von Macht, Stärke und Faszination.

Ich – man

Schaltet jemand von »Ich« auf »man« um, dann zeigt dies einen Umschlag aus der Kindhaltung in die Elternhaltung an. Glaubenssätze, Mythen, familiäre Überzeugungen sowie Mottos und Gebote der Eltern werden auf diese Weise wiederholt. »Ich würde gerne mehr Leute kennenlernen, aber *man* kann nicht einfach so reinplatzen.« So formuliert es ein Mann, der die familiären Grundgebote »Sei nicht nahe« und »Nicht« übernommen hat. »Ich bin glücklich, aber *man* kann nicht erwarten, daß so ein plötzlicher Wechsel anhält.« So formuliert eine Frau, deren vorheriger Therapeut mit Nachdruck betont hatte, daß schnelle Persönlichkeitsänderungen unmöglich seien. Wir fordern Klienten nicht einfach auf, »Ich« anstelle von »man« zu sagen. Es ist auch wichtig, daß sie die Bedeutung beider Seiten verstehen, der Seite in ihnen, die »man« sagt, und der Seite, welche »Ich« sagt.

Ich – Wir

Bei der Behandlung von Familien erklärt sich jenes Familienmitglied, das anstelle von »Ich« »Wir« sagt, zum Sprecher der Familie. Um die Autonomie aller Familienmitglieder zu fördern, werden solche Erklärungen, die alle vereinnahmen, sorgfältig geprüft, um zu sehen, ob sie die Gefühle und Meinungen jedes einzelnen Familienmitgliedes ausdrücken.

Vielleicht

Bei solchen und ähnlichen Wörtern muß der Therapeut nachfragen. Oft, wenn ein Therapeut ein Tonband aus einer Therapiesitzung, in der er festgefahren war, vorspielt, kann man hören, wie der Klient »Vielleicht« sagt, der Therapeut aber weitereilt und so tut, als hätte der Klient »Ja« gesagt.

Klient: Ich glaube, daß ich vielleicht . . . was ich möchte, ist . . . ich möchte mehr Freunde haben.
Therapeut: Sehr gut!

Die Antwort sollte vielmehr lauten: »Vielleicht?« oder »Nimm beide Seiten – du möchtest mehr Freunde, und du möchtest nicht mehr Freunde.«

Der erste Trick (Con)

Der erste Trick des Klienten in der Therapiesitzung ist deshalb von ganz außerordentlicher Bedeutung, weil möglicherweise die ganze Sitzung nur dazu dient, den Trick auszuagieren, wenn der Therapeut den Klienten nicht damit konfrontiert. Ein Klient sagte: »Ich mache nie, was ich ankündige«, und schloß dann einen Vertrag, das Rauchen einzustellen. Der in Ausbildung befindliche Therapeut arbeitete eine halbe Stunde lang mit großer Sorgfalt und ohne Erfolg, bis wir die Sitzung abbrachen, um das Band zurückzuspulen und den ersten Trick vorzuspielen: »Ich mache nie, was ich ankündige«. Der Therapeut rief aus: »Mein Gott, das habe ich völlig überhört.«

Ein Trick in der ersten Sitzung kann den Rahmen für die gesamte folgende Behandlung abgeben, falls der Klient nicht damit konfrontiert wird. Sagt ein Klient: »Ich war schon bei siebzehn Therapeuten, und man hat mir gesagt, ihr wärt bei so schwierigen Fällen wie mir gut«, dann heißt das: Freundchen, sei auf der Hut, als nächster bist du dran! Die Antwort lautet: »Und wie wirst du mich zum Scheitern bringen?« Bob fügt an einer solchen Stelle hinzu: »Um deinetwillen möchte ich gerne, daß du deine Ziele erreichst. Wenn du dich nicht änderst, werde ich weiterleben wie vorher, und ich werde noch ein paar Tage an dich denken als an einen weiteren Menschen, der festgefahren ist und der sich vielleicht eines Tages ändert oder auch nicht.« Ändert sich der Mensch nicht, so mag er sich später an diese Prognose erinnern, und das mag ihm helfen, wenn er sich für die nächste Therapie anmeldet.

Makabres Lachen, Galgenhumor

Das Publikum lacht, wenn sich ein Komödiant als dumm, naiv und hilflos darstellt oder wenn er sich irgendwie verletzt und weh tut. Machen sich Klienten über sich selber lustig, dann provozieren sie bei den Therapeuten und Gruppenmitgliedern ein Lachen, das ihre Pathologie verstärkt und das am besten als »makabres Lachen« zu beschreiben ist. In einem Marathon mit seinen Kollegen erzählte ein junger Geschäftsmann die Geschichte, wie er sein Motorboot zu Schrott fuhr, weil er einer Frau nachschaute, deren Bikini-Oberteil heruntergerutscht war. Viele Teilnehmer lachten. Mary sagte: »Es ist nicht komisch, wenn du dein Boot zu Schrott fährst.« Seine Kollegen erinnerten ihn daran, daß er gerne und häufig solche Geschichten erzählte, die darauf hinausliefen, daß er zum Schaden auch noch den Spott hatte. Er weigerte sich, irgend etwas dabei zu finden, und betonte, daß seine Geschichte »ohne jede Bedeutung« sei. Bob forderte ihn zu einem Experiment auf: »Erzähle dir oder anderen in den nächsten vier Wochen keine Geschichten, in denen du dich über dich lustig machst, weil du dir Schaden zugefügt hast, und laß uns dann das Ergebnis wissen.«

Nach sechs Monaten schrieb er: »Ich glaube immer noch, daß die Art und Weise meiner Witze ohne jede Bedeutung ist, aber die alten Witze gefallen mir nicht mehr. Obwohl ich glaube, daß es psychologisch gesehen unwichtig ist, möchte ich doch berichten, daß ich fröhlicher war als je zuvor, und ich habe auch keine Unfälle oder Schwierigkeiten gehabt, über die man Witze machen könnte.«

Destruktive Grundgebote und dazugehörige Entscheidungen kann man am Galgenhumor erkennen. Klienten lachen über Unfälle, wenn sie die Entscheidung »Ich will mich beinahe umbringen«

in die Tat umsetzen. Sie lachen über Geldverluste, wenn sie dem destruktiven Grundgebot »Hab keinen Erfolg« gehorchen. Sie lachen darüber, daß sie nicht denken, nicht erwachsen werden, nicht kindlich sind, wenn sie nach entsprechenden Grundgeboten und Entscheidungen leben. Sobald wir makabres Lachen oder gar Galgenhumor vernehmen, sagen wir: »Das ist für dich nicht lustig.« Die meisten Menschen reagieren darauf zuerst irritiert und sagen dann, ihr Lachen sei »bloß Nervosität«. Wir fordern sie auf, sich klarzumachen, daß sie dieses »nervöse Lachen« nur im Kontext mit bestimmten Lebensproblemen zeigen.

Beate zeigte bei ihrer Arbeit oft makabres Lachen oder Galgenhumor. Für diese Sitzung lautete ihr Vertrag, daß sie sich beim Autofahren nicht ständig verfransen und verfahren wollte.

Bob: Du sitzt im Auto und bist falsch abgebogen. Wie lange fährst du weiter, bevor du merkst, daß es die falsche Richtung ist?

Beate: Also . . . es (*kichert*) braucht seine Zeit, dann fange ich an, mich zu wundern.

Mary: Du kicherst. Wenn du dich verfährst, ist das für dich nicht besonders lustig.

Beate: Ja. Aber ich lach bloß aus Nervosität.

Mary: Was dein Lächeln und Lachen anlangt, hast du schnell ein »Ja, aber« zur Hand. Ich bin der Meinung, daß dein Lachen und dein Lächeln eine Bedeutung haben. Ich weiß nicht, was sie bedeuten.

Bob: Exakt.

Beate: Oh . . . Ich erinnere mich . . . mir fällt ein, wie wir, als ich noch ein Kind war, auf lange Reisen gingen. Mein Vater fuhr. Er verfuhr sich regelmäßig. (*Kichern.*) Das war auch nicht lustig. Ich weiß nicht, warum ich kichere. Meine Mutter schlief im Wagen immer ein, und wenn sie aufwachte, hatten wir uns verfahren. (*Grinst.*)

Bob: Du hast gegrinst und gekichert.

Beate (*lacht beim Sprechen*): Meine Mutter wurde richtig wütend auf ihn.

Mary: Letztes Mal, als du hier gearbeitet hast, beschriebst du ihn als grausamen Mann, der dich schlug. Ich vermute, daß ein Teil von dir sich darüber freute, daß er sich verfuhr und dann von deiner Mutter ausgeschimpft wurde.

Beate: Hm. Das ist interessant. Wenn wir . . . wenn wir auf eine Reise gingen, half ich ihm beim Studium der Autokarten. Als wär ich auf seiner Seite.

Bob: Du hast ihm geholfen, daß er sich verfährt.

Beate (*bricht in schallendes kindliches Lachen aus*): Vermutlich ja. Ich jedenfalls werde mich nicht mehr verfahren!

Häufig ist die makabre Bemerkung so humorvoll, daß auch der Therapeut lacht. Typische Beispiele sind die Geschichten, die von inzwischen trockenen Alkoholikern über das erzählt werden, was sie angestellt hatten, wenn sie betrunken waren. Sobald die Therapeutin merkt, daß sie als Reaktion auf den pathologischen Humor selber lacht, kann sie zum Beispiel sagen: »Ich nehme mein Lachen zurück. Ich werde nicht über etwas lachen, das für dich gar nicht lustig ist.« Auch die Gruppenmitglieder lernen, pathologischen Humor zu erkennen, und lachen dann nicht mehr darüber.

Körpersprache

Ein Klient sagt zum Beispiel ja, während er den Kopf verneinend schüttelt; er zieht den Ehering ab und besteht gleichzeitig darauf, wie glücklich seine Ehe sei; er sackt in sich zusammen, nachdem er gerade erklärt hat »Ich will arbeiten«, oder er versteckt sich hinter verschränkten Armen wie in einer Festung und spricht gleichzeitig über seinen Wunsch, mit anderen Gruppenmitgliedern in Kontakt zu kommen.

Körpersprache interpretieren wir nicht. Statt dessen fordern wir den Klienten auf, auf seinen Körper zu achten und darauf zu hören, was sein Körper ihm sagt. Fällt ihm das schwer, so schlagen wir vor, daß er seine eben eingenommene Haltung oder Geste unterstreicht und übertreibt. Während der Behandlung verstärken wir immer wieder autonome Sprache, Lachen, das statt pathologisches Verhalten gesundes Verhalten unterstützt, und Bewegungen, die im Einklang mit dem verbalen Verhalten stehen.

5 Beachten, verstärken und anerkennen

Mary beobachtet ihre Tochter Claudia, wie sie mit ihrem sieben Monate alten Sohn Brian spielt. Sie sitzen auf dem Teppich, er sitzt neben ihr und hält einen großen buntbemalten Holzkäfer in der Hand. Ein Fühler ist in seinem Mund, der andere wirbelt wild herum, wenn Brian seinen Kopf schüttelt. Claudia nimmt einen Fühler in den Mund, und sie lachen und purzeln beide um. Brian läßt das Spielzeug fallen, greift in ihr Haar und guckt gespannt, während er an ihrer Nase leckt und sie an seiner Zunge schnuppert. Er stupst mit der Nase gegen ihre Wange; sie bewegt sich und gibt seinem Bauch erst sanfte, dann hörbare Küsse. Er quiekt, bekommt Schluckauf, sie macht seinen Schluckauf nach, und beide lachen. Er hat noch mal Schluckauf, und sie fangen von vorne an. Dann umarmen sie sich ohne Worte. Es ist ein totales Miteinander, ohne Einschränkung und Vorbehalte. In der etwas langweiligeren TA-Sprache ausgedrückt tauschen sie physische nonverbale positive bedingungslose Verstärkungen aus. Da die meisten von uns gelernt haben, Hemmungen zu entwickeln, wenn es darum geht, Anerkennung in dieser Form zu geben oder zu erhalten, gehören die Veränderung und Erweiterung von Verstärkungsmustern zu unserer Behandlung.

Albrecht: Ich mag Körperkontakt. Aber ich habe Hemmungen, in der Öffentlichkeit Zuneigung zu zeigen.

Bob: Hemmungen? (Bob reagiert auf die unpersönliche Formulierung »habe Hemmungen«.)

Albrecht: Ja.

Bob: Wenn du beschließt, deine Hemmungen fallenzulassen, mit wem möchtest du hier Kontakt haben?

Albrecht: Wahrscheinlich mit irgendeiner Frau.

Mary: Das ist ein sicherer Weg, keinen Kontakt zu bekommen.

Bob: Such dir eine aus.

Albrecht (*lange Pause*): Anne. (*Er geht auf sie zu.*)

Mary: Wart einen Augenblick, Albrecht. Sag ihr genau, was du willst, und frag sie, ob sie einverstanden ist.

Albrecht: Alles, was du willst.
Mary: Nein. So geht's nicht.
Albrecht: Ich möchte in der Lage sein, zu . . .
Bob: Damit kommst du auch nicht weiter. Du bist bereits »in der Lage«.
Albrecht: Ich möchte deine Hand halten und mit dir spazierengehen, ohne deswegen befangen oder verlegen zu sein.
Mary: Ach, Albrecht. Wenn du sie bittest, ihre Hand halten zu dürfen, dann bittest du sie nicht gleichzeitig, etwas gegen deine Befangenheit oder Verlegenheit zu tun. Willst du ihre Hand halten, egal, was du dabei fühlst?

In den Äußerungen von Bob und Mary sind mehrere wichtige Aspekte enthalten in bezug auf die Art und Weise, in der Albrecht bei diesem Stück Arbeit Beachtung, Verstärkung und Anerkennung sucht und annimmt. Bob und Mary unterstreichen, daß er vermeidet zu bekommen, was er haben will, indem er seine Bitte verallgemeinert. »Alles, was du (geben) willst« von »wahrscheinlich irgendeiner Frau«. Er wird aufgefordert, einer bestimmten Frau genau zu sagen, was er will, ohne Bedingungen daran zu knüpfen, wie er sich fühlen soll, wenn er das Gewünschte bekommt. Er wird aufgefordert herauszufinden, ob die von ihm gewählte Partnerin einverstanden ist, um Spiele zu vermeiden, in welchen er den Versuch macht, Einverständnis zu erzwingen, und dann enttäuscht ist.

Albrecht: Machst du mit?
Anne: Ja.

Albrecht und Anne gehen langsam im Zimmer herum und halten sich an der Hand.

Albrecht: Ich fühle mich wohl und warm.
Anne: Das ist gut. Ich freue mich an dir, und es gefällt mir. Ich promeniere, und all die anderen Leute können nur sitzen und zugucken. Ich mag dein Lächeln.
Albrecht: Ich mag deins auch.
Anne: Sollen wir die anderen ansehen und ansprechen oder einfach weitergehen?

Albrecht plaudert mit den anderen und klönt weiter mit Anne und sie mit ihm.

Albrecht (*zu Mary*): Ich merke, daß ich so dastehen kann, ohne verlegen zu sein. Ich glaube, dahinter steckt folgender Grund . . .
Mary: Willst du dein Erlebnis genießen oder es mit »Gründen« zerfleddern?
Albrecht (*lacht*): Ich will es genießen.

Albrecht ist glücklich und begeistert und setzt den Kontakt, den herzustellen für ihn so schwer gewesen war, fort. Bis dahin hatte er andere nicht angefaßt, sondern sich vor allem auf die Weise mit ihnen abgegeben, daß er politische oder psychologische Theoriediskussionen führte.

Beachtung, Verstärkung und Anerkennung geben

Bedingungslose Anerkennung wird für die Tatsache gegeben, daß eine Person *da ist.* So wie ein Säugling für sein bloßes Dasein bewundert wird. Positive bedingungslose Anerkennung heißt in Worten ausgedrückt: »Ich liebe dich.« Ohne Worte wird sie ausgedrückt durch Glucksen, Lächeln, Gesten; und körperlich durch Berühren, In-den-Armen-Halten und Streicheln. Negative Beachtung heißt, einem Baby praktisch sagen: »Weil du da bist, liebe ich dich nicht«, ob dies durch Worte ausgedrückt wird, durch Grimassen oder durch grobes und schmerzhaftes Anfassen.

Bedingte Verstärkungen werden mehr dafür gegeben, daß jemand etwas tut, als dafür, daß er da ist. Wenn ein Baby sich zum ersten Mal aufrichtet, reden Mütter und Väter begeistert auf das Kind ein. Sie lächeln, und sie tätscheln und küssen es. Wenn es kleckert oder zu lange schreit, erntet es unter Umständen böse Blicke, heftige Worte oder einen Klaps.

Zu lernen, wie und wann Verstärkungen am besten zu geben sind, ist einer der wichtigsten Punkte, um ein guter Therapeut zu werden. Hierfür einige Beispiele.

Ronald hält eine Packung Papiertaschentücher im Schoß und gibt sie jeweils einzeln, Stück für Stück, einer weinenden Frau weiter.

Solange sie weiterweint und er das Monopol über den Vorrat an Papiertaschentüchern behält, wird er gebraucht. Jedesmal, wenn er ein Taschentuch hinüberreicht, lächelt er voll Mitgefühl und bestärkt sie damit in ihren Tränen.

Thomas ist der Typ eines Notfall-Retters. Er stürzt los, um die Papiertaschentücher zu holen, und rast mit ihnen zu seinem Opfer, bevor das Opfer merkt, daß es sie braucht.

Georg, der Tröster trauriger Babys, möchte jeden, der weint, umarmen.

Johanna sagt zu Robert: »Ich bin so froh, von deinem Gefühl zu hören. Ich bin so froh, daß du dich endlich der Gruppe angeschlossen hast.«

Waltraud adressiert die ganze Gruppe und sagt: »Ich höre gerne von anderen Leuten, weil ich dann weiß, daß ich nicht der einzige Mensch auf der Welt mit Problemen bin.«

Uwe sagt zu Frank: »Ich mag dich nicht. Ich denke mir, du willst es vielleicht wissen. Ich nehme dir deine Attitüde übel, daß du angeblich keine Probleme hast. Dadurch bleibst du außerhalb der Gruppe.«

Jeder dieser Teilnehmer formuliert auf liebevolle oder vorwurfsvolle oder gemeinplätzige Weise destruktive Grundgebote wie »Sei nicht gesund« oder »Sei nicht glücklich« oder »Sei nicht unabhängig«. Außer Waltraud sind sie alle Gruppentherapeuten. Wir bringen ihnen bei, wann Verstärkungen gegeben und wann sie zurückgehalten werden sollen. Die beste Leitlinie ist dabei gewöhnlich der Vertrag des einzelnen Klienten. Wer erst lernen mußte, sich einzulassen und sich auf jemanden zu stützen, für den ist es neu, um Taschentücher zu bitten, statt sie selber zu holen, und dies Verhalten sollte dann verstärkt werden.

Bei Klienten, die ihre Tränen zurückhalten, verstärken wir das erste Weinen. Bei solchen, die immer sofort losheulen, halten wir uns zurück, solange sie weinen, und verstärken andere Eigenschaften. Wir gestatten es den Teilnehmern nicht, einen Klienten mit körperlicher Verstärkung zu beachten, wenn er sein typisches, ständig wiederholtes negatives Gefühl ausdrückt. Will die Schmusekatze einen solchen Teilnehmer umarmen, dann sagen wir: »Halt. Nicht jetzt.« Hinterher erklären wir ihr, daß Verstärkung, in diesem Falle Umarmung, das pathologische Verhalten verstärkt, und wir fragen die »Retterin«, ob sie daran interessiert sei, neue, gesündere Wege zu finden, den Kontakt herzustellen.

Negative verbale Verstärkungen geben wir Klienten selten. Wir finden ein Vorgehen nach dem Motto »Auf, wir wollen Johannes sagen, was wir an ihm nicht mögen«, destruktiv. Hat eine Klientin »Vorbehalte« gegen andere Klienten, so ermutigen wir sie nicht noch entmutigen wir sie, wenn sie ihre Vorbehalte das erste Mal zum Ausdruck bringt. Wir wissen, daß sie wahrscheinlich aus einer Familie oder Therapiegruppe kommt, in der »Ehrlichkeit« hoch geschätzt wird, solange die »Ehrlichkeit« negative Verstärkung bedeutet. Verstärkt die Klientin weiterhin negativ, dann fragen wir sie, ob sie neue Möglichkeiten für Anerkennung lernen will.

Negative körperliche Verstärkungen wenden wir nie an. Es gefällt uns nicht, wenn Menschen körperliche Gewalt anwenden, unter dem Vorwand, Gewalttätigkeit zu verhüten. Wir fordern Eltern, Lehrer und Therapeuten auf, Verträge abzuschließen, daß sie Kinder nicht verhauen, kneifen, schlagen oder mit Worten demütigen – und wir meinen, daß Erwachsene genauso das Recht haben, nicht verletzt zu werden.

Waltraud: Ich habe eine Phobie. Ich lasse meine Füße immer fest auf dem Boden. (Sie erklärt, daß sie niemals tauchen oder Wasserski fahren würde.)

Bob: Was befürchtest du?

Waltraud: Ich weiß nicht.

Bob: Ich möchte noch bei dem bleiben, was du befürchtest. Nimm an, du stehst neben dem Schwimmbecken. Was erlebst du? Welche Horrorgeschichte erzählst du dir?

Waltraud: Meine Füße rutschen unter mir weg. Ich verliere die Kontrolle.

Bob: Und dann?

Waltraud: Ich weiß nicht. Ich habe zuviel Angst. Mein Vater hat mich nämlich immer gepackt und mich an den Füßen hochgehalten, so daß ich den Boden nicht erreichen konnte. Er machte es im Spaß.

Mary: Nein, das stimmt nicht. Er tat es aus Sadismus.

Gruppenmitglied: Warum sagst du das, wo er sie doch bloß necken wollte?

Mary: Kitzeln, Necken, Schneebälle in den Kragen stecken, jemand ins Schwimmbecken oder in einen See werfen, jemand an den Knöcheln hochhalten – das alles sind abscheuliche Handlungen, wenn ein Stärkerer sie einem Schwächeren aufzwingt. Es sind Vergewaltigungen. Möchtest du, daß ich ihren Vater lieber einen Vergewaltiger nenne?

Gruppenmitglied: Aber wenn er es spielerisch tat –

Mary: Sie wurde gezwungen. Wo bist du, Waltraud?

Waltraud: Ich habe es bisher nicht gemerkt. Meine Mutter war so schrecklich, daß ich dachte, mein Vater sei perfekt. Er war freundlich, warmherzig und hat mich überhaupt nicht unterstützt. Und dann, die Geschichte, daß er mich umgekehrt in die Luft hielt . . . (*Weint.*) Ich glaube, ich weine über mich als kleines Kind, das kein gutes Leben hatte.

Bob: Ich bin nicht dein Vater, und ich werde dich nicht auffordern, irgendwas zu machen, das du nicht willst. Ich kann dir das Tauchen innerhalb zehn Minuten beibringen. Möchtest du, daß ich es dir zeige?

Waltraud: Ja.

Bob: Wir treffen uns nach dem Essen am Schwimmbecken.

Am Nachmittag lernte Waltraud tauchen – und hatte keine Phobie mehr. Die ganze Gruppe sah zu und beglückwünschte sie. Nach jedem erfolgreichen Stück Arbeit geben die Teilnehmer Beifall. Dadurch lernen alle, positive Verstärkung dafür zu geben, daß jemand weiter wächst. In einem Vier-Wochen-Seminar sangen vier frankokanadische Teilnehmer jedesmal »Bravo, Bravissimo«, wenn ein Teilnehmer mit Erfolg arbeitete. Workshops und Therapiegruppen ermöglichen ein gutes Training, wie man Anerkennung auch auf neuen Wegen geben kann und damit zugleich die gegenseitige Vertrautheit verstärkt.

Aus dem guten Kontakt und der Nähe der Teilnehmer untereinander kann sich eine Schwierigkeit ergeben. Sie kommen unter Umständen zu dem Schluß, daß ihre Freunde aus dem Workshop interessanter und aufregender sind als die Leute zu Hause. Und das mag zutreffen. Menschen, die früher nicht viel Anerkennung gegeben haben, haben vielleicht einen entsprechenden Partner geheiratet. Wir haben drei Vorschläge, um der Entfremdung vom Ehepartner vorzubeugen. Der beste ist – und zwar aus vielerlei Gründen –, mit dem Partner gemeinsam zum Workshop zu kommen. Wenn das nicht der Fall ist, schaffen wir während des Workshops phantasierte Szenen von zu Hause. Damit lernen Teilnehmer in der Phantasie, wie sie ihre neuen Anerkennungstalente einsetzen können, um auch zu Hause mehr Nähe herzustellen. Außerdem fordern wir die Teilnehmer auf, während des Workshops außer mit ihrem Ehepartner keine sexuellen Beziehungen aufzunehmen. Diese Regel nimmt »Vergewaltigungsspielen« den Wind aus den Segeln. Wer an Vergewaltigungsspielen teilnimmt, sucht sexuelle Kontakte, um anschließend unglücklich zu sein – entweder ist er selber unglücklich oder der andere. Unsere Vorschläge tragen außerdem dazu bei, daß die nicht-sexuelle Vertrautheit und Intimität während des Workshops gefördert werden.

Beachtung, Verstärkung und Anerkennung annehmen

Wenn wir Freunden, Kollegen und Klienten zuhören, stellen wir uns manchmal vor, daß jeder heimlich ein Buch mit Regeln hat – bei manchen ist es dünn, bei anderen ein dickbändiger Katalog –, voll mit all den Regeln, wie man Anerkennung abtun kann. Diese Regeln gründen nicht auf der Vernunft: Eine Frau, die prima kocht, kann ihre Kochkünste sofort abwerten, wenn sie ein Kompliment bekommt, andererseits aber ein Kompliment für ein selbstgemachtes Kleid annehmen, das gar nichts Besonderes ist. Einige schöne Frauen weisen die Bewunderung ihrer Schönheit zurück; andere freuen sich darüber. Manche Menschen nehmen keine bedingungslose Anerkennung an; andere wiederum keine bedingte. Diese Regelkataloge sind fein aufgefächert und offenbar sehr früh festgelegt.

Bob: Gute Einsicht!
Haucke: Danke, ich wollte sagen . . .
Mary: Hast du gehört? Bob hat dir bescheinigt, daß du eine gute Einsicht hattest.
Haucke: Ja. Gestern, als ich . . .
Mary: Halt. Hast du es ihm abgenommen?
Haucke: Nicht ganz, wenn du die Wahrheit wissen willst. Ich dachte, du wolltest mein Selbstvertrauen aufpolieren. (*Haucke fährt mit dem Thema von gestern und von seiner Frau fort.*)
Bob: Vor einer Weile habe ich an deiner Tür geklopft und dir mitge-

teilt, daß du eine gute Einsichtsfähigkeit hast, und ein Teil von dir weigerte sich, diese Mitteilung zu hören. Ein Teil von dir, der sich weigert, Komplimente über deine Intelligenz anzunehmen.
Haucke: Ich verstehe nicht.

An diesem Punkt wäre es in jedem Fall antitherapeutisch, an seiner Stelle und »für ihn« zu verstehen. Er verhält sich so, daß er positive oder negative Anerkennung dafür bekommt, daß er nicht denkt. Die Anerkennung, die er fürs Denken bekommt, setzt er damit außer Kraft.

Bob: Wenn du eine Idee hast, wie dieser Teil aussieht, laß mich's wissen.
Haucke: Der Teil, der dichtmacht? (*Lange Pause.*) Ich habe keine gute Einsicht. Das sagt dieser Teil. Ich habe keine so gute Ausbildung und bin nicht so erfahren wie die anderen hier. Alle wissen sie mehr als ich. *Du* bist dumm. (Hier wechselt er aus der Haltung des angepaßten Kindes zu Anschuldigungen aus der Elternhaltung über und sagt *»Du«* statt *»Ich«*.) Du bist . . . du wirst es niemals begreifen. Du drängst dich immer auf, wo du nicht erwünscht bist. Und was du sagst, ist überflüssig. Mensch. Das ist mein großer Bruder.
Bob: Gute Einsicht!
Haucke *(lacht):* Ja, tatsächlich, ich höre dich jetzt. Ich hab zweimal in weniger als einer halben Stunde gute Einsicht gezeigt, und zum Teufel mit meinem Bruder!

Klienten wie Haucke hilft man nicht, wenn man ihnen immer noch mehr Anerkennung gibt oder Bestätigung bei der Gruppe holt, nachdem sie die erste Anerkennung zurückgewiesen haben. In einer unerfahrenen Gruppe würde die Gruppe versuchen, seine Meinung zu ändern, indem sie ihn zwingt zuzustimmen, daß er einsichtig ist. Diese Gruppe wartete, bis Haucke annahm, daß er Einsicht hat, und dann unterstützte sie seine Veränderung und gab ihm weitere Beispiele seines Einfallsreichtums und seiner Einsicht.

Klienten haben viele Rationalisierungen zur Hand, um Anerkennung zurückzuweisen. »Er sagt das nur, um mein Selbstvertrauen aufzupolieren«, »um nett zu sein«, »um mich zu ändern« oder »um etwas von mir zu bekommen«. Tatsächlich beschimpfen sie lieber die Person, die ihnen Anerkennung zollt, als daß sie die Anerkennung annehmen, und unterstellen ihr Lügen und Manipulation. Wir fordern die Klienten auf, sich klarzumachen, was sie tun, indem sie einem, der ihnen Anerkennung gibt, sagen: »Du lügst« und dann: »Du lügst nicht« und ausprobieren, was besser paßt.

Man bringt uns bei, Großmutters Salat zu essen, nicht etwa nur, damit sie glücklich ist, sondern auch, weil »sie immer so gut zu dir ist«. In Familien, bei denen liebevolle Anerkennung regelrecht als Köder ausgelegt ist, bleibt ein Kind womöglich distanziert und mißtrauisch gegenüber Anerkennung. Oder aber es akzeptiert die Anerkennung, wenn es nach ihr lechzt, und nimmt dabei kleinere oder größere Gemeinheiten in Kauf. Deshalb ist es wichtig, Klienten beizubringen, wie sie Anerkennung annehmen und zugleich jede daran geknüpfte unerwünschte Verpflichtung ablehnen können. »Ich nehme einen Geburtstagsscheck meines Vaters an und glaube nicht, daß ich mir deswegen anhören muß, wie er Mutter schlechtmacht.« »Ich nehme eine Einladung zum Abendessen an, ohne daß ich hinterher mit dir ins Bett gehen will.«

Eine weitere gängige Ausrede für die Zurückweisung von Anerkennung ist die folgende: »Wenn Sie mich wirklich kennen würden, wüßten Sie, daß ich es nicht wert bin.« Eine gute Technik besteht darin, den Klienten aufzufordern, beide Seiten durchzuspielen, jene, »die es wert ist«, und jene, »die es nicht wert ist«. Die Seite, »die es nicht wert ist«, kann selten mehr vorbringen als den Satz: »Als ich klein war, war ich ein böses Mädchen, weil ich . . .«.

Einige Klienten, viele Straftäter eingeschlossen, tragen eine unsichtbare Schutzkappe, mit der sie jede Anerkennung abwehren. Mitarbeiter der Kalifornischen Jugendbehörde nennen das »abblitzen lassen«. Wenn einen der Klient »abblitzen läßt«, dann heißt dies, daß ihm nichts von dem, was man sagt, Eindruck macht, selbst wenn er so tut, als höre er zu, oder wenn er sogar scheinbar angemessen reagiert. Das ist eine Überlebenstaktik für Menschen in Strafanstalten, in schlechten psychiatrischen Kliniken, in Familien und Umgebungen, wo jedes Zeichen einer Gefühlsreaktion gefährlich ist und Schläge oder Tod nach sich ziehen kann. Schwarze und Amerikaner mexikanischer Abstammung haben jahrelang viele Versionen des Spiels »Die zwölf Fieslinge« miteinander gespielt und sich dabei gegenseitig beleidigt und beschimpft, um sich darin zu üben, bei keiner auch noch so großen Provokation ein Gefühl zu zeigen. Das ist ein Training mit dem Ziel, in einer von Weißen beherrschten Gesellschaft und in Slums durchzukommen.

Therapeuten, die die Technik des »Abblitzen-Lassens« nicht verstehen, verdammen sich möglicherweise selber dazu, mit solchen Klienten ohne Aussicht auf Erfolg zu arbeiten. Statt dessen sollten sie die Zurückweisung von Anerkennung als sinnvoll erkennen und den Klienten dazu beglückwünschen, daß er diese Methode einsetzt, um sich zu schützen. Sie können ihm einen Vertrag vorschlagen, daß er ihnen jeweils sagt, wenn er sie nicht »abblitzen läßt«. Und gleichzeitig sollten sie ihm versichern, sie seien gewärtig, daß er sie immer wieder auszutricksen versuchen wird, um sie zu testen. Ein Teilziel der Behandlung besteht darin, daß der Klient zu entscheiden lernt, wann er Anerkennung verweigern will und wann nicht.

Sich Beachtung, Verstärkung und Anerkennung verschaffen

Wir bringen Klienten bei, daß sie sich lieber die Anerkennung, die sie brauchen, holen, als daß sie warten und darauf hoffen, sie werde von alleine kommen. Viele meinen, es sei unhöflich, darum zu bitten, und das Bitten mindere irgendwie den Wert der Anerkennung. Marys Sohn und ihre Töchter wissen, daß es ihre Sache ist, andere daran zu erinnern, wenn ihre Geburtstage bevorstehen, und um die Geschenke, die sie haben möchten, zu bitten, oder aber darum zu bitten, daß man sie »überrascht«. In manchen Familien erinnert keiner den anderen bei solchen Gelegenheiten, und dann wird versucht, denjenigen, die nicht daran gedacht haben, Schuldgefühle zu »machen«.

Albrecht, der mit Anne Händchen gehalten hatte, war bereit gewesen, sich auf »was immer du geben willst« mit »irgend jemand« zu einigen. Mit einer solchen Erklärung hätte er vielleicht noch mehr Beachtung als Händchenhalten bekommen können, er wäre aber ein Opfer geblieben, das die Initiative anderen überläßt.

Manchmal jedoch treffen wir für einen Klienten die Wahl. Wir tun dies, wenn wir das Gefühl haben, daß eine bestimmte Form der Anerkennung wichtiger ist als die Frage, darum zu bitten oder nicht zu bitten.

Mary: Sag deinem Vater, was du von ihm willst.

Kay: »Ich möchte dir sagen, daß ich ich selbst sein kann und mich um meine Angelegenheiten selber kümmern kann.«

Mary: Sag ihm, was du wirklich willst.

Kay *(lange Pause):* Ich glaube, ich möchte, daß er sagt, daß er akzeptiert ...

Mary: Ich höre, wie schnell du sprichst. Wie schnell du rennst. Du warst immer schnell – durch die Internate, das Medizin-Studium, und immer so erfolgreich. Was ich nicht höre, ist, daß es irgend jemanden gab, der zu dir gesagt hat: »Ich liebe dich.«

Kay *schüttelt den Kopf und beginnt zu weinen.*

Mary: Du hast es aufgegeben, darum zu bitten.

Bob: Und bist weitergerannt, um nicht zu spüren, wie traurig du bist.

Kay: Es gibt keine Chance, keine einzige, daß er sagen würde: »Ich mag dich.« Keine Chance.

Bob: Das ist traurig. Daß es niemanden gab.

Mary: Du brauchst Bestätigung, und du brauchst Körperkontakt. Möchtest du, daß jemand wie ein guter Vater zu dir ist? Würdest du das hier zulassen?

Kay *(lange Pause):* Kannst du das noch mal sagen?

Mary: Ich denke, du kannst es brauchen, daß jemand wie ein Vater zu dir ist. Du bist ein einsames kleines Mädchen, das sich abrakkert und zuwenig liebgehabt wird.

Kay *macht wiederum lange Pause.*

Bob: Was machst du?

Kay: Ich dachte gerade: »Ich tue es lieber allein«, und ich weiß, das ist die Geschichte meines Lebens. Ich finde das schwierig. Die Vorstellung, daß ich nach einem Vater Ausschau halte, gefällt mir nicht.

Mary: Ich hab dir das nicht vorgeworfen. Ganz im Gegenteil. Ich spüre nur, daß du schon lange etwas Väterliches brauchst.

Kay: Gut, ich glaube, es würde mir gefallen.

Mary: Willst du dir jemand aussuchen?

Kay: Bob, bist du dabei?

Bob: Komm her. *(Er nimmt sie, hält sie an sich, und sie drückt ihr Gesicht an ihn und schluchzt. Auch Bob weint, und sie bleiben eine Weile zusammen.)*

Kay: Danke.

Bob: Es war mir eine Freude. Eine richtige Freude. Jederzeit.
Gruppenmitglied: Kay, du siehst so schön und weich aus.

Kay lächelt, lehnt sich in ihrem Stuhl zurück. Ihr Gesicht ist nicht mehr so gespannt, und sie lächelt immer noch.

In dieser Szene war die Technik genau umgekehrt wie bei der Arbeit mit Albrecht. Kay, eine sehr erfolgreiche Ärztin, die sich um jeden kümmert, nur nicht um sich selber, brauchte die Erfahrung, daß ihr etwas gegeben wird und sie es annimmt, ohne daß sie erst groß darum bitten muß. Ihre halbe Frage: »Bob, bist du dabei?« reichte aus. Hätte sie dagegen gesagt: »Ich möchte, daß Bob mich im Arm hält, und ich möchte an seiner Schulter weinen«, dann hätte einer von uns sie aufgefordert, sich zu entspannen und nicht vorzuprogrammieren, was sie bekommen wollte. Und darin besteht die Schwierigkeit, Therapie zu lehren. Mit Klienten so zu arbeiten, daß sie lernen zu geben und anzunehmen, erfordert vom Therapeuten diagnostischen Scharfsinn, Respekt vor Unterschieden und die persönliche Freiheit, auf verschiedenartige Weise Kontakt herzustellen.

Sich selber beachten, verstärken und anerkennen

»Ich feier' mich selbst und besinge mich selbst« war schon zu Walt Whitmans Zeiten nicht populär und wird auch heute noch nicht als angebracht angesehen – trotz der Encounter-Bewegung, der Frauenbewegung und der Bewegung »Black is Beautiful«. Unsere Workshops und Marathons fangen mit einer Zeit der stillen Besinnung an, in der wir die Teilnehmer auffordern, sich dem zu überlassen, »was jeder an sich selber mag«. Wir machen das, um der Meinung entgegenzuwirken, Psychotherapie bestehe vor allem darin, im Pathologischen herumzustochern und alles ans Licht zu zerren, was der Patient für schlecht oder krank hält. Wir legen den Schwerpunkt darauf, jene Stärken zu steigern, von denen die Klienten schon wissen, daß sie sie haben, und eine Umgebung zu schaffen, in der sie sich neuer oder bisher verleugneter Stärken bewußt werden. Wie der therapeutische Vertrag auch lauten mag, die Klienten werden ihn leichter erfüllen, wenn sie sich selber lieben, als wenn sie sich hassen.

John M. Dusay[1] entwarf das Egogramm als ein leicht verstehbares Persönlichkeitsprofil, mit dem jeder den Eindruck, den er von jemand anderem hat, ohne weiteres grafisch darstellen kann. Es zeigt den Menschen, wie er wahrgenommen wird. In Abb. 17 haben wir das Profil eines »typischen« wohlwollend-fürsorglichen Therapeuten gezeichnet, wie wir ihn sehen.

Unser Bild eines »typischen« intellektuellen Therapeuten zeigt Abb. 18. In diesen Profilen findet sich sehr wenig kritische Eltern-

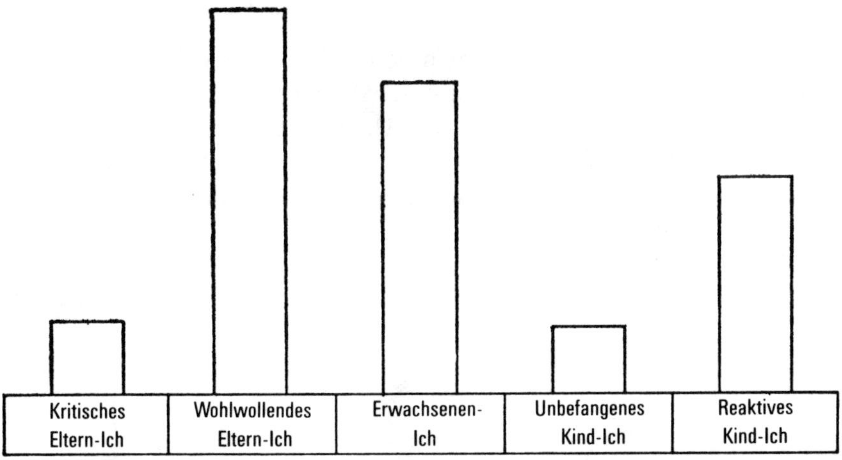

Abb. 17: Egogramm eines wohlwollend-fürsorglichen Therapeuten

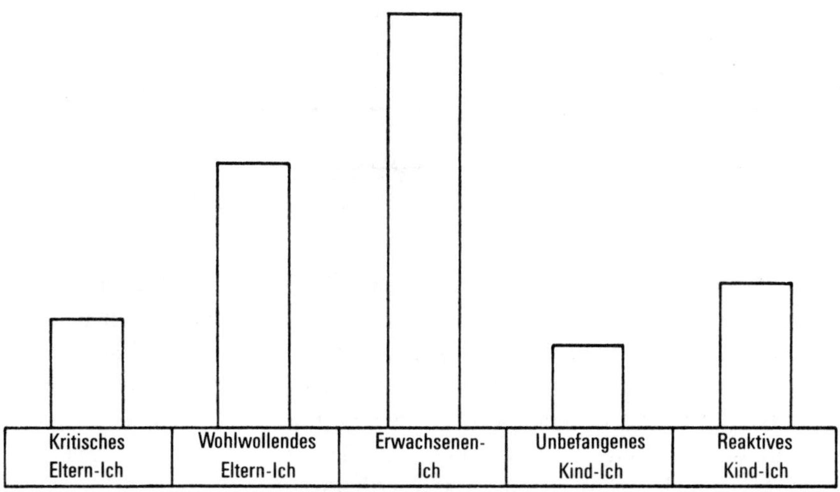

Abb. 18: Egogramm eines intellektuellen Therapeuten

haltung, beim intellektuellen Therapeuten etwas mehr als beim wohlwollend-fürsorglichen. Die wohlwollend-fürsorgliche Elternhaltung ist beim ersten Therapeuten stark und beim zweiten nur mäßig ausgeprägt, die Erwachsenenhaltung beim ersten nur mäßig und beim zweiten stark ausgeprägt. Die unbefangene Kindhaltung findet sich bei beiden nur in geringem Maße. (Deshalb wundern sich Therapeuten, wenn sie hören, daß wir beim Therapieren lachen und fröhlich sind.) Die Haltung des angepaßten Kind-Ich ist bei beiden mäßig ausgeprägt.

Das sind die Profile, die man von außen sieht. Immer wieder entdecken wir, daß die Selbsteinschätzung von Therapeuten auffallend von dem abweicht, was die Therapeuten nach außen zeigen (vgl. Abb. 19). Das vor anderen verborgene subjektive Profil wird

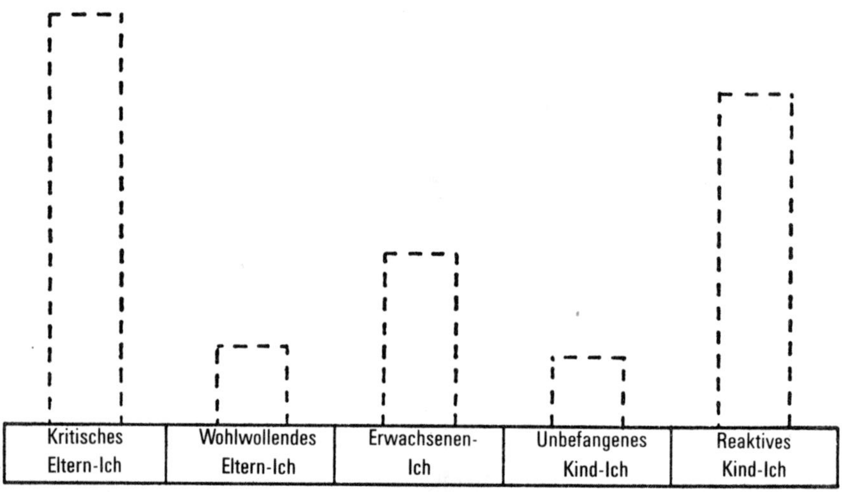

Abb. 19: Subjektives Egogramm eines sich selber kritisierenden Therapeuten

sichtbar, wenn der Therapeut zugleich Klient ist. Er stellt sich als jemand dar, der wenig mit der Haltung des unbefangenen Kind-Ich anfangen kann und kaum fähig ist, sich selbst gegenüber wohlwollend-fürsorglich und ermutigend zu sein. Statt positiver Verstärkung macht er sich selbst Vorwürfe und spielt sich selber gegenüber den Staatsanwalt, indem er sich einen Grad von Perfektionismus abverlangt, den er seinen Klienten nicht im Traum auferlegen würde. Der wichtigste Vertrag für diese Therapeuten ist es, daß sie sich selber als liebenswert sehen und Wege finden, sich selber zu lieben.

Als ersten Schritt müssen die Therapeuten/Klienten genau sehen lernen, mit welchen Sätzen sie sich innerlich selber anklagen. »Du bist dumm.« »Wie es aussieht, bist du unfähig, irgend jemandem zu helfen!« »Warum kommt Hans mit dem Klienten soviel besser klar als ich? Er ist doch nicht mal vollausgebildeter Therapeut!« Der nächste Schritt besteht darin zu begreifen, daß diese Anklagen in der eigenen Verantwortung liegen und nicht von »Tonbändern im Kopf« oder »Elternschweinen« oder einem »Monster« oder irgend etwas anderem außerhalb der eigenen Kontrolle herrühren: »Ich sage diese Worte, um mich anzuklagen.« Dann können die Klienten in frühe Szenen zurückgehen, um zu sehen, wer die Worte ursprünglich sagte, und die neue Entscheidung fällen, daß diese Worte nicht hilfreich sind und nicht zutreffen.

Wenn das erreicht ist, kann man mit Techniken, deren Anwendung großen Spaß macht, die Selbstvorwürfe beenden. Jemand kann seine Selbstanklage ins Lächerliche ziehen, indem er sie übertreibt; sie in Musik umsetzt und die Worte singt; sie verballhornt oder die Anklage in übersteigerter Form nonverbal inszeniert. Die Klienten wenden diese Techniken in der Gruppe an. Zum Beispiel brachte einer unserer beliebtesten Psychologen während des vierwöchigen Workshops zwei Tage damit zu, seine Selbstanklage zu den Melodien berühmter Arien zu singen. Mit einer schönen Bariton-Stimme fing er an: »Für den Augenblick reicht's aus, bald aber werden sie deiner überdrüssig sein, du Bastard.«

Andere wenden Bobs Lieblingsvorschlag an: »Sobald du anfängst, dir Vorwürfe zu machen, laß dir statt dessen eine sexuelle Phantasie einfallen.« Wieder andere machen eine Bewußtseinsübung, in der sie sich allem öffnen, was sie im Augenblick sehen, fühlen, schmecken oder hören.

John Howard[2] zeigte uns eine interessante Technik, wie man Selbstanklagen und Selbstvorwürfe beendet.

John Howard: Beim nächsten Mal, wenn du dir selber negative Verstärkung gibst, steh auf und entschuldige dich bei dir selber.

Klient: Das verstehe ich nicht.

John: So. *(Steht auf.)* »Ich bitte mich um Entschuldigung. Es tut mir sehr leid, daß ich eben sagte, ich sei dumm. Ich entschuldige mich für alles, was ich gesagt habe ... Niemand anderen behandle ich so gemein wie mich, und ich sollte mich nicht so behandeln, denn ich bin wirklich ein netter Kerl.«

Klient: Das soll ich tun, wenn ich mich kritisiere?

John: Genau.

Wir geben Anweisungen wie: »Bevor du heute nacht einschläfst, wackle mit den Zehen, bis du spürst, daß deine Zehen interessant und liebenswert sind. Sag dann: ›Zehen, ich liebe euch.‹ Dann mach' das gleiche mit deinen Knöcheln. Mach' das mit deinem ganzen Körper, und dann berichte darüber, wenn du Lust hast.«

Manchmal lassen wir die ganze Gruppe eine Übung machen: »Schaut aus dem Fenster, und seht euch alles an, was zu sehen ist.« Wir lassen ein oder zwei Minuten verstreichen und bitten sie dann, zu berichten. Normalerweise sehen sie unsere Berge, Hügel, Bäume, Vögel und Kühe. Manchmal steigen Falken auf, und die Felder sind rot vom Klatschmohn. Als nächstes sagen wir: »Nun stellt euch vor, jeder von euch sei in einem Spiegelsaal. Ihr habt die Kleider abgelegt und schaut euch selber an. Was seht ihr?« Allzuoft werden dann Mängel vorgebracht: Zuviel Speck, Hängepopo oder Hängebrüste, Falten, Runzeln, Haltungsprobleme. Wir sagen: »Schaut noch mal nach draußen, jetzt mit den Augen, mit denen ihr euch betrachtet habt. Seht alle die Mängel und Fehler, von denen ihr berichtet habt.« Schließlich sagen wir: »Seid wieder im Spiegelsaal, und betrachtet euch diesmal so, wie ihr das erste Mal die Landschaft betrachtet habt. Seht, was schön an euch ist.«

Klienten, die sich nicht erinnern, ihre Eltern liebevoll erlebt zu haben, schlagen wir eine Übung vor, bei der wir sie auffordern, sich vorzustellen, sie selber seien die liebevollen Eltern, die sie immer vermißt haben:

Abel: Ich merke, wie traurig ich werde, wenn die anderen traurige Situationen durchleben, besonders solche, in denen sie kleine Jungs waren. Ich weiß nicht, wie ich damit umgehen soll.

Mary: Was ist deine ungefähre Idee? Es ist nicht nötig, daß du genau weißt, wie du damit umgehen sollst. (Mary sagt das, weil Abel ein Perfektionist ist.)

Abel: Also ... mit meinem Vater habe ich mich nie vertraut gefühlt. Ich glaube, daß er im Grunde genommen in seinem Leben keinen Platz für mich hatte.

Abel hat an einigen Aspekten seiner Vergangenheit schon gearbeitet. Mary entscheidet sich deshalb, mit ihm nicht in bestimmte Szenen mit seinem Vater zurückzugehen.

Mary: Ich sag dir was: Erfinde einen neuen Vater.

Abel: Was?

Mary: Steh auf und sprich zu Abel. Sei ein Vater, wie du ihn jetzt haben willst.

Abel *(steht auf):* »Ah . . . ich . . . ah . . . ich mach mir 'ne Menge aus deinen Gefühlen. Ich werde nicht böse auf dich. Ich bin nicht immer darauf aus, dir Fehler nachzuweisen. Mir gefällt, was du machst. Du bist wirklich ein engagierter und fürsorglicher Bewährungshelfer. Du machst deine Sache gut.« *(Wendet sich an Bob und Mary.)* Das macht mich verlegen.

Bob: Mach weiter so. Du bist ein großartiger neuer Vater.

Abel: »Ich interessiere mich auch für die Sachen, die dich interessieren. Ich nehme zur Kenntnis, was du beabsichtigst, und bin einverstanden. Und wenn du anfängst, dich selber schlechtzumachen, dann sage ich dir: Hör damit auf. Das ist der einzige Punkt, an dem ich dich kritisiere. Ich . . . ich freu mich über dich. Ja. Das ist es. Ich freu mich über dich.« *(Er beginnt zu weinen und setzt sich auf seinen Platz zurück.)*

Bob: Willst du noch mal Vater sein und Abel sagen, was dich an ihm freut?

Abel *(steht auf):* »Ich finde, du bist ein lustiger Kerl.«

Mary: Vater, wie du das eben sagst, gehst du ein Stück zurück und steckst die Hände in die Taschen.

Bob: Wie kannst du es mit deinen Händen ausdrücken, so wie du es mit Worten ausdrückst?

Abel *(macht vor, wie er sich selber umarmt):* »Ich finde dich gut. Ich habe dich immer gewollt. *(Er weint.)* Ich mag dich. Ich mag dich nicht nur, ich liebe dich.« *(Geht an seinen Platz zurück.)* Ich wußte gar nicht, wie sehr ich das wollte und wie lange ich mir das schon gewünscht habe. Wie sehr ich gehofft habe, daß irgendwann einmal, wenn ich nur gut genug wäre . . . ich fühl' mich klasse. Ich fühle mich geliebt.

Mary: Gut. Und wirst du dich auch in Zukunft so behandeln? Dich stützen, dich lieben?
Abel: Ja. Ich bin sehr zufrieden.

Später berichtet Abel: »Ich merke, daß das, was ich gemacht habe, noch einen weiteren Aspekt hat. Ich habe einen Sohn, und ich werde ihn auch so behandeln, wie ich gerne behandelt worden wäre. Ich werde uns beide so behandeln.«

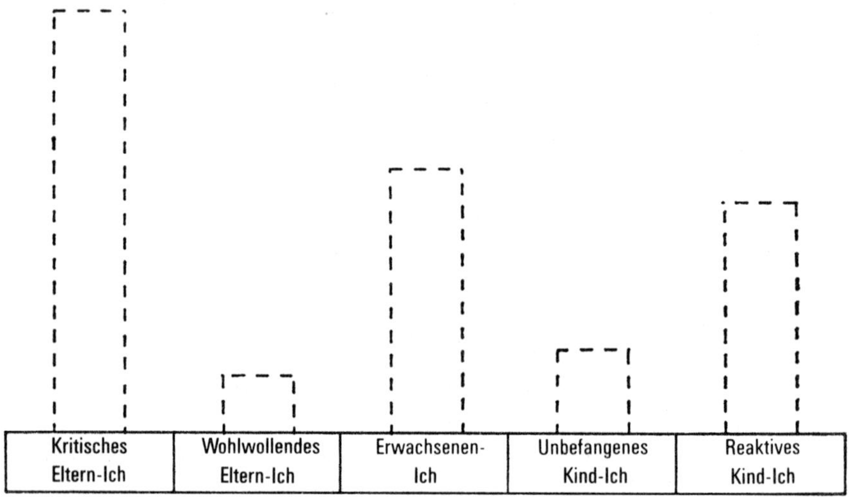

Abb. 20: Abels subjektives Egogramm

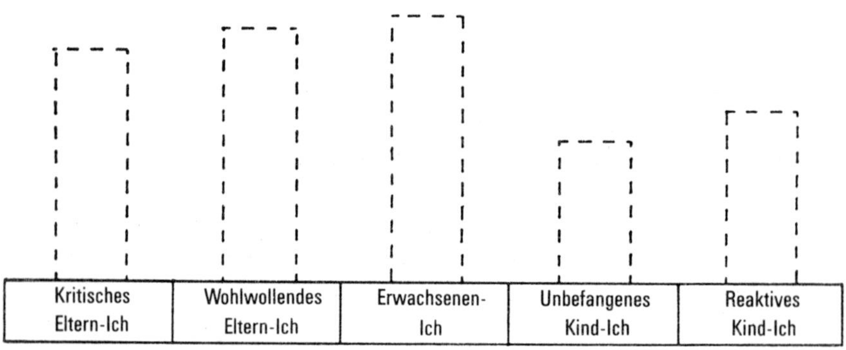

Abb. 21: Abels subjektives Egogramm, nachdem er sich selbst gegenüber die Funktion von wohlwollenden Eltern übernommen hat. (Einschätzung nach unserem Eindruck.)

In diesem Augenblick verändert sich das Profil von Abels subjektivem Egogramm von der Ausgangsposition in Abb. 20 zu der Position in Abb. 21.

Eine Klientin, die ihre Selbstvorwürfe aufgibt und sich selbst gegenüber Wohlwollen entwickelt, lernt, sich an sich selber zu freuen. Anerkennung geben, Anerkennung annehmen und sich selber anerkennen, das wird eins für sie, und sie wird sich zunehmend bewußt, daß sie schön und liebenswert ist. »Ich bin die einzige meiner Art, die es je geben wird.« Dies ist der philosophische Sockel für den TA-Satz »Ich bin okay«.

6 Gefühle

Unglück und die Suche nach Glück sind universal. Klienten tragen ihr Geld hauptsächlich deshalb zu Therapeuten, weil sie unglücklich sind. Aus demselben Grund tragen Therapeuten ihr Geld zu anderen Therapeuten. Menschen heiraten, lassen sich scheiden, bekommen Kinder oder bleiben kinderlos, sparen ihr Geld oder geben es aus, arbeiten, schließen sich Religionsgemeinschaften an oder treten aus der Kirche aus – und dies alles in der Hoffnung, dadurch irgendwie glücklich zu werden. Manche jagen dem Glück hier und heute nach, andere sind bereit, sich mit dem Unglück zu arrangieren, wenn sie nur in dem Glauben bestärkt werden, daß sie irgendwann einmal glücklich sein werden, irgendwann in diesem oder einem späteren Leben.

Wir haben mit Menschen aus vielen verschiedenen Nationen und Kulturen gearbeitet und dabei beobachtet, daß alle meinten, ihre spezielle Gruppe sei am schlechtesten dran. Manche Gruppen sind sogar noch stolz auf ihr Unglück, wie etwa voreingenommene nordamerikanische Weiße, die den Schwarzen vorwerfen, sie seien ja nur deshalb glücklicher, weil sie naiver, ungebildeter oder moralisch minderwertig seien. In pietistischen Familien tradiert man als Maxime: »Laß es dir ja nicht zu gut gehen! Wenn es dir zu gut geht, ist dies ein untrügliches Zeichen dafür, daß du sündigst.« Entdeckt man das Kind bei sexuellen Spielen oder trifft es lachend an, wo es doch eigentlich arbeiten soll, dann gilt diese Maxime. In jüdischen Familien heißt sie: »Laß es dir nicht zu gut gehen, sonst folgt unweigerlich ein schwerer Schicksalsschlag.«

In unserem Schwimmbad lernte eine Psychologin aus Israel, sich auf dem Wasser treiben zu lassen. Sie verlor ihre Angst, war stolz auf ihren Erfolg und lachte selig – plötzlich rannte sie schluchzend weg. Bob ging ihr nach und fragte sie nach dem Grund. Sie sagte, daß sie sich plötzlich an ihren Neffen erinnerte, der im Krieg umkam. Bob konfrontierte sie mit dem Kontrast zwischen dieser Erinnerung und der eben noch empfundenen Freude. Verlegen lächelnd sagte sie: »Ich glaube, ich weiß, woran das liegt. Als er umkam, war ich bei einer Freizeit in Dänemark, und ich genoß diese Zeit damals sehr. Genau wie jetzt. Es klingt albern, aber ich habe Angst. Ich habe Angst davor, zu glücklich zu sein, denn sonst wird Israel ein Unglück geschehen.« Mit ihren Tränen wollte sie Israel schützen – wie ein Kind magisch die Gefahr bannen.

Ob Säuglinge glücklich oder unglücklich sind, ist ihnen nicht angeboren. Wohlbefinden und Mißbehagen werden von inneren und äußeren Faktoren bestimmt. Während dieser frühen Phase erhalten viele von ihnen das destruktive Grundgebot »Sei nicht glücklich« eingeimpft: durch eigene Krankheit, durch Vernachlässigung, mangelnde Zuwendung oder durch Mißhandlung. Da unsere Kultur jedoch die Liebe zwischen Eltern und Kleinkindern hochschätzt, also verstärkt, werden die meisten Säuglinge geliebt. Alle Welt strahlt sie an, und sie ahmen das Glücklichsein nach, das ihnen entgegenleuchtet.

Dies kann sich allerdings im Krabbelalter rapide ändern, wenn die Eltern den kleinen Menschen nicht mehr als Säugling ansehen, sondern als »Kind« und damit als jemanden, der bestraft werden muß. Ein kleines Mädchen spielt an seinen Genitalien, wirft eine Vase um, schreit in einem Anfall von Wut, und schon wird es ohne lange Vorankündigung bestraft. Man schreit es an, kneift oder schlägt es. Für einen Augenblick werden die Menschen, die das Kind liebt und braucht, zu Ungeheuern. Das »passiert«, »kommt aus heiterem Himmel«, »macht es ängstlich oder traurig«. Alle jene Wörter, mit denen Erwachsene Autonomie leugnen, sind für das abhängige Kind Realitäten. Präverbal entscheidet sich das Kind im Innern, nicht glücklich zu sein, um sich solche Schmerzen künftig vom Leibe zu halten. Später erinnert es sich vielleicht nur noch an die traumatische Situation, hat aber vergessen, welche Maxime das Trauma lehren sollte. So sagt eine junge Frau etwa: »Ich kann mich daran erinnern, wie mich Vater schlug ... warum, weiß ich nicht mehr.« Vielleicht hat sie als Kleinkind die traumatische Situation sogar verdrängt und sie nur in den Muskeln gespeichert. Einmal erwachsen, mag es ihr ganz unerklärlich scheinen, warum sie sich so dagegen sperrt, sexuelle Freude oder Erregung zu erleben oder warum sie so verkrampft lacht.

Wir glauben, daß Kinder selbst bei gelegentlich destruktivem Erziehungsverhalten glücklich bleiben, wenn ihnen die Eltern ein Modell für glückliches Leben geben. Säuglinge und Kinder brauchen jemanden, von dem sie abgucken können, wie man glücklich lebt, und sie brauchen jemanden, mit dem sie glücklich sein können. Sind die Eltern in ihr eigenes Unglück verstrickt, dann färbt das auf die Kinder ab. Wir verwenden die folgende Übung, um bewußter zu machen, wie familiäre Verstärkungsmuster späteres Glücklich- oder Unglücklichsein programmieren:

»Sei wieder ein kleines Kind und stell dir das Haus vor, in dem du damals wohntest. Laß alle deine Angehörigen in dem Haus sein. Du bist draußen. Du rennst in das Haus und sagst und zeigst ihnen, wie es dir geht.«

»Du bist hingefallen und hast dein Knie aufgeschürft. Blut läuft an deinem Bein herunter. Selbst wenn das früher nicht vorgekommen ist, lauf jetzt weinend in das Haus und sage, daß du dich am Knie verletzt hast. Zeig ihnen das Blut. Schau dir jetzt den Gesichtsausdruck von jedem einzelnen an. Was fühlen sie? Was sagen sie zu dir – und zu den anderen? Was machen sie mit dir? Und mit deinem Knie? Was, glaubst du, wirst du das nächste Mal fühlen – sagen – tun, wenn du wieder einmal hingefallen sein wirst?«

Die Übung wiederholen wir entsprechend für andere Gefühle:

»Laufe weinend ins Haus. Du bist todtraurig, weil du dein Kuscheltier verloren hast.«

»Du bist wütend, schreist und regst dich fürchterlich auf: Ein großer Junge hat dir deine Bonbons weggenommen.«

»Du bist genauso wütend wie vorher. Diesmal bist du auf deine Mutter wütend. Sie hat vergessen, Bonbons mit in deine Frühstückstasche zu legen.«

»Du rennst ins Haus und hast furchtbare Angst. Du glaubst, daß du hinter dem Baum ein großes gefährliches Tier gesehen hast.«

»Du sagst, du bist neidisch auf das Mädchen aus dem Nachbarhaus, weil sie ein neues Hüpfseil bekommen hat. Du möchtest genauso eins.«

»Du sagst ihnen ganz leise, daß du dich schämst. Etwas Schreckliches ist passiert: Du hast die Hosen naß gemacht, und die anderen Kinder haben dich ausgelacht.«

»Du kommst heute strahlend an, weil du eine Eins in der Klassenarbeit geschrieben hast.«

»Du kommst heute strahlend an und weißt selbst nicht, warum. Du bist ganz vergnügt, einfach so.«

Die meisten Klienten unterdrücken die im Elternhaus nicht akzeptierten Gefühle immer noch. Statt glücklich zu sein, bringen sie stellvertretend andere Gefühle zum Ausdruck, solche, die im Elternhaus geschätzt oder wenigstens zugelassen waren. Und einige Klienten entdecken bei ihren Übungen, daß man sich freute, wenn sie glücklich waren; ihnen fällt es dann meist auch heute nicht schwer, glücklich zu sein.

Gefühle des Unglücklich- und Unzufriedenseins in ihrer spezifischen Ausprägung orientieren sich am Modell und Verhalten der Eltern. So wird zum Beispiel ein Sohn dafür bestätigt, daß er besonders grimmig auftritt. Die Familie lacht darüber, wenn er Wutanfälle bekommt, und sagt: »Ganz der Vater!« Wenn eine Mutter die Familie durch ihre Depressionen manipuliert und sie sich selber dadurch ihrer Autonomie beraubt, dann kann es durchaus sein, daß die Tochter dieses Modell nachahmt oder sich zur unfrohen Sachwalterin der Mütter in aller Welt macht, denen sie zu ihrem Glück verhelfen will.

Von Männern erwartet man in unserer Kultur, daß sie nach einem »harten Arbeitstag erschöpft und geschafft nach Hause kommen«, selbst wenn sie den ganzen Tag nur am Schreibtisch sitzen. Ihre »Erschöpfung« orientiert sich am Modell ihrer gleichfalls »erschöpften« Väter. Die wiederum kopierten ihre Väter, und so kommen wir schließlich bis zu den Urgroßvätern, jenen nämlich, die wirklich bis zur Erschöpfung Wälder rodeten und Land urbar machten, alles ohne Schlepper und Traktoren.

Wenn ein Kind erst einmal ein bestimmtes Modell von Unglück und Unzufriedenheit gelernt hat, wird es diese typische negative Gefühlsreaktion immer wieder einsetzen, um andere zu manipulieren:

Mary: War es für dich als Kind vielleicht wichtig und nützlich, anderen zuzusetzen und wütend auf sie zu sein?

Martha: Natürlich. Ich habe dadurch vieles bekommen, was ich gern haben wollte. Weiß Gott, es war praktisch die einzige Möglichkeit, zu kriegen, was ich wollte. Ich konnte nicht einfach um etwas bitten und erhielt es dann auch. Alles mußte erkämpft werden. Meine Mutter bekam gewöhnlich einen hysterischen Anfall. Aber wenn ich darauf bestand, zum Beispiel zu einer Geburtstagsfeier zu gehen . . . und, mein Gott, als ich schließlich den Führerschein machen wollte! Ein halbes Jahr lang mußte ich einen regelrechten Aufstand nach dem andern veranstalten!

Bob: Deshalb suchst du dir jetzt also Leute, die dir etwas verweigern, die nein sagen. Dann kannst du wie früher wütend sein und dich über andere hermachen. Ich kann dir nur sagen, daß du dich den ganzen Monat lang anstellen kannst, wie du willst: An der Regel, daß in den Schlafräumen nicht geraucht wird, werde ich trotzdem festhalten.

Wenn ein Kind sein Unglück nur genügend zum Ausdruck bringt, kann es – wie Martha – vielleicht durchsetzen, daß es mit Vaters Auto fahren darf oder daß die Eltern zu Hause bleiben, nicht mehr streiten oder sich sogar nach einer Scheidung wieder versöhnen. Die meisten Kinder erreichen ein so großes Ziel wohl kaum dadurch, daß sie ihr Leiden zeigen. Aber in ihren Phantasien klammern sie sich an die Vorstellung, daß sie ihre Eltern ändern können, ihnen zumindest Schuldgefühle machen können, wenn sie selber nur unglücklich genug sind.

Noch 80jährige Eltern und ihre 50jährigen Kinder versuchen, sich gegenseitig mit Hilfe des Gefühls von Unglücklichsein zu ändern. Sie glauben, sie könnten die Vergangenheit ändern, wenn sie sich nur heute schlecht genug fühlen. Wenn wir einmal erwachsen sind, brauchen wir uns keine Sorgen mehr darum zu machen, wie unsere Kindheit verlief. Und trotzdem sind Klienten manchmal jahrelang blockiert und beklagen, was sie ohnehin nicht mehr ändern können. Mit dem magischen Wunsch, die Zeit zurückzudrehen und das frühere Leben noch einmal neu aufrollen zu können, schürt man nur das gegenwärtige Unglück.

Ein Kind lernt, daß man es immer dann in Ruhe läßt und nichts von ihm verlangt, was es nicht tun mag, wenn es ihm nur schlecht genug geht. Wenn der Vater erschöpft nach Hause kommt, braucht er die Waschmaschine nicht mehr zu reparieren, braucht nicht mit den Kindern zu spielen oder mit seiner Frau zu sprechen. Wenn die Frau niedergeschlagen ist, verlangt man von ihr nicht, daß sie sich an den Herd stellt und ein Essen auf den Tisch bringt. Statt dessen wird sie ins Lokal ausgeführt. Der im vorigen Kapitel beschriebene unentschlossene Psychiater braucht so lange kein Manuskript zur Veröffentlichung einzureichen, wie er sich Vorwürfe macht, daß er nichts zu Papier bringt.

Unsere Patienten wuchsen auf mit dem destruktiven Grundgebot »Sei nicht glücklich«. Sie übernahmen Unglück und Unzufriedenheit ihrer Eltern. Man schenkte ihnen Beachtung, wenn sie unglücklich waren. Sie lernten, ihre Unzufriedenheit auf ganz bestimmte Art und Weise auszudrücken und zu erleben, und merkten, daß sie andere damit manipulieren und sich selbst aus der Affäre ziehen konnten – und schließlich wird das Unglücklichsein zur Gewohnheit.

Inge: Ich weiß nicht, ob sich der Aufwand lohnt. Wieder arbeiten gehen. Sicher, ich arbeite gerne. Aber das ganze Drumherum geht mir auf die Nerven.

Mary: Wer nervt dich denn bei dir zu Hause?

Inge: Ja, wenn ich ... wieder arbeiten gehe, dann müssen die Kinder besser mitmachen. Ich kann nicht alles machen ... jedenfalls nicht bei *den* Kindern.

Mary: Stell dir vor, die Kinder sind jetzt hier, und sag es ihnen.

Inge erklärt ihnen abwechselnd wütend und schmollend, welche Aufgaben sie von ihnen übernommen wissen will, damit sie einer Arbeit außer Hause nachgehen kann.

Mary: Das verstehe ich nicht. Wieviel Geld werdet ihr mehr haben, wenn du wieder arbeitest?

Inge: Ich werde einige zusätzliche Ausgaben haben. Nach Abzug dieser Ausgaben und Abzug der Steuern wären es rund fünfzehnhundert Mark im Monat.

Mary: Warum nimmst du dann nicht einen Teil des Geldes für eine Reinemachefrau, und ab und zu geht ihr essen oder kauft Fertiggerichte?

Mary weiß, warum. Man hat Inge schon früh eingetrichtert, daß sie nicht glücklich sein soll. Gerechterweise muß man sagen, daß sie anfangs tatsächlich von einer ständig gereizten Mutter unglücklich »gemacht« wurde. Inge jammerte jetzt, weil sie als unglückliches kleines Mädchen in einem unglücklichen Elternhaus festsaß. Weil sie glaubte, Mutter sein sei gleichbedeutend mit unglücklich sein und damit, sich über andere zu beklagen, pendelte ihre Stimmung zwischen Gereiztheit und Jammern. Entschließt sie sich, nicht mehr über ihr Hausfrauendasein unglücklich zu sein, und geht sie wieder zur Arbeit, ohne ihre Kinder für ihre mißliche

Lage verantwortlich zu machen, dann »läuft sie Gefahr«, daß sie endlich das bekommt, was sie sich am meisten wünscht und was sie bislang am wenigsten erlebt hat: Glück.

Auch Astrid hat, ebenso wie Inge, keinen aktuellen Grund für ihre Unzufriedenheit. Sie nimmt am Seminar in Mount Madonna teil. In herrlicher Umgebung und bei bestem Essen hat sie Kontakt mit vielen interessanten Menschen. Statt dies zu genießen, berichtet sie am Montagmorgen von ihrem »schrecklichen Wochenende«: »Ich kann mich selber nicht leiden ... das Wochenende habe ich mir verdorben.«

Mary: Gut. Nehmen wir den Sonntag. Was hast du da gemacht?

Astrid: Nichts. Viel angefangen, aber nichts zu Ende gebracht. Zuerst fing ich an, Briefe zu schreiben, habe das aber wieder weggelegt. Dann ging ich schwimmen, dachte aber, daß ich dafür eigentlich keine Zeit hätte, weil ich sonst noch nichts getan hatte. *(Sie redet hastig, gereizt, verschluckt die Hälfte und stöhnt immer wieder.)* Ich schwamm ein oder zwei Runden, lief weg und beschloß, daß ich gerne einen Vertrag machen wollte, Anerkennung zu bekommen. Dann wurde ich aufgehalten und habe das vergessen. Außerdem hätte ich gerne die Tonbänder mit den Therapieausschnitten nochmal angehört ... aber ich kam nicht dazu. Am Abend war ich erschöpft und fand mich selber blöde.

Etwa zwanzig Minuten arbeiten wir miteinander, ohne daß etwas dabei herauskommt. Astrid weiß nicht, was sie ändern will, kann nicht recht sagen, wie sie sich in ihr Unglücklichsein hineinmanövriert hat. Sie verbraucht ihre Kraft fast ausschließlich dafür, in einem Wortschwall sich selber schlechtzumachen.

Mary: Wie wär's, wenn du mal was anderes machst? Tu so, als wärst du der glücklichste Mensch, der dir je begegnet ist. Sag noch mal, was du am Sonntag gemacht hast ... im Präsens ... im Bewußtsein des höchsten Glücks. Und du machst genau das gleiche, was du am Sonntag gemacht hast.

Astrid *(zögert einen Augenblick, bittet um Wiederholung der Instruktion und fängt dann an):* Gut ... also, erst hole ich mir ein Buch über Gestalttherapie und fange an zu lesen ... und ich lese, aber dann denke ich, daß ich gar nicht lesen will ... *(Kichert.)* Das Buch ist für einen Sonntag viel zu langweilig ... ich mach' mich hübsch und gehe ein bißchen rum. Ich unterhalte mich sehr nett mit jemandem. Dann sehe ich, daß die anderen alle schwimmen. Ich merke, wie heiß mir ist ... ich springe ins Becken, das finde ich ganz toll. *(Lacht.)* Ich schwimme also, sage mir dann, ich will noch was anderes machen. Ich habe noch so viel vor. Es gefällt mir hier so gut, zumal die meisten weg sind und wir Zurückgebliebenen alles für uns alleine haben. Mir gefällt's. Und ... meine Tonbänder habe ich vergessen ... zu dumm ...

Bob: Was für ein Glück, daß ich meine Tonbänder vergessen habe und mir nicht den Tag durch diese langweiligen Dinger verdorben habe.

Astrid: Recht hast du. Wenn ich dahinten in dem Zimmer gesessen hätte, ganz alleine, mit niemandem reden, der ganze Mist, den ich hätte tun sollen. Statt dessen habe ich mir mit netten Leuten einen schönen Tag gemacht.

Gruppenmitglieder *lachen und applaudieren.*

Astrid: Ich glaub's nicht ... ich kann es einfach nicht glauben. Mir ging's gut, und ich hab's mir fast den ganzen Tag schlechtgehen lassen. Mir ging's sehr gut. Ich will das festhalten. *(Lacht, wiegt ungläubig den Kopf hin und her.)*

Wir freuen uns, daß sie begriffen hat. Am nächsten Wochenende quälte sie sich nicht mehr und genoß jeden Augenblick. Anders als vorher ging sie jetzt mit beschwingtem Schritt, und auch ihre Stimme hatte einen viel lebhafteren Klang.

In den Therapien ist es unser Ziel, daß die Klienten ihre lange verschütteten Gefühle wiederentdecken. Und daß sie dann ihre Gefühle in den Dienst von Denken und Handeln stellen. Wir gehen davon aus, daß Klienten glücklich leben und nicht Trübsal blasen wollen. Zu diesem Zweck müssen sie ihre Gefühle von Unglücklichsein hinter sich lassen. Solche alten, immer in gleicher Form wiederkehrenden Gefühle von Unzufriedenheit und Unglücklichsein nennen wir typische negative Gefühlsreaktionen.

Wut

Gern erinnern wir uns an einen blitzgescheiten, aufgebrachten Mann in einem unserer Workshops in New York. Richard ist überzeugt, daß er sich zu Recht ärgert, und fordert jeden zum Streit heraus. Er ist auf die Regierung wütend, auf die geschiedene Frau, und im Augenblick ist er besonders über unsere Theorie wütend, daß jeder Mensch selber in der Hand hat, welche Gefühle er haben will oder nicht. Als Richard seine Wut artikuliert, wirft sich Mary zu Boden und tut so, als weine sie: »Mein Gott, du hast recht. Schau, wie traurig du mich gemacht hast!« Er lacht und ist im weiteren Verlauf des Tages weniger streitlustig.

Tags darauf erklärt er, daß er sich schon immer und über alles geärgert hat und wütend war. Wir pflichten ihm bei mit der Modifikation, daß er sich schon immer so gesehen hat. Er steckt in einer Sackgasse dritten Grades, weil er seine Wut als etwas Angeborenes, als einen unveräußerlichen Bestandteil seines Selbst erlebt. Wir fragen: »Wo bist du aufgewachsen?« »In Brooklyn.« »Gut, geh ins Haus, und schau dir an, was sich da abspielt. Worüber ärgerst du dich?« Ihm fällt auf, daß er damals nicht im gleichen Maße wütend war wie heute. Er hatte vielmehr Angst vor der Wut seiner Eltern und Verwandten. »Die sind unmöglich ... schrecklich ... Arschlöcher. Schütten einander die Suppe ins Gesicht, fluchen, sind immer auf hundertachtzig ...« Richard arbeitet eine frühe traumatische Szene durch und erkennt, daß die Wut, die zwischen seinen Familienangehörigen herrschte, nicht seine Wut ist.

Am Morgen des dritten Tages berichtet Richard: »Es klingt vielleicht verrückt, was mir heute auf dem Weg hierher passiert ist. Ich fuhr denselben Weg wie immer, durch dieselben Staus. Und ich sage mir: Ich brauch' mich über den verdammten Verkehr nicht zu ärgern. Und dann seh' ich den Verkehrspolizisten, und ich sage mir, über den blöden Bullen brauch' ich mich nicht aufregen. Und dann passiert plötzlich was völlig Verrücktes. Ich sehe einen wunderschönen Schimmel auf dem Hügel neben der Straße. Ich muß ihn schon tausendmal gesehen haben ... und ich habe ihn heute morgen zum ersten Mal wahrgenommen. Auf einmal freue ich mich meines Lebens, und ich sehe alles mögliche, was ich vorher nie wahrgenommen habe.« Im Verlauf der Woche arbeitete er weiter an seiner Neuentscheidung, glücklich zu leben und sich seines Lebens zu freuen. Er ist ein in jeder Hinsicht energiegeladener und von Kraft strotzender Mann, und wir wünschen ihm, daß er sich noch viele Jahre an Schimmeln, grünen Hügeln und sich selber freut.

Wenn man mit einem wütenden Klienten arbeitet, muß man ihm zuallererst helfen, daß er sein Gefühl und sein Verhalten auseinanderhält, damit er seine Wut nicht ausagiert, nicht sich oder anderen Schaden zufügt, unabhängig davon, wie groß das Ausmaß der Wut, in die er sich hineinsteigert, ist und unabhängig vom Ausmaß der Provokation, die ihn dazu veranlaßt. »Ich kann mich ärgern soviel ich will, wie ich mich verhalten werde, steht in meiner Hand.« Jemand, der seiner Wut Luft machen will, kann dies auch auf unschädliche Weise tun, indem er zum Beispiel Holz hackt oder faule Tomaten gegen Bäume wirft. Und er kann sogar Gefallen daran finden.

Im nächsten Schritt muß ihm klarwerden, daß er gleichzeitig denken und fühlen kann und daß sein Denken nicht zum Erliegen zu kommen braucht, auch wenn er sich noch so heftigen Gefühlen überläßt.

Mary: Gut, ich nehme zur Kenntnis, daß du eine Stinkwut auf deinen Abteilungsleiter hast und daß du meinst, dir bleibe nichts anderes übrig, als gegen ihn anzustinken . . .

Georg: Ich bin so wütend, daß ich gar nicht mehr denken kann.

Mary: Das stimmt nicht. Du bist sehr klug und kannst immer denken. Mach ein Experiment: Bleib so wütend, wie du bist, stell den Hocker vor dich . . . genau . . ., und jetzt, wo du auf ihn eindrischst, wo du schreist, mach zwei konstruktive Vorschläge, wie man mit der Situation fertigwerden kann.

Hat der Patient einmal erkannt, daß er auch dann, wenn er wütend ist, immer noch denken kann und daß er niemandem Schaden zufügen wird, dann braucht er möglicherweise die Erlaubnis, seine Wut zu genießen, anstatt sich deswegen Vorwürfe zu machen.

Bob: Du hast also eine Wut auf ihn. Male dir in der Phantasie aus, was du ihm gerne antun würdest.

Wir möchten, daß Klienten lernen, daß gegen Phantasien nichts einzuwenden ist, solange sie nicht in die Tat umgesetzt werden. Bob hat Klienten von damals erzählt, als er auf Eric Berne wütend war. Er besuchte Fritz Perls, seinen guten Freund, und redete mit ihm. Er erinnert sich an folgenden Dialog.

Bob: Fritz, ich hab eine ungeheure Wut auf Eric, und ich steigere mich immer mehr in sie hinein.
Fritz: Was möchtest du ihm denn antun?
Bob: Am liebsten würde ich ihn umbringen!
Fritz: Wie denn? Sag mir in allen Einzelheiten, wie du dir's ausmalst.
Bob: An den Zehen aufhängen und ihn langsam in einen Bottich mit kochendem Wasser tauchen.
Fritz *(lacht)*: Ja. Und weiter?

Manche Patienten meinen, sie brauchten ihre Wut als Antriebskraft. »Wenn ich nicht wütend wäre, bekäme ich nie, was ich will.« Für manche Familien, die für normale Gespräche taub sind und nur reagieren, wenn ein bestimmter Wutpegel erreicht ist, mag dies tatsächlich zutreffen. In Gruppen- oder Familientherapie kann diese Überzeugung aber abgelegt werden, sobald die Patienten zwischen Sichdurchsetzen und Aggressivsein unterscheiden und sich entsprechend zu verhalten lernen.

Wilhelm ist auf seine Tochter wütend und glaubt, daß er sich um so besser bei ihr durchsetzen kann, je mehr er lernt, noch wütender zu werden:

Wilhelm *(in einem phantasierten Gespräch mit Sibylle)*: Ich bin wütend auf dich, weil du dich benimmst, als hättest du eine goldene Nase. Vor zwei Jahren hast du die Universität verlassen und treibst dich nur herum, gehst zum Skifahren, arbeitest mal hier ein bißchen, mal dort ein bißchen, und jetzt bist du wieder zu Hause und suchst dir Arbeit. Und ich finanziere dich.
Mary: Also, einerseits sagst du ihr, sie soll nicht erwachsen werden – du unterstützt sie ja finanziell –, und andererseits regst du dich darüber auf.
Wilhelm: Das ist richtig. »Wenn ich mit dir Tacheles rede, dann komme ich mir gemein vor.«

Bob: Sei gemein. Sag ihr, was in dir vorgeht. Sei energisch.

Wilhelm: »Verdammt noch mal, Sibylle, ich will, daß du auf eigenen Beinen stehst.«

Bob: Sag ihr nicht, was du von ihr willst. Sag ihr, was in dir vorgeht.

Wilhelm: »Ich bin es leid, immer nachgiebig zu sein. Ich hab keine Lust mehr, mich aufregen zu lassen, bis ich dann schließlich mehr geben muß, als ich eigentlich will. Und ...«

Bob: Du läßt dich nicht aufregen, du regst dich selber auf.

Wilhelm: Das stimmt. »Ich rege mich auf, weil ich mehr gebe, als ich geben will, und dann werde ich wütend auf mich und auf dich.«

Mary: Es ist doch immer das gleiche Problem, wenn man einen Vertrag schließt, die Wut zu bearbeiten. Was macht es schon für einen Unterschied, ob du wütend bist oder nicht – offensichtlich steckst du ihr immer weiter Geld zu. Und solange du entschlossen bist, sie zu unterstützen, scheint es mir sinnvoller, wenn du dich aufraffst und es wenigstens gern tust. Ich bin gerne bereit, mit dir daran zu arbeiten, daß es dir Spaß macht, ihr bis an dein Lebensende dein Geld zu geben – wenn dir daran gelegen ist. Oder aber, daran zu arbeiten, ihr kein Geld mehr zu geben, und zwar ohne schlechtes Gewissen. Du hast dich festgefahren, weil du dir in beiden Fällen schlecht vorkommst: Wenn du ihr Geld gibst, bist du wütend; wenn du ihr keins gibst, hast du Schuldgefühle.

Wilhelm: Mhm. Ja. Ich will kein schlechtes Gewissen mehr haben, wenn ich nein sage oder wütend bin.

Mary: Offensichtlich schwankst du zwischen beiden Möglichkeiten. Gut. Machen wir ein Experiment. Ich möchte gerne, daß du dich an die Zeit erinnerst, als du so alt warst wie Sibylle jetzt. Einverstanden?

Wilhelm: Ja. Ich habe damals Medizin studiert.

Mary: Gut. Dein Vater lebte noch?

Wilhelm: Ja.

Mary: Stell dir deinen Vater vor, und sag ihm folgendes: »Ich will mal ein paar Jahre gammeln, Skifahren und so. Ich gehe davon aus, daß du mich unterstützen wirst.«

Wilhelm *lacht*.

Mary: Was bedeutet das Lachen?

Wilhelm: Darauf würde sich Vater nie einlassen. Von meinem sechzehnten Geburtstag an hab ich keinen Pfennig mehr von ihm bekommen. *(Pause).* Wenn ich wie mein Vater wäre, würde meine Tochter wahrscheinlich auf eigenen Beinen stehen. Oder sie wäre verheiratet. Jetzt bin ich nicht mehr wütend. Und ich habe auch keinen Grund, ein schlechtes Gewissen zu haben.

Mary: Es geht dir nicht allein so, Wilhelm. Die meisten von uns Therapeuten sind deshalb Therapeuten geworden, weil sie die Botschaft »Sei kein Kind« akzeptiert haben. Ein wirklich schönes Motto. Wir sollten unserer Familie dankbar sein. Was aber dabei herauskam, ist, daß wir heimlich alle gerne Kinder geblieben wären und wir das jetzt in unseren Kindern nachholen. Wir sagen unseren Kindern: Macht euch keine Sorgen, ich werde mich um alles kümmern, ihr könnt gern Skifahren, was ich nie durfte, ihr könnt alles haben, was ich nie bekam – und sie bleiben kleine Kinder, und wir nehmen es ihnen übel.

Wilhelm: Absolut richtig. Das trifft genau zu. Meine Kinder sind sehr gescheit und einfallsreich.

Mary: Deine Tochter wird, so vermute ich, bald auf eigenen Beinen stehen, wenn du in ihr mehr die Frau als das Kind siehst.

Am Anfang gingen Bobs Interventionen in die Richtung, die Wilhelm eingeschlagen hatte. Bob wollte damit für Wilhelm die Basis schaffen, seine Wut spüren und zum Ausdruck bringen zu können. Das löst natürlich das Problem nur selten. Wilhelm wird glücklicher sein, wenn er seine Ambivalenz auflöst, statt sich seiner Wut zu überlassen. Wie der Klient, der keinen Artikel zu verfassen braucht, weil er sich ja, solange er ihn nicht schreibt, unglücklich fühlen kann, so braucht auch Wilhelm seine Tochter nicht aus dem gemachten Nest zu vertreiben, solange er sich über sie ärgern kann, weil sie nicht von selber geht.

Manche Klienten suchen erst einen Anlaß zum Sichärgern, um dann darauf mit Verhaltensweisen reagieren zu können, die sie sich sonst nie erlauben würden. In der Sprache der Transaktionsanalyse nennt man das Wutpunkte sammeln, um sich dafür ohne Schuldgefühle zum Beispiel aus dem Beruf zurückziehen zu können, sich ohne Schuldgefühle scheiden lassen zu können oder sich ohne Schuldgefühle mit Alkohol vollaufen lassen zu können. Wenn wir mit solchen Klienten arbeiten, fordern wir sie erst einmal auf, sich klarzumachen, daß sie sich scheiden lassen können, in den Ruhestand gehen können und sich betrinken können, wenn sie das wollen, und daß sie dafür nicht vorher erst Wutpunkte zu sammeln brauchen.

Mary: Also, warum entschließt du dich nicht einfach, nicht mehr mit ihm zusammenzuleben? Was ist daran verkehrt? Warum mußt du erst wütend werden, damit du dich trennen kannst?

Christine: Das geht doch nicht ... man kann doch nicht einfach jemanden verlassen, ohne plausiblen Grund ...

Mary *(spielt das Tonband mit dem bisherigen Dialog noch einmal ab)*: Hör dir das »Man« an. »Man kann doch nicht einfach jemanden verlassen.« Das ist Ideologie. »Man kann doch niemand verlassen«, das sagt ein Teil von dir. Der andere Teil sagt: »Aber Mutti, ich hab allen Grund dazu, er ist so schlecht! Hör dir's einmal an, warum ich so wütend auf ihn bin!«

Christine: Mhm. Das stimmt schon. In meiner Familie läßt sich niemand scheiden. Ich hab meiner Mutter sogar schon Briefe geschrieben und mich über ihn beklagt in der Hoffnung, daß sie sagt: »Laß dich scheiden.« Statt dessen sagt sie: »Du mußt dir mehr Mühe geben.« *(Lächelt.)* Mir fällt gerade etwas Merkwürdiges auf. Wenn sie sagt: »Du mußt dir mehr Mühe geben«, dann gebe ich mir Mühe, immer mehr Fehler an ihm zu entdecken.

Obwohl jedem von uns viele andere Möglichkeiten zur Verfügung stehen, sich bei der Lösung bestimmter Aufgaben anzuspornen, glaubt die Klientin, die typischerweise mit Wut reagiert, sie müsse erst wütend werden, um überhaupt in Aktion treten zu können. Solche Klienten fordern wir auf, sich jedesmal, wenn sie wütend sind, folgende Fragen zu stellen:

1. *Ist das, worüber ich wütend bin* (oder traurig bin, oder Schuldgefühle habe, usw.), *real oder eingebildet?* Wenn sich jemand über mögliche zukünftige Ereignisse ärgert, dann ist die Wut Einbildung. Interpretiert jemand das Verhalten einer anderen Person oder stellt Vermutungen darüber an und wird in Reaktion auf diese Vermutungen und Interpretationen wütend, dann ist auch das Einbildung, solange die tatsächlichen Umstände nicht geprüft sind.

Sarah: Mein Mann kümmert sich einen Dreck um das, was ich denke, und das bringt mich zur Weißglut.

Mary: Sag ihm, was du denkst, und frag ihn, ob er sich darum kümmert oder nicht. Vielleicht tut er es, vielleicht auch nicht. Solange du nicht fragst, kannst du nur Vermutungen anstellen.

2. *Kann ich selber etwas tun?* Wenn Sarah feststellen muß, daß sich ihr Mann tatsächlich nicht für ihre Gedanken interessiert, kann sie sich von ihm scheiden lassen; oder ihm ihre Gedanken nicht mehr mitteilen; oder herausfinden, was *ihn* interessiert; oder sich weiter so verhalten wie bisher und ihm ihre Gedanken sagen – nur daß sie sich nicht mehr zu ärgern braucht, wenn er sich nicht darum kümmert.

3. *Will ich es auch tun?* Nachdem sich Sarah die verschiedenen Möglichkeiten klargemacht hat, kann sie eine davon verfolgen oder auch gar nichts tun. Wie immer sie sich entscheidet, ihre Wut bringt ihr jedenfalls nichts mehr.

Wenn Klienten glauben, ihr Ärger sei unvermeidlich, weil die einzig mögliche oder logische Reaktion auf eine Situation, dann glauben sie zugleich, daß Menschen oder Situationen ihnen Gefühle machten. Wir nehmen oft die Phantasie zu Hilfe, um zu demonstrieren, daß jeder Mensch sein jeweiliges Gefühl selber wählt:

»Mach die Augen zu. Stell dir vor, du sitzt am Steuer deines Wagens. Du fährst etwas schneller als erlaubt. Der Wagen vor dir hält ganz plötzlich, ohne Zeichen zu geben, und du trittst sofort auf die Bremse. Du fährst auf ihn auf. Du bist nicht verletzt. Bleib einen Augenblick im Wagen sitzen. Was fühlst du? Steig aus, und schau dir die beiden Fahrzeuge an. Du stellst fest, daß deine Stoßstange und deine Kühlerhaube verbeult sind. Was empfindest du?«

Macht eine Klientengruppe diese Übung gemeinsam, dann erfahren die Gruppenmitglieder unmittelbar, daß jeder von ihnen ein anderes Gefühl dabei hat und daß das jeweilige Gefühl nicht vom Ereignis des Unfalls diktiert wird, sondern davon, was sich jeder selber dazu sagt. Ängstliche erfinden Geschichten nach dem Muster »Ich hätte tot sein können«. Leute mit ständig schlechtem Gewissen hadern mit sich und malen sich aus, daß die Versicherung nicht zahlen wird, weil sie zu schnell gefahren sind. Menschen, deren Grundgefühl Trauer ist, werden sich sagen, daß ihr Urlaubsgeld für die Reparatur draufgehen wird. Solche, die eher wütend reagieren, konzentrieren sich auf den Idioten, der vor ihnen auf die Bremse trat, ohne Zeichen zu geben.

Wenn ein Klient immer noch glaubt, daß Menschen oder Situationen ihn wütend machen, dann mag der Therapeut versucht sein aufzugeben, vor allem dann, wenn er selber in vergleichbaren Situationen auch wütend reagiert und im stillen glaubt, daß Ärger und Wut die angemessenen Reaktionen seien. Therapeut und Klient werden dann eher wie bei einem Beratervertrag miteinander arbeiten als wie bei einem Therapievertrag, weil sie das pathologische Verhalten des Klienten übersehen und sich in Problemlösungsstrategien verlieren. Das mag dazu führen, daß der Klient äußerliche Probleme löst; wenn er aber Probleme löst und trotzdem wütend bleibt, wird er neue Probleme schaffen, damit er seine Grundhaltung von Wut rechtfertigen kann.

Als wir vor langer Zeit unsere erste Gruppe gemeinsam leiteten, hörten wir uns einen Streit zwischen Ruth und Siegfried an. Siegfrieds Lieblingsthema war die Weigerung seiner Frau, zwei Mietwohnungen zu putzen. Nachdem die Vormieter ausgezogen waren, konnten die beiden die Wohnungen drei Monate lang nicht wieder vermieten, weil sie noch nicht saubergemacht waren. Ruth erklärte sich abwechselnd schuldig oder griff ihrerseits Siegfried an, daß er in ihr nur eine Putzfrau sah. Als Siegfried mit seinen Vorwürfen immer weitermachte, unterbrach ihn Bob, um sich nach den Fakten zu erkundigen, und schrieb diese an die Tafel:

Mietausfall:	300.– DM × 3 Monate	900.– DM
	400.– DM × 3 Monate	1200.– DM
Therapiehonorar:	30.– DM × 6 Sitzungen	
	× 2 Personen	360.– DM
		2460.– DM

Bob erkundigte sich, wieviel Stunden man zum Saubermachen der Wohnungen etwa brauchen würde, und schrieb es an die Tafel:

Lohn für die Reinemachefrau
6.– DM × 40 Std. = 240.– DM

2460.– DM
– 240.–DM
2220.– DM

Bob sagte: »Dein Ärger ist dir sehr wichtig. Du läßt dir 2220.– DM entgehen einzig aus dem Grund, damit du weiter auf deine Frau wütend sein kannst.«

Es gibt verschiedene Möglichkeiten, mit einem solchen Paar zu arbeiten. Antitherapeutisch wäre es, wenn Therapeut und Gruppe den »Schuldigeren« feststellen und versuchen würden, den anderen zu zwingen, sich zu ändern. Untherapeutisch wäre, ihnen bei der Lösung des konkreten Poblems zu helfen. Jedes Gruppenmitglied hat möglicherweise einen Lösungsvorschlag; oder man könnte auch das Paar auffordern, Lösungsvorschläge auszuarbeiten und vorzulegen. Wenn man sich einzig darauf konzentriert, dann lösen zwei wütende Menschen ein Problem mit dem Effekt, daß sie in der folgenden Woche mit dem nächsten Problem kommen. Sie werden immer neue Situationen schaffen, in denen sie sich gegenseitig weh tun, und wütend einander weiter vom Leibe halten, nur um alte Grundhaltungen zu behaupten.

Für einen kurzen Moment hat sich Bob auf einen konkreten Problemlösungsvorschlag hinbewegt – nur um einen solchen zu umgehen – und sich dann schnell auf die pathologische Struktur des Ehemanns konzentriert, nämlich auf dessen dysfunktionale Wut. Gegen Schluß der Sitzung bearbeiteten wir das Spiel der Frau, das darin bestand, sich fertigmachen zu lassen. Indem sie zunächst verspricht, die Wohnungen zu putzen, und es dann doch nicht tut, fordert sie dazu heraus, von ihrem Mann fertiggemacht zu werden. Mit beiden bearbeiteten wir schwerpunktmäßig ihre Schwierigkeiten, einander emotionell nahe zu sein.

In der darauffolgenden Sitzung zeigten wir ihnen, wie sie sich hinter einer »Mauer von Belanglosigkeiten« verschanzen.

Bob: Siegfried, du sagst, du ärgerst dich, weil sie morgens keinen Sex machen will.

Ruth: Natürlich möchte ich morgens keinen Sex. Die Kinder sind schon auf. Du kümmerst dich nicht um die Kinder. Ich denke manchmal wirklich, das einzige, was dich interessiert, sind das verdammte Fernsehen und deine Mietwohnungen.

Siegfried: Es hat doch keinen Sinn! *(Das sagt er wütend und laut.)*

Bob *(malt drei Kreise für jeden, dann zwei Blöcke, die er beide mit dem Wort »Sexualität« beschriftet;* vgl. Abb. 22*):* Ihr ärgert euch

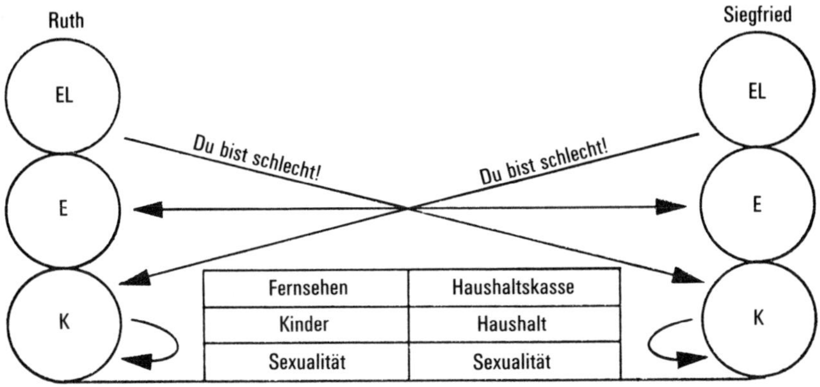

Abb. 22: Mauer der Belanglosigkeiten

beide über die Sexualität. Ruth, du ärgerst dich über das, was Siegfried mit den Kindern macht oder auch nicht macht, und über Siegfried und das Fernsehen. *(Bob ergänzt die Zeichnung um zwei weitere Blöcke, die er mit den Wörtern »Kinder« und »Fernsehen« beschriftet.)* Siegfried, worüber ärgerst du dich noch?

Siegfried: Ich verstehe nicht, worauf du hinauswillst. Mich ärgern? Über vieles. Wie sie den Haushalt macht ... oder nicht macht, um genau zu sein. Das Durcheinander in der Haushaltskasse ...

Bob: Gut. Das reicht. *(Er zeichnet zwei weitere Blöcke; dann zeichnet er die Transaktionslinien zwischen den Ich-Haltungen.)* Das nennen wir »Mauer der Belanglosigkeiten«. Belanglosigkeiten, die für euch wichtiger geworden sind als Intimität. Schaut, was es euch bringt. Die Mauer ist gerade noch niedrig genug, daß ihr euch aus eurer jeweiligen Elternhaltung schlechtmachen und beschimpfen könnt. Sie ist auch niedrig genug, daß ihr ab und zu auf der Ebene des Erwachsenen-Ich miteinander sprechen könnt. Aber schaut, was passiert, wenn ihr miteinander spielen wollt. Die Mauer läßt es nicht zu. Und ihr beide richtet die Mauer auf und sorgt dafür, daß sie stehen bleibt.

Ruth: Das heißt, daß wir all diese Probleme lösen müssen.

Bob: Überhaupt nicht. Das würde gar nicht gehen. Jeden Stein, den ihr abbaut, würdet ihr durch sechs neue ersetzen. Die Frage ist vielmehr, ob ihr euch nahesein wollt, ob ihr Intimität wollt. Wenn nicht, dann ist das okay. Dann werden wir uns darauf konzentrieren müssen, wie ihr eure Distanz aufrechterhalten könnt, ohne daß ihr eine Mauer zwischen euch bauen müßt.

In der nächsten Sitzung waren sie bereit, sich näher damit auseinanderzusetzen, wie sich die von ihnen in der Kindheit getroffenen Entscheidungen in ihrem Leben heute auswirken.

Ruth: Ich verstehe unsere »Mauer der Belanglosigkeiten« nicht. Ich finde nicht, daß das Belanglosigkeiten sind, obwohl ich langsam so eine Ahnung habe, was ihr meint. Wenn wir wirklich liebestoll (!) wären, fänden wir bestimmt Zeit für Sex und würden nicht... ich bin viel zu wütend auf ihn, um überhaupt Lust auf Sexualität zu haben.

Mary: Ja, du findest ihn schwierig. Auf was warst du wütend, bevor du Siegfried kennengelernt hast?

Ruth: Auf niemanden, jedenfalls nicht in dem Ausmaß.

Mary: Denk mal nach. Mach die Augen zu, und geh in deine Kindheit zurück...

Ruth *(nimmt sich nicht mal die Zeit, die Augen zu schließen)*: Ach, du meinst die Kindheit? Mein blöder Bruder ist genau wie Siegfried.

Wir nehmen eine Szene zwischen Ruth und ihrem Bruder als Arbeitsmaterial, um ihr zu der Erkenntnis zu verhelfen, welche Entscheidungen sie als Kind traf in bezug auf Junge – Mädchen, Mann – Frau, Wut – Nähe. Beim Durcharbeiten einer frühen Szene erkennt sie, daß ihr Bruder auf seine Art mit seiner Feindseligkeit Distanz herstellte, um seine möglichen sexuellen Wünsche gegenüber einer recht attraktiven kleinen Schwester zum Verstummen zu bringen. Sie lacht gelöst. Sie entfernt die Maske ihres Bruders vom Gesicht ihres Ehemanns und ist jetzt freier, nach Möglichkeiten zu suchen, wie sie mit ihm Intimität herstellen kann.

Siegfried erkennt bei der Durcharbeitung früher Szenen, daß sein Ärger ursprünglich gegen seinen Vater gerichtet war, der ihn im Stich ließ, und gegen seine Mutter, die ihn drangsalierte.

Siegfried: Ich habe allen Grund, auf dich wütend zu sein. Ich war erst sechs Jahre alt, und du bist abgehauen. Du hast von mir erwartet, daß ich es mit Mutter aufnehmen sollte... du Schuft.

Bob: Du hast allen Grund, wenn du das willst. Sag ihm: »Ich will so lange auf dich wütend sein, bis du dich änderst.«
Siegfried: Verdammt wahr. Ich bleibe wütend, bis du dich änderst, und du wirst dich nie ändern.
Bob: Ich bleibe auf dich wütend, bis du dich ändern wirst, als ich sechs Jahre alt war.

An diesem Punkt erkennen die meisten Klienten, wie verrückt ihre Position ist, und geben ihre Wut spontan auf. Siegfried hält hartnäckig daran fest!

Siegfried: Ich werde ewig auf dich wütend sein.
Mary: Genau hier steckst du fest.
Siegfried: Ja, aber er lebt noch . . . ich treff' mich noch mit ihm. Er ist immer noch der alte . . . denkt nur an sich. Sonst interessiert ihn niemand. *(Sehr wütend.)*

Hier könnten wir mit der Arbeit aufhören und Siegfried die Erfahrung machen lassen, wie er in der Sackgasse festsitzt. Wir könnten auch den folgenden Vorschlag machen: »Träum' dazu heute nacht, und schau mal, was dir dein Traum sagt.« Wir könnten noch eine Reihe anderer Wege einschlagen. Mary greift zu einer Methode, die sie besonders gern anwendet, und schickt ihn auf eine Phantasiereise.

Mary: Mach die Augen zu und stell dir vor, du schickst deinen Vater zu unserem nächsten Vierwochen-Workshop. Dir liegt so viel daran, daß er sich ändert, daß du zweitausendvierhundert Mark zusammenkratzt und springen läßt, damit er herkommen kann. Und jetzt stell dir vor, der Workshop ist vorbei, und dein Vater hat sich in einem Ausmaß geändert, wie du es dir in deinen kühnsten Träumen nicht vorgestellt hättest. Er ist ein völlig anderer Mensch. Er ist liebevoll, freundlich, rücksichtsvoll und bewundert alles, was du machst. Wie du bist und was du machst – du entsprichst in jeder Hinsicht seinen Vorstellungen. Bleib noch in der Phantasie. Er kommt die Straße runter auf dein Haus zu. Er klingelt an deiner Tür. Du machst ihm auf, und er schließt dich in die Arme. Er sagt: »Vergib mir für das, was gewesen ist. Ich hab dich nicht richtig behandelt, als du noch klein warst, ja, selbst als du schon erwachsen warst. Und jetzt werde ich alles wiedergutmachen. Ich zieh zu dir und bleibe bis an mein Lebensende bei dir.«

Wie Mary den letzten Satz zu Ende spricht, schreit Siegfried: »Das kommt nicht in Frage!« Und lacht. Die ganze Gruppe lacht. Mit dieser Phantasie schneidet Siegfried mit einem Schlag die symbiotische Nabelschnur zur Vergangenheit ab und gibt es auf, darauf zu warten, daß sich sein Vater ändert.

Ärger und Wut wird von Kindern oft eingesetzt, um sich gegen diejenigen zu schützen, die destruktive Grundgebote aufstellen. Kinder aus oberflächlich betrachtet intaktem Elternhaus setzen Ärger und Wut beispielsweise ein, um nicht vor einem zuckersüßen Erziehungsstil zu kapitulieren. Nette, aber erdrückende Eltern sagen: »Mich friert, zieh dir einen Pullover über«; »Du bist gar nicht wütend auf deinen kleinen Bruder, du bist bloß müde«; »Mein kleiner tapferer Mann hat doch keine Angst«. Das destruktive Grundgebot lautet: »Fühle nicht, was du fühlst. Fühle, was ich fühle.« Eltern stellen auch Gebote gegen das Denken auf: »Kleine Mädchen verstehen nichts von Motoren, mein Liebling.« »Die Hunde spielen bloß, zerbrich dir nicht das Köpfchen darüber«; oder: »Natürlich kann der Nikolaus den Schornstein runterkommen«. Wer solche Botschaften glaubt, wird so naiv und scheindumm wie seine Eltern. Kinder, die mit Wut reagieren, bewahren sich durch ihre Wut und ihren Ärger unter Umständen ihr Recht auf eigene Gefühle und Gedanken und werden dadurch möglicherweise interessantere Erwachsene als ihre angepaßten Brüder und Schwestern.

Manche Klienten setzen sich mit ihrer frühen Wut gegen Gebote zur Wehr, die tödlich sind. Anstatt dem Urteil der Eltern zuzustimmen, sie seien nichts wert, seien bekloppt oder ruinierten das Leben der Eltern, wehren sie sich mit ihrer Wut. Wenn wir uns die Kindheitsgeschichte von Straftätern und Kriminellen anhören, dann imponieren ihre Handlungen und Wutausbrüche oft als die Alternative für eine Unterwerfung, die einer tiefen Depression oder psychotischen Dekompensation gleichkäme. Solche Klienten müssen erfahren, daß ihre frühe Wut auch unter dem Aspekt des Überlebens zu sehen ist, und sie müssen ihre Wut dafür schätzen lernen. Gleichzeitig müssen sie erkennen, daß ihnen jetzt andere

Möglichkeiten zur Verfügung stehen, die aktuellen Probleme zu lösen.

Unterdrückte Wut

Manchmal erschrecken Kinder, wenn sie wütend werden, über sich selber, weil sie merken, was sie angerichtet haben oder was sie hätten anrichten können. Sie unterdrücken dann ihre Wut. Haucke, der in mehreren schlechten Pflegestellen aufgewachsen war, gab seiner Wut immer freien Lauf, bis er ganz plötzlich und ohne Therapie eine Neuentscheidung traf. Er schloß sein Studium ab, wurde ein guter Therapeut – und versuchte auf diesem Wege, seine Wut zu begraben.

Haucke: Gestern hat mir einer der Männer hier mit dem Ellbogen einen Rippenstoß versetzt. Was mich am meisten beschäftigt ... ich habe ganz selbstverständlich gesagt: »He, laß das, ich mag das nicht.« Aber kurz darauf hab ich schon wieder irgendwelche blöden Wortklaubereien und Streitereien mit allen möglichen Leuten angezettelt. Ich möchte damit aufhören, andere wegen Kleinigkeiten anzustänkern.

Mary: Aber mit dem, der dir den Rippenstoß versetzt hat, hast du nicht gestritten, und es sieht ganz so aus, wolltest du gar nicht streiten.

Haucke: Mit ihm nicht. Mit ihm habe ich nicht gestritten. Am liebsten hätte ich ihn an die Wand geklatscht. Ich hab's aber gelassen und werde es auch nicht machen. Aber ich weiß nicht, was ich mit meinen Gefühlen machen soll. *(Spricht in sehr sachlichem Tonfall.)*

Bob: Was möchtest du mit ihm machen?

Haucke: Ich möchte ihm sagen ...

Bob: Sag's ihm.

Haucke: Meine Phantasie sagt: »Laß den Scheiß. Ich will nicht das Objekt deiner Wut sein. Mach das nicht noch mal mit mir.«

Bob: Du hast dir ausgemalt, daß du ihn schlägst.

Haucke: Nicht konkret.

Bob: An die Wand klatschen?

Haucke: Nicht so konkret. Nein. Ich möchte nur, daß er mich nicht in die Rippen stößt.

Bob: Mal dir aus, wie du ihn schlägst. Sag's laut.
Haucke: Eigentlich habe ich Angst davor, ihn zu schlagen.
Bob: In der Phantasie.
Haucke: Ich habe Angst.
Mary: Wovor?
Haucke *(mit gepreßter Stimme)*: »Ich habe Angst, daß ich, wenn ich erst einmal anfange, dich zu schlagen, nicht mehr aufhöre.« *(Beginnt zu schluchzen, hört wieder auf.)* Ich habe Angst, daß irgend etwas mit mir nicht stimmt ... ich sehe euch ... und Menschen, die so wütend sind wie ich ... ich möchte ... lernen, nicht mehr wütend zu sein. Ich möchte das loswerden.
Bob: Mir wird deutlich, daß du dich sogar weigerst, dir die Wut auch nur in der Phantasie auszumalen.
Haucke: Das stimmt. Ich weigere mich.
Bob: Du hast gesagt: »Ich weiß nicht, was ich mit meiner Wut machen soll«, und du weigerst dich, dir auszumalen, was du mit ihr machen kannst. Willst du weiterkommen und deine Phantasie spielen lassen? (Mary holt schwere Kissen.)
Haucke: Nein ... ich habe Angst. *(Lange Pause.)* »Ich will, daß du deine Ellbogen von meinen Rippen nimmst ... Scheißkerl.« (Er schlägt zweimal ganz leicht auf die Kissen ein und hört wieder auf.)
Mary: Was hier abläuft: Du bist wütend und unterdrückst die Wut ganz schnell und hast statt dessen Angst. Du machst dir Angst, indem du dir ausmalst, was du wirklich tun könntest. Laß dich deine Wut körperlich spüren. In der Phantasie.
Bob: Schlag auf die Kissen ein.
Haucke *schüttelt den Kopf.*
Mary: Fang so an: »Ich trau micht nicht, das Kissen zu schlagen.«
Haucke: »Ich trau mich nicht, das Kissen zu schlagen.«
Mary: Wieso nicht?
Haucke: Ich habe keine Lust. Das ist mir zu blöde.
Bob: Dann ist es eben blöde. Mach's trotzdem.
Haucke *explodiert. Er schlägt auf die Kissen ein, tritt mit den Füßen nach ihnen und trommelt mit den Fäusten auf sie ein.*
Mary: Wie fühlst du dich?
Haucke: Müde. Meine Hände kribbeln, meine Muskeln sind verspannt.
Mary: Dann mach weiter.

Haucke *drischt und schlägt auf die Kissen ein und schreit »Ah« und »Scheiße«. Er hört auf und setzt sich.*

Mary: Was fühlst du jetzt?

Haucke: Ich bin ruhig. Mein Magen ist entspannt. Ich merke, wie ich atme. Ich glaube, ich brauche das.

Bob: Allerdings.

Haucke: Tatsächlich. Wenn ich wütend bin, weiß ich nicht, was ich machen soll. Ich halte die Wut zurück. Und je mehr ich sie zurückhalte, desto mehr suche ich Streit mit Worten, um die Wut abzulassen.

Bob: Deshalb wollte ich, daß du die Wut körperlich erlebst – in der Phantasie.

Haucke: Das wird mir jetzt deutlich.

Mary: Willst du dem Teil in dir danken, der wütend wird? Bisher hast du die Wut unterdrückt. Laß sehen, was du Positives an ihr findest.

Haucke: Ja. »Ah. Du bist der Teil, der mich vor Angst schützt. Ich weiß es zu schätzen, daß ich dich hatte, als ich klein war. Und ich bin dankbar dafür, daß du mir Kraft gegeben hast, wenn mich Leute behandelten, wie sie mich nicht hätten behandeln sollen. Du hast mir geholfen, mich zu verteidigen. Und es war dann gut, dich zu haben, wenn die Situation brenzlig wurde.

Mary: Bist du auch bereit zu sehen, daß du bestimmst, was mit dir ist, und nicht deine Wut?

Haucke: Das stimmt nicht. *(Lange Pause.)* Ich hatte große Angst vor der Wut in mir, die früher immer außer Kontrolle geriet. Ja. Früher. »Ich bestimme über dich. Und ich werde dir sagen, wenn ich dich brauche . . .«

Mary: Und in welcher Form?

Haucke: »Und in welcher Form. Ich laß dich nichts machen, was mich in Schwierigkeiten bringt . . . Zum Beispiel andere verletzen. Oder mein Leben aufs Spiel setzen.«

Mary: Stimmt das?

Haucke: Ja, sicher.

Mary: Dann ist es in Ordnung und ungefährlich, wenn du deine Wut zuläßt.

Haucke: Ich fühle mich nicht wohl dabei. Es ist in Ordnung, wütend zu sein. Es ist nicht in Ordnung, so wütend zu sein, wie ich es manchmal bin.

Mary: Stimmt nicht. Probier den Satz: »Ich kann so wütend sein, wie ich will ...«

Haucke: Gut: Ich sehe schon was du meinst. »Ich kann so wütend sein, wie ich will, weil ich selber bestimme.« Das gibt schon eher einen Sinn. Es ist in Ordnung, so wütend zu sein, wie ich will ... »Oh, und selbst wenn du, meine Wut, auch sehr stark bist, werde ich mich doch nicht in meinem Verhalten nach dir richten.«

Bob: Hast du irgendwelche Vorstellungen, wogegen sich deine Wut ursprünglich richtet?

Haucke: Ich bin ... ich fühle mich immer noch sehr verantwortlich für meine frühere Gewalttätigkeit.

Mary: Das liegt schon lange zurück?

Haucke: Sicher. Ich war eben als Jugendlicher extrem destruktiv.

Bob: Ich frage dich, ob du irgendeine Vorstellung hast, wogegen sich deine Wut ursprünglich gerichtet hat?

Haucke: Sicher. Ich habe hier ... mit Ruth und Jim (unsere Mitarbeiter) gut gearbeitet. Weil alle Menschen in meiner Umgebung ... in meinen Pflegestellen ... auf der Straße ... voller Wut steckten, habe ich auch gelernt, mich wahnsinnig zu ärgern und wütend zu sein. Damit bin ich fertig. Ich lebe glücklich. Ich werde weder mich noch sonst jemanden umbringen. Ich habe ein gutes Leben. Ich glaube ... das war ein letzter Rest ... meine Wut körperlich erleben und trotzdem die Kontrolle behalten ... auf Kissen, statt auf Leute einschlagen. Als Kind bin ich immer wütend geworden ... wenn man mich wieder woanders hinbrachte. Ich hab mich immer gewehrt.

Mary: Dann hast du deine Wut also benutzt, um nicht psychotisch zu werden.

Haucke: Ja, wirklich, Mary. Als ich im Landeskrankenhaus arbeitete, war mir klar, wie wenig gefehlt hat, daß ich selber dort gelandet wäre ... Ich war wirklich absolut verkorkst.

Mary: Du bist verkorkst worden.

Haucke: Sicher. Irgend was in mir will sich noch immer rächen. Aber im Augenblick bin ich zufrieden. Ich fühle mich sehr wohl.

Haucke lernte seinen wütenden Selbstanteil schätzen und sagte, daß er als Kind seine Wut gebraucht hatte. Und als Allerwichtigstes lernte er, daß er wütend sein kann, ohne gewalttätig zu werden. Am nächsten Morgen schloß er diese Arbeit ab:

Bob: Haucke, bei deiner letzten Arbeit hast du dich entschieden, selber in der Hand zu haben, wann und in welcher Form du wütend sein willst.

Haucke: Ja. Das stimmt. Ich bin erleichtert. Ich fühle mich sehr frei.

Bob: Noch etwas. Ich möchte, daß du was ausprobierst. Ich möchte, daß du den wütenden kleinen Jungen von damals kennenlernst. Willst du das?

Haucke: O je. Gut, ich will.

Bob: Mach die Augen zu, und stell dir vor, wie du damals gewalttätig warst.

Haucke. Ich schäme mich.

Bob: Nein. Schau dich an, wie dich ein freundlicher Therapeut anschauen würde. Wie alt ist der Junge, der zum ersten Mal gewalttätig wird?

Haucke: Du wirst es nicht glauben: er war sieben.

Bob: Sieben, das kann ich mir vorstellen. Schau dir den siebenjährigen Jungen an und jetzt sei wieder du, so wie du heute bist. Was würdest du für das Kind tun?

Haucke *(weint)*: Ich soll wohl sagen, daß ich ihn liebe. Man kann ihn nicht liebhaben ... jedes andere Kind kann man leichter liebhaben. Das ist sehr schwierig.

Bob: Nimm ihn in die Arme.

Haucke: Er würde sich wie ein Tiger wehren. *(Macht eine Pause. Schluchzt und lacht abwechselnd.)* »Ich mag dich, und ich halte zu dir. Ich habe wirklich zu dir gehalten. Ich liebe dich. Ich bin froh, daß du dich gewehrt hast. Es tut mir leid, daß du, noch so klein, kriminell geworden bist und daß du Menschen körperlich verletzt hast, als du stärker wurdest. Ich sehe dich, du bist liebenswert, und niemand liebt dich. Ja.« Danke, Bob.

Auch Joachim unterdrückt seine Wut. Sein Vertrag zielt darauf ab, daß er sich Konkurrenzsituationen locker stellt und sich nicht mehr so verhält, »als sei jedes lächerliche Tischtennisspiel ein Kampf auf Leben und Tod«.

Joachim: Ich bin zu alt dafür, Konkurrenz so ernst zu nehmen. Ich komm mir vor wie auf dem Gymnasium.

Mary: Versetz dich zurück ins Gymnasium. Was läuft da ab?

Joachim sagt, er sei der beste Fußballspieler in der Mannschaft und sei auch ein guter Korbballspieler.

Joachim: Es macht mir aber keinen Spaß.
Mary: Wie das?
Joachim: Aus demselben Grund ... ich weiß nicht. Ich muß beweisen ... *(Lange Pause.)*
Bob: Was mußt du beweisen?
Joachim: Das fängt sogar schon früher an, schon als ich acht oder neun bin. Die Leute mögen mich nicht.
Mary: Wie das?
Joachim *(lange Pause)*: Wegen ... meiner Herkunft. Ich komme aus einer spanischen Familie.
Mary: Versetz dich in die Situation damals.
Joachim: Meine Mutter ist Spanierin. Die spanischen Kinder sollen eigentlich alle in die andere Schule gehen ... die Schule für arme Leute. Man kann mich nicht rauswerfen, weil ich mit Familiennamen O'Brian heiße. Aber keiner mag mich. Keiner lädt mich zu sich nach Hause ein ... nie. Und ich kenne keine spanischsprechenden Kinder. *(Er wirkt traurig.)*

Wir fordern ihn auf, sich eine bestimmte typische Szene ins Gedächtnis zu rufen, in der er sich in einer Konkurrenzsituation befindet und die anderen ihn nicht mögen. Ihm fällt ein, wie er der Starsportler war und trotzdem nicht zu einer privaten Party eingeladen wurde, auf der die siegreiche Fußballsaison gefeiert wurde.

Bob: Was willst du ihnen sagen?
Joachim: Nichts.
Bob: Schau dir an, was du mit deinem rechten Fuß machst.
Joachim: Wippen.
Bob: Mach's stärker. *(Bewegungen übertreiben lassen eignet sich ausgezeichnet dazu, unterdrückte Affekte zum Durchbruch zu bringen.)*
Joachim: Ja. *(Er stampft mit den Füßen auf.)* Verdammt!
Bob: Wart einen Augenblick. Der Boden ist zu hart. *(Er und einige Gruppenmitglider holen einen Haufen Kissen. Es ist wichtig, Klienten davor zu schützen, daß sie sich in »Wutszenen« körperlich verletzen.)*

Joachim *(explodiert, tritt mit den Füßen auf die Kissen, schlägt auf sie ein, schreit)*: Zum Teufel mit euch! ICH HASSE EUCH! ICH HASSE EUCH ALLE! *(Er schreit und schlägt weiter. Schließlich setzt er sich auf die Kissen und gönnt sich eine Ruhepause.)*

Bob: Wo bist du jetzt – mit den Fußballkameraden?

Joachim: Ich bin genauso gut wie die.

Bob: Vielleicht sogar besser. Man hat dich schmählich behandelt.

Joachim: Ja, genau. Und das ist schon lange her. Ich habe gar nicht gewußt, wie viel es mir ausmacht. Ich muß niemandem etwas beweisen. Der Groschen ist langsam gefallen. Ich möchte euch beide umarmen.

Joachim und Haucke brauchen ihren Emotionen nicht mehr fremd gegenüberzustehen. Beide berichten, wie erleichtert sie sind und wie gelassen sie sein können, was ihnen vorher nie gelungen war. Sie laufen nicht Gefahr, »bärbeißige Männer« zu werden. Tatsächlich finden die Klienten, wenn sie einmal damit aufgehört haben, ihre Gefühle zu unterdrücken, nur selten einen aktuellen Anlaß für die bisher unterdrückten Gefühle.

Vorwurfshaltung

Menschen, die dauernd andere beschuldigen und für alles mögliche verantwortlich machen, sind selber womöglich wütend oder traurig. Obwohl sie glauben, daß sie jemand anderen ändern wollen, geht es ihnen in erster Linie darum, daß der andere sich schuldig bekennt. Siegfried, der sich darüber beklagte, daß seine Frau die Mietwohnungen nicht putzte, wollte alle Welt wissen lassen, daß sie dafür Tadel verdiente. Weil solche Menschen wenig Selbstachtung haben, bemühen wir uns zunächst darum, uns mit ihrem kindlichen Anteil zu verbünden.

Susanne läßt gerade eine Schimpfkanonade auf ihren Mann los.

Bob: Ich kann's mir vorstellen, und es tut mir leid für dich.

Susanne: Tatsächlich? Warum? *(Sie staunt. Obwohl sie Mitgefühl möchte, erwartet sie einen Gegenangriff.)*

Bob: Weil es bei dir zu Hause drunter und drüber gegangen sein muß, als du noch klein warst.

Susanne: Kann schon sein. Wie kommst du jetzt darauf?
Bob: Weil ich mir vorstelle, wie gerne du beachtet worden wärst und nicht wußtest, wie du's anstellen solltest. Es kommt mir so vor, als wärst du ein nettes Kind gewesen, das nicht beachtet wurde.

Bob: Es tut mir leid für dich.
Gernot: Tatsächlich? Warum?
Bob: Ich nehme an, daß man bei dir zu Hause ein Mordstheater machte, wenn die Milch schon verschüttet war und man nichts mehr daran ändern konnte. Statt sie einfach aufzuwischen. Genau das machst du nämlich jetzt.

Bob: Es tut mir leid für dich.
Wilhelm: Warum?
Bob: Weil dein Vater ein Scheusal gewesen sein muß.
Wilhelm: Woher weißt du das?
Bob: Weil Kinder ihre Eltern kopieren. Ich habe dem Vateranteil in dir zugehört, als du über deinen Sohn hergezogen bist.

Im folgenden Beispiel wenden wir eine Technik an, die uns Will Cupchik[1] beibrachte und die sich gut für Klienten mit Vorwurfshaltung eignet: Wir fordern die Klientin auf, für jedes Mitglied ihrer Ursprungsfamilie und alle, die sonst zum Haus gehören, einen leeren Stuhl aufzustellen. Sie soll sich auf jeden Stuhl setzen, sich mit dem entsprechenden Familienmitglied identifizieren und sagen, wen sie wofür tadelt.

Verena *(im Sitzen)*: Ich bin die Mutter. Mein Mann ist schuld, daß aus meinem Leben nichts geworden ist.
Mary: Gut. Mutter, jetzt sag, was er gemacht hat, um dein Leben zu verpfuschen.
Verena: Nachdem wir gerade zwei Jahre verheiratet waren, brannte er mit einer anderen Frau durch. Er kam zwar zurück, ich hab's aber nie vergessen . . .
Mary: Setz dich auf den nächsten Stuhl.
Verena: Ich bin Vater. Meine Frau ist schuld, daß aus meinem Leben nichts geworden ist. Mit ihrer ewigen Keiferei.
Mary: Nächster Stuhl.

Verena: Ich bin Großmutter. Mein Mann ist schuld, daß aus meinem Leben nichts geworden ist. Er hat mich von meiner Mutter weggeholt und nie genug verdient in Amerika. *(Wie sie jetzt zum nächsten Stuhl geht, beginnt sie zu lachen.)* Ich bin Großvater. Ganz ordentlicher Mensch. Die kapitalistische internationale Verschwörung ist schuld. *(Geht zum nächsten Stuhl und lacht immer noch.)* Ich bin Tante Maude. Die berühmte alte Tante Maude. Ihr ... der Mann, den sie heiraten sollte, wurde von einem Maulesel totgetreten ... sie starb als alte Jungfer. Ich bin Tante Maude. An meiner Jungfernschaft ist ein Maulesel schuld!

Jetzt lacht die ganze Gruppe mit ihr, und sie sagt: »Was werde ich jetzt machen? Wenn ich in Zukunft einen Schuldigen suche, werde ich immer an Tante Maud und ihren Maulesel denken.«

Eine andere Technik: Die betreffende Person wird aufgefordert, sich vorzustellen, sie habe den Sieg davongetragen. Sie hat alle überzeugt, daß sie selber keine Schuld trifft und die anderen schuld sind. Wir fordern sie auf, in die Runde zu schauen und zu prüfen, wen sie schließlich beeindruckt hat. Zu diesem läuft sie hin und sagt: »Ich hab gewonnen! Ich hab endgültig bewiesen, daß ich recht habe!« Wir fordern sie auf, sich vor Augen zu führen, welchen Preis sie für den Sieg zahlt. Sehr häufig operiert eine Person, die andere ständig für schuldig erklärt, aus der Position eines verzweifelten Kindes und versucht mit allen Mitteln, der Welt klarzumachen, daß sie genauso gut ist wie ihre große Schwester oder ihr kleiner Bruder. Der Preis, nach dem sie sich sehnt, ist Liebe. Wenn sie dies erst einmal erkannt hat, kann sie sich neu entscheiden: »Ich bin liebenswert, selbst wenn mich die wichtigsten Menschen zu Hause nicht geliebt haben.« Sie kann dann das ewige Anklagen lassen und wirksamere Wege finden, wie sie geliebt wird.

Will der Therapeut erfolgreich mit solchen ewigen Anklägern arbeiten, darf er unter keinen Umständen Partei ergreifen, verurteilen, Vergleiche anstellen und positive oder negative Bewertungen austeilen, wenn jemand den Schuldigen sucht – wie groß die Versuchung dazu auch sein mag.

Traurigkeit

Trauriges Tränen-Kind, komm zu mir,
kuschel dich an mich und sei nicht betrübt . . .

Lächle, mein Goldspatz,
Ich küsse dir die Tränen weg.
Lächelst du nicht, dann werd auch ich ganz traurig.[2]

Manche Mädchen und Jungen weichen dem Erwachsenwerden aus und bleiben traurige Babys. Heiratet ein solches Mädchen einen Papa, der traurige Babys mag, dann wird sie für ihre Traurigkeit gestreichelt, solange er sich nicht gegen diese dumpfe Symbiose wehrt. Ein trauriger »kleiner Junge« heiratet eine Mami und erwartet, daß sie seine Schrammen küßt und schon alles recht machen wird. Hermann heiratete ein trauriges kleines Mädchen und prellte sie dann: Statt daß er alles daransetzte, sie »nicht betrübt« zu machen, versuchte er, meist erfolglos, ihre Traurigkeit mit seiner eigenen zu überbieten. Beide wollen lieber getröstet werden als trösten.

Hermann: Ich möchte zu Hause glücklich sein, aber meistens bin ich unglücklich.
Mary: Gut. Mach die Augen zu. Du gehst jetzt in dein Haus. Geh glücklich rein.
Hermann: Ja.
Mary: In welchem Raum bist du?
Hermann: In der Küche.
Mary: Immer noch glücklich?
Hermann: Ja.
Mary: Schau dich um. Sag mir, worüber du glücklich bist und worüber unglücklich.
Hermann: Ich bin in der Küche. Meine Frau hantiert mit irgendwas herum. Ich sage »Tag«, ziehe meine Jacke aus und hänge sie über einen Stuhl.
Mary: Noch immer glücklich?
Hermann: Ja. In ganz guter Stimmung. Ich . . . mhm . . . Jetzt bin ich in einer Zwickmühle. Ich möchte über mich reden, einfach reden . . . und ich kämpfe mit mir: Soll ich ihr sagen, worüber ich

nachdenke, oder soll ich über das reden, was sie gerne bereden will?

Bob: Du hältst schon Generalprobe?

Hermann: Nicht über das Reden an sich, nur über die Themen. Soll ich, soll ich nicht?

Mary: Also?

Hermann: Ich fang an zu reden. Die übliche Unterhaltung ... ich sag was ...

Bob: Sei dort. Sag's ihr.

Hermann: Ich geh also rein und sag zu ihr: »Ich war so traurig wegen Anni.«

Mary: Wer ist Anni?

Hermann: Unsere Tochter, die vor drei Jahren starb.

Mary: Du gehst also rein und sagst ihr was Trauriges. Und dann ...

Hermann: Wir sind beide traurig. Nach ein oder zwei Sätzen redet sie über ihre Trauer wegen Anni, und dann fängt eine lange Unterhaltung an über ihre Gefühle über Anni, und dann mache ich dicht und höre nur noch zu. Ich bin verspannt. Was ich eigentlich über meine Gefühle sagen wollte, bin ich nicht losgeworden ...

Mary: Gut. Ein Vertrag heißt, Abschied von Anni nehmen. Außerdem sehe ich, daß ihr konkurriert, wer wohl trauriger ist.

Hermann: Es macht mir nichts aus, daß sie noch trauriger ist als ich, aber sie hört mich nicht an, wenn ich ihr sage, wie mir das Herz blutet.

Mary: Es ist bestimmt schlimm, daß euer Kind gestorben ist. Ich glaube aber, daß ihr schon vorher immer wieder Anlässe fandet, um traurig zu sein.

Hermann: Das stimmt. Ich bin ... Glücklichsein nicht gewöhnt.

Obwohl Hermann auf uns nicht suizidal wirkt, gehen wir dieser Frage nach – wie bei allen traurigen Patienten. Er sagt, er sei nicht suizidal, habe nur mal eher romantisch an Suizid gedacht, mit Rettung in letzter Minute. Und er sagt, er werde keinen Selbstmordversuch machen. Es klingt überzeugend, daß er sich weder zufällig noch absichtlich umbringen wolle.

Wir fordern Hermann dann auf, damit zu experimentieren, daß er anderen Seminarteilnehmern nur glückliche Geschichten erzählt. Er soll über seine Erfahrungen morgen in der Gruppe berichten. Für diese Sitzung beenden wir die Arbeit mit ihm. Bei der Behandlung eines Klienten, der immerfort traurig ist, ändern wir sofort die Verstärkungsmuster. Wenn wir seine Trauer einfach nicht beachten, wird er vielleicht aufgrund mangelnder Beachtung depressiv. Wir wollen sichergehen, daß er auf positive Verstärkung für glückliche Erlebnisse aus ist, sie bekommt und auch annimmt.

In späteren Sitzungen erfahren wir die Geschichte seines Unglücklichseins und erarbeiten mit ihm Neuentscheidungen, die es ihm ermöglichen, glücklich zu sein, trotz allem, was ihm in seiner Kindheit widerfuhr. Er nimmt von seinem nie vorhandenen Vater Abschied und dann von seiner toten Tochter. Sein letzter Schritt besteht darin, sich für sein einfallsreiches und übersprudelndes Glücksgefühl selber anzuerkennen. Auf die Rückkehr nach Hause bereitet er sich so vor, daß er die »Küchenszene« mehrfach durchspielt, bis ihm klar wird, daß seine Frau ein Recht darauf hat, zu fühlen, was immer sie fühlen mag, und daß seine Gefühle nicht von ihren Gefühlen abhängig zu sein brauchen. Er plant, mit ihr zu einem Marathon zu gehen, und erkundigt sich bei uns nach entsprechenden Möglichkeiten in der Nähe seiner Heimatstadt. Er erklärt, daß er sein Leben auskosten will, ob sie nun zum Marathon mitkommt oder nicht und ob sie sich ändert oder nicht.

Julien, ein 50jähriger Architekt aus Frankreich, wird von einem Freund überwiesen, weil er »keinen rechten Grund für Trauer hat« und doch permanent traurig ist. An den ersten Tagen des Seminars wehrt er sich dagegen, an seinem Problem zu arbeiten, obwohl er uns außerhalb der Therapiesitzungen wissen läßt, daß er über seine abnehmende sexuelle Potenz sehr traurig ist. Am vierten Tag beginnt er zu arbeiten.

Julien: Ich bin so müde. Ich bin so müde. So erschöpft. Ich bin zu müde für Sex, zu müde zum Leben.

Bob: Es ist schwer, wach zu sein, wenn du viel Zeug mit dir rumschleppst, das du nicht bearbeiten willst. Du brauchst, glaube ich, viel Kraft, weil du an den Stellen nicht arbeitest, wo du festgefahren bist. *(Das sagt Bob sehr freundlich und zugewandt.)* Wie ist es, wenn du ein kleiner Junge bist, ein kleiner trauriger Junge?

Julien kann sich nicht erinnern, als Kind traurig gewesen zu sein. Er war ein kindliches Genie, angeregt von seinem Vater, frühreif. Jeden Nachmittag kam der Vater nach Hause und brachte dem kleinen Julien höhere Mathematik bei, nahm ihn dann in die Universität mit, um dort mit ihm vor Professoren und vor Studenten in höheren Semestern anzugeben. Julien sagt, das habe er gerne mitgemacht, seinen Vater habe er geliebt und seine Mutter angebetet. In seiner ganzen Kindheit findet er überhaupt nichts Trauriges. Wir fragen ihn dann, wann es anfing, daß er so unglücklich war.

Julien: Mit dreizehn, als ich auf die Uni geschickt wurde. Ich liebe meine Mutter sehr, und ich vermisse sie. Um ein Mann zu werden, das wußte ich, mußte ich woanders leben. So ist das Leben. So ist es, wenn man erwachsen wird.

Mary: Hast du damals an Selbstmord gedacht?

Julien: Nie. Auch jetzt nicht. Ich würde mich nicht umbringen.

Mary: Gut. Willst du in Erwägung ziehen, das Leiden aufzugeben?

Julien: Ja, gerne. Darum bin ich hier.

Mary: Dein Programm heißt Leiden. Wer ein Mann sein will, der muß leiden. Männlichkeit kann nur durch Leiden nachgewiesen werden. Das hast du gesagt im Zusammenhang mit der Abreise an die Universität.

Julien: Tatsächlich?

Bob: Du scheinst nicht ganz sicher zu sein.

Julien: Ich . . . Wollt ihr sagen, daß ich mich selber leiden mache?

Mary: Mehr oder weniger. Ich kann mir denken, die Kirche und die kirchlichen Internate halfen dir dabei. Jeder weiß, daß die wichtigen Heiligen jene waren, die ganz Außergewöhnliches erlitten, und nicht diejenigen, die was Nützliches taten.

Julien *(lacht)*: Das ist wahr. Und ich hab mir früher vorgestellt, Priester zu werden. Ein sehr trauriger Priester. Ich hab mich selber traurig gemacht? Ich bin von den Socken! Ich kann das nicht erklären. Ich dachte, meine Traurigkeit sei sehr kompliziert, und sie soll so einfach sein? Ich mache Situationen traurig?

Mary: Ja. He, wer hat dir das Leiden beigebracht? Wer ist der große Leidende, Mutter oder Vater?

Julien: Beide. Vor allem meine Mutter. Ja. Sie war es.

Mary: Wie hat sie es gemacht?

Julien: Wie? Seit vierzig Jahren, seit meiner Kindheit, leidet sie an dem, was ich galoppierenden Krebs nenne.
Mary: Sie hatte Krebs?
Julien: Nein. Nie. Sie hat nur immer Schmerzen und glaubt, sie habe Krebs. Am meisten leidet sie immer, wenn man keinen Krebs findet. Oder aber sie glaubt, sie bekomme Krebs, wenn oder weil sie mal keine Schmerzen spürt. Ich besuche sie jetzt. Ich mag sie, ja? Sie ist achtzig Jahre. Ich gehe durchs Gartentor, und noch bevor ich an der Haustür bin, erfahre ich, daß ein Vetter Lungenentzündung hat. *(Julien redet jetzt sehr lebhaft, mit Händen und Füßen, und lacht beim Sprechen.)* Ein Nachbar liegt im Sterben. Meine Mutter hat so schreckliche Schulterschmerzen, daß sie zu nichts in der Lage ist. Fast hätte sie für mich keinen Nachtisch machen können, aber sie machte ihn trotzdem. *(Er lacht herzlich. Auch die Teilnehmer der Gruppe lachen.)*

Während er diese Geschichte erzählt, setzt Julien einen Prozeß in Gang, mit dem er sich von Mutters Glaubensbekenntnis, von Mutters Klagelied trennt. Zum ersten Mal, seit er angekommen ist, atmet er tief durch, und seine Stimme klingt lebendig.

Mary: Gut, Julien. Stell dir vor, deine Mutter ist hier, klagend, leidend und ihre Trauer zur Schau stellend. Du bist mit ihr zusammen. Ja? Sag ihr jetzt was Neues. Sag: »Mutter, mir geht's prächtig. Noch nie war ich glücklicher.«
Julien: Nein. Das wäre übel. Das wäre grausam. Man darf nicht glücklich sein, wenn die eigene Mutter leidet. *(Lacht.)* Mir wird vieles klar.

Julien hat ein Gebot der Eltern ausgesprochen: »Man darf nicht glücklich sein, wenn die eigene Mutter leidet.« Wäre er Therapeut, so würden wir das Tonband zurücklaufen lassen, damit er den Wechsel von »Ich« zu »Man« noch mal hören und verstehen könnte. Wir legen Wert darauf, daß Therapeuten sich selber auf dem Band hören, damit sie lernen, genau hinzuhören, was ihre Klienten sagen. In dieser Situation unterbrechen wir Julien nicht, weil er gut arbeitet.

Mary: Und wenn du zu deiner Mutter sagst: »Ich hab so schreckliche Bauchschmerzen ...«?

Julien: Himmel! Sie würde sofort den Arzneischrank für mich plündern. Sie würde mich überreden, wieder zu ihr zu ziehen, sie würde sofort mein Zimmer herrichten. Sie würde stundenlang darüber reden.

Julien wurde für Leistung und Unglücklichsein verstärkt, obwohl er sich nicht daran erinnert, unglücklich gewesen zu sein. Vielleicht drückte seine Mutter ihre Liebe so aus, daß Unglück wie Glück erschien. Wahrscheinlich hat er recht damit, daß er im Alter von dreizehn Jahren hatte weggehen müssen, und doch könnte seine typische negative Gefühlsreaktion darin bestehen, daß er zeit seines Lebens in seinem Kind-Ich erwogen hat, zurückzukehren. »Sie würde sofort den Arzneischrank für mich plündern, sie würde sofort mein Zimmer herrichten!« In dieser einen Sitzung ist genug Material für viele Therapiestunden. Julien braucht nicht viele. Er ändert sich schon jetzt.

Julien: Ich liebe meine Mutter. Aber ich möchte nicht länger, daß sie mich nur beachtet, wenn's mir schlechtgeht. Wenn ich krank war, hat sie sich immer viel um mich gekümmert. *(Lacht wieder.)* Das war mir bisher nie klar. Die ganze Zeit war ich traurig und hab's nicht begriffen. Ich habe wohl bemerkt, daß sie mit ihren Krankheiten doch etwas verrückt spielte, aber daß ich selber meine Traurigkeit vielleicht auch übertrieb, hatte ich nicht bemerkt.

Mary: Das ist eine große Einsicht! Und jetzt, wo du dich neu und fröhlich fühlst und nicht mehr leiden mußt, schick deine Mutter weg, und stell dir vor, deine Frau ist hier. Sag ihr jetzt, ohne daß du eine Tragödie daraus machst: »Ich habe heute abend keine Lust zum Sex.«

Julien: Das stimmt: Wir haben daraus eine Leidensgeschichte gemacht, wie Krebs. »Liebste, heute abend will ich keinen Sex.«

Mary: Immer noch glücklich?

Julien: Ja.

Mary: Ich möchte, daß du das ganz sicher weißt. Daß du abends glücklich sein kannst, ob du Sex machst oder nicht. Wirst du das mit nach Hause nehmen?

Julien *(nach einer nur kurzen Pause)*: Ich weiß, wenn ich abends einmal keinen Sex mache, heißt das noch lange nicht, daß ich krank bin oder ein Versager. *(Beginnt zu kichern.)* Ich weiß, was ich mache: Ich bringe meiner Frau ein Geschenk mit. Einen Vibrator. *(Die ganze Gruppe brüllt vor Lachen und applaudiert.)*

Julien: Und weil ich meine Leidensposition aufgegeben habe, werde ich sogar an dem Vibrator Gefallen haben!

Uns gefällt die Idee mit dem Vibrator sehr gut. Julien wird seiner Frau nämlich nicht das destruktive Grundgebot vorsetzen, das ihm seine Mutter gab: »Sei nicht glücklich, wenn ich nicht glücklich bin.« Bevor wir seine sexuellen Probleme angingen, haben wir uns mit seiner typischen negativen Gefühlsreaktion, nämlich mit seiner Traurigkeit befaßt, damit er nicht weiterhin glaubt, daß Glück von der Lösung des sexuellen Problems abhänge.

Wenn das Problem auf der Verhaltensebene wichtiger ist als die affektive Verarbeitung, gehen wir in umgekehrter Reihenfolge vor. Wäre Julien zum Beispiel aufgrund von langdauerndem Alkoholmißbrauch sexuell impotent, dann würden wir darauf hinarbeiten, daß er mit dem Trinken aufhört, und nicht versuchen, aus ihm einen glücklichen asexuellen Alkoholiker zu machen.

Manche Klienten wollen sich auf einen Vertrag, der Glücklichsein anvisiert, gar nicht erst einlassen, weil sie glauben, daß sie noch nie glücklich waren.

Gerd: Ich war schon immer traurig. Ich weiß nicht. Ich war schon immer so.

Mary: Wie sieht dein Geburtsmythos aus? *(Diese Frage stellen wir, wenn ein Klient sagt, er sei schon immer so oder so gewesen. Wir wollen herausfinden, wie die frühesten destruktiven Grundgebote lauteten.)*

Gerd: Ich verstehe nicht, was du meinst.

Mary: Welche Geschichte erzählt man sich von deiner Geburt?

Gerd: Ich weiß keine Einzelheiten . . . über mich. Man sagte . . . Es war so eine Art Familienwitz, daß ich am Tag nach der Bombe über Hiroshima geboren wurde.

Mary: Was ist daran so witzig?

Gerd: Nichts.

Mary: Du hast gesagt, es war ein Familienwitz. Das heißt doch, daß es witzig sein soll.

Gerd: Also, was sie damit sagen wollten, war . . . in zwei Tagen zwei Katastrophen.

Gerd bearbeitet ein Stück nach dem anderen. Er entscheidet sich, zu leben, sich zu mögen, sich für wichtig zu halten, und schließlich, glücklich zu sein. Da er keine Vorstellung davon hat, wie er als Kind glücklich war, fordern wir ihn auf, zurückzudenken bis zu irgendeiner Situation, in der er glücklich war. (Bisher haben wir noch nie einen Klienten gesehen, dem es nicht gelungen wäre, wenigstens eine solche Szene zu entdecken, selbst wenn viele Klienten zu Anfang schwören, daß sie nie glücklich waren.) Wie viele andere chronisch traurige Menschen, erinnert Gerd eine Szene, in der er allein und nicht zu Hause ist.

Gerd *(nach einer sehr langen Pause)*: Gut. Es hat mir Spaß gemacht, am Bach zu spielen.

Wir bitten ihn, den Bach näher zu beschreiben, den kleinen Gerd näher zu beschreiben und zu beschreiben, was Gerd macht. Dann fordern wir ihn auf, sich den traurigen Gerd vorzustellen und ein Zwiegespräch zwischen beiden zu führen: »Stell dir vor, du bist abwechselnd der traurige und der glückliche kleine Gerd.« Jeder soll zuerst sagen: »Für den erwachsenen Gerd bin ich wichtig, weil . . .«

Die Arbeit ist beendet, sobald sich Gerd entschließt, den traurigen Gerd nicht mehr ständig mit sich herumzuschleppen, sondern nur noch dann traurig zu sein, wenn er wirklich Anlaß hat, wenn er etwa einen Trauerfall zu beklagen hat: »Du sollst nur noch hier sein, wenn ich dich brauche. Du bist nicht mehr mein ›ewiger Klotz am Bein‹.« Andere Klienten, die auf diese Weise ihre traurigen und glücklichen Seiten erleben, stellen zuweilen fest, daß die traurige Seite insofern wertvoll war, als sie mit ihrer Hilfe positive Beachtung erlangten. Für sie besteht die Aufgabe darin, sich auf anderem Wege positive Beachtung zu verschaffen.

Dirk bleibt dadurch traurig, daß er seine Lebensumstände für traurig erklärt und sich zugleich weigert, sie zu ändern:

Dirk: Ich möchte damit aufhören, mich immer so belastet zu fühlen.

Bob: Stell dir vor, deine Frau sitzt vor dir, und sag ihr, daß sie eine Last ist.

Dirk: Ist sie auch. »Du bist eine Last. Du bist ein Klotz am Bein. Du hast in den letzten fünfzehn Jahren so viel gesoffen. Wenn du trinkst, kann ich dir nicht trauen. Ich mach mir immer um dich Sorgen, wenn ich nicht zu Hause bin.«

Bob: Erklär' deiner Frau, wie sich ihr Verhalten durch deine Sorgen ändert.

Dirk: Gar nicht, natürlich. Ich mach mir aber trotzdem Sorgen, ich kann auch nichts dafür.

Wir bearbeiten mit ihm seine Haltung, daß er »nichts dafür kann«, und fragen nach weiteren Details in seiner gegenwärtigen Lebenssituation. Seine Frau schädigt weder sich noch andere, abgesehen von dem möglichen körperlichen Schaden, den sie sich mit dem übermäßigen Alkoholkonsum zufügt. Dirk mag sie eigentlich nicht, und er erlebt auch wenig Erfreuliches mit ihr. Die Kinder sind schon aus dem Haus, studieren. Wir fragen ihn, worüber er »traurig und besorgt« war, bevor er heiratete. Er spricht über eine Vielzahl verschiedenster Sorgen und fährt dann fort:

Dirk: Meine Mutter. Über sie habe ich mir viele Sorgen gemacht. Sie war unglücklich. Meine Eltern waren nie glücklich. Ich würde das keine Ehe nennen. Sie blieben nur meinetwegen zusammen.

Mary: Du Glückspilz. *(Sarkastisch.)*

Dirk: Ich weiß, es war großer Mist. Damals wußte ich es noch nicht. Ich . . . es war eine Last. Ein ständiger Versuch, die Mutter glücklich zu machen.

Mary: Das ist also die ursprüngliche Last. Von daher hast du es, daß du Frauen als Last bezeichnest und deine Frau zur Bürde erklärst und dich bisher nicht hast scheiden lassen. Und deinen Kindern bringst du bei, daß Ehen lebenslängliche Bürden sind, so daß deine Kinder eines Tages entweder selbst zur Bürde werden oder die Bürde tragen müssen.

Mary geht ziemlich schroff mit ihm um, weil er, wie viele Dulder, nicht für sich selber eintritt, weil er Anerkennung dafür erwartet, daß er aushält, nicht dafür, daß er sich ändert.

Andere Klienten sind stolz darauf, wie sensibel sie für ihre Umwelt sind, und erklären ihre Traurigkeit damit, daß sie sagen, in einer unglücklichen Welt sei es unpassend und gehöre es sich nicht, glücklich zu sein. Um herauszufinden, welche typischen negativen Gefühlsreaktionen der einzelne Klient bevorzugt, eignet sich das folgende Vorgehen. Man fordert ihn auf: *»Mach die Augen zu. Nimm dir Zeit, und schau dir die Welt genau an. Geh in deiner Phantasie an verschiedene Orte, und schau dir an, was dort vorgeht. Was empfindest du?«* (Wir reden nicht von »glücklichen« oder »unglücklichen« Orten.) Die meisten erleben ihre typische negative Gefühlsreaktion und halten sie für die natürliche und angemessene Antwort auf die Bedingungen, die sie in der Welt antreffen. Wir schlagen ihnen vor, sich von einer glücklichen Position aus genauso für die Änderung der Welt einzusetzen, wie sie es bisher von einer traurigen Position aus getan haben.

Belesene Klienten glauben, daß das Unbewußte die Gefühle kontrolliere und daß es daher ohne ausführliche Auseinandersetzung mit dem Unbewußten unmöglich sei, Traurigkeit durch Glück zu ersetzen. Wie das Beispiel von Julien zeigt, stimmt das nicht.

Traurige Klienten setzen ihre Trauer ein wie wütende Klienten ihre Wut – nämlich um andere unter Druck zu setzen, daß die sich ändern.

Lilo: Ich habe ihm gesagt, daß ich eine ausschließliche Beziehung will. Ich . . . *(weint)*. Gestern abend rief er mich hier an, und ich sagte ihm das, und während er mit mir sprach *(schluchzt)*, hatte er eine andere in unserer Wohnung. Ich möchte gerne einen Entschluß fassen . . . ihm sagen: Heirate mich und schlaf nicht mit anderen, oder ich gehe.

Mary: Gut. Fühlst du dich wohl mit dem Entschluß?

Lilo: Nein. Im Gegenteil. Sehr traurig.

Mary: Du willst also, daß er sich ändert. Ist da eine Stimme in dir, mit der du dir sagst: Wenn ich nur traurig genug bin, werde ich ihn bekehren?

Lilo: Ich sag ihm meine Gefühle immer wieder . . . argumentiere und streite mich mit ihm herum, um ihm zu zeigen, wie verletzt ich bin. Das hilft überhaupt nichts. Das fange ich langsam an zu begreifen. Euer Vortrag über die typischen negativen Gefühlsreaktionen und die Versuche, andere zu ändern ... das ist das, worin ich steckengeblieben bin, wo ich festsitze. Ich will, daß er sieht, wie verzweifelt und verletzt ich bin, damit er mir treu bleibt.

Bob: Also, er ändert sich?

Lilo: Und das haut nicht hin. Und so halte ich mich davon ab, einen Ausweg zu finden. Indem ich ihm immer wieder zeige, wie verletzt ich bin. *(Schluchzt.)* Ich hasse diesen verlotterten, schäbigen Kerl. ICH WILL, DASS ER SICH ÄNDERT!

Mary: Und wenn er hier wäre, was würde er jetzt sagen?

Lilo: Er wird sich nicht ändern. Er findet nichts Verkehrtes daran, viele Liebschaften zu haben. Und er sagt mir, ich könne mir auch Liebhaber nehmen. Aber ich will keine.

Mary: Und was willst du machen?

Lilo: Was ich schon immer mache: mir Mühe geben, ihm alles so angenehm wie möglich zu machen, damit er mich begehrt. Und ihn bitten, daß er sich ändert. *(weint wieder.)*

Mary: Ich sage dir den folgenden Ablauf voraus: Erstens, du bleibst traurig, damit er sich ändert. Zweitens, er lehnt es ab, sich zu ändern. Drittens, du wirst noch trauriger. Viertens, er wird sagen: »Ich will nicht mit einem solchen Trauerkloß zusammenleben«, und er wirft dich raus. Und dann zieht er mit seiner nächsten großen Liebe zusammen, und das ist die Frau, mit der er zufällig in der Zeit ein Verhältnis hat, wo er von dir genug hat.

Lilo: So sehe ich das auch.

Bob: Du solltest auch bedenken, daß du diese Abfolge bereits kanntest, als du dich in das Abenteuer mit ihm gestürzt hast. Ein Teil von dir muß das Muster schon erkannt haben.

Lilo: Klar. Ja. Ich wußte von seinen anderen Liebschaften. Es war eine Herausforderung, einfach viel besser zu sein ... ach, zum Teufel, ich will nicht mehr der Verlierer sein. Bei Männern bin ich es immer.

Mary: Wie willst du's ändern?

Lilo: Erstens werde ich glücklich sein, egal was er macht. Vielleicht bleib ich nicht mit ihm zusammen. Vielleicht geh ich nach diesem Workshop gar nicht mehr zu ihm zurück. Ich habe drei

Wochen, um das klarzukriegen. Ich fang damit an, daß ich hier glücklich bin. Und dann will ich den ganzen Mist von früher bearbeiten ... was es auch sein mag ... daß ich ... das hat damit zu tun, daß ich bei Männern immer nur die zweite Geige spiele.

Bob: Was du sagst, gefällt mir. Du gefällst mir.

Im weiteren Verlauf des Workshops verfolgt sie ihre Trauer bis in viele Kindheitsszenen zurück, in denen sie die Entscheidung traf: »Ich bekomme nie, was ich mir wünsche«, und traurig war.

Waltraud hatte im stillen immer gehofft, daß sie mit ihrem Unglücklichsein ihre Schwiegermutter oder ihren Mann ändern könnte. Die Arbeit mit ihr zeigt zwei unterschiedliche Ansätze, wie man sich mit dem traurigen Stoff auseinandersetzen kann ... mit völlig verschiedenem Ergebnis.

Waltraud: Ich möchte mich mit meiner Schwiegermutter auseinandersetzen. Sie spricht kein Englisch und ich kein Mandarinchinesisch. Ich spreche Kantonchinesisch. Ich kann mit ihr also nicht reden.

Therapeut (Ausbildungskandidat): Stell sie dir vor, stell dir vor, sie versteht und spricht Englisch, und sag's ihr.

Waltraud sagt, daß ihre Schwiegermutter Gäste in Waltrauds Haus einlädt, ohne sie zu fragen, daß sie sich in die Kindererziehung einmischt und daß sie sich verhält, als sei sie der »Herr im Haus«. Sie fügt hinzu, die ganze Situation sei aufgrund der Sitten in chinesischen Familien hoffnungslos verfahren.

Therapeut: Sag deiner Schwiegermutter ein spezielles Beispiel, was du ändern willst und wo du willst, daß sie sich anders verhält. (Dieser Therapeut ist geschickt und macht seine Sache gut.)

Waltraud: »In meinem Haus möchte ich die Frau sein, die das Sagen hat. Wenn ich von der Arbeit nach Hause komme, will ich den Laden in die Hand nehmen.« Spezielles Beispiel? *(Seufzt mehrmals.)* Am Samstag, gerade als ich die Koffer für diesen Workshop packen wollte, mußte ich für alle ihre Gäste aus Hongkong kochen.

Diese Information ist zuviel für die weiblichen Therapeuten in der Gruppe, Mary eingeschlossen. (Die männlichen Therapeuten bleiben diskret unbeteiligt. Bob ist nicht anwesend.) Die Gruppe schlägt Waltraud vor, ihren Mann zu zwingen, daß er mit seiner Mutter redet; sie solle einfach aus dem Haus gehen und ihre Schwiegermutter in keiner Weise bedienen; sie solle die Schwiegermutter als Köchin benutzen. Zu allen Vorschlägen sagt Waltraud jedesmal und hartnäckig: »Ja, aber ...«

Waltraud: Ich will nicht, daß sie in meiner Wohnung kocht. Wenn überhaupt gekocht wird, dann will ich das machen. Ich will sie nicht in meiner Küche haben. Nicht einmal anfassen soll sie meine Töpfe und Pfannen. *(Lange Pause.)* Ich habe dieses Problem oft in meiner Therapiegruppe in San Francisco bearbeitet. Und ich habe Klientinnen, mit dem gleichen Problem. Ich weiß nicht, ob es eine Lösung gibt. *(Sie beginnt zu weinen.)*

Am nächsten Tag brachte sie dasselbe Problem in einer von Bob und Mary geleiteten Therapiegruppe vor.

Waltraud: Ich habe dieses Problem gestern in der Übungsgruppe bearbeitet. Ich komme mir so ausgeliefert vor. Ich habe keine Rechte in meiner eigenen Wohnung. Ich befürchte, mein Mann wird mich abweisen ...

Bob: Beispiel?

Mary: Wenn sie nicht für ihre blöde alte Schwiegermutter und all die Touristen aus Hongkong kocht! Pfui Teufel! *(Mary steht von ihrem Therapeutensessel auf und setzt sich hinter die Gruppe. In übertriebenem Abscheu und Entrüstung schüttelt sie den Kopf und hält ihn dann mit beiden Händen.)*

Bob: Was ist los? Kann deine Schwiegermutter nicht gut kochen? Ich dachte, alle chinesischen Schwiegermütter könnten das. Wo hast du diese taube Nuß aufgelesen?

Waltraud *(fängt an zu kichern)*: Sie kocht ausgezeichnet.

Bob: Also, warum kochst du dann?

Mary *(aus dem Hintergrund)*: Das hältst du nicht aus, Bob, du wirst's nicht glauben!

Waltraud *(kichert noch immer)*: Ich weiß auch nicht, warum ich koche. Ich weiß es wirklich nicht. Gestern in der Gruppe habe ich den Grund genannt. Aber jetzt weiß ich ihn nicht mehr.

Mary: Ich weiß ihn. Du willst sie mit deinem Kochen strafen.
Waltraud: Mein Gott! Du hast recht!

Für Mary war das am Vortag ganz offensichtlich geworden, als sie hörte, wie Waltraud sich gegen alle Lösungsversuche sträubte. Da Mary unsicher war, ob Waltraud diese Schlußfolgerung annehmen würde, spielte sie die ganze Szene mit viel Humor, um bei Waltraud die helle, lebendige und kreative Seite der Kindhaltung anzusprechen, statt der traurigen, mürrischen und angepaßten Seite, die am Tag zuvor zum Vorschein gekommen war. Und Bob tat dasselbe, obwohl er die Vorgeschichte nicht kannte.

Waltraud: Junge, Junge. Ich sehe die Szene genau. *(Beim Reden bricht sie immer wieder in lautes Lachen aus.)* Es ist so komisch. Es ist der Tag vor meiner Abreise hierher. Alle diese schrecklich ordentlichen und steifen Leute aus Hongkong in ihren schwarzen Anzügen und weißen Hemden. *(Sie muß so sehr lachen, daß sie eine ganze Weile nicht sprechen kann.)* Es gibt auf der ganzen Welt niemand, der so steif und ordentlich ist wie Leute aus Hongkong. *(Ihr kommen die Tränen vor lauter Lachen.)* Oh ... Oh ... Ich hatte beschlossen zu grillen. Es war schrecklich. Mein Mann mußte losgehen, um Grillkohle zu holen, und das Feuer kam nicht in Gang, und die mögen sowieso keine Steaks. Oh ... Oh ... Mein Mann grillt, während ich Salat und Reis mache. Oh ... Oh ... Ich hätte nie gedacht ... Das einzige, was sie an dem Ganzen mochten, den Reis, den kochte ich und vergaß ihn dann aufzutragen ... Ich hab' es bisher nicht gewußt ... ich mach das alles, um sie zu bestrafen!

Wir brachen hier ab. Wer nach klar formulierten Neuentscheidungen sucht, wird in diesem Dialog keine finden. Und trotzdem war Waltraud von da an nicht mehr der alte traurige und mürrische Mensch, machte nicht mehr ihre Schwiegermutter für alles verantwortlich und wartete auch nicht darauf, daß diese sich ändern würde. Und sie sah ihren Fall auch nicht mehr als hoffnungslos an. Sie überlegte, wie sie die hausfraulichen Fähigkeiten ihrer Schwiegermutter zu ihrem eigenen Vorteil nutzen könnte. Und das Wichtigste: Indem sie ihre Trauer und ihre Märtyrerrolle aufgab, machte sie sich frei und offen, das Leben zu genießen.

Ralf: Als meine Mutter starb, habe ich nicht geweint ...
Mary: Wieso nicht?
Ralf: Wir machen das nicht. In unserer Familie weint man nicht. Ich war erst neun. Ich habe auch seither nicht geweint.
Mary: Willst du dich in die Situation zurückversetzen und die Gefühle zulassen, die du hast?
Ralf: Ich bin mir nicht sicher. Ich weiß nicht so recht, ob ich das will. Ich möchte erst mal aufhören.
Mary: Gut. Vielleicht willst du eines Tages deine Gefühle fühlen ... fühlen, was du damals gefühlt hättest, wenn nur jemand dagewesen wäre, der dich verstanden hätte.

Ralf fängt plötzlich an zu weinen. Er weint etwa fünf Minuten. Ein anderer Klient hält ihn.

Bob: Wo bist du jetzt?
Ralf: Es ist mir etwas peinlich. Im großen und ganzen bin ich aber in Ordnung. Weicher. Meinen Patienten mache ich Mut, sich ihren Gefühlen zu überlassen. Mir habe ich ... bis jetzt ... keinen Mut gemacht.
Mary: Ich bin froh, daß du deine Trauer zuläßt. Ich vertrete die Auffassung, daß Menschen, die ihre Wut unterdrücken, Gefahr laufen, zuviel einzustecken und zu Opfern zu werden. Weil sie nicht sagen: »Verdammt noch mal, nimm deine Haxen weg, du stehst auf meinem Fuß!« Menschen, die ihre Furcht unterdrükken, tun das manchmal in heimlich suizidaler Absicht. Und Menschen, die ihre Trauer unterdrücken, scheinen ihre Freude zum Schweigen zu bringen.
Ralf: Danke. Das leuchtet mir ein, und ich glaube, du hast recht.

Klienten, die Angst vor ihrer eigenen Wut haben, können trotzdem wichtige Schritte vorwärts machen. Sie bearbeiten zuerst ihre Schuld, ihre Trauer und Angst und geben sie auf. Sie entscheiden sich, am Leben zu bleiben, ihre Sexualität zu genießen, produktiver zu werden. Wenn sie andere wichtige Entscheidungen getroffen haben, sind sie später so weit, daß sie sich mit der Angst vor ihrer Wut auseinandersetzen und die Angst abbauen können.

Klienten, die Angst vor ihren Tränen haben, sind viel schwerer zu behandeln, weil sie meist erst dann an den wichtigen Problemen arbeiten, wenn sie diese Angst überwunden haben. Wir waren sehr froh, daß Ralf seine Tränen fließen ließ. Einmal weinen reicht gewöhnlich aus, um die Angst vor den Tränen zu überwinden, vorausgesetzt, Therapeut und Gruppe gehen damit angemessen um. Nach dieser Sitzung befaßte sich Ralf mit anderen Bereichen und blieb nicht mehr der intellektuelle, gefühllose, subdepressive Psychiater, der er zwanzig Jahre lang gewesen war.

Ralf repräsentiert eine Gruppe von Klienten, die Angst davor haben, ihre Trauer zu zeigen. Die andere Gruppe bezeichnen wir als »Supermänner«. Zu der ersten Sitzung des Workshops, in der die Verträge gemacht werden, kommt der Supermann zu spät und pflanzt sich entweder übertrieben entspannt in den Sessel oder sitzt ganz aufrecht, die Arme über der Brust gekreuzt. Er schaut betont nicht zu den Therapeuten hin und erklärt: »Ich habe viel darüber nachgedacht, was ich hier wohl bearbeiten könnte, und es scheint, als habe ich keine Probleme. Wenn ich doch noch auf etwas stoße, lasse ich es euch wissen.« Im weiteren Verlauf des Workshops wird er für einige »hilflose« Frauen den »starken Vater« spielen oder sich mit anderen zusammentun, die genau solche »ganzen Kerle« sind wie er und Angst vor Tränen haben und mit denen er in milder Ausprägung »Jugendkriminalität« spielt. Sie werden nicht zu den Sitzungen kommen, sie werden sich über die Behandlung lustig machen und Regeln übertreten, wo sie keine Konsequenzen zu befürchten haben. Wie auch immer, solche Therapeuten wehren sich erfolgreich gegen die Arbeit an eigenen Problemen. Im typischen Fall arbeiten sie mit Straftätern oder Kriminellen und gleichen ihrer Klientel bis auf einen wesentlichen Unterschied: Sie sind keine Psychopathen. Sie sind gesetzestreue Menschen voll Mitgefühl, die früh in ihrer Kindheit entschieden haben: »Niemand wird mich zum Weinen bringen.« Die Vorstellung, Trauer oder Furcht zu zeigen, war für sie immer schrecklich. Deshalb müssen sie den »Supermann« herauskehren.

Wenn ein solcher Mensch sich schließlich doch erlaubt, an sich zu arbeiten, kommen die schönsten Ergebnisse heraus.

Andreas arbeitet während eines einwöchigen Workhops kein einziges Mal, erst am letzten Morgen. Er sagt, er wolle einen Traum »verstehen«, der ihn »irgendwie beunruhigt«. Wie er den

Traum zu erzählen anfängt, wirkt er zunehmend panisch, er verkrampft die Hände, spricht mit gepreßter Stimme und kämpft gegen seine Gefühle an. Sein Traum lautet zusammengefaßt: »Ich sitze an meinem Schreibtisch in meinem Arbeitszimmer und stelle plötzlich fest, daß mein Sohn nicht da ist. Ich renne in den Hof und sehe, wie er tot in unserem Schwimmbecken treibt.« Der Traum bewegt ihn sehr, und er gesteht, daß er sich mit Interpretationen gequält hat entlang dem, was er über »unbewußte Feindseligkeit« und »Todeswünsche« weiß. Sein Sohn geht ihm über alles.

Bob arbeitet sehr langsam mit ihm, läßt ihn jeden Teil des Traumes selber sein, als Ausdruck eines Aspektes seiner Person erfahren und sich zu eigen machen. Andreas wird der Schreibtisch: handfest, solide, verläßlich; das Arbeitszimmer: abgeschlossen, immer ordentlich, vollgepackt mit Wissen; der Pflasterweg zum Schwimmbecken: solide und nicht besonders interessant; das Schwimmbassin: kühl und zurückhaltend. Er hat alle diese Eigenschaften soweit als eigene Anteile erkannt und angenommen. Während der ganzen Arbeit kämpft er gegen die Tränen an, und als er schließlich das Schwimmbassin wird, fängt er an zu weinen. Er weint erst einige Minuten, bevor er die Arbeit am Traum wieder aufnehmen kann.

Bob: Sei das Kind in deinem Traum.

Andreas: »Ich bin schön, sehr schön, das Wichtigste im Leben von Andreas.« *(Schluchzt wieder.)*

Bob: Sag noch mehr.

Andreas: »Ich bin klug. Ich lebe gern. Ich . . . bin tot.«

Bob: Schau mal, ob es paßt: »Ich bin der Teil von Andreas, der schön, sehr schön, klug, lebenslustig ist und der wichtigste Teil von Andreas. Und dieser Teil von Andreas ist tot.«

Andreas: Danke! Ja, das paßt! Ich bin in Arbeit ertrunken . . . in . . . ja . . . es paßt! Ich habe meinen lebendigen Teil ertränkt. Danke, Bob. Ich bin fertig! Ich werde mich nicht mehr ertränken!

Wenn ein Klient wie Andreas sich erlaubt, Gefühle auszudrücken, ist es lebenswichtig, daß diese neue Erfahrung eine gute Erfahrung wird. Einen Klienten zu Gefühlen nötigen und dann ohne Neuentscheidung abbrechen, kann einer therapeutischen Vergewaltigung gleichkommen. Wir fordern Therapeuten auf, intensive Emotionen bei Klienten nicht zu fördern, außer sie wissen genau, wie sie auch einen erfolgreichen Abschluß fördern können. Andreas wäre antitherapeutisch behandelt worden, hätte man ihm erlaubt, die Vorstellung weiter zu verfolgen, daß der Traum Ausdruck »verborgener Feindseligkeit« sei, oder wenn man ihn hätte weinen lassen ohne Auflösung der Situation. So jedoch hat er eine wunderbare Neuentscheidung getroffen: »Ich werde mich nicht mehr ertränken« und gleichzeitig erfahren, daß es nicht gefährlich ist, sondern eine sichere Sache, Gefühle zu haben.

Furcht und Angst

Wir definieren Furcht als die emotionale Reaktion auf eine reale oder phantasierte *gegenwärtige Gefahr*, und Angst als Reaktion auf eine reale oder phantasierte mögliche *zukünftige Gefahr*. Die Angst vor einer Spielzeugpistole ist genauso groß wie vor einer echten Pistole, wenn die betreffende Person glaubt, daß es sich um eine solche handle. Menschen mit einer Phobie wissen zwar, daß ihre Ängste eingebildet sind, und fürchten sich trotzdem genauso, als wäre die Gefahr real. Furchtsame Menschen reden sich Schauergeschichten ein, welche schrecklichen Dinge ihnen eines Tages zustoßen werden.

In all den Jahren unserer therapeutischen Tätigkeit gab es nicht *ein*mal eine reale Gefahr innerhalb der Therapiegruppe. Die Ängste und Befürchtungen, von denen wir in den Gruppen hören, existieren also immer nur in der Vorstellung. Die Befürchtungen und Ängste, über die die Klienten berichten, können jedoch in ihrer alltäglichen Situation gelegentlich auf eine reale Gefahr bezogen sein. Für den Therapeuten besteht die vordringliche Aufgabe darin, sich ein Bild über das tatsächliche Ausmaß der Gefahr zu verschaffen. Einem Mann oder einer Frau, die sich vor einem gewalttätigen Ehepartner fürchten, muß zu einer Entscheidung verholfen werden, wie er bzw. sie sich am besten schützen kann. Klienten, die sich realen Gefahren aussetzen und nichts zu ihrem Schutz unternehmen, versuchen möglicherweise, die verzweifelte Entscheidung »Ich krieg' dich dazu, daß du mich umbringst« oder »Ich wehr' mich nicht, wenn du mich umbringst« in die Tat umzusetzen. Für die Behandlung von entscheidender Bedeutung ist ein Vertrag, sich selber zu schützen, und dann eine Neuentscheidung, daß der Klient sich selber schützt und wertschätzt.

Fürchtet sich ein Klient vor einer gegenwärtigen oder zukünftigen gefahrlosen Situation, dann suchen wir nach einer früheren Szene, in der die heutige Furcht prototypisch vorgebildet ist.

Hans: Ach, Scheiße, ich habe Angst, in einer Gruppe zu arbeiten. Wußtet ihr das?

Bob: Ich weiß, daß du bisher nicht gearbeitet hast. Du wartest, bis alle dran waren, damit du deine Angst behalten kannst.

Hans: Nein, das stimmt nicht. Ich habe gewartet, weil ich Angst hatte.

Bob: Wenn du deine Angst hättest überwinden wollen, hättest du als erster gearbeitet und dich dann den Rest des Tages entspannt.

Hans: Ich ... wenn ich Angst habe ... schieb ich das Problem immer mehr auf und bekomme dadurch nur noch mehr Angst. Du hast recht.

Mary: Ich nenn das das »Sprungbrett-Syndrom«. Erinnerst du dich an deine Kinderzeit? Die Mutigen steigen im Schwimmbad einfach aufs Sprungbrett und springen runter. Diejenigen, die keinen Mut haben, befassen sich erst gar nicht mit einem solchen Gedanken und schwimmen lieber. Die Selbstquälerischen steigen aufs Brett, gehen vor bis zur Kante, schauen runter, malen sich aus, was alles passieren kann, und gehen wieder zurück. Sie tun das unzählige Male, bis sie endlich springen.

Hans: Ja. So hab ich's hier auch gemacht. Alles ist für die Arbeit bereit, und dann laß ich's doch. Ich warte immer, bis ich der letzte bin.

Bob: Was ist dir denn im ersten oder zweiten Schuljahr Schreckliches passiert? *(Bob »taucht gleich ein«, nämlich in Hansens Vergangenheit.)*

Hans: Da fällt mir was ein, in der zweiten Klasse. Ich hab die Zeile verloren. Wir mußten reihum laut vorlesen. Ich fand die Geschichte so interessant und hab immer weitergelesen. Ich hab die Zeile, die ich laut vorlesen sollte, verloren, und die Lehrerin stellte mich in die Ecke. Scheiße. Niemand soll mich mehr in die Ecke stellen. Mensch, das ist sicher auch der Grund, warum ich nicht zu N.N.s (Name einer Therapeutin) Marathon gehe ... ich hab nämlich gehört, daß sie Leute im Rahmen der Behandlung in die Ecke stellt. Mich stellt niemand mehr in die Ecke. *(Lacht.)* Jetzt bin ich durch... ich kann mit der Arbeit anfangen.

Bob wählte als Einstieg das »erste oder zweite Schuljahr«, weil er Hans nicht abnahm, daß er in Gruppen »schon immer« Angst gehabt habe. Wir haben oft gefunden, daß die Angst, öffentlich vor Gruppen zu sprechen, in den ersten beiden Schuljahren zuerst auftritt und daher rührt, daß sich Lehrer oder Mitschüler über den Betreffenden lustig machen oder ihn bloßstellen. Lautes Vorlesen wird für viele Kinder zum traumatischen Erlebnis.

Wir hätten bei Hans auch anders anfangen können, zum Beispiel ihn auffordern, jedes Gruppenmitglied genau anzuschauen. Oft verliert einer die Angst, wenn er einzelne Personen sieht statt einer verschwommenen Masse. Hat er immer noch Angst, so könnte er zu jedem einzelnen sagen: »Vor dir habe ich Angst, weil...« oder »Vor dir habe ich keine Angst, weil...«. Wir würden dann mit ihm arbeiten, daß er seine Projektionen als *seine* Projektionen sieht und sich bewußt wird, welche Fähigkeiten in ihm stecken, und daß es eine Leistung ist, Schauergeschichten zu erfinden. Wenn er auf diese Weise reihum geht, bitten wir die Gruppenmitglieder, nicht zu antworten; denn wenn sie ihm versichern, daß er keine Angst vor ihnen zu haben brauche, spielen sie sich als Retter auf, und das heißt, sie sehen ihn als zu hilflos an, um sich selber ändern zu können.

Manchmal möchten wir, daß ein Klient erkennt, daß seine Angst nichts anderes ist als Begeisterung, die er in Schach hält.

Alf: Ich habe Angst. Große Angst.

Mary: Achte auf deinen Körper. Sag, was du an ihm wahrnimmst.

Alf: Ich hab Angst... mein Herz schlägt schnell. Mein Herz pocht, und ich schwitze.

Mary: Die gleichen Erscheinungen wie beim Geschlechtsverkehr, oder?

Alf: *(prustet, es klingt wie unterdrücktes Lachen):* Es fühlt sich nicht genauso an.

Mary: Was kannst du machen, damit dein Schwitzen und dein Herzjagen angenehm werden? Dein Gehirn übersetzt es als

Angst. Überleg mal, was du machen kannst, damit dein Gehirn es als Erregung übersetzt.

Alf: Verrückter Gedanke! Einen Purzelbaum schlagen . . . herumhüpfen. Ich möchte, daß alle mit mir herumhüpfen.

Mary: Frag sie.

Oder:

Else: Meine Hände zittern.

Bob: Laß sie noch mehr zittern. Übertreib's. Genauso. Noch mehr. Steh auf, und laß deinen ganzen Körper zittern. Ja. Was empfindest du?

Else: Erregung.

Bob: Gut. Dein Zittern bringt deinen Wunsch nach Erregung zum Ausdruck, den du gleichzeitig zurückhältst. Fritz [Perls] sagte, zwischen Angst und Erregung liegt nur ein tiefer Atemzug.

Eine weitere Technik ist, »Katastrophenerwartungen« in der Phantasie bis zum bitteren Ende fortführen zu lassen. Hubert fragen wir, was das Schlimmste sei, das passieren könnte. Er sagt, er befürchte, die Gruppe werde ihn nicht mögen. Er glaubt, er habe nichts Interessantes zu sagen. »Und weiter, was ist das Schlimmste, das dann passieren kann?« Er glaubt, die Gruppenmitglieder werden nicht mit ihm sprechen oder nichts mit ihm zu tun haben wollen. »Und weiter, was ist dann das Schlimmste?« Er wird sich einsam fühlen und sich zurückziehen. »Und weiter?« »Gut, ich sterb' deshalb nicht.« Hubert lächelt. »Ich werde was Interessantes finden, das ich alleine machen kann.« Er erkennt, daß er bisher noch nie auf ewig allein sein mußte, und sagt, er wolle sich jemanden als Gefährten suchen. Selbst wenn seine »Katastrophe« wie erwartet eintritt, wird er damit fertigwerden. Er sagt schließlich, daß seine Befürchtung stark übertrieben war und er keine Angst mehr hat.

Eine weitere Technik besteht darin, Glaubenssätze von Gefühlen zu unterscheiden. Diese Technik eignet sich besonders für Klienten, die nicht wissen, daß sie gleichzeitig denken und fühlen können.

Martin: Wovor ich Angst habe, ist, daß ich vergessen könnte, was ich sagen wollte.

Bob: Gut. Stell dir vor, du hast tatsächlich vergessen, was du sagen willst. Warum solltest du deswegen Angst haben?

Martin: Es ist doch ganz natürlich, daß ich dann Angst habe.

Bob: Nein. Mein Enkel Robert kann nur ungefähr zehn Wörter sprechen. Er hat keine Angst. Warum verknüpfst du mit der Vorstellung »Worte vergessen« Angst?

Martin: Also, ich will natürlich nicht ängstlich sein.

Mary: Stimmt. Also, du hast vergessen, was du als nächstes sagen wolltest, und du möchtest es dir wieder ins Gedächtnis rufen. Warum hast du Angst?

Martin: Das ist interessant. Ich habe immer Angst damit verbunden. Ich habe Angst, weil ich denke, ich müßte Angst haben. Weil ich mir sage: Was werden die Leute denken? Genug für jetzt. Ich melde mich später wieder. Ich will erst mal darüber nachdenken, wie ich automatisch Angst assoziiere. Ich werde diese automatische Verknüpfung unterbrechen.

Ängstliche Menschen negieren die Gegenwart und wenden ihre psychische Energie dafür auf, voll Angst in eine phantasierte Zukunft zu schauen.

Gerda ist im Hinblick auf die Zukunft extrem ängstlich. Ihr Vater, ihr Bruder und ihr Ehemann starben an Herzversagen. Sie hat vor, wieder zu heiraten, und macht sich die größten Sorgen, daß auch ihr neuer Mann sterben könnte.

Gerda: Es wird immer schlimmer . . . jedesmal, wenn ich mit ihm zusammen bin, habe ich Angst, heute nacht wird er einen Herzanfall haben.

Bob: Wie kommt's, daß du dich mit solchen schrecklichen Geschichten vollstopfst, statt daß du dir's jetzt wohlgehen läßt?

Gerda: Weiß ich nicht.

Mary: Ich vermute, dein Mann war in dieser Hinsicht anders. Du sagtest, er wußte schon zwei Jahre lang, daß er jeden Tag an einem Koronarversagen sterben könnte. Und trotzdem, das hast du selber gesagt, hattet ihr eine schöne Zeit miteinander. Er stand nicht unter dem Zwang, sich permanent Angst vor dem Tod zu machen?

Gerda: Überhaupt nicht. Er hat aus dem vollen gelebt.

Mary: Ist das auch dein Ziel?

Gerda: Ja.

Mary: Das freut mich.

Gerda: Wie hör' ich mit meiner Angst auf?

Bob: Die Frage verstehe ich nicht. Du bist es doch, die solche Gedanken hat.

Gerda: Wie stoppe ich diese Gedanken?

Bob: Denk statt dessen an was Sexuelles.

Gerda: Wenn ich daran denke, lande ich schließlich doch wieder beim Gedanken an den Tod.

Mary: Das Problem ist: Du glaubst überhaupt nicht daran, daß du Herr über deine Gedanken bist.

Bob: Stimmt.

Gerda: Ich bin schon Herr über meine Gedanken, aber nicht über das, was tatsächlich passiert ist.

Mary: Ich bin sicher, daß deine Mutter dir längst vor dem ersten Todesfall beigebracht hat, dich mit der Zukunft zu beschäftigen, damit du dich schlecht fühlen kannst. Ich vermute, sie hat Schwierigkeiten vorausgesagt, und du hast das gehört und Angst bekommen. Sie oder der Vater oder die Großmutter oder sonst jemand.

Gerda: Ja, sie hatte immer Angst, daß etwas passieren könnte.

Mary: Also hat dir deine Mutter beigebracht, wie du deine Gedanken lenken sollst . . . wie du in die Zukunft denken und dich elend fühlen sollst. Und du warst wenigstens so schlau, einen Mann zu heiraten, der da anders dachte.

Gerda: Ja, er hatte nie Angst vor der Zukunft.

Mary: Und dein neuer Mann? Hat er etwa auch Angst vor der Zukunft?

Gerda *(lacht):* Überhaupt nicht.

Mary: Das ist schön. Du bist so schlau, dir Männer auszusuchen, die sich selber keine Gruselgeschichten erzählen.

Gerda: Jetzt verstehe ich, daß ich mit den Gedanken in die Zukunft gehe. Ja. Und daß ich mir Angst mache.

Mary: Gut. Und bist du jetzt bereit, deine Gedanken in andere Bahnen zu lenken?

Gerda: Ja. Das sind neue Gedanken. Ich kaue noch an dem, was ihr sagt.

Mary: Und dann kannst du die neuen Gedanken entweder schlukken oder ausspucken.

Gerda lacht.

Mary: Ich werde dir eine Technik sagen, die Spaß macht, falls du damit spielen willst: Mach weiter so wie jetzt, und gib damit an. Ein Beispiel: Ich hatte früher unheimliche Angst vorm Fliegen. Da ist viel Magie bei. Wenn ich mich voll darauf konzentriere, kann ich verhindern, daß die Tragfläche abbricht. Ich weiß nicht, ob du das verstehst.

Gerda: Doch, sicherlich. *(Lacht.)*

Mary: Und ich geb genau acht, was sich wohl hinter der geheimnisvollen Tür abspielt... vorne im Cockpit. Ich will ganz sicher sein, daß alle *dort* sind. Und ich achte auf alle Geräusche. Das mach ich, damit ich sofort nach vorne rennen und es dem Piloten melden kann, wenn der Motor aussetzt. *(Gerda lacht.)* Und ich achte darauf, welches Essen den Piloten gebracht wird. Nämlich, wenn sie Fisch essen, könnten sie eine Fischvergiftung kriegen, und ich muß mir einen geeigneten Passagier suchen, dem ich sagen kann: »Die da vorne sind alle vergiftet worden, und Sie sehen aus, als seien Sie in der Lage, die Maschine zu übernehmen und die Boeing zu landen.« Und jetzt, Gerda, kommt der wichtigste Schritt. Ich beglückwünsche mich. Schau, was mir alles einfällt! Jeder gewöhnliche Phobiker kann Schauergeschichten über Maschinengeräusche erzählen. Aber schau mich an: Ich kann mir sogar Angst einjagen mit dem Gedanken an eine Fischvergiftung. Klar?

Gerda *(lacht):* Ja. Klar. Sonnenklar.

Mary: Willst du den Rest des Tages statt mit deinen Gespenstern lieber mit dem Kasper spielen?

Gerda: Ich... Okay. Ich glaube, ich werde meinen Spaß haben.

Mit dieser Übung fängt Gerda an, ihre Phantasien aktiv in die Hand zu nehmen. Sie muß später noch andere wichtige Probleme bearbeiten. Sie nimmt Abschied von ihrem toten Bruder, ihrem Vater und ihrem Mann. Und sie erlaubt sich, das Leben schön zu finden, auch wenn die tot sind. Sie legt ihren magischen Satz »Laß es dir ja nicht zu gut gehen, sonst passiert etwas Schlimmes« beiseite. Bob schlägt vor, sie solle sich statt der Angst lieber ein Antikatastrophen-Amulett umhängen.

Gerda: Das mit dem Amulett versteh ich nicht.

Bob: Also, das hier ist mein Amulett. (Er zeigt ihr eine Halskette mit einem Anhänger). Und es hält die Tiger von unserem Gelände fern.

Gerda: In Kalifornien gibt's keine Tiger.

Bob streichelt seinen Anhänger und nickt weise: »Natürlich nicht. Mein Amulett hält sie ja fern.«

Weiteres Material zur Arbeit mit ängstlichen und phobischen Klienten enthält Kapitel 11, »Phobien: Ein Mittwochnachmittag«.

Unterdrückte Furcht

Unterdrückte Furcht kann im Dienste der Selbstzerstörung stehen, so zum Beispiel, wenn sich Männer und Frauen in Kriegszeiten freiwillig für gefährliche Unternehmungen melden oder wenn sie sich gefährliche Hobbys oder Berufe aussuchen. Wir glauben nicht daran, daß kontraphobisches Verhalten von Klienten zur Überwindung von Angst eingesetzt wird. Vielmehr glauben wir, daß sich kontraphobisches Verhalten aus der Kindhaltung speist und die realen Umstände und Gefahren, die das Erwachsenen-Ich sieht, verleugnet. Obendrein wird damit die Sorge für das eigene Selbst unterdrückt, und es wird statt dessen die früh getroffene Entscheidung ausgelebt: »Ich bring mich in Todesgefahr und komm dabei um. Dann wird man mich endlich bewundern.« Menschen, die sich kontraphobisch verhalten, haben keine Angst dort, wo Angst angebracht ist; Phobiker fürchten sich, wo keine Gefahr lauert.

Kontraphobisches Verhalten schlägt in phobisches um, sobald der Klient die tatsächliche Gefahr nicht mehr verleugnet, sondern ihrer gewahr wird und sich sagt: »Ich will nicht sterben.« Der vorher kontraphobische Klient, dem sein früherer Mangel an Selbsterhaltungstrieb zu Recht einen Schrecken einjagt, entwickelt dann unter Umständen eine Phobie als magischen Selbstschutz.

Klaus ist ein »Supermann«, der mit uns keinen Behandlungsvertrag schließt, sondern erklärt, daß er am Workshop nur teilnehme, weil sein Arbeitgeber ihn hergeschickt hat. Bei den Mahlzeiten unterhält er die Gruppe mit wilden Geschichten über seine Bergsteigerei und waghalsige Motorradrennfahrten. Wir konfrontieren ihn zuerst und sagen: »Ich finde es nicht zum Lachen, daß du dich verletzt. Ich werde dich nicht dafür verstärken, daß du dein Leben aufs Spiel setzt.« Er argumentiert mit uns herum und sagt, daß er schon wisse, wie er auf sich achtgeben müsse, und daß ein Leben ohne Risiko langweilig sei.

Schließlich bringen wir sein Material in eine Therapiesitzung ein, obwohl er sich noch immer weigert, einen Vertrag zu schließen. Wir fordern ihn auf, einmal versuchsweise durchzuspielen, was wohl passieren würde, wenn er diese Geschichten seiner Ursprungsfamilie erzählen würde. Er versucht, uns abzuwimmeln: »Ich weiß nicht, was die sagen würden. Vater würde sich vielleicht dafür interessieren, wenn er nicht gerade betrunken wäre. Die anderen ...« Er zuckt mit den Schultern.

Wir fragen ihn, ob er bereit sei, die Situation einmal durchzuspielen, selbst wenn er die Reaktion der Familienmitglieder nicht kennt. Er ist einverstanden und erzählt über seine jüngste haarsträubende Eskapade mit dem Motorrad. Was er wohl spürt und wogegen er sich wehrt, ist, daß seine Familie sich einen Dreck darum kümmert, ob er lebt oder tot ist. Deshalb sucht er sich Kumpels, die genauso sind wie er, und die sich gegenseitig für ihr lebensgefährliches Verhalten bestärken.

Wie er merkt, daß ein Teil von ihm versucht, sich umzubringen, hört Klaus genauer auf das, was er sagt. Wir fordern ihn auf, er solle versuchsweise – ohne sich jetzt schon festzulegen – seiner Familie und seinen Kumpels sagen, daß er auf sich aufpassen wird. Er sagt ihnen, er werde sein Leben nie mehr aufs Spiel setzen. Er sieht, daß sich seine Mutter darüber freut, soweit sich diese depressive, niedergeschlagene Frau überhaupt freuen kann. Sein großer Bruder und seine Freunde schimpfen ihn einen »Feigling«. Sein Vater ist so sehr damit beschäftigt, sich selber mit Hilfe von Alkohol umzubringen, daß er gar nicht zuhört. Klaus ist tief beeindruckt und entschließt sich, an unseren wöchentlichen Fortbildungsabenden teilzunehmen. Wir glauben, es gibt Tausende Männer und Frauen wie Klaus, die ihr Leben blind aufs Spiel setzen und nicht merken, daß sie ihre frühen Entscheidungen ändern müssen. Ärzte und Anwälte, die solche Leute nach Unfällen und Verletzungen zu Gesicht bekommen, täten gut daran, sie zu überweisen, selbst wenn solche Klienten nicht gleich darauf eingehen.

Marys Tochter Claudia und ihr Enkel Brian spielten »Guck guck, da da«, als Brian plötzlich in einem Ausbruch fröhlicher Erregung Claudia kräftig biß. Instinktiv schrie Claudia und stieß ihn weg. Er glitt zu Boden, bedeckte das Gesicht mit den Händen und begann zu schluchzen, ein tiefes, verzweifeltes Schluchzen, das wir nie vorher von ihm gehört hatten. Der elf Monate alte Brian schien so etwas wie Scham zu empfinden. Claudia hob ihn auf, küßte und knuddelte ihn und sagte: »Du meine Güte, *ich* bin gebissen worden, und *du* mußt getröstet werden.« Er war bald wieder glücklich, und sie nahmen ihr Spiel wieder auf.

Nicht alle entsprechend »beschämenden« Szenen gehen so gut aus. Klienten haben gut im Gedächtnis, was passierte, wenn sie in die Hosen machten, bei Doktorspielen entdeckt wurden, bei einer musikalischen Aufführung das Schlußzeichen übersahen und dafür öffentlich ausgelacht oder bestraft wurden. Diese kleinen Anlässe sind in der Kindheit von großer Bedeutung. Wegen solcher Anlässe glauben Menschen: »Wenn sie mich nur gut genug kennen würden, dann würden sie schon merken, wie schlecht ich bin.« Die Erinnerung an zurückliegende beschämende Erlebnisse und die Angst vor zukünftiger Beschämung werden zu einer Zwangsjacke gegen Spontaneität und positive Selbsteinschätzung.

Ariane, eine sehr kompetente Psychiaterin, verkrampft sich sofort, sobald sie sich vorstellt, daß sie von anderen beurteilt wird. Wir suchen nach einer frühen Szene:

Ariane: Ich erinnere mich . . . Ich bin drei Jahre alt. Mein Bruder ist noch ein Baby. Und ich mache die Hosen naß. Selbst jetzt, wo ich das sage, schäme ich mich. Ich möchte nicht darüber sprechen.

Mary: Du klingst sehr traurig und beschämt.

Ariane: Ich bin wie ausgelöscht. *(Schluchzt eine Weile.)* Ich fühle mich so gedemütigt. Man hängte mir das große Geschirrtuch um. Man sagte, ich muß . . . so bleiben . . ., bis ich mich ändere. Bis ich nicht mehr einnässe. Beide lachen . . . lachen mich aus. Ich bin . . . ausgelöscht.

Bob: Ausgelöscht. Statt ausgelöscht zu sein, willst du's ihnen diesmal zurückgeben?

Ariane: Es hat keinen Zweck. Es ... ist eine Art Verzweiflung. Ich kann's nicht mal erklären.

Bob: Gib's ihnen zurück.

Ariane: »Ihr beide, haut ab!« *(Seufzt mehrmals, wischt sich die Augen.)* Ich glaube nicht, daß ich die Kraft zum Schreien habe.

Bob: Doch, du bist stark genug.

Mary: Willst du ihnen sagen, daß es für eine Dreijährige völlig korrekt ist, in die Hosen zu machen?

Ariane: Ja. Es ist korrekt. Dreijährige können in die Hosen machen. Ich kann in die Hose machen. Ich muß deshalb nicht ausgelacht oder runtergeputzt werden.

Mary: Spürst du das?

Ariane: Nein. Ich bin so verletzt.

Mary: Schau deine Eltern an. Überleg dir, wie du sie runterputzen kannst. Schließlich haben sie sich an diesem Tag auch keine Eins verdient, was Erziehung anlangt.

Ariane: Ich werde ihnen sagen, was sie falsch gemacht haben. »Ihr seid miserable Eltern, ist euch das klar? Ihr denkt, ihr seid so groß, ihr denkt, ihr habt immer recht, ihr meint es gut ... sicher ... mhm ...«

Bob: Was heißt mhm?

Ariane: Mhm heißt, daß mir damals nichts anderes übrigblieb, als einzustecken.

Bob: Und heute?

Ariane: Und heute ist es genau das, was ich immer mache, dastehen und einstecken. Von anderen Leuten einstecken. Manchmal. Nicht immer.

Bob: Also, mach was anderes.

Ariane: Gut. Ich zeig ihnen die kalte Schulter und geh weg. Ja! *(Lacht.)* Es trifft nämlich sie, nicht mich. Für eine Dreijährige verhalte ich mich richtig. Es trifft nicht mich. »Es trifft euch. Ihr seid ja wohl verrückt, so ein Theater zu machen wegen so ein bißchen Pisse. Ich hör mir euer Geschimpfe, euer verrücktes Getue nicht an.« *(Pause.)* Mir fiel gerade etwas ein. Sie sind zwanzig und einundzwanzig Jahre alt, als ich drei bin ... sie sind selber ahnungslose Kinder, die mit zwei kleinen Kindern fertigwerden müssen. Mein Gott, ich bin jetzt doppelt so alt, wie die damals waren. Und ich habe studiert. Sie nicht. »Ich mach doch mein Selbstwertgefühl nicht von euch beiden ahnungslosen Kindern abhängig. Tatsächlich habt ihr euch ganz gut geschlagen, wenn man bedenkt, daß ihr über kleine Kinder nichts wußtet.« Ich bin fertig damit. Ich bin frei, wirklich frei... zum ersten Mal, soweit ich denken kann.

Um frühe Scham aufzulösen, gehen wir technisch so vor, daß wir die beschämte Klientin aus der Opferrolle herausholen, so daß sie den damaligen Verfolgern Paroli bieten kann. So wie Ariane, indem sie ihren Eltern sagt, was sie falsch gemacht haben. Gewöhnlich wehren sich die Klientinnen, indem sie wütend werden. Manchmal allerdings erfinden sie statt dessen eine humorvolle Phantasie. Eine Frau, die man in der dritten Klasse in die Ecke gestellt hatte, weil sie ein »kleiner Neunmalklug« war, malte sich aus, wie sie ihre Lehrerin in die Ecke stellte, mit roter Schrift »Dummkopf« auf ihre Stirn schrieb und sie dann zwang, ihre Geistlosigkeit im Umgang mit den Schülern einzugestehen.

Wenn sich ein Klient Therapie als einen schmerzhaften Prozeß vorstellt, dann beschäftigt es ihn möglicherweise, daß er eigenes früheres beschämendes Verhalten oder entsprechende Gedanken auspacken muß. Bernhard, ein stiller, sehr netter Mann, der seit fünfundzwanzig Jahren verheiratet ist, ohne je einen Seitensprung gemacht zu haben, beichtete sehr beschämt, daß er gelegentlich homosexuelle Phantasien habe.

Bob: Herzlichen Glückwunsch.
Bernhard: Wie bitte?
Bob: Herzlichen Glückwunsch.
Bernhard: Ich versteh nicht.
Bob: Ich beglückwünsche dich zu deinen vollen und reichhaltigen sexuellen Phantasien und daß du so frei bist, dazu zu stehen. Sei froh, daß du das machst.
Bernhard *(lange Pause):* Nun, nun. Ich befürchte, meine Kollegen würden dir da nicht beipflichten.
Bob: Gut. Dann erzähl ihnen nichts davon. *(Die ganze Gruppe lacht.)*

Einer der Vorteile von Therapie in Gruppen ist, daß jeder von der individuellen Arbeit des anderen profitiert. Nachdem Bernhard fertig war, berichteten in diesem Fall mehrere Gruppenmitglieder

von Scham über sexuelle Phantasien und beschlossen, ihre Phantasien in Ordnung zu finden.
Dieter benützte das Gruppensetting, sich das Tanzen zu gestatten. Er hatte in der Gymnasialzeit getanzt, war ausgelacht worden und hatte seither nie wieder getanzt.

Dieter: Ich würde so gerne tanzen können. Ich würd's so gerne, aber ich schäme mich.

Mary: Was für eine Katastrophe befürchtest du? Das Schlimmste, was passieren könnte?

Dieter: Man könnte lachen. *(Er erzählt die Szene aus dem Gymnasium.)*

Mary: Wenn man im Gymnasium ausgelacht wird, ist das schrecklich. Wie ist es hier?

Dieter: Weiß nicht.

Mary: Hier mein Vorschlag ... ich hab ihn von Irma Shepherd und Joen Fagan[3], den Gestalttherapeuten, gelernt. Mein Vorschlag lautet: Wir werden jetzt gleich einen irren Tanz aufführen. Das heißt, jeder tanzt so komisch wie möglich. Bist du dafür zu haben?

Dieter ist einverstanden. Wir drehen das Radio an, und die Gruppe tanzt wild und ausgelassen in den merkwürdigsten Stellungen. Nach einer Weile tanzen alle ganz normal, und Dieter schließt sich an. Er ist kein guter Tänzer, aber das Tanzen macht ihm Spaß.

Schuld

Schuld ist im technischen Sinne eher eine Beurteilung als ein Gefühl. Jemand hält sich für schuldig und erlebt dann Trauer, Wut, Angst oder Scham. Menschen, die sich schuldig fühlen, lassen sich in drei Gruppen einteilen. Die meisten, die sich aufgrund ihrer neurotischen Struktur für schuldig halten, tun selten etwas wirklich Verletzendes oder Falsches. Tatsächlich ist ihr größter Fehler, daß sie ihre Kinder ebenfalls unter dem Schuldprinzip erziehen, und dies führt dazu, daß sich auch die Kinder als schuldig erleben. Die Pseudoschuldigen sind noch stolz auf ihr Schuldeingeständnis und halten es für besonders ehrenhaft und sensibel. Sie glauben, daß ihre falsche Schuld hinsichtlich des Welthungerproblems sie davon enthebt, Nahrungsmittel oder Geld in die Hungergebiete zu schicken. Die dritte Gruppe schadet anderen wirklich, erlebt dies schuldhaft und setzt das schädliche Verhalten fort. In diese Gruppe fallen zum Beispiel Menschen, die Kinder mißbrauchen und mißhandeln.

Bei Klienten, die sich aufgrund ihrer neurotischen Struktur als schuldig erleben, ist der erste Behandlungsschritt ein Vertrag, sich nicht umzubringen, ob die Klienten offen depressiv sind oder nicht. Der Klient wird aufgefordert, sich vertraglich festzulegen, daß er sich nicht umbringen wird, was immer er auch nach seinem Urteil Falsches tun mag und für wie schuldig immer er sich auch erklären mag. Der nächste Schritt ist eine Neuentscheidung dahingehend, das Schuldprinzip fallenzulassen und durch Selbstachtung zu ersetzen.

1.

Martina: Ich fühle mich so schuldig. Jeden Monat gebe ich alleine fürs Studium sechshundert Mark aus, siebentausendzweihundert Mark im Jahr, und bringe meine Dissertation nicht zu Papier.

Mary: Ich höre, daß du deine Dissertation nicht schreibst und daß dies für dich sehr wichtig ist. Ich bin bereit, mit dir an der Lösung des Problems zu arbeiten. Zuerst allerdings scheint mir wichtig, daß du dein Schuldgefühl aufgibst.

Martina: Das versteh ich nicht.

Mary: Gut. Wenn du dich weiter schuldig fühlst und wir am Problem deiner Dissertation arbeiten, kann ich dir jetzt schon voraussagen, daß du deine Dissertation nie schreiben wirst, und zwar, damit du dich nur noch schuldiger fühlen kannst . . . denn jetzt gibst du sechshundert Mark aus und zusätzlich die Kosten für die Behandlung, und diesen Umstand kannst du als Argument nehmen, dich noch schuldiger zu fühlen. Oder du schreibst die Dissertation und fühlst dich schuldig, weil sie nicht gut genug ist. Oder du schreibst sie und fühlst dich wegen irgend etwas anderem schuldig.

2.

Uwe: Ich nehme nie ab. Ich bleibe immer so dick.

Bob: Du hast, sagen wir, zehn Kilo Übergewicht.

Uwe: Ungefähr.

Bob *(fragt nach den körperlichen Problemen, die sich aus dem Übergewicht ergeben könnten, und erfährt, daß Uwe nicht aus gesundheitlichen Gründen abnehmen will):* Und wenn du daran denkst, daß du zehn Kilo Übergewicht hast, was empfindest du dabei?

Uwe: Ich fühle mich wie ein Schwein . . . saumäßig schuldig.

Bob: Als Vertrag schlage ich dir vor, daran zu arbeiten, daß du deinen Körper annimmst, so wie er ist; daß du aufhörst, dir ständig Vorwürfe zu machen, und dich statt dessen deines Lebens freust. Hast du das gemacht, dann kannst du abnehmen, wenn du Lust hast.

3.

Peter: Ich bin anscheinend nicht in der Lage, sie sexuell zu befriedigen. Ich fühle mich unheimlich schuldig.

Bob: Zuerst einmal: Willst du ihr die Verantwortung über ihr sexuelles Erleben überlassen? Und aufhören, dich schuldig zu fühlen? Das ist der erste Vertrag. Und währenddessen könnt ihr spielerisch lernen, die Sexualität zu genießen.

4.

Heike: Mein Sohn ist endgültig vom Gymnasium geflogen, und ich weiß nicht, was ich machen soll. Ich weiß, es hängt damit zusammen, daß ich ihn allein großziehe . . . ich fühle mich so schuldig.

Mary: Ich glaube kaum, daß dein Schuldgefühl ihn auf die Schule zurückbringen wird.

Heike: Das weiß ich.

Mary: Also . . . ich empfehle, daß ihr zwei in eine Familientherapie-Gruppe geht. Und als Vertrag schlage ich dir vor, dich von deinen Schuldgefühlen zu befreien. Ich kann mir denken, daß du dich schon lange schuldig fühlst.

Klienten, die sich schuldig erleben, schlagen wir oft vor, sich einen, wie wir es nennen, »neuen Buchhalter« zu nehmen.

Christa: Ich fühle mich schuldig. *(Spricht sehr schnell.)* Ich habe mir diese Woche so viel vorgenommen und mache nicht, was ich eigentlich machen sollte. Eigentlich sollte ich ...

Mary: Langsam, langsam. Halt erst mal an! Ich hab von dir was ganz anderes gehört. Du hast dir für diese Woche viele Ziele gesetzt, wie zum Beispiel, mit uns am Tisch zu sitzen, dich mit uns zu unterhalten, andere Leute kennenzulernen. In kürzester Zeit hast du viel erreicht, wie mir scheint.

Christa: Ich könnte noch viel sicherer werden und noch mehr Leute kennenlernen und ... *(Sie setzt ihre Selbstvorwürfe fort.)*

Bob: Das wirkliche Problem ist deine Buchhaltung.

Christa *(hört plötzlich auf und lacht mit dem ihr eigenen stoßweisen Lachen.)*

Mary: Hast du verstanden?

Christa: Ich rechne mir meine Mißerfolge vor statt meine Erfolge.

Mary: Genau.

Christa: Ich fang gerade erst damit an, mich nicht mehr dauernd zu kritisieren. Immer wenn ich nicht bei der Arbeit war, habe ich mich bisher kritisiert und ... *(Sie setzt jetzt ihre Selbstvorwürfe fort, diesmal unter dem Thema, wie sie sich früher Selbstvorwürfe gemacht hat.)*

Mary *(mit erhobener Stimme, damit sie sich gegen das Sperrfeuer von Christas Worten Gehör verschaffen kann):* GUT, DASS DU DAS MERKST.

Christa: Ja, es geht mir viel besser.

Bob: Bist du bereit, deinen Buchhalter zu feuern, der nur die Schuld und nicht das Guthaben anschreibt?

Christa: Ja, gerne.

Bob: Sag's ihm.

Christa: »Zum Teufel mit dir, du ruinierst mein Leben. Ich kann mich nicht wohl fühlen, weil du mir immer nur die Vergangenheit unter die Nase reibst, mir vorhältst, was für einen Eindruck ich mache, du bist ...« *(Sie führt ihre Selbstquälerei fort, diesmal an die Adresse ihres inneren Buchhalters.)*

Bob: Worte, nichts als Worte. Du mußt dich vor deinem Buchhalter nicht rechtfertigen. Du brauchst ihn oder sie lediglich zu feuern.

Christa: »Du bist schrecklich. Du machst mich krank. Du verletzt die Spielregeln. Du bist unfair.«

Bob: Du bist gefeuert.

Christa: »Du bist gefeuert.« *(Sie sagt dies klar und langsam.)*

Bob: Mir gefällt, wie du das gesagt hast.

Christa: Mir auch.

Bob: Willst du einen neuen Buchhalter?

Christa: Sicher.

Bob: Auf geht's. Steh auf, und bewirb dich um die Stelle. Erläutere dir im einzelnen, wie du die Bücher von jetzt an führen willst.

Christa *(im Stehen):* »Ich bin gerecht. Ich werde alle kleinen Posten in Betracht ziehen und alle großen und alles genau verbuchen. Dein früherer Buchhalter hatte kein Gespür für Proportionen. Wirklich nicht. Was er an Kleinigkeiten auftreiben konnte, hat er auf dein Soll verbucht. Und hat den gleichen Posten jeden Monat neu verbucht, statt nur einmal. Also. Ich werde dir Kredit geben, wo Kredit fällig ist. Zum Beispiel bei großen Vorhaben. Ich werde dir Kredit einräumen und nicht einfach deine kleinen Fehler addieren. Ja.«

Bob: Setz dich auf den anderen Stuhl. Hättest du gern einen solchen Buchhalter?

Christa: Ja. Er ist gerecht. Danke.

Bob: Bitte.

In einer späteren Sitzung übernimmt sie die Rolle dieses Buchhalters und räumt sich für das, was sie an sich mag, speziellen Kredit ein.

Schuldbewußte Klienten fordern wir auf, die Geschichte ihrer Schuldgefühle zurückzuverfolgen: »Im Moment erlebst du dich als schuldig, weil du es irgendwie für dein Versagen hältst, daß dein erwachsener Sohn Probleme hat. Wofür hast du dich schuldig gefühlt, solange er noch nicht erwachsen war? Vor seiner Geburt? Vor deiner Heirat? In der Realschule? Hauptschule? Als Kind?« Verfolgt eine Klientin eine typische negative Gefühlsreaktion aus der Gegenwart in die unmittelbare Vergangenheit und schließlich noch weiter in ihre Vergangenheit zurück, dann regt sie ihr Gedächtnis an und ruft sich wichtige Szenen aus ihrem Leben in Erinnerung. Wenn wir zu schnell in die Vergangenheit vorstoßen, erinnert sie sich möglicherweise nicht. Diese Technik führt auch bei Klienten, die sagen, sie erinnern sich nicht an ihre Kindheit, zum Erfolg. Indem sie langsam zurückgehen, werden sie selbst überrascht sein, wieviel sie doch noch erinnern, und vielleicht fällt ihnen auch wieder die kritische Lebensphase ein, als sie beschlossen, ihr Gedächtnis auszulöschen.

Indem die Klienten für jede Lebensphase ein spezifisches Schulderlebnis herausgreifen, werden sie die Chronizität ihrer vielen Schuldgefühle ebenso wie deren Aufgeblasenheit erkennen. Bei jeder wichtigen Szene bleiben wir länger stehen und fordern die Klienten auf, sich in die Situation zu versetzen und sie im Präsens zu beschreiben. Je nachdem arbeiten wir an einzelnen Szenen länger, damit die Klienten ein spezielles Schuldgefühl aufgeben können.

Man kann das auf vielen verschiedenen Wegen machen. Zum Beispiel kann der Klient die Schuldgefühle übertrieben zum Ausdruck bringen, um deren Aufgeblasenheit zu erkennen. Er kann seinen Eltern sagen, daß er sich damals ganz normal verhielt, und die Schuldsprüche der Eltern zurückweisen. Er kann sich über die Situation lustig machen. Oder er kann ganz einfach sagen: »Mensch, ich muß mich doch nicht schuldig fühlen, bloß weil ich dem Lehrer ein lächerliches Stück Kreide weggenommen habe!«

Jan mußte erst verstehen, was mit seinen Eltern los war, damit er die Verantwortung und Schuld für deren Scheidung zurückweisen konnte.

Jan: Mein Vater ließ sich meinetwegen von meiner Mutter scheiden.

Mary: Stell dir die Situation vor.

Jan beschreibt die Streitereien, die Armut und den Umstand, daß sein Vater nicht wegen eines Kindes angebunden sein wollte. Wir fordern ihn auf, sich in die Rolle des Vaters zu versetzen.

Mary: Wie heißt du, Vater?

Jan als Vater: Michael.

Mary: Gut. Ich möchte dich gerne befragen, Michael. Du und deine Frau schlafen miteinander. Sie wird schwanger. Was empfindest du?

Jan als Michael: Ich bin wütend, fühle mich festgelegt.

Mary: Interessant. Hast du eine Ahnung, worüber du wütend warst und wodurch du dich angebunden fühltest, bevor Jan geboren wurde?

Jan als Michael: Nein. Keine Ahnung.

Mary: Irgend was muß ja gewesen sein. Denn, siehst du, wenn du ein glücklicher Mann gewesen wärst, hättest du dich entschlossen, entweder ein Kind aufzuziehen oder kein Kind aufzuziehen, und dich mit der getroffenen Entscheidung in jedem Falle wohl gefühlt. Irgendwie war dir das Gefühl, angebunden zu sein, wütend zu werden und dann davonzulaufen, bekannt. Versetz dich in deine Kindheit. Was passierte damals?

Jan als Michael: Sehr merkwürdig. Ich hab nie daran gedacht. Ich . . . bin mein Vater. Ich war immer das schwarze Schaf in der Familie. Alle sagten das.

Jan *(setzt sich wieder auf Jans Stuhl):* Natürlich warst du das schwarze Schaf . . . man hat dir keine echte Chance gegeben. Deine Familie hat dich gehaßt, und Mutter war eine Märtyrerin. Von allen Männern, die ihr zur Wahl standen, wählt sie ausgerechnet den, der sie verläßt. Natürlich. Daran habe ich nie gedacht. Also, ihr zwei, mit deinem Abhauen und mit deiner Märtyrerrolle habe ich nichts zu tun. Und ich bin nicht daran schuld.

Die Befragung der Eltern oder eines Elternteils ist eine wirksame Methode, damit ein Kind die Verantwortung für ein Problem, das ein Problem der Eltern ist, ablegen kann. Unser Arbeitsziel für Jan besteht darin, daß er ganz sicher weiß und spürt, daß er ein liebenswertes Kind war (wie übrigens alle Kinder), selbst wenn sein Vater ihn nicht liebhatte.

Wie Hanna die Geschichte ihrer Schuld zurückverfolgt, stößt sie auf zahllose als schuldhaft verarbeitete Erlebnisse in jeder Altersstufe, und alle sind trivial. Mary fragt: »Und als du ganz klein warst?« Und Hanna beginnt zu schluchzen. Sie berichtet, wie man sie zwang, am Bett ihres im Sterben liegenden Vaters zu beten. Sie steht auf, rennt raus, und er stirbt, während sie draußen spielt. Sie ist fünf Jahre alt. Wir fragen sie, ob sie dieses kleine Mädchen näher kennenlernen will, besser, als sie es bisher zu kennen scheint. Als sie zustimmt, lassen wir sie aus ihrer heutigen Position die kleine Hanna befragen. Wir fordern sie auf, sich das Kind zu vergegenwärtigen, es zu beschreiben und herauszufinden, was in der kleinen Hanna vor sich geht. Sie entdeckt natürlich, daß das Kind Angst hat und das Sterben nicht versteht. Hanna fängt an zu weinen, und wie sie zur kleinen Hanna spricht, wird ihre Stimme ganz weich. Wir fragen sie, was sie der kleinen Hanna jetzt sagen will und was sie für sie tun will, damit Hanna nicht mit Schuldgefühlen beladen aufwachsen muß. Sie wehrt sich zunächst, ist ganz verwirrt und sagt dann der kleinen Hanna, daß sie ein nettes, normales kleines Mädchen ist und daß es ganz in Ordnung war, daß sie spielen ging. Tatsächlich hätte ihr Vater sie lieber beim Spielen als beim Beten gesehen, und in jedem Fall hatte ihr Spielen nichts mit seinem Tod zu tun.

Wenn wir im Hinblick auf die Schuld die Frage gestellt haben: »Als du ganz klein warst?«, fragen wir die Klientin: »Welche Schuld hast du dir bei deiner Geburt aufgeladen?« Fast immer finden wir den Kern der Schuld im Geburtsmythos.

Ein Gynäkologe, der heute sicher ein Fachmann ist, was Entbindungen anlangt, wird nach dem Mythos seiner Geburt gefragt. Er ist ein Klient mit schweren Schuldgefühlen und hat ein merkwürdiges Lachen: Er lacht abgehackt »Ha, ha, ha« und zieht dabei die Luft ein, statt sie auszuatmen.

Holger: Also, meine Mutter war hysterisch . . . ihr wißt schon, die alte Familiengeschichte von Märtyrern. Wie sie ganz aufgerissen wurde . . .

Bob: Sei deine Mutter. Setz dich hierher vor Holger. Setz dich so hin, wie du damals gesessen hast, Mutter. Und nimm deinen typischen Gesichtsausdruck an, Mutter. Genau so. Jetzt erklär' Holger, daß und wie du »ganz aufgerissen worden« bist.

Holger als Mutter: »Du hast mich aufgerissen. Du bist zu schnell gekommen und hast mich aufgerissen.«

Bob: Sei wieder Holger.

Holger *kehrt zu seinem Stuhl zurück, sitzt traurig da.*

Bob: Antworte ihr.

Holger: Ich weiß nicht, was ich sagen soll.

Bob: Frag sie, wessen Gebärmuttermuskulatur geschoben hat.

Holger: Ich . . . *(Bricht in Lachen aus, ein kräftiges, befreiendes Lachen.)* Ich wußte nicht, daß ich glaubte . . . »He, Mama, es waren deine Muskeln, verdammt nochmal, die geschoben haben!«

Für eine Therapeutin, die gefühlsmäßig noch keinen Zugang zu ihren eigenen irrationalen kindlichen Glaubenssätzen gefunden hat, wird es schwer sein, das Vorangegangene ohne Skepsis zu lesen. Dieser Mann, der alles über Neugeborene und alles über die Gebärmuttermuskeln weiß, glaubte in seinem Kind-Ich, er habe etwas Böses getan, weil er seine Mutter »aufgerissen« habe. Kleine Kinder verstehen das Geheimnis der Geburt nicht, auch in noch so aufgeklärten Elternhäusern. Sie neigen eher dazu, das zu glauben, was man ihnen sagt, wie etwa: »Dann bist du gekommen.« Das ist noch verschwommener als die Geschichte vom Storch oder vom Zucker auf der Fensterbank und genauso falsch. Trotzdem drücken sich fast alle Eltern so oder ähnlich aus.

Ellen: Also das Problem war, daß ich bereits zehn Monate nach meinem Bruder kam.

Mary: Wie merkwürdig du das beschreibst. Stell dir die Situation vor. Da sitzt dein kleiner Bruder im Laufstall. Er hat es irgendwie hingekriegt, zur rechten Zeit zu kommen. Stell dir jetzt dieses bekloppte kleine Mädchen vor, gerade einen Tag alt, das zur Haustür reingekrabbelt kommt, den winzigen Koffer zwischen den Zähnen. Besitzt die Unverfrorenheit, einfach ins Haus zu kommen, obwohl draußen ein Schild hängt »Besetzt«.

Ellen: Genauso habe ich mich gefühlt.

Mary: Also, das ist doch Quatsch. Findest du nicht? Willst du sie fragen, wer beim Bumsen die Verhütungsmittel vergaß?

Bob hat drei Punkte zusammengestellt, auf die sich die Schuld letztlich zurückführen läßt: überhaupt geboren werden; mit einem Fehler geboren werden; zur falschen Zeit geboren werden. Manche glauben, sie hätten nie geboren werden sollen, weil ihre Eltern kein Kind wollten. Andere glauben, sie wären erwünscht gewesen, hätten sie nur nicht einen Fehler gehabt. Solche Menschen hatten entweder das falsche Geschlecht oder waren für ihre Familien zu hell- oder zu dunkelhäutig oder hatten einen angeborenen Defekt, waren blind, mongoloid oder Spastiker. Wieder andere, wie zum Beispiel Ellen, »kamen« zu früh oder zu spät in das Leben ihrer Mütter und Väter. Das Kind übernimmt die Verantwortung.

Lea arbeitet daran, ihre Schuld, überhaupt geboren worden zu sein, abzulegen:

Lea: Wäre ich nicht geboren, wärt ihr viel glücklicher gewesen.
Mary: Sag: »Es ist allein meine Schuld, daß ich geboren wurde.«
Lea: Nein. Es ist nicht allein meine Schuld. Selbst wenn ich nicht gekommen wäre, wäre Mutter immer noch krank und alkoholabhängig, und Tante Rita würde sich noch immer um andere Leute kümmern und sich dabei kaputtmachen, aber ich wäre wenigstens nicht schuld.
Mary: Was du sagst, heißt praktisch: Es ist allein meine Schuld, daß ich geboren wurde.
Lea: Ist es auch.
Mary: Da hängst du fest, nicht wahr? Dies kleine Mädchen glaubt wirklich, es wäre allein seine Schuld, daß es geboren wurde.
Lea *nickt.*
Bob: Probier den Satz: »Es ist allein meine Schuld, daß ich empfangen wurde.«
Lea *(lacht):* Nein.
Bob: Also was soll deine Erklärung, es sei allein deine Schuld, daß du geboren wurdest?
Lea: Es stimmt sicher nicht.
Bob: Willst du diese Schuldenlast fallenlassen?
Lea: Ja.
Bob: Für immer?
Lea: Ja. Ich kann mich noch gut erinnern, wie ich, ich war höchstens vier oder fünf Jahre alt, allein raus in die Wiesen gegangen bin und mir wünschte, ich wäre tot, weil ich dachte, daß ich alle traurig mache.
Bob: Ich verstehe schon. (Er zeichnet das Spermium und das Ei mit dem Zusatz »*Ich* war's nicht!«, signiert die Zeichnung, reißt das Blatt ab und gibt es Lea. Vgl. Abb. 23.) Das ist mein berühmtes Werk. Es ist vierhundert Mark wert. Du bekommst es günstig. In Einwochen-Workshops kostet es vierhundert Mark, in Vierwochen-Workshops zweitausendvierhundert. Häng die Zeichnung in dein Klo oder sonst wohin, und wenn du dich wegen irgend etwas schuldig fühlst, schau dir das Bild an.

Bob hat dieses Werk mehreren hundert Klienten, die sich schuldig fühlen, ausgehändigt. Jedesmal notiert er die Neuentscheidung des Klienten auf dem Bild und signiert es.

Die Pseudoschuldigen, die sich hinter Schuldgefühlen verschan-

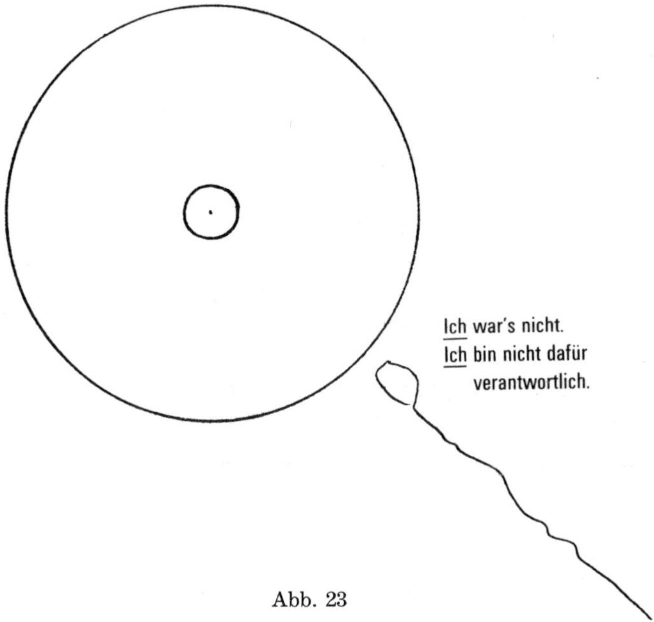

Abb. 23

zen, statt zu handeln, haben oft auf der Verhaltensebene genau die gleichen Probleme wie die Schuldigen. Sie schlagen sich zum Beispiel mit Übergewicht herum, schieben den Abschluß ihrer Dissertation immer wieder hinaus, sorgen sich um ihre Söhne, die aus der Schule geflogen sind, oder sind mit ihrem Sexualleben unzufrieden. Sie legen es darauf an, die Therapeuten dahin zu bringen, daß sie ihren ständigen Ansprüchen nach dem Motto »Ich sollte eigentlich . . .« beipflichten, und widersetzen sich dann dem Therapeuten aktiv oder passiv. Diese Klienten sind sehr schwierig für Therapeuten, die vornehmlich aus der Elternhaltung arbeiten und zunächst erreichen wollen, daß sich die Klienten weniger schuldig fühlen. Und wenn sie schließlich merken, daß die Klienten ihr Verhalten nicht ändern, versuchen sie, ihnen noch mehr Schuldgefühle zu machen.

Susanne steht kurz vor der Promotion als Psychologin, bringt aber ihre Doktorarbeit nicht zu Papier:

Susanne: Ich fühle mich schuldig. Wirklich. (»Wirklich« ist ein Wort aus der Sprache des Kind-Ich, das skeptische Eltern überzeugen soll.) Es sieht so aus, als fände ich einfach den Einstieg nicht.

Mary: Übernimm beide Seiten. Zuerst: »Ich will nicht schreiben.«

Susanne *begründet, warum die Arbeit so umfangreich und schwierig ist, und merkt, daß sie sich so großer Mühe nicht unterziehen will.*

Mary: Gut. Jetzt übernimm die andere Seite: »Ich möchte die Dissertation schreiben.«

Susanne: Das ist einfach. *(Sie übernimmt nicht die Partei »Ich möchte schreiben«, sondern die Partei »Ich möchte meinen Doktortitel haben«.)*

Mary: Probier den Satz: »Ich werde die Dissertation nicht schreiben.«

Susanne: »Ich werde sie nicht schreiben, und du wirst mich auch nicht dazu bringen. Genau. Niemand wird mich dazu bringen.«

Sie wird gewahr, mit welcher Macht sie in ihren Gedanken und in der Realität dagegen ankämpft, es den Eltern recht zu machen. Ihre Eltern zahlen ihr das Studium und drängen darauf, daß sie ihre Promotion abschließt.

Der Unterschied zwischen Susanne und Martina (beide Frauen bringen ihre Dissertation nicht zu Papier) ist subtil und hängt mit der Art ihres Schuldgefühls zusammen. Susanne trägt ihr Schuldgefühl eher stolz vor sich her und hat kindliches Gefallen daran. Martina fühlt sich sehr schuldig und verbraucht all ihre Kraft damit, sich abzuwerten. Die Frage, vor der Susanne im Augenblick steht, ist, was sie von sich aus bereit ist zu unternehmen, um ihren Doktortitel zu bekommen. Ihre Pseudoschuld ist irrelevant. Weder werden wir uns auf die Seite ihrer Eltern stellen und sie drängen, ihre Arbeit abzuschließen, noch werden wir ihre Schuldgefühle analysieren, denn wir würden sie dadurch nur verstärken.

Was Klienten betrifft, die sagen, sie fühlten sich mitschuldig am Zustand der Welt, und die doch weder Zeit noch Geld für die Verbesserung der Lebensbedingungen opfern, stimmen wir dem Gewerkschaftsführer Harry Bridges zu, der sagt: »Hilf mit, oder halt die Klappe.« Für alle, die an einer Verbesserung der Lebensumstände arbeiten, ist Enthusiasmus eine bessere und angenehmere Motivation als Schuldgefühle.

Ist ein Klient mit Schuldgefühlen destruktiv gegenüber anderen, so gehen wir nur einen Vertrag ein, der die Beendigung destruktiver Handlungen zum Inhalt hat.

Kurt: Ich will die Kinder ja nicht schlagen. Ich fühle mich schuldig.

Bob: Ich glaube, daß du dir selber glaubst, aber ich glaub dir nicht. Übernimm die Seite, die sagt: »Ich will die Kinder schlagen.«

Kurt *(lange Pause):* Ich will ja nicht.

Bob: Du schlägst sie. Du schlägst sie nicht im Zuge eines epileptischen Krampfanfalls. Du zielst und schlägst zu.

Kurt: Ich . . . ich werd so wütend auf sie. Ich will, daß sie mit dem Lärm aufhören. Ich will, daß sie mir gehorchen. Bevor ich nicht explodiere und sie schlage, gehen sie nicht ins Bett.

Bob: Also willst du sie schlagen. Ich möchte gerne, daß du lernst, daß du die Kinder nicht schlagen mußt. Willst du dich in der nächsten Woche völlig aus Disziplinfragen für deine Kinder heraushalten? Wenn du merkst, du willst sie gleich schlagen, geh aus dem Zimmer, geh aus dem Haus oder mach sonst was. UND SCHLAG SIE AUF KEINEN FALL.

Kurt: Ich glaub, ich könnte das machen.

Bob: Ich glaub auch, daß du das kannst. Willst du's machen?

Kurt: Ja. Ich bin nicht ganz sicher . . . Bisher habe ich mich nicht gut unter Kontrolle gehabt. Ein Teil von mir sagt, ich könnte zu sehr provoziert werden.

Bob: Willst du den Entschluß fassen, deine Kinder nicht zu verletzen, was immer sie auch tun mögen, dich zu provozieren?

Kurt: Ja.

Bob: Gut.

Mary: Sie sind schon länger in deine Verfolger-Opfer-Spiele einbezogen. Sie werden dein neues Verhalten nicht verstehen und sich möglicherweise eine Zeitlang immer schlimmer aufführen. So wissen sie zum Beispiel bis jetzt, daß sie erst ins Bett gehen müssen, wenn du sie geschlagen hast. Sie sind darauf trainiert, nicht ins Bett zu gehen, wenn sie müde sind, nicht einmal zu wissen, wann sie müde sind, sondern erst ins Bett zu gehen, wenn du sie mißhandelt hast. Verstehst du das?

Kurt: So habe ich mir das noch nie klargemacht . . . ja.

Mary: Also was wirst du machen, bis sie sich umstellen?

Kurt: Ich weiß nicht. *(Pause. Er scheint auf Vorschläge zu warten.)* Wenn sie zu wenig Schlaf bekommen, was dann?

Mary: Ich glaub nicht, daß das so viel schadet wie geschlagen zu werden. Ob sie genug Schlaf kriegen oder nicht, du kannst jedenfalls genug Schlaf kriegen.

Kurt: Ich seh schon, das wird schwierig werden. Ich fühl mich aber etwas erleichtert bei dem Gedanken, nicht mehr das Ungeheuer der Familie zu sein. Gut. Ich hab keine rechte Vorstellung, was ich tun werde. Ich werd sie aber nicht schlagen. Ich werd sie nicht verletzen.

Kurt war ein Mann, der Kinder mißhandelte (jede körperliche Verletzung eines Kindes, ausgenommen Operation und Impfung, betrachten wir als Mißhandlung) und sich dabei schuldig fühlte. Er hielt sich für einen guten Vater, weil er genug für den Lebensunterhalt verdiente, seiner Frau treu war und das Beste für seine Kinder wollte. Um seinen Vertrag zu festigen und eine Neuentscheidung daraus zu machen, ging er später zurück zu Kindheitsszenen und machte seinem Zorn gegenüber seinem Vater Luft, der seine Kinder ebenfalls mißhandelt hatte. In der speziellen Szene sagte er: »Ich werde nie mehr so brutal sein wie du!«

Wir sind davon überzeugt, daß Klienten ihre destruktiven Handlungen kontrollieren können – Kindesmißhandlung, Ladendiebstahl, Schlagen des Ehepartners oder andere Aktivitäten, die einen anderen verletzen. Und weiter: Therapeuten, die solches Verhalten »zu behandeln versuchen«, während sie es zugleich durchgehen lassen, übermitteln ihren Klienten die geheime Botschaft, diese seien Opfer ihrer selbst oder ihrer Lebensumstände. Solche Therapeuten lassen bei ihren Klienten das Ausagieren durchgehen, indem sie nicht auf verbindlichen Verträgen gegen derartiges Verhalten bestehen.

Enttäuschung

Enttäuscht sein ist eine der ernstesten und hartnäckigsten typischen negativen Gefühlsreaktionen. Menschen, denen man beigebracht hat, rückwärts durchs Leben zu gehen, immer unglücklich auf das zu schielen, was nicht war, und zu übersehen, was ist oder sein könnte, überlassen sich diesem Gefühl. Erlaubt sich ein enttäuschter Mensch einen Blick in die Zukunft, so nur, um sich zu versichern, daß er immer so bleiben wird, wie er ist, nämlich nach rückwärts ausgerichtet. »Es wird mir immer leid tun, daß ich keinen Sohn hatte«; »nicht studiert habe«; »um meine Jugend betrogen wurde«; »geheiratet habe«; »nicht geheiratet habe«.

Unter den vielen enttäuschten Klienten, die wir gesehen haben, schoß Sandra den Vogel ab. Sie beantwortete einen Skriptfragebogen, der folgende Fragen enthielt: »Stell dir vor, daß du dein Lebensende erreicht hast. Wie alt bist du? Schau auf dein Leben zurück, und fasse es in einem Wort oder in einem Satz zusammen.« Sandras Antwort: »Ich stelle mir vor, ich bin 86, und die Zusammenfassung, die mir einfällt, lautet: Ich bin enttäuscht, daß ich so viele Jahre, bevor ich endlich geschieden wurde, damit zugebracht habe zu bedauern, daß ich geheiratet hatte.« Dies läßt sich dahin übersetzen, daß sie vorhat, im Rückblick auf ihr Leben enttäuscht zu sterben, und daß sie selbst über ihre Enttäuschung noch enttäuscht ist.

Wenn wir einen Klienten behandeln, dessen typische negative Gefühlsreaktion Enttäuschung ist, dann fangen wir genauso an wie bei Klienten, die immer bei anderen die Schuld suchen (vgl. in Kap. 6 den Abschnitt »Vorwurfshaltung«), und fordern ihn auf, für alle ihm bekannten erwachsenen Verwandten leere Stühle vor sich aufzustellen. Der Klient übernimmt reihum die Rolle eines jeden, setzt sich auf den Stuhl des jeweiligen Angehörigen und eröffnet seine Ausführung mit dem Satz »Ich bin der und der, und ich bin enttäuscht, weil...« oder »Ich bin der und der, und ich habe nichts zu bedauern.« Der Klient kommt unter Umständen aus einer Familie, in der alle Angehörige beider Linien des Stammbaums voller Enttäuschung sind oder aber aus einer Familie, in der dies nur für eine Linie zutrifft oder nur für die Frauen oder nur für die Männer. Der Klient kann dann einen »Stammbaum der Enttäuschungen« entwerfen.

Er kann das Thema ausweiten, indem er noch einmal jedes Familienmitglied ist und die Enttäuschung im Gesichtsausdruck, in der Haltung und im Tonfall treffend zum Ausdruck bringt, während er Anlässe der Enttäuschung im einzelnen beschreibt. Er kann den anderen Familienmitgliedern sagen, was sie für den tun sollen, der hier so enttäuscht ist. »Ich bin Vater, und ich bin enttäuscht, daß ich nicht studieren konnte, weil ich jung geheiratet habe und für euch Kinder sorgen mußte. Als Wiedergutmachung müßt ihr daher meine Enttäuschung in Ehren halten, müßt euch als deren Verursacher schuldig fühlen und müßt alles machen, was ich euch sage.« Als der Enttäuschte kann der Klient auch sagen, welcher Aufgaben er als Wiedergutmachung für die Enttäuschung enthoben war: »Ich bin Großmutter, und ich bedaure, daß ich aus Armenien weggegangen bin und deshalb brauche ich nicht Englisch zu lernen. Und vor allem brauche ich nie glücklich zu sein.«

Wir gehen so vor, damit die Klienten erkennen, daß Enttäuschung eine erlernte und keine sozusagen natürliche Reaktion ist. Wir möchten, daß sie dies affektiv begreifen, daß es sie anwidert oder sie darüber lachen. Manchmal schlagen wir vor, daß sie in die Szene zurückgehen, sich bildhaft vorstellen, wie die anderen alle mit ihren enttäuschten Gesichtern dasitzen, und allen erklären, daß sie selber nicht mehr enttäuscht sind. Dann kann der betreffende Klient ihnen zum Beispiel sagen, was er statt dessen macht und erlebt. Er mag ihnen zusehen und ihrem Lamentieren zuhören und sich dabei vorstellen, wie er zum Spielen aus dem Haus läuft. Er mag sich ein Objekt vorstellen, das für ihn zum Inbegriff der Enttäuschung wird. Eine Klientin stellte sich ein abgegriffenes, zerfleddertes Tagebuch vor, dessen Schrift von Tränen verwischt war. Wir schlagen ihr vor, daß sie sich vorstellen soll, wie sie dieses Tagebuch einem ihrer enttäuschten Vorfahren übergibt, sobald sie Anflüge von Enttäuschung bei sich feststellt.

Manchmal arbeiten wir mit den magischen Vorstellungen, die sich an die Enttäuschung knüpfen: »Was wird passieren, wenn ich nur lange und gründlich genug enttäuscht bin?« Die magische Grundvorstellung des Kind-Ich ist, Gott oder das Schicksal würden die Vergangenheit ändern oder die Person in die Vergangenheit zurückversetzen, wo sie noch einmal von vorne anfangen kann. Enttäuschung kann in magischer Weise auch an die Stelle von Selbstvorwürfen treten oder als Abwehr gegen Vorwürfe von anderen verwendet werden. Mit Sicherheit wird sie so eingesetzt, daß die Betreffenden im Hier und Jetzt ihres Lebens nicht froh werden.

Menschen, denen man von Kindheit an beigebracht hat, daß sie alles, was sie tun, nachträglich bedauern und darüber enttäuscht sind, haben große Schwierigkeiten, lebenswichtige Entscheidungen zu treffen. Sie haben Leitsprüche ihrer Familie internalisiert, wie zum Beispiel: »Denk erst genau nach, oder du wirst es für den Rest deines Lebens bedauern.« »Wenn du dir die Suppe schon einbrockst, dann mußt du sie auch auslöffeln.« Oder: »Du bist jetzt alt genug, daß du die Freiheit hast, deine eigenen Fehler zu machen.« Eines der Wörter, die enttäuschte Klienten am meisten verwenden, ist das Wort »Fehler«. Sie sagen viel häufiger: »Ich hab einen Fehler gemacht« als »Ich habe mich entschieden, zu ...« oder »Ich habe die Wahl getroffen ...« Das Eltern-Ich ermahnt: »Mach keinen Fehler«, und das Kind-Ich warnt: »Mach gar nichts, dann wirst du nichts zu bereuen haben ...« Entsprechend lautet das destruktive Grundgebot: »Nicht.«

David hat einen kleinen Bauernhof und nebenher eine Anstellung an einem staatlichen Krankenhaus. Wie er sagt, nimmt er am Marathon teil, weil er eine der folgenden Entscheidungen treffen will: So wie jetzt den Bauernhof betreiben und im Krankenhaus arbeiten; den Hof verkaufen, um ein Psychologie-Studium zu finanzieren; die Arbeit im Krankenhaus aufgeben und sich ganz der Landwirtschaft widmen. Anstatt eine Wahl zu treffen, grübelt er über die Alternativen und sagt: »Egal, wie ich mich entscheide, es wird mir später leid tun.«

Wir fordern ihn auf, sich vorzustellen, wie er in fünf, in zehn und schließlich in fünfzehn Jahren lebt. Er soll dies für alle drei Alternativen gesondert beschreiben. Er macht das, und dabei wird ihm klar, daß er sich darauf einrichtet, in jedem Fall die Entscheidung zu bedauern. Wie er die verschiedenen Möglichkeiten in der Phantasie durchspielt, scheint ihm jede Alternative im Vergleich zu den anderen beiden Möglichkeiten, die er gerade ausgeschlossen hat, weniger attraktiv. Nachdem er das verstanden hat, beschreibt er alle drei Alternativen aus einer Haltung, in der er glücklich ist, und beschließt auf der Ebene des Erwachsenen-Ich, daß er mit seinen Alternativen glücklich sein will. Wir überweisen ihn an einen Therapeuten in seinem Heimatort, damit er das »Glücklichsein einüben kann«. Zur Zeit kombinieren er und seine Frau den Landwirtschaftsbetrieb mit einer neuen Tätigkeit, nämlich der Aufarbeitung alter Möbel, und fühlen sich dabei wohl.

Ist ein Mensch, ein Ort, eine Arbeit oder eine Gelegenheit unwiderruflich verpaßt und unerreichbar, dann überläßt sich ein Klient möglicherweise der Enttäuschung und nimmt nicht Abschied. Wie wir in solchen Fällen methodisch vorgehen, wird im folgenden Kapitel über das Abschiednehmen beschrieben.

7 Abschiednehmen

Bob berichtet von der Beerdigung seiner Mutter: »Bei der Beerdigung meiner Mutter fragte ich mich am Anfang, ob man nicht vielleicht die falsche Frau bestattete. In den Reden wurde sie mit ihrem offiziellen Vornamen genannt, den sie selber nie benützt hatte. Dann fragte ich mich, ob die Beerdigung zu Ehren jener Frau mit dem fremden Namen oder etwa zu Ehren von Jesus stattfand. Ich kam zu dem Schluß, daß sie zu Jesu Ehren stattfand, denn sein Name wurde wiederholt genannt, wohingegen der Name der Frau nur zweimal genannt wurde. Ich fragte mich, warum das Allerwichtigste übergangen wurde: Sie, die auf dieser Erde gelebt hatte, war jetzt tot. Ich fragte mich, warum sich die Beerdigungsandacht auf ein mögliches Leben nach dem Tode konzentrierte und gleichzeitig verschwieg, daß der Tod das Leben beendet. Ich fragte mich, warum wir den formalen Reden geduldig zuhörten und warum keinem von uns die Gelegenheit gegeben wurde zu sprechen. Ich kam zu dem Schluß, daß eine solche Form des Abschiednehmens verdammt schlecht ist. Ich habe später für mich von Mimi Goulding Abschied genommen, als ich ihre Asche neben einem jungen Redwoodbaum beisetzte, den ich auf unserem Grundstück zu ihrem Andenken gepflanzt hatte.«

Viele Klienten brauchen beim Abschiednehmen Hilfe. Fritz Perls brachte uns bei, wie hilfreich es dabei ist, sich entsprechende Feierlichkeiten in der Phantasie auszumalen. Wir haben diese Anregung aufgenommen und Leitlinien fürs Abschiednehmen formuliert: 1. Die Tatsachen. 2. Unerledigtes. 3. Abschiedsfeier. 4. Trauer und 5. Ja zum Hier und Jetzt.

An der Tatsache, daß jemand tot ist, kommt man außer in den sehr seltenen Fällen, wo die Leiche nicht gefunden wird, nicht vorbei. Und trotzdem verleugnen die Menschen die Tatsache des Todes auf magische Weise. Sie gehen zur Beerdigung und sind nur damit beschäftigt, wie sie die Trauergäste unterbringen und bewirten können. Durch die Trauerfeier lassen sie sich von der Tatsache des Todes ablenken. Oder sie gehen nicht zur Beerdigung und tun so, als sei gar niemand gestorben. Nach der Beerdigung inszenieren sie das Spiel »Wenn das Wörtchen wenn nicht wär«: »Wenn wir nur darauf bestanden hätten, daß sie zum Arzt geht.« »Wenn ich sie nur noch einmal hätte sehen können.« Sie verhalten sich wie Königin Viktoria, die angeblich immer frisches Rasierwasser und die Kleidungsstücke des verstorbenen Prinz Albert für ihn bereithielt. Sie reden mit den Toten und tun so, als könnten die hören und sogar antworten.

Klienten, die nicht Abschied nehmen, lassen einen Teil ihrer Kraft in den Verliesen der Vergangenheit. Möglicherweise lassen sie sich im Heute nicht auf Nähe ein und finden es auch jetzt schwer, auf jemanden zuzugehen oder sich von jemandem zu trennen. Die Klienten müssen deshalb als erstes die Aufgabe lösen, sich den Tatsachen zu stellen.

1.

Lisa: Ich kann mich einfach nicht lösen, solange ich nicht weiß, ob er an Herzversagen starb oder ob er Selbstmord beging.

Bob: Das spielt keine Rolle.

Lisa: Nein, ich . . .

Bob: Wie er starb, ist unwichtig. Es macht keinen Unterschied. Das einzige, was zählt, ist, daß dein Vater tot ist, und zwar schon seit zwanzig Jahren.

2.

Thomas: Manchmal kommt's mir so vor, als würde ich sie sehen . . . in einem Menschenauflauf.

Bob: Du machst dir was vor und willst ihren Tod nicht wahrhaben. Sie ist tot.

3.

Maria: Ich glaube schon, daß ich mich äußerlich und innerlich getrennt habe.

Mary: Ich glaube das nicht. Du trägst immer noch deinen Ehering. Früher sagte ich gewöhnlich, wenn jemand den Ring weiter trägt, ist das ein Vermeiden des Abschiednehmens, aber nette alte Damen könnten es ruhig tun, und für sie sei es in Ordnung. Jetzt, wo ich auch bald eine nette alte Dame sein werde, sehe ich, wie abwertend das war. In jedem Alter nimmt man Abschied, um sich frei zu machen für die Begegnung mit lebenden Menschen.

Im folgenden Beispiel verleugnet die Klientin die Tatsache, daß jemand gestorben ist, glaubt aber, sie sei dabei, Abschied zu nehmen.

Anne: Ich möchte ... von meinem Onkel Abschied nehmen. Mein Onkel starb am Tag meines Staatsexamens, und ich hab's gar nicht richtig zur Kenntnis genommen. Er war immer so weit weg ... für mich war es so, als sei er gar nicht tot. Ich hatte immer geglaubt, ich hätte mich längst von ihm verabschiedet. Bis letzte Woche, als ein Freund von mir starb. Und ich auch wegen meinem Onkel sehr traurig wurde. Da hab ich gemerkt, daß ich immer noch an ihm festhalte.

Mary: Wie hältst du an ihm fest?

Anne: Ich weiß nicht ... ich wüßte nicht, daß das auf mein Leben irgendeinen Einfluß hat.

Mary: Ist zwischen dir und deinem Onkel noch etwas Unerledigtes?

Anne: Nein.

Mary merkt, daß sie hier zu schnell vorgegangen ist. Sie kommt deshalb darauf zurück und findet mit Anne zusammen eine Szene, in der Anne ihrem Onkel sagen kann, was zwischen ihr und ihm noch offen ist:

Mary: Willst du dich in eine Zeit zurückversetzen, wo er noch lebte, und dich mit ihm treffen und die Situation beschreiben?

Anne: Ich spiel mit ihm Tennis. Wir sind auf der Straße draußen und schlagen den Ball hin und her.

Mary: Ist das eine Situation aus deiner Kindheit oder eine Situation, die erst kurz zurückliegt?

Anne: Aus der Kindheit. Weil ich ihn dann erst wiedersah, als ich vierzehn war. Und damals auch nur zusammen mit seiner Familie in einem Lokal.

Mary: Gut. In der von dir eben beschriebenen Situation: Willst du das Tennisspiel einen Augenblick unterbrechen und ihm sagen, was er dir bedeutet?

Anne: »Onkel, du bist mir sehr wichtig. Mutter hat mir viel von dir erzählt, und ich bewundere dich sehr. Du hast mit mir gespielt. Du bist so gesund ... ich möchte auf dich achtgeben. Nein, das hab ich damals nicht gedacht. Ich möchte, daß du mein Vater bist. Du wirkst immer so glücklich. Du nimmst dir Zeit zum Spielen. Wir haben so wenig Zeit miteinander, weil du in Kanada wohnst und ich in England. Ich möchte, daß du länger bei mir bleibst. Ich weiß, daß du selber zwei Töchter hast. Die spielen mit dir nicht soviel Ball wie ich. Das hast du mir erzählt. Ich hab viel Zeit für dich. Ich mag dich. Ich finde es so schade, daß wir so wenig Zeit haben.«

Mary: Und jetzt geh in die Zeit, als du ihn das letzte Mal gesehen hast.

Anne: »Du siehst viel älter aus.« Er hatte einen Herzinfarkt. Er hat weiter geraucht und viel gearbeitet und nicht auf sich achtgegeben.

Mary: Wo triffst du ihn?

Anne: In einem Lokal.

Bob: Sag ihm, was noch unerledigt ist.

Anne: »Ich möchte, daß du auf dich achtgibst.«

Bob: Sag ihm: »Ich bin wütend, weil du zuviel arbeitest und nicht auf dich achtgibst.«

Anne: »Ich bin wütend. Du hast zwei Töchter, die dich liebhaben, und eine Nichte, die dich liebhat ... ich will nicht, daß du dich umbringst!«

Mary: Noch mehr Wut?

Anne: »Ich bin wütend, weil du mich nicht häufiger besucht hast. Und ich weiß, daß du nicht häufiger konntest.«

Mary: Noch mehr Wut?

Anne: Nein.

Mary: Sachen, die du gut an ihm findest?

Anne: »Ich finde es gut, daß du Zeit für mich hattest ... daß du gern mit mir zusammen warst, mit mir ins Museum gegangen bist ... Ich find auch gut, daß dir England so gut gefallen hat. Daß du ... daß du zu meiner Mutter gut warst. Ein guter Bruder. Ich mochte dich. Ich wollte dich als Vater. Du fehlst mir.«

Mary: Verabschiedest du dich?

Anne: »Leb wohl.«

Bob: Was empfindest du? *(Sie zeigt kein Gefühl. Ihr Abschiednehmen wirkt so hastig.)*

Anne: Ich bin entspannt. Mein Magen war verkrampft. Als ich Lebewohl sagte, konnte ich sehen, wie er wegging.

Mary: Sieh ihn, wie er tot ist. Er kann nicht gehen. Er ist tot.

Anne: Ja.

Bob: Warst du bei der Beerdigung?

Anne: Nein. Er starb in Kanada.

Bob: Willst du dich nach Kanada begeben zur Beerdigung?

Anne *nickt.*

Bob: Sieh den Sarg.

Anne *nickt.*

Bob: Sieh, wie er im Sarg liegt. Stell dir vor, wie er im Sarg liegt, sieh, wie er tot ist.

Anne: Ich kann ihn nicht sehen. Ich seh bloß einen grauen Sarg.

Bob: Leg ihn rein.

Anne: Ich bin unsicher.

Bob: Er ist tot. Sieh ihn vor dir.

Anne *(weint laut, schluchzt dann einige Minuten):* »Du wirst mir fehlen. Das weißt du auch.«

Mary: Er weiß gar nichts. Er ist tot.

Anne *(schluchzt wieder eine ganze Weile):* »Du fehlst mir. Du fehlst mir. *(Lange Pause.)* Und du bist tot. Ich nehme Abschied von dir, toter Onkel.«

Bob: Gut?

Anne: Ich hatte mich an ein Wunschbild geklammert. Danke. Ja.

In dieser Szene insistiert Anne immer wieder darauf, daß er noch am Leben ist: »Ich konnte sehen, wie er wegging«, »Ich kann ihn nicht (im Sarg) sehen« und »Du weißt das auch.« Bei einem wirklichen Abschiednehmen wird akzeptiert, daß der Betreffende tot ist und nicht mehr geht, spricht oder etwas weiß.

Eine Person, die akzeptiert hat, daß der Tote unwiderruflich tot ist, fragen wir, was sie mit dem Toten noch nicht geklärt hat und was ihr als Vorwand diente, nicht von ihm Abschied zu nehmen. Wir legen ihr nahe, diese Sachen zum Abschluß zu bringen, und fordern sie deshalb auf, das zu nennen, was sie gut an dem Verstorbenen fand und worüber sie enttäuscht war. Sie wählt eine Szene aus der Zeit, als der Betreffende noch lebte, und zwar, damit nicht so getan wird, als würde zu dem Toten gesprochen. Normalerweise sagen die Klienten zuerst, was sie an dem Toten gut fanden. Haben sie gegenüber dem Toten auch noch Vorbehalte, Vorwürfe oder unerledigte Enttäuschungen, dann arbeiten wir mit ihnen, um ihnen zu der Erkenntnis zu verhelfen, daß sie auf magische Weise den Verstorbenen immer noch auffordern, sich – in der Vergangenheit – zu ändern. Was zwischen Klient und Verstorbenem noch unerledigt ist. betrifft also zum Teil die magische Hoffnung auf eine bessere Beziehung. Der Klient muß diese Hoffnung aufgeben.

Bezieht sich der Vorwurf und die Enttäuschung allein darauf, daß der oder die Betreffende gestorben ist, dann fordern wir die Klienten auf, sich eine »Abschiedsszene« zu vergegenwärtigen und sich die Beerdigung vorzustellen.

Ingelore: Ich bin enttäuscht, daß du gestorben bist. Ich bin wütend, daß du gestorben bist.

Mary: Einen Augenblick. Es ist an der Zeit, daß du ihn im Sarg siehst. Willst du das machen? Sieh den Sarg vor dir, und mach ihn auf.

Ingelore *streckt die Hand aus und tut so, als öffne sie den Sarg.*

Mary: Jetzt ist er tot, und du sprichst für dich, nicht für ihn. Er kann dich nicht hören. Sag deine Wut, soweit sie dich betrifft.

Ingelore: Ich bin wütend. Es ist nicht deine Schuld . . . du wolltest nicht sterben . . . und ich bin wütend, wütend! Und sehr traurig. *(Weint.)*

Wenn alles im reinen ist und das Unerledigte erledigt, fordern wir die betreffende Person auf, sich die Abschiedsfeierlichkeiten, üblicherweise also die Trauerfeier und das Begräbnis, in der Phantasie vorzustellen. Als wesentlichste Elemente für den Abschied gelten: Erstens malt sich die Person in der Phantasie aus, daß der oder die Betreffende tot ist; zweitens sagt sie: »Du bist tot« und: »Ich nehme Abschied von dir.«

Liegt der Todesfall schon lange zurück, dann ist ein Trauerprozeß möglicherweise nicht mehr notwendig. Bei Anne genügten ein paar Tränen, und schon fühlte sie sich erleichtert, daß sie von ihrem Onkel, der mehr in der Phantasie als in der Realität existiert hatte und der schon lange tot war, Abschied genommen hatte. Hat sich der Todesfall erst vor kurzem ereignet, dann wird die Person trauern, so kurz oder lange wie sie braucht. Wir möchten, daß sie weiß, daß der Sinn des Trauerns darin liegt, den Abschied zu festigen und die Kraft für ihr Weiterleben freizusetzen.

Sobald die Trauer abgeschlossen ist, braucht die Person einen neuen Auftrieb für ihr Interesse am Heute. Leider werden in unserer Gesellschaft Blumen, Trost und Beistand häufig nur in der unmittelbaren Zeit des Verlustes gespendet. Der Leidtragende wird also allein gelassen, bevor er ausgetrauert hat. Gerade in dieser Zeit brauchen die Klienten Unterstützung darin, sich Anerkennung zu holen und wieder aktiv zu werden. Hier können Gruppenmitglieder sehr hilfreich sein, ebenso wie traditionelle »Sozialarbeit«, die sich auf die Lösung von Problemen konzentriert.

Manchmal möchte ein Klient von jemandem Abschied nehmen, den er nie kennengelernt hat, zum Beispiel von der Mutter, die ihn zur Adoption freigegeben hat, oder vom Vater, der ihn im Stich ließ, als er noch ein Kind war. Wir fragen nach den Tatsachen und möchten zugleich die Phantasien wissen: »Was hat man dir über deinen Vater erzählt?« und »Was hast du dir über ihn zusammengereimt?« Ein Kind hat sich vielleicht mit Hilfe der Phantasie, daß es irgendwo draußen in der Welt einen Vater habe, der es liebt, selber ganz wichtige positive Verstärkung gegeben und sich buchstäblich das Leben gerettet. In einem solchen Fall fordern wir den Klienten auf, von seinem Vater Abschied zu nehmen und sich selber trotzdem weiter so zu verstärken, wie es der Vater in seiner Vorstellung getan hätte.

Horst *(an die Adresse des phantasierten Vaters):* Meine Mutter hat mir nie von dir erzählt. Ich frag mich manchmal, ob sie tatsächlich mehr als einmal mit dir geschlafen hat. Ich weiß bloß, daß du bei den Soldaten warst ... nicht einmal das weiß ich. Sie sagt, du seist im Krieg ums Leben gekommen. Ich glaube ihr nicht mehr. Es gibt keine Fotos von dir, keinerlei Papiere.

Mary: Sag ihm, wie du ihn dir vorgestellt hast, als du noch ein Kind warst.

Horst: Ach. Das ist mir peinlich. »Ich hielt dich für den großen Helden. ... Daher kommt der ganze Mist meiner Selbstmordideen. Ich wollte wie du als Held sterben. Aber das ist schon lange vorbei. Ich hab mir vorgestellt, daß du ... daß du mich liebst.«

Horst spricht dann weiter über die Enttäuschung darüber, daß er seinen geheimnisvollen Vater nie kennengelernt hat. Er erklärt, wieviel es ihm bedeutet, sein Leben dem Samen dieses Mannes zu verdanken.

Mary: Sieh dich jetzt als kleinen Knaben, als Knaben, der sich einen liebevollen Helden als Vater erfunden hat. Und sag dem Knaben, daß du der Nachfolger bist, daß du dein eigener Vater sein wirst, der dich liebt.

Horst schließt den kleinen Knaben, der er selber einmal war, in die Arme und liebkost ihn. Er bestätigt seinen Entschluß, sich nicht umzubringen, und er sagt dem Knaben, daß er ihn schützen will.

Stirbt ein Kind, dann fordern wir die Eltern auf, Abschied zu nehmen und aus dem Zimmer und den Sachen des Kindes keine Hauskapelle zu machen. Wenn es ihnen nicht gelingt, Abschied zu nehmen, vermitteln sie ihren übrigen Kindern möglicherweise die Botschaft, daß diese alle weniger wert sind als das tote Kind. Geschwister, welche die Erfahrung machen, daß sie schlechter als der tote Bruder oder die tote Schwester sind und daß sie nicht soviel Liebe bekommen, ziehen womöglich den Schluß, daß man nur geliebt wird, wenn man tot ist. Wenn Eltern von einem toten Kind Abschied nehmen, ist es oft hilfreich für sie, sich von dem Kind, wie es wirklich war, zu verabschieden und zugleich von ihren Phantasien, was aus dem Kind noch hätte werden können.

Ein Paar, das die Absicht hat, ein Kind zu adoptieren, fordern wir mit Nachdruck auf, Abschied zu nehmen von den leiblichen Kindern, die sie nicht bekommen werden, und lieber zu trauern, als ihre Gefühle zu unterdrücken und zu verleugnen. Sie befreien sich dadurch von alten Hoffnungen und Wünschen und können dann das Adoptivkind wirklich akzeptieren.

Wehrt sich ein Klient dagegen, Abschied zu nehmen, dann hilft es oft, ihn beide Seiten einnehmen zu lassen: »Ich werde nie von dir Abschied nehmen« und »Ich nehme Abschied von dir.« Er kann dann die Vor- und Nachteile beider Positionen abwägen.

Ein Klient, der sich gegen den Abschied sträubt, hat vielleicht als Kind die Entscheidung getroffen, sich von jemand, der damals starb, nicht zu trennen. Eine Frau versagte sich alle ihre Gefühle von Trennungsschmerz gegenüber ihrem toten Ehemann. Als wir sie danach fragten, ob in ihrer Kindheit jemand gestorben war, erinnerte sie sich, wie sie statt zur Beerdigung ihres Großvaters ins Nachbarhaus zum Spielen ging. In der Phantasie durchlebte sie nun das Begräbnis ihres Großvaters und konnte dann den wichtigen Schritt vollziehen, Abschied von ihrem toten Ehemann zu nehmen.

Manche Klienten nehmen nicht Abschied, weil sie aus Familien kommen, in denen immer Trauer getragen wird. Einer amerikanischen Klientin griechischer Abstammung, die sich weigerte, Abschied zu nehmen, wurde plötzlich klar, daß schon ihre Mutter und ihre Großmutter permanent traurig waren. In der Phantasie sagte sie ihrer Mutter, sie wolle einen Schlußstrich ziehen, selbst wenn ihre Vorfahren das alle nicht verstehen würden. In der Phantasie ließ sie ihre griechischen Großmütter und Urgroßmütter und Ururgroßmütter aus fünftausend Jahren in einer langen Prozession in den Ebenen von Sparta aufmarschieren, alle in Schwarz, und sie rief ihnen über die Jahrhunderte zu: »Seid mir gegrüßt, ihr törichten alten Damen! Bei mir hat das Trauern ein Ende! Ich werde der weibliche Sorbas!« So trennte sie sich und nahm Abschied, und zum Schluß tanzte sie einen griechischen Tanz.

Paare, die sich trennen, müssen ebenfalls Abschied nehmen, vor allem wenn sie weiterhin über Spiele miteinander »verbunden« sind; Spiele, mit denen sie Besitzansprüche auf den anderen erheben oder sich besonders besorgt um ihn zeigen. Oder wenn sie die Verbindung dadurch aufrechterhalten, daß sie ihre destruktiven Grundgebote gegenseitig weiterhin akzeptieren. Ein Klient, der als Kind die Botschaft »Sei nicht« akzeptiert hat, klammert sich vielleicht so sehr an seine geschiedene Ehefrau, daß die ihm den Tod wünscht. Der Klient, der entsprechend dem destruktiven Grundgebot »Laß dich nicht ein« handelt, wehrt sich dagegen, die Scheidung endgültig zu machen, um weiter einsam und allein zu bleiben. Ein Klient mit dem Grundgebot »Werde nicht erwachsen« hält weiter an seiner ehemaligen Frau fest, damit sie seine Probleme löst. Und der Klient mit dem Grundgebot »Sei kein Kind« sagt seiner geschiedenen Frau: »Wenn irgendwas schiefläuft oder wenn du allzu deprimiert bist, dann steh ich immer zur Verfügung.«

Susanne: Ich kann nichts machen. Er ruft dauernd an und ...
Bob: Du mußt ein merkwürdiges Telefon haben, bei dem dir der Hörer an der Hand kleben bleibt, so daß du nicht auflegen kannst. *(Die Gruppenmitglieder lachen.)*
Susanne: Ich versteh schon, was du meinst, aber ...
Bob: Aber. Aber du redest weiter mit ihm und bist weiter wütend, solange er deine Nummer wählt.
Susanne: Schon. Aber man kann doch nicht einfach ... jemand sitzenlassen.
Bob: Mach die Augen zu, und wiederhol das: »Man kann doch nicht einfach jemand sitzenlassen.« Wie paßt das zu deiner Vergangenheit?

Susanne fand heraus, daß sie sich ihrem geschiedenen Mann gegenüber ebenso verhielt, wie sie es als kleines Kind gegenüber ihrem Vater versucht hatte. Bei beiden bemühte sie sich erfolglos, sie glücklich zu machen. Nachdem sie die Neuentscheidung getroffen hatte, zum Spielen rauszulaufen und ihren Vater weiter sich vollaufen zu lassen, wenn es das war, was er wollte, beschloß sie auch, daß sie nicht mehr für die Depressionen ihres geschiedenen Mannes verantwortlich war. Sie gab ihre »Hilfeversuche« ebenso auf wie die Wut über ihr Versagen.

Klienten schieben das Abschiednehmen manchmal dadurch auf, daß sie sich schlechte Therapeuten oder Anwälte suchen. Sie vergessen, daß sie Anwälte und Therapeuten dafür bezahlen und anstellen, daß die für sie arbeiten, und sie verhalten sich diesen gegenüber statt dessen so, als wären sie allmächtige Eltern. Wir weisen die Klienten darauf hin, daß sie ein Recht auf kompetente Anwälte und Therapeuten haben, die für ihre Klienten effektiv und schnell arbeiten.

Sind die Tatsachen einmal erkannt und akzeptiert, dann ist der Klient soweit, daß er Abschied nehmen kann. Ideal ist es, wenn beide Partner und alle Kinder zugegen sind. Die Ehepartner sagen, worüber sie enttäuscht sind und was sie gut finden, und beziehen auch mit ein, wie jeder davon profitiert hat, daß er mit dem anderen zusammen war. Sie mögen darüber traurig sein, daß sie den Traum von einer beständigen, produktiven und glücklichen Ehe nicht realisiert haben. Sie erkennen, daß das Ende einer Beziehung kein Versagen bedeutet, sondern eine Entscheidung ist.

Die Scheidung sehen sie als Ende, aber auch als Neuanfang. Vielleicht treffen sie sich nie mehr. Vielleicht treffen sie sich, so oft einer von ihnen die Kinder zum Wochenende oder zu den Ferien abholt. Oder vielleicht treffen sie sich bei besonderen familiären Anlässen, wie Examensfeiern oder Hochzeiten. Abschiednehmen schließt auch ein, daß keiner die Verantwortung für den anderen trägt und sein Gedeihen nicht davon abhängig macht, wie der andere lebt.

Bei einem solchen idealtypischen Abschied sagen auch die Kinder, was sie gut finden und fanden und worüber sie enttäuscht sind oder waren. Beide, Vater und Mutter, sagen den Kindern, daß die Trennung endgültig ist, daß nicht die Kinder die Schwierigkeiten zwischen den Eltern verursacht haben und daß weder die Kinder noch sonst jemand eine Aussöhnung herbeiführen kann. Vater und Mutter werden nie mehr zusammengehen. Für die spätere Gesundheit der Kinder ist es außerordentlich wichtig, daß man ihnen dies so oft wie nötig sagt, bis sie wirklich verstehen.

Die Kinder sind dabei, wenn die Eltern voneinander Abschied nehmen. Sie selber nehmen weder vom Vater noch von der Mutter Abschied, wohl aber von der Familie, wie sie sie bisher erlebt haben. Es wird ihnen Mut gemacht, ihre Gefühle zu erleben und auszudrücken, und sie werden mit ihrer Trauer akzeptiert und gestützt.

Sind die Eltern nicht bereit, einen solchen Abschied zu arrangieren, dann kann auch einer von beiden, wenn möglich im Beisein der Kinder, in der Phantasie Abschied nehmen. Wenn Klienten, die sich haben scheiden lassen, Abschied nehmen, schlagen wir ihnen vor, aus Anlaß ihres »Ja zum Hier und Jetzt« ein Fest zu veranstalten, sobald sie dazu bereit sind. Manche schenken sich selber etwas Besonderes, etwas, das sie in ihrer Ehe nie bekommen hätten, zum Beispiel eine Zeichnung oder eine Schallplatte, die dem Ex-Partner nie gefallen hätten. Sie fahren in Urlaub oder schließen sich Vereinen an, in denen sie für ihre Interessen Unterstützung finden. Jedes Geschenk sagt »Ich bin jemand Besonderes. Ich bin kein hilflos ausgeliefertes Opfer.«

Solche Abschiedsszenen eignen sich für alle Paare, die ihre Beziehung beenden, ob es heterosexuelle, homosexuelle, verheiratete oder unverheiratete Paare sind.

Es gibt auch Klienten, die sich an der Vergangenheit festklammern, indem sie von ihrem Heimatland nicht Abschied nehmen. Die Zeitung »The San Francisco Chronicle« brachte eine großaufgemachte Geschichte über einen 86jährigen Mann, der 1919 aus Rußland geflohen war. In dem Interview sagte er: »Ich weiß, daß die Monarchie wiederaufgerichtet werden wird. Ich hoffe bloß, daß es noch zu meinen Lebzeiten geschieht.« Fast fünfzig Jahre lang hatte er sich geweigert, Abschied zu nehmen. Überall in der Welt gibt es Menschen, die solchen Wunschträumen nachhängen und sich damit den Weg verstellen, in dem Land, wo sie jetzt wohnen, Fuß zu fassen. Auch hier fragen wir nach den Fakten. Und wenn der Klient sagt, daß er sich nicht wieder im Land seiner Kindheit einrichten will, fragen wir ihn, ob er das dadurch bestätigen will, daß er Abschied nimmt. Er wählt eine Abschiedsszene, die ihm etwas bedeutet. Vielleicht vergegenwärtigt er sich sein Elternhaus und die Verwandtschaft. Unabhängig davon, welche Szene er wählt, fordern wir ihn auf, dem Ort und den Menschen zu sagen, was zwischen ihm, dem Klienten, und ihnen noch unerledigt ist, Enttäuschungen und gute Erinnerungen. Seiner alten Heimat sagt er, was er an seiner neuen Heimat gut findet, und er sagt auch, was er als Folge des Abschieds in Zukunft anders machen will.

Katharina war monatelang deprimiert und weigerte sich, von ihrem Haus in den Oststaaten Abschied zu nehmen. Sie und ihr Mann hatten das Haus verkauft, als er während des Vietnamkrieges eingezogen wurde. Sie behauptete steif und fest, daß ihr gar nichts anderes übriggeblieben war, als nach Kalifornien zu ziehen. Wir wiesen darauf hin, daß es ihr offenstand, praktisch überall ihren Wohnsitz zu wählen, selbst wenn die Vorlieben ihres Mannes auf Kalifornien, Kanada, Schweden oder vielleicht auf eine Haftanstalt beschränkt schienen. Es war wichtig, daß sie sich, bevor sie Abschied nahm, nicht mehr als hilfloses Opfer definierte. Sie hatte die Wahl zwischen folgenden Möglichkeiten: 1. in den Oststaaten bleiben und dort glücklich sein; 2. in den Oststaaten bleiben und traurig sein; 3. mit ihrem Mann nach Kalifornien ziehen und glücklich sein; 4. mit ihrem Mann nach Kalifornien ziehen und traurig sein. – Ihr wurde klar, daß sie lediglich die vierte Möglichkeit für sich in Betracht gezogen hatte.

Drei Wochen später entschied sie sich, von ihrem Haus im Osten Abschied zu nehmen. Sie beschrieb den Gruppenmitgliedern ihr ehemaliges Haus, ging in der Phantasie durch alle Zimmer und verabschiedete sich. Jetzt hatte sie die Kraft, sich in Kalifornien ein gutes Leben aufzubauen.

Ehemalige Priester nehmen Abschied von ihrem Priesteramt, Zeitsoldaten von der Armee und Männer und Frauen, die in den Ruhestand treten, von ihrem Beruf. Sie tun dies alle, um ihre Energie in der Gegenwart neu einsetzen zu können.

Manche nehmen Abschied von Träumen, die sie nicht realisieren können, wie zum Beispiel, Vorsitzender des Aufsichtsrats zu werden. Ein befreundeter Therapeut versuchte drei Jahre lang erfolglos, einen Studienplatz in Medizin zu bekommen, und entschloß sich dann, die Anstellung als Dozent an einer Fachhochschule für Psychologie anzunehmen. In seiner Abschiedsszene malte er sich die Buchstaben »Dr. med.« aus, vier Meter hoch, in Gold, besetzt mit Diamanten und anderen Edelsteinen. Er sagte den Buchstaben, wie gerne er sie vor seinen Namen setzen würde und wie enttäuscht er sei, daß er sie nie bekommen würde. Er ließ seine Wut und seinen Schmerz hochkommen. Dann sagte er: »Ja, und ich arbeite als Therapeut gleich gut, ob ich Mediziner oder Psychologe bin. Und außerdem muß ich nun nicht die Namen sämtlicher Körperteile auswendig lernen oder als Geburtshelfer arbeiten oder Leute zusammenflicken, bloß um irgendwann Psychiater zu werden.« Er stellte sich vor, wie die Buchstaben immer mehr zusammenschrumpften, bis sie ganz winzig waren, und zertrat sie dann auf dem Boden.

Abschied zu nehmen von Körperteilen oder Körperfunktionen schlagen wir immer dann vor, wenn jemand den Verlust übertreibt oder bagatellisiert. Ein Mann spielte auch nach einer Beinamputation weiterhin Fußball und verletzte sich dabei immer wieder den Beinstumpf. Ein anderer bewarb sich bei der »Behindertenhilfe«. Beide mußten Abschied nehmen, um zu sich als Männer, die ein Bein verloren hatten und trotzdem ein reiches Leben haben konnten, ja sagen zu können.

Eine Frau weigerte sich, nachdem ihr eine Brust abgenommen worden war, sich vor ihrem Mann zu entkleiden. Beide hatten sich verschworen, so erfuhren wir, über die Operation nicht zu sprechen, und sie faßten sich seither nicht mehr an. Beide waren phobisch in bezug auf Verletzungen und Narben. Sie nahmen gemeinsam Abschied von der Brust der Frau und ließen ihr Interesse an sexueller Intimität wiederaufleben.

Für alle, die in der Vergangenheit leben und dem verhaftet sind, was einmal war oder was hätte sein können, ist Abschiednehmen wichtig. Ist einmal Abschied genommen, dann findet der Betreffende ins Jetzt zurück, voll Kraft, sich aufs Heute einzulassen und auf Veränderungen, die er *jetzt* vornehmen will.

8 Neuentscheidungen

Die Inszenierung der Neuentscheidung

Bei der Arbeit mit Neuentscheidungen setzen Klient und Therapeut ähnlich wie bei einem Bühnenstück eine Situation in Szene. Es kann sich dabei handeln 1. um die aktuelle Situation, 2. um eine kurz zurückliegende Situation, 3. um eine Situation aus der Kindheit, 4. um eine frei erfundene oder imaginierte Szene und 5. um eine Kombination aus den genannten.

Die aktuelle Situation

Die aktuelle Szene betrifft das, was sich im Augenblick in der Therapiesituation abspielt.

Ludwig: Helga, ich möchte mit dir etwas bearbeiten. Ich bin oft ein bißchen schüchtern und will es den Leuten recht machen. Ich habe mich geärgert, als du unbedingt wolltest, daß ich deine Tonbänder abhöre, wo ich doch an den Strand gehen wollte. Ich bin also gestern mit dir hiergeblieben . . . und habe mich . . . geärgert. *(Er wechselt über zu einer kurz zurückliegenden Szene.)*

Gruppenmitglied: Ludwig, mir fällt auf, wie gepreßt du atmest, wenn du sprichst.

Ludwig: Gut. Wie auch immer. Ich glaube . . . mehr will ich im Moment nicht. Ich . . . hab mir von dir den Spaß verderben lassen. Ja, also . . . ich will mir nicht mehr von anderen den Spaß verderben lassen. *(Wieder wechselt Ludwig die Szene, verläßt das Hier und Jetzt und begibt sich diesmal in eine unbestimmte Zukunft.)*

Gruppenmitglied: Jetzt drosselst du deine Atmung noch mehr.

Bob *(beschließt, Ludwig im Hier und Jetzt, in der aktuellen Situation zu halten):* Steh auf, Ludwig, atme tief durch, und knurre Helga an.

Ludwig: Ich finde, daß . . . ah . . . man . . . eben Leute nicht anblafft.

Bob *(hört in dem »Man blafft Leute nicht an« den Befehl des Eltern-Ich):* Gehorch dem Befehl nicht, dem Befehl aus deinem Eltern-Ich, der sagt: »Ludwig, blaff niemand an.«

Ludwig *(im Stehen):* Rrrrr ... aahhhh ... grrrr. *(Er grinst.)* RRRRARRRRAAARRRR. GRRRRRRRRR!

Bob: Jetzt faß es in Worte.

Ludwig: Helga, ALS DU MIR GESAGT HAST, ICH SOLL MICH MIT DIR TREFFEN, HABE ICH DAS WIE EINEN BEFEHL ERLEBT! *(Er brüllt, und die Gruppe lacht zustimmend.)* ICH WERDE SCHREIEN, WANN IMMER ICH WILL, UND ICH WERDE ZUM STRAND GEHEN, UND ICH WERDE ZU SO SCHÖNEN MÄDCHEN WIE DIR NICHT NETT SEIN, NUR WEIL MEINE MUTTER DAS VON MIR VERLANGT HAT. ICH WERDE MACHEN, WAS ICH WILL. Danke. DANKE! ARRRRRRR ... GRRRRRRR. ICH BIN SO SCHÖN LAUT, UND ICH KÖNNTE DEN GANZEN TAG SO WEITERMACHEN! mir geht's prächtig.

Bei dieser Neuentscheidung konnte Ludwig im Präsens bleiben, weil seine »Hauptperson« anwesend war. Da seine destruktiven Grundgebote »Sei kein Kind« und »Du hast keine eigenen Wünsche zu haben« und seine Antreiber »Sei höflich« und »Schrei nicht« dem entgegenstehen, daß er von sich aus und nur für sich eine direkte Konfrontation wagt, war es besonders wichtig für ihn, sich in der unmittelbaren Situation zu wehren.

Auch Margot nutzte die Situation in der Gruppe dazu, ihre Neuentscheidung im Hier und Jetzt zu festigen. Als Kind hatte sie die ihr von den Eltern zugeschriebene Eigenschaft »Unsere kleine Schüchterne« akzeptiert. Als sie einen Vertrag schließt mit dem Ziel, lieber aktiv und fröhlich als schüchtern zu sein, arrangiert die Gruppe eine Phantasie-Party, in der sie ihre Neuentscheidung treffen kann. Sie wird aus dem Zimmer geschickt und soll nach einer Minute wiederkommen. Als sie zurückkommt, hört sie schon von draußen den Lärm einer lauten Party. Die Gruppe inszeniert ein Kinderfest mit Spielen, Purzelbäumen und viel Geschrei. Margot klopft schüchtern an, und niemand reagiert. Sie klopft noch mal. Drinnen wird es immer lauter. Schließlich macht Margot die Tür auf. Die Gruppe spielt weiter, nimmt keine Notiz von ihr. Mary erinnert sie zweimal daran, daß sie sich doch anders verhalten will, als sie es bisher getan hat. Margot macht jetzt mit und tut so, als spiele sie »Laßt mich in Ruhe«. Einer verteilt imaginäre Trompeten und übergeht Margot. Als sie auch eine Trompete verlangt und auf ihr einen Triumphmarsch bläst, singt die Gruppe zu ihren Ehren »Happy Birthday«.

Auch bei der Bearbeitung von Sackgassen dritten Grades, wo der Klient lediglich antagonistische Selbstanteile zum Ausdruck bringt, ohne eine spezifische Situation zu inszenieren, bedienen wir uns der aktuellen Situation. Philipp zweifelte an seinen Fähigkeiten, unsere Art zu therapieren lernen zu können:

Mary: Gut. Nimm zwei Stühle, Auf dem einen Stuhl bist du der kluge Philipp, der lernt. Auf dem anderen Stuhl bist du der Philipp, der angeblich TA/Gestalt nicht begreift.

Philipp: Gut. Ich bin klug. Ich lerne. Ich freu mich gerne. Wenn ich lerne, mache ich es gerne so, daß es mir Spaß macht. Ja. Richtig. Ich begreife wirklich sehr schnell. Im Alter von zwölf Jahren schickt man mich für einen Sommer nach England, und ich lerne Leute kennen und lerne ihre Sprache sehr schnell. Ich lerne gut. Wenn ich Englisch in drei Monaten lernen kann, dann kann ich TA/Gestalt in zwei Monaten lernen.

Philipp *(sitzt auf dem anderen Stuhl):* Ich quäle mich. Ich werde sicher kein guter Therapeut. Andere sind viel besser als ich. Ich begreif einfach nichts. Ich komme mir vor wie beim Rennen, und ich liege weit hinten, und mir geht die Luft aus, und ich hole nie mehr auf. Ich renne, was ich kann, um der Erste zu sein, ... ganz vorne zu liegen.

Mary: Wenn ich nicht der Erste bin, ganz vorne liege, der Weltmeister bin, dann bin ich nichts wert.

Philipp: Wenn ich nicht der Erste bin ... *(Bricht in Lachen aus.)* Ja! Genau! Natürlich! *(Geht zu seinem Platz zurück.)* Der Fall ist abgeschlossen!

Wir behandeln viele Klienten, die von sich glauben, daß sie ein Nichts sind, wenn sie nicht die Besten sind. Philipp schien seine Neuentscheidung sehr leicht zu treffen. Andere sagen: »Natürlich muß ich der Erste sein!« Wie für Cäsar, der in Rom nicht die zweite Stelle einnehmen wollte, steht für sie beim Kampf um den ersten Platz das Leben auf dem Spiel, und sie sind während des ganzen Kampfes unglücklich. Solche Klienten brauchen sehr viel mehr Arbeit und müssen sich entscheiden, sich nicht umzubringen, wenn sie ihre Ziele nicht erreichen. Sie arbeiten oft viele Situationen durch, klären ihre Position und treffen Neuentscheidungen, bevor sie bereit sind, das, was sie erreicht haben, zu genießen und auch die persönlichen Fortschritte, die sie machen, zu genießen – und bevor sie aufhören, sich selber abzuwerten, weil sie in ihrem Bereich nicht die Allerallerbesten sind.

Bei der Behandlung von Klienten, die somatische Beschwerden haben, arbeiten wir mit der aktuellen Situation, in der die Klienten ihre Symptome spüren.

Heiko: Ich habe Kopfweh.

Bob: Ich werde mit dir arbeiten. Solange wir arbeiten, geh davon aus, daß dein Kopfweh nicht auf eine körperliche Ursache zurückzuführen ist. Laß mich wissen, wenn dein Kopfweh nicht aufhört oder wenn du andere Beschwerden hast. Gut. Sei dein Kopfweh, und beschreib dich.

Heiko: »Ich bin groß, ich greife um mich. Ich breite mich über Heikos Kopf aus, ich steige über seinen Kopf hinaus. So, als würde ich ihn ganz umschließen ...«

Bob: Sei du.

Heiko: »Geh weg.«

Bob: Sei dein Kopfweh.

Heiko: »Ich bleibe.«

Bob: Kopfweh, du hast gesagt, du umschließt Heiko. Sag mehr dazu.

Heiko: »Ich wickle dich ein, ich umschließe ... das heißt ... ich will sagen, daß ich fast so etwas wie eine Liebkosung, eine Umarmung bin.«

Bob: Ich liebkose Heiko. Wechsle die Rollen.

Heiko: Mir fiel gerade was ein. Ich hatte früher oft Kopfweh. Als Kind. Ich brauchte nicht zur Schule zu gehen, und meine Mutter massierte mir den Kopf. Also: »Kopfweh ... mein Kopfweh ist weg!« *(Lächelt.)* Ich glaube, ich war hier einsam, weil ich alleine zum Workshop gekommen bin. Also jetzt, wo das Kopfweh weg ist, brauche ich nicht zu Hause zu bleiben und mich liebkosen zu lassen. »Kopfweh, ich will dich hier nicht wiedersehen.« *(Lacht.)*

Heiko war mit seinem Kopfweh sehr schnell fertig. Gewöhnlich brauchen die Klienten länger. Im Verlauf des Dialogs auf zwei Stühlen fragen wir den Klienten, ob das Kopfweh gleichbleibt, stärker oder schwächer wird. Nimmt der Schmerz zu oder bleibt gleich, wechseln wir unter Umständen die Szene, indem wir den Klienten auffordern, sich vorzustellen, wer wohl auf dem Kopfwehstuhl sitzt und die Worte spricht, die das Kopfweh gesagt hat. Dann schlagen wir vor, daß er mit dieser Person den Dialog fortsetzt. Hilft die Technik nicht, schlagen wir ihm vor, sich körperlich untersuchen zu lassen.

Die kurz zurückliegende Situation

Ludwig hätte auch die Szene mit Helga aufgreifen können, wie sie ihn bittet, lieber Tonbänder abzuhören als an den Strand zu gehen. Margot hätte eine Szene aus der jüngsten Vergangenheit von Zuhause oder von der Arbeit ansprechen können, eine Szene, wo sie schüchtern war, und diese Szene hätte für die Neuentscheidung herhalten können. Philipp hätte sich in die Situation zurückversetzen können, wo er zuletzt eine Therapiegruppe leitete.

Gregor hatte ebenso wie Philipp Bedenken hinsichtlich seiner therapeutischen Fähigkeiten. Er beschreibt seine Klientin und bringt die Szene aus der jüngsten Vergangenheit ins Hier und Jetzt.

Gregor: Sie weiß nicht weiter. Sie starrt auf den Boden. Und ich weiß genausowenig weiter. Ich weiß nicht, was ich für sie tun kann.

Bob: Und was denkst du?

Gregor: Ich denke ... ich versuche, mir zu überlegen, was ich machen kann.

Bob: Versuchen? Das kommt davon, wenn man »versucht«. Dann überlegst du nicht, was du machen willst. Und was dann?

Gregor: Also ich denke die ganze Zeit, daß alles, was ich mache, nicht gut genug ist.

Bob: Hol deine Eltern her, und laß sie neben dir sitzen. Sagen sie, was du machst, sei nicht gut genug?

Gregor: Mein Vater ja. Es ist mein Vater in meinem Kopf.

Bob: Und was ist dein Vater von Beruf?

Gregor: Chirurg.
Mary: Was versteht er von Psychotherapie?
Gregor: Nichts. *(Lacht)* Absolut nichts.
Mary: Du bist ganz schön dumm ... dir einen solchen Supervisor ins Ohr zu setzen, der von Tuten und Blasen keine Ahnung hat.
Gregor *(lacht):* Genau ... genau ... Okay. Klick. FINITO! *(Die Gruppe lacht.)*
Bob: Willst du dir nächstes Mal, sobald du deine Einfälle abblockst, weil du auf die Nörgelstimme aus deinem Eltern-Ich hörst, vorstellen, daß dein Vater neben dir sitzt – und ihn dann rauswerfen? Er hat in deinen Therapiesitzungen so wenig verloren wie du in seinem Operationssaal.

Gewöhnlich benutzen wir aktuelle Szenen und Szenen aus der jüngsten Vergangenheit eher zur Herausarbeitung und Klärung von Problemen als für Neuentscheidungen. In solchen Szenen agiert der Klient als derjenige, der er ist, und wird sich daher viel leichter auf seine Erwachsenenhaltung zurückziehen. Ludwig hätte auch »das Problem lösen« können, wie er sich aktuell anders verhalten könne, um seinen Ärger gegenüber Helga aufzugeben. Oder er hätte die unmittelbar zurückliegende Situation, wo es um die Alternative Tonbänder oder Strand ging, nachspielen können, um das Spiel zu verstehen, das er inszeniert, wenn er »Ja« sagt, wo er eigentlich »Nein« sagen will, und am Ende wütend ist.

Szenen aus der Kindheit

Am leichtesten treffen die meisten Klienten Neuentscheidungen in frühen Szenen, denn in solchen Szenen *sind* sie Kinder. Sie müssen sich nicht anstrengen, um in der Kindhaltung zu bleiben. Das Erlebnis der Neuentscheidung ist außerdem am stärksten, wenn in der phantasierten Szene jene Menschen als Hauptpersonen auftreten, die tatsächlich die destruktiven Grundgebote verhängt haben. Um für Ludwigs Neuentscheidung eine Kindheitsszene zu finden, hätten wir beispielsweise sagen können: »Sei ein kleiner Junge und höre, wie man dir sagt: ›Man schreit Leute nicht an!‹« Oder: »Wer hat dir gesagt, daß man Leute nicht anschreit? Greif eine Situation heraus!« Oder: »Halte weiter die Luft an wie jetzt, und hör dir zu, wie höflich du sprichst. Du bist verschüchtert, und andere können mit dir machen, was sie wollen. Wie sieht das in deinen Kindertagen aus?«Oder: »Wem gegenüber hast du nachgegeben, als du ein Kind warst?«

Welche Szene Ludwig auch herausgreift, das Arbeitsziel besteht für ihn darin, die destruktiven Grundgebote, die er seinerzeit akzeptierte, zurückzuweisen.

Um bei Philipp eine Kindheitsszene zu finden, würden wir uns auf seinen Ausspruch konzentrieren: »Ich komme mir vor wie beim Rennen, und ich liege weit hinten, und mir geht die Luft aus, und ich werde nie mehr aufholen.« Und sehen, welche Szene aus der Vergangenheit wachgerufen wird. Er könnte zum Beispiel den Satz mehrfach wiederholen oder aber die Situation szenisch darstellen und auf der Stelle rennen, ohne vorwärts zu kommen, und sich dabei vorstellen, daß er nicht mehr aufholt. Er könnte seine Empfindungen durch eine entsprechende Körperhaltung zum Ausdruck bringen: »Laß deinen Körper ausdrücken, wie du dich fühlst, wenn du nicht mehr aufholen kannst.« Wenn er seinen Körper in eine entsprechende Lage gebracht hat, fragen wir einfach: »Wie alt bist du, und was spielt sich ab?«

Margots Kindheitserlebnis könnte genau der »Geburtstagsfeier« entsprechen. Wir würden sie fragen, ob sie jemals bei einem Kindergeburtstag war, und würden sie einen auswählen lassen, bei dem sie ihre schüchterne Rolle spielte. Wenn sie sich emotional in diese Situation versetzt hätte, würden wir sie auffordern, sich anders zu verhalten als damals. Wir würden sie entweder die ganze Situation in der Phantasie durchspielen lassen oder die übrigen Gruppenmitglieder auffordern, die Rollen der anderen Kinder zu übernehmen, wie sie es jetzt in der aktuellen Szene gemacht hatten.

Hätte Heiko sein Kopfweh nicht verschwinden lassen, so würden wir ihn vielleicht aufgefordert haben, sich eine alte Szene zwischen ihm und seiner Mutter zu vergegenwärtigen, in der er seiner Mutter erklärt, daß er keine Kopfschmerzen und Liebkosungen mehr habe, sondern lieber mit anderen Kindern spielen will.

Gregor hätte möglicherweise ein Kindheitserlebnis mit seinem Vater, dem Chirurgen, ausgewählt.

Unsere Strategie ist einfach: Zusammen mit dem Klienten suchen wir ein Kindheitserlebnis heraus, bei dem der Klient das gleiche Problem wie jetzt hat. Zu Ludwig, Philipp, Margot, Heiko und Gregor hätten wir einfach sagen können: »Mach die Augen zu, und versetz dich in die Vergangenheit. Wie paßt dein heutiges Problem zu Schwierigkeiten, die du als Kind hattest? Greif dir eine Situation heraus.«

Wir könnten das aufgreifen, was ein Spieler von seinem Spiel hat: die typischen negativen Gefühlsreaktionen und was er über sich und andere sagt. Ludwig ist »verärgert« und »schüchtern«. In den Worten des Kind-Ich ist er »wütend« und »hat Angst«. Über seine Mitspielerin Helga sagt er: »Du verdirbst mir den Spaß« und über sich selber: »Ich komme nicht zu dem, was ich machen will.« Philipp ist »entmutigt« und sagt: »Andere sind viel besser als ich« und »Ich begreife einfach nichts.« Beide könnten wir auffordern, die Augen zu schließen, das Gefühl und die Selbst- und Fremdbeschreibungen zu wiederholen, sich in die Kindheit zu versetzen und nach einer entsprechenden Situation zu suchen.

Klienten haben unzählige Kindheitserlebnisse. Wichtig ist, daß das zur Bearbeitung gewählte Erlebnis zum destruktiven Grundgebot paßt sowie zu der als Antwort vom Klienten darauf getroffenen Entscheidung, damit er eine spezifische Neuentscheidung in der Szene treffen kann.

Destruktive Grundgebote – Neuentscheidungen.

Sei nicht. Die Neuentscheidung muß heißen: »Ich werde mich nicht umbringen«, »Ich bin wert, geliebt zu werden« und »Ich mag mich und werde auch in Zukunft für mich sorgen.« Um solche Neuentscheidungen zu treffen, sucht der Klient ein frühes Erlebnis auf, bei dem er mit dem destruktiven Grundgebot konfrontiert wurde, und trifft die Neuentscheidung so, daß sie das Kindheitserlebnis verändert: »Ich bin wert, geliebt zu werden, auch wenn du, Papa, nicht weißt, was Lieben heißt«, »Ich bin wert, geliebt zu werden, auch wenn du sagst, daß ich dich vom Tag meiner Geburt an bekämpft hätte« oder: »Ich bin wert, geliebt zu werden, obwohl das Jugendamt nie Pflegeeltern für mich gefunden hat.«

Fühle nicht. Der Klient kehrt zu einem Kindheitserlebnis zurück und entscheidet sich neu, indem er sich den verbotenen Gefühlen aussetzt. Und er erklärt anderen, daß er stolz ist auf seine Fähigkeit, zu fühlen und Gefühle zu zeigen, selbst wenn die anderen das nicht anerkennen und nichts von Gefühlen halten.

Sei kein Kind. Anhand eines Kindheitserlebnisses versichert sich der Klient, daß er ein Recht darauf hat, die Hosen naßzumachen, zu spielen statt zu arbeiten, oder sich nicht für den Bruder, der noch ein Wickelkind ist, verantwortlich zu fühlen.

Denke nicht. Lautete das destruktive Grundgebot: »Denke nicht über unser Familiengeheimnis nach«, dann wird der Klient zu einem Kindheitserlebnis zurückkehren und den anderen sagen, daß er das Familiengeheimnis schon immer wußte. Impliziert das destruktive Grundgebot, daß der Klient »dumm« ist, dann wird er eine Szene wählen, in der er diese Zuschreibung zurückweist.

Schaff's nicht. Der Klient greift sich ein Erlebnis von früher heraus, als er beachtet wurde, wenn er keinen Erfolg hatte, oder nicht beachtet wurde, wenn er Erfolg hatte; dann trifft er die Neuentscheidung: »Ich werd's schaffen, auch wenn ihr was dagegen habt.«

Werde nicht erwachsen. Auch hier kommt es zu einer Konfrontation zwischen denen, für die der Klient ein Kind bleiben soll, und dem Klienten, der klarmacht, daß er kein Kind bleiben wird. Bei einer solchen Szene machen wir oft ein »Interview mit den Eltern« und fragen sie dabei, warum sie als Vater oder Mutter so große Angst davor haben, daß das Kind erwachsen wird, und dann ist der Klient frei für die Neuentscheidung: »Ich bin groß, obwohl ich, wenn's nach euren Wünschen gegangen wäre, ein kleines Kind hätte bleiben sollen.«

Nicht. Der Klient greift ein Kindheitserlebnis auf, um zu demonstrieren, daß er in der Lage ist, seine Wahl zu treffen, und daß er sie auch trifft. Er kann seinen Eltern auch sagen, daß er ihnen ihre Furcht zurückgibt, weil schließlich sie es waren, die ursprünglich Angst hatten, wenn er schaukeln, auf Bäume klettern oder über die Straße laufen wollte.

Sei kein Junge. Sei kein Mädchen. In einer Welt voll Regeln für beide Geschlechter verstoßen Menschen, die mit ihrem Geschlecht im Widerstreit leben, gegen die Regeln. Mädchen, die Jungen sein wollen, sind nicht so »weich und süß wie ein Kinderbett«*, und Jungen, die eigentlich Mädchen hätten werden sollen, erlauben sich eine Weichheit und Süßheit, über die der Supermann nur la-

* Schlagertext (um 1940): »The girl that I marry will have to be as soft and as sweet as a nursery.« (Anm. d. Übers.)

chen kann. In therapeutisch bearbeiteten Kindheitserlebnissen trifft der Klient die Neuentscheidung, sich so anzunehmen, »wie er ist«. Fühlt ein Klient sich schuldig, weil er das »falsche Geschlecht« hat, so fordern wir ihn auf, seine Geburtsszene darzustellen und den Eltern klarzumachen, wer für sein Geschlecht verantwortlich ist.

Laß dich nicht ein. Dieses destruktive Grundgebot hat so viele verschiedene Bedeutungen, daß es besonders wichtig ist, ein Kindheitserlebnis aufzusuchen, wo es in spezifischer Weise zum Ausdruck gebracht wurde, damit sich der Klient neu entscheidet: »Ich werde mich mit anderen einlassen, auch wenn ihr euch nicht mit mir eingelassen habt«, »Ich habe Freude an Sex, auch wenn ihr Angst vor Sex hattet« oder: »Ich gestatte mir, mich jemandem anzuvertrauen, auch wenn ich mich auf euch nie verlassen konnte.« Manchmal wurde die Entscheidung aufgrund eines traumatischen Erlebnisses getroffen, ohne daß jemand das destruktive Grundgebot aufgestellt hat: »Weil du gestorben bist, habe ich beschlossen, nie mehr zu lieben. Ich liebe jetzt – obwohl du gestorben bist. Ich getraue mich, zu lieben.«

Sei nicht wichtig. In therapeutisch bearbeiteten Kindheitserlebnissen, wie etwa Szenen bei Tisch, gibt der Klient seine stillen und erfolglosen Versuche auf, mit denen er verlangt, daß die Familie ihm zuhört. Er erkennt seine Wichtigkeit, selbst wenn sie von den anderen weiterhin geleugnet wird.

Sei nicht gesund. Das ist oft die Entscheidung von Klienten mit psychosomatischen Beschwerden oder von Klienten, die Krankheit dazu mißbrauchen, sich vom Lebensgenuß und Erfolgreich-Sein abzuhalten. Unsere Mitarbeiter John McNeel und Ellyn Bader[1] lassen eine Klientin zu einem Kindheitserlebnis zurückgehen, damit sie ihre Schmerzen hinter sich läßt:

Hertha: Was mich in Panik versetzt, sind die Schmerzen ... obwohl ich weiß, daß es nicht mein Herz ist. Meine Brust tut weh ...

John: Willst du dich darauf einlassen, ein kleines Mädchen zu sein?

Hertha: Ummmh. *(Nickt zustimmend.)*

John: Stell dir vor, dein Papa und deine Mama stehen vor dir. (Hertha sagt, daß sie sich das vorstellt.)

Ellyn: Und du bist jetzt klein.

Hertha beschreibt sich, wie sie ein kleines Mädchen ist.

John: Und willst du bitte deine Eltern beschreiben? *(Das macht sie.)* Willst du dir vergegenwärtigen, wie die beiden über Schmerzen miteinander verbunden sind?

Herta *fängt laut zu weinen an.*

John: Willst du ihnen als kleines Mädchen erklären, daß ihre Schmerzen und du zwei getrennte Paar Stiefel sind?

Hertha: Meine Mutter würde mich nicht getrennt sein lassen. *(Schluchzen.)* Ich setze mich in eine Ecke und lese, und sie läßt mich nicht. *(Ihre Stimme klingt jetzt sehr kindlich.)*

John: Du bist aber ein getrenntes Wesen.

Ellyn: Auf dem Weg in die Ecke mach dir klar, Hertha, wie sehr du dir gewünscht hast, getrennt zu sein.

Hertha: Ja. Ich konnte den Krach und den Streit nicht aushalten und das Geschirr, das gegen die Wand gedonnert wurde. Ich hab so Angst, ich möchte bloß weg, aber . . . wohin könnte ich? Meine Mutter verlangte von mir, daß ich meinen Vater wusch, wenn er betrunken war. Ich wollte abhauen . . .

Ellyn: Natürlich wolltest du abhauen.

Hertha *schluchzt weiter.*

Ellyn: Und du hast verdient, daß sich jemand deiner annimmt.

John: Und dich wissen läßt, daß du ein eigenständiger Mensch bist.

Hertha: »Ich bin eigenständig. Ich mag euch ähnlich sehen. Ich kann spüren, daß in euch auch Gutes ist, aber ich bin nicht ihr. Ich brauch eure Schmerzen nicht zu tragen.«

Sie sieht die Eltern und sagt ihnen, daß sie von ihnen getrennt ist und sich ihre Schmerzen nicht aufbürdet.

Frei erfundene Szenen

Mit frei erfundenen oder imaginierten Szenen meinen wir solche, die nie stattfanden und auch nicht stattfinden konnten. Hertha hätte zum Beispiel eine Szene erfinden können. Sie hätte etwa so tun können, als säße sie in einem winzigen Kanu und paddelte durch ihre Venen und Arterien bis zu dem Ort ihrer Schmerzen. Dort angelangt, beschreibt sie, was sie sieht, was die Schmerzen verursacht, ein Knoten, eine Blockade oder eine Einschnürung. Sie malt dann in der Phantasie aus, wie sie die Stelle heilt. Philipp hätte zu einer Neuentscheidung finden können, indem er zum Beispiel seinen Einfall, daß er rennt und doch zurückbleibt, wie einen Traum behandelt hätte. Er würde sich dann die Traumbilder zu eigen machen: die Straße, auf der er rennt, die Landschaft, die er erfindet, die anderen Leute und sich selbst als Träumer. Ludwigs bullernde Geräusche hätten zu einer Phantasie ausgebaut werden können, in der er ein Löwe wird und sich dann die dem Löwen zugeschriebene Stärke zu eigen macht.

Edith wird zu Beginn ihrer Arbeit aufgefordert, sich in ein imaginiertes Erlebnis einzulassen; sie soll ihre Blockade sein:

Edith: Es fällt mir auf, daß ich oft abblocke. Da stößt mir meine Kindheit auf. Damals habe ich es ganz genauso gemacht.

Bob: Ich bin verwirrt. Steh bitte auf, und sei der Block. »Ich bin der Block.« *(Bob sagt das laut.)*

Edith: So ein Block bin ich nicht. Ich bin nebulöser.

Bob: Wunderbar. Sei der nebulöse Block, und sag Edith, was du machst.

Edith: »Ich bin ganz nebulös und amorph und wischiwaschi. Wenn du versuchst, mich wegzurollen, komm ich durchs Hintertürchen wieder rein.«

Bob: Um Edith daran zu hindern, daß sie . . .

Edith: . . .denkt.

Bob: Eine Denkblockade.

Edith: »Und ich bin auch eine Erinnerungsblockade.«

Bob: Ich will nicht, daß du, Edith, dich erinnerst, damit . . .

Edith: »Ich will nicht, daß du dich erinnerst, damit . . .« Ich weiß nicht.

Bob: Mach die Augen zu, und wiederhole den Satz: »Ich will nicht, daß du dich erinnerst, damit . . .«

Edith: Oh. »Damit du keine Angst kriegst.«

Bob: Sei Edith.

Edith: »Ja. Das ist alles recht und gut, Block. Aber manchmal will ich etwas Angst riskieren. Ich wollte, du würdest dich aus dem Staube machen, endlich verschwinden.«

Bob: Genug Wünsche, Glaube und Hoffnungen. Gleich brauchst du auch noch Barmherzigkeit.

Edith: *(lacht)*: Ja. »Ich brauch dich nicht. Ich werde dich wegstoßen.« *(Breites Lächeln.)*

Bob: Was ist los?

Edith: Er hat sich verflüchtigt, bevor ich Zeit zum Stoßen hatte.

Bob: Du hast soviel Macht, daß du ihn nicht einmal wegstoßen mußtest? Du hast ihn dafür einfach sich verflüchtigen lassen.

Edith: Wirklich?

Bob: Aber sicher. Wessen Block war es denn?

Mary: Nein, du hast nichts dazu getan. In Wirklichkeit war es Bob. Ich habe gesehen, wie er ihn mit seiner geheimen Antiblock-Strahlenkanone in Luft aufgelöst hat. Hast du ihn nicht gesehen? Und jetzt versucht er, uns weiszumachen, daß du kleines hilfloses Geschöpf das gemacht hast.

Edith *(kichert):* Ich bin . . . Mensch, ich bin so klar im Kopf. So klar. Ich habe meine eigene Antiblock-Strahlenkanone, und die könnt ihr mir nicht wegnehmen. So klar wie jetzt fühle ich mich fast nie. Ich kann denken . . . ich denke.

Während der nächsten paar Tage spielte Edith mit großem Vergnügen mit ihrer Strahlenkanone, um ihre Denkblockade wegzuballern. Später fiel ihr ein Kindheitserlebnis wieder ein, nämlich daß ihre Mutter sie beschuldigte, Geld gestohlen zu haben. Mutters Vorhaltungen brachten Edith immer mehr durcheinander, bis sie schließlich gestand, daß sie gestohlen hatte. Danach nahm Mutter sie in die Arme und sagte ihr, was für ein gutes Mädchen sie doch sei, weil sie die Wahrheit gesagt hatte. Jetzt, wo sie dieses Erlebnis noch einmal durchlebt, versichert Edith, daß sie das Geld nie gestohlen und sich damals sehr clever verhalten habe. Verwirrt zu sein und dafür geliebt zu werden war besser, als klar zu denken und dafür als Lügner abgestempelt zu werden. In ihrer Neuinszenierung des Kindheitserlebnisses macht sie dies ihrer Mutter klar. Sie versichert dann, daß sie von jetzt an nicht mehr darauf angewiesen ist, verwirrt zu sein, um Liebe oder sonst etwas zu bekommen.

Eine Klientin, die mit unserem Mitarbeiter Eugene Kerfoot[2] arbeitete, redete von einer »Mauer«. Sie war eine einsame, zurückgezogen lebende Frau, die sich nur auf zufällige und oberflächliche Begegnungen mit anderen einließ. Was darüber hinausging, machte ihr Angst. In der Therapie sprach sie von der »Mauer«, die sie seit ihrer Kindheit begleite. Allmählich machte sie sich klar, daß diese Mauer, die sie bisher für ein krankhaftes Symptom gehalten hatte, durchaus wertvoll war und ihr als Schutz gedient hatte gegen die phantasierten Übergriffe und Vereinnahmungen durch die Mutter. Sie begriff, daß frühe Entscheidungen zu der Zeit, da sie getroffen werden, ohne Ausnahme nützlich sind und positive Aspekte des Selbstschutzes in sich bergen, selbst wenn die späteren Folgen destruktiv sind.

Kerfoot stellt fest: »Enthält die frühe Entscheidung eine Metapher, in diesem Fall ›Ich lass mich nicht näher ein ... ich baue eine Mauer‹, dann hilft es dem Therapeuten, wenn er die Metapher in die Neuentscheidung einbezieht. Diese Klientin traf ihre Neuentscheidung, als sie sich in der Phantasie ausmalte, wie sie ein Tor in die Mauer brach, so daß sie herauskommen oder hinter der Mauer bleiben konnte. Es lag in ihrer Hand.«

Die frei erfundene Szene, die Mary am besten gefällt, berichtete ihr Graham Barnes[3] über einen Klienten aus einem rassisch gemischten Workshop, der sich aus fundamentalistischen Geistlichen zusammensetzte. Ein Pfarrer sorgte dafür, daß er immer deprimiert, frustriert und überarbeitet war, indem er seine ganze Kraft für frühere Gemeindemitglieder einsetzte, die es ablehnten, zur Kirche zu gehen. Er hielt es für unmöglich, daß er je glücklich sein könnte, solange er diese Leute, die sich immer mehr zurückzogen, nicht zur Rückkehr bewegt hätte. Graham forderte ihn auf, eine Phantasiereise in den Himmel zu unternehmen. Mit glühenden Augen beschrieb der Pfarrer die Engel, die Musik, das schimmernde Gold. »Bist du dort glücklich?« fragte Graham. »Absolut glücklich, einfach glückselig.« Daraufhin sagte Graham: »Schau dich um: Sind deine Gemeindemitglieder und auch die früheren Gemeindemitglieder alle im Himmel?« Der Pfarrer hörte auf zu lächeln, schüttelte den Kopf und sagte: »Nein.« Graham fragte: »Und was empfindest du?« Er antwortete: »Ich bin traurig. Traurig und frustriert.« Dann lachte er. Sein Kind-Ich, das von dem Phantasiespiel entzückt war, merkte, daß er sich ganz einfach darauf programmiert hatte, im Himmel genauso unglücklich zu sein, wie er es auf Erden war – und er traf eine Neuentscheidung.

Wie Phantasien sind auch Träume hervorragend für Neuentscheidungen geeignet. Der Mann, der von seinem toten Sohn im Schwimmbecken geträumt hatte, traf seine Neuentscheidung, als er erkannte, daß der tote Sohn seinen eigenen kindlichen Anteil darstellte. Ein anderer Mann, dessen Vertrag den Abschluß seiner

Dissertation zum Inhalt hatte, träumte: »Ich bringe mein Auto in die Reparaturwerkstatt. Als ich es abholen will, ist es repariert, aber ich kann nicht rausfahren, weil jemand einen Haufen Ziegelsteine davor abgeladen hat. Ich beschwere mich beim Mechaniker, und der sagt, daß er dafür nicht verantwortlich ist. Ich gehe zum Meister, und der sagt mir das gleiche. Da stehe ich und schau auf das Auto und den Backsteinhaufen. Ich kann nichts machen.«

Während er die verschiedenen Rollen durchspielt, spürt er seine Frustration. Er spürt nicht die leiseste Bereitschaft, die Steine wegzuräumen. Wir fordern ihn auf, in der Traumszene zu bleiben, die Rolle der Ziegelsteine zu übernehmen, des Wagens, des Mechanikers, des Meisters und des Träumers – und zu erleben, wie die Zeit verstreicht: Herbst, Winter, Frühling, Sommer und wieder Herbst. Wir zählen die Jahreszeiten, während er untätig dasteht. Plötzlich sagt er: »Das ist unerträglich«, springt auf und macht Bewegungen, wie wenn er die Steine wegräumen würde. Er genießt offensichtlich diese Tätigkeit, die seinem eigenen Entschluß entspringt. Eine Woche später schickt er uns die ersten Seiten seiner Dissertation. Jetzt räumt er tatsächlich Steine beiseite.

Unser Mitarbeiter George Thomson[4] benützt die folgende Technik. Er glaubt, daß »der Trauminhalt die Vergangenheit repräsentiert; daß die Gefühle beim Aufwachen die typische negative Gefühlsreaktion darstellen und daß die Neuentscheidung ganz leicht dadurch getroffen wird, daß ein anderer Ausgang des Traumes erfunden wird.« Ein Therapeut, der so vorgeht, achtet genau darauf, ob der Klient selbständig neue Traumausgänge findet oder nicht. »Mensch, du hast die Möglichkeit, deinen Traum so enden zu lassen, wie du willst, und trotzdem beschreibst du wieder ein trauriges Ende.« Oder: »Wo du ein beliebiges Ende nach deinen Wünschen formulieren könntest, entscheidest du dich trotzdem für ein Ende, das davon abhängig ist, daß sich andere Leute ändern.« Der Klient formuliert den Traum so lange und so oft um, bis beide, er und der Therapeut, überzeugt sind, daß das Traumende die Neuentscheidung enthält.

Zukunftsszenen können so imaginiert und frei erfunden sein wie der Himmel des Pfarrers, oder sie können einfach ein Durchspielen eines bevorstehenden Ereignisses sein. Im nächsten Abschnitt wird beschrieben, wie Ludwig mit einer wichtigen Zukunftsszene anfängt, nämlich seiner mündlichen Abschlußprüfung, und sich dann einer Kombination von Szenen bedient, sowie Bobs »Volltreffer« für Neuentscheidungen.

Kombinierte Szenen

In Ausbildung befindlichen Therapeuten raten wir gewöhnlich, eine Szene erst durchzuarbeiten, bevor sie mit der nächsten beginnen. Läßt man eine Klientin erst mit ihrer geballten Faust, dann mit ihrem Vorgesetzten, dann mit ihrem toten Vater und schließlich mit der Spannung zwischen ihren Schultern in einen Dialog treten, so ist es wahrscheinlicher, daß sie am Ende verwirrt ist, als daß sie eine Neuentscheidung trifft. Ludwig begann mit einigen Szenen, ohne sie zunächst zu beenden und ohne sie zu vermischen. Er sprach zuerst von der mündlichen Prüfung, identifizierte sich dann mit seinen Händen, kehrte zu einer Kindheitsszene mit seiner Mama zurück und dann wieder zur mündlichen Prüfung, um dieses Problem vollends abzuschließen:

Ludwig: Ich hab Angst, daß ich durchfalle.

Mary: Stell dir vor, du bist bei der Prüfung, und vergegenwärtige dir die Situation. Als erstes: Wer sind die Prüfer? Stell dir solche Prüfer vor, vor denen du Angst hast.

Ludwig *macht das und beschreibt seine Prüfer. Dann stellt er sich ihnen vor. Während er seine Unterlagen überreicht, verhält er sich höflich, streif und defensiv.*

Wir fordern andere Gruppenmitglieder auf, Ludwigs Unterlagen so zu überreichen, wie sie es machen würden. Einer stellt sich so dar, daß er wie ein Gelehrter wirkt, einer wirkt begeisternd und sehr für sich einnehmend, ein dritter sehr durchsetzungsfähig.

Ludwig: Das hilft mir nicht. Das ist . . . ich weiß auch nicht, wie ich mich *am besten* darstellen kann! Und ich weiß genausowenig, wie ich ihre Fragen *am besten* beantworten soll.

Mary: Ich habe die anderen die Rollen übernehmen lassen, damit du siehst, daß es einen *besten* Weg nicht gibt. Abel verhält sich, wie es ihm angemessen ist, und entsprechend Anne und Arthur, wie es ihnen jeweils angemessen ist.

Ludwig *macht eine abrupte, nach abwärts gerichtete Handbewegung.*

Bob: Mach das noch mal. Genau. Jetzt sei deine Hände. Was sagen sie?

Ludwig: »Zum Teufel damit. Zum Teufel nochmal! Zum Teufel mit der Prüfung, zum Teufel mit TA. Zum Teufel mit allem.« *(Seitdem er in der Szene mit Helga tief durchgeatmet und gebrüllt hat, hat er gelernt, sich kraftvoll auszudrücken.)* Ich hab eine Wut auf vieles, was ich machen muß.

Mary: Ja. Was passiert zu der Zeit, wo du noch ein kleiner Junge bist – sei in deinem Elternhaus. Was passiert, wenn du sagst: »Ich hab eine Wut auf vieles, was ich machen muß?«

Ludwig: Das hab ich nie gesagt.

Mary: Mmmhmm.

Ludwig: Ich hab immer eine Wut gehabt und konnte es nie zeigen.

Mary: Versetz dich in die Situation.

Ludwig: »Ich hab eine Wut auf dich, Mutter. Weil du Jochen so bevorzugst und immer erzählst, wie gut er ist. Wie toll es von ihm ist, daß er den verdammten Litauer Fraß ißt, den wir essen mußten. Es hat mich geekelt, Löwenzahnsalat, Zwiebelgrün, der ganze Scheiß . . . Da sagst du wieder: ›Jochen, du kannst alles essen. Ludwig, warum kannst du nicht alles essen? Warum bist du nicht wie Jochen?‹«

Mary: Antworte ihr.

Ludwig: »Scheiße, Mama, ich will, daß du mich nimmst, wie ich bin. Und nicht wie jemand, der so sein soll wie Jochen.« *(Immer noch angepaßt, aus einer Verteidigungshaltung heraus.)*

Mary: Gut. Wir kommen gleich auf Mama und Jochen zurück. Stell dir jetzt wieder den Prüfungsausschuß vor, und sag denen, was du deiner Mama gesagt hast.

Ludwig: »Ich möchte von euch, daß ihr mich nehmt, wie ich bin, nicht so, als wäre ich Jochen.« *(Diesmal spricht er mit fester Stimme, nicht besänftigend.)*

Gruppenmitglied: Du hörst dich gut an. *(Applaus.)*

Mary: Begreifst du jetzt, daß es völlig in Ordnung ist, wenn sich Abel und Arthur und Anne und du jeder anders darstellen – und daß der Prüfungsausschuß nicht Mama ist und du nicht der kleine Ludwig?

Ludwig: Ich merke langsam, daß Jochen und Mama nicht perfekt sind. Darauf läuft schließlich alles hinaus. Perfekt sein, das hieß wie Jochen sein, und das konnte ich nicht.

Bob: Perfekt sein, das heißt litauischen Fraß essen. *(Lautes Lachen.)*

Ludwig: Phantastisch. Ich werde nie mehr anderer Leute Fraß essen!

Mary: Wunderbar! Sag das dem Prüfungsausschuß.

Ludwig: »Ich esse keinen solchen Fraß. Ich nicht! Ich bin nicht Jochen. Ich bin ich. ICH BIN ICH.«

Ludwig tritt vor den Prüfungsausschuß. Diesmal wirkt er sehr überzeugend und setzt sich durch.

Ein Szenenwechsel ist dann angezeigt, wenn dem Klienten plötzlich ein wichtiges Erlebnis mit einer wichtigen Entscheidung aus der Kindheit bewußt wird. Im folgenden Dialog ist unser Mitarbeiter Jim Heenan[5] der Therapeut:

Linda: Ich habe da einen Traum . . . einen Alptraum. Ich möchte ihn nicht mehr haben.

Jim: Hmmmm. Hast du ihn öfter als einmal gehabt?

Linda: Immer.

Jim: Immer? *(Mit Überraschung in der Stimme.)*

Linda: Jede Woche oder alle vierzehn Tage . . . ich hab ihn schon immer.

Jim: Selbst als klitzekleines Wickelkind?

Linda: Nein . . . seit ich vier oder fünf war . . . ganz exakt weiß ich es nicht.

Jim: Ganz exakt weiß ich es nicht. *(Nachdenklich.)*

Linda: Also, es ist so verschwommen . . . so unscharf . . . ich weiß nicht genau.

Jim: Ist das »Verschwommene« wie dein Traum?

Linda: Ja. *(Nickt.)*

Jim: Wann hast du den Traum zuletzt geträumt?

Linda: In der Nacht von gestern auf heute.

Jim: Versetz dich in deinen Traum, und erzähl ihn, wie wenn du dort wärst.

Linda: Ich liege im Bett. Da ist plötzlich ein lautes Geräusch. Ich springe auf. Ich renne eine lange dunkle Halle hinunter. Ich habe Angst. Am Ende der Halle ist ein Licht, und ein Telefon hängt an der Wand. Aus dem Telefon hört man eine Stimme schreien. Ich wache auf. Sie schreit: »Linda, Linda«, immer und immer wieder.

Jim: Du wachst also mit Angst auf?

Linda *(mit weit aufgerissenen Augen und ängstlichem Blick):* Ja.

Jim: Sei die Halle. Erzähl den Traum aus der Sicht der Halle.

Linda: Ich bin eine lange Halle. An meinem einen Ende ist eine Lampe, und an meiner Wand hängt ein Telefon. Ein kleines Mädchen rennt durch mich durch. Sie sieht ängstlich aus.

Jim: Sei die Halle, und erzähl den Traum bis zu Ende. Aus der Sicht der Halle.

Linda: Mein Telefon schreit: »Linda, Linda.«

Jim: Sei die Stimme aus dem Telefon.

Linda: Ich bin eine Stimme aus dem Telefon. Ich schreie: »Linda, Linda.«

Jim: Mach's.

Linda: »Linda, Linda.« *(Schreit hysterisch, bricht im selben Moment zusammen und schluchzt. Wenige Augenblicke später spricht sie mit der Stimme eines kleinen Mädchens:)* Es ist die Nacht, in der mein Papa starb. *(Spricht jetzt wieder mit der Stimme einer Erwachsenen:)* Er erlitt beim Duschen einen Herzanfall und stürzte durch die Glastür. Ich rannte in die Halle. Er rief: »Linda, Linda.«

Jim: Was passiert dann?

Linda: Meine Mutti sagt mir, es sei nur ein böser Traum, und ich solle ins Bett gehen. *(Schluchzt.)*

Jim: Wie alt bist du?

Linda: Viereinhalb.

Jim: Es geht also gar nicht mehr um deinen Traum, sondern um die Erinnerung an ein reales Erlebnis. Möchtest du an *diesem Erlebnis* noch weiterarbeiten?

Linda: Ja.

Jim: Nachdem deine Mutti dir gesagt hat, du sollst ins Bett gehen, hast du dich wieder hingelegt. Sei im Bett!

Linda: Ich bin im Bett. Ich habe Angst. *(Weint still vor sich hin.)*

Jim: Was sagst du dir?

Linda: Ich hab einen schlechten Traum. . . . Es ist kein Traum!

Jim *(stellt einen Stuhl vor Linda hin):* Das kannst du deiner Mutti sagen.

Linda: Es ist *kein* Traum. Ich hab's gehört. Genau gehört! Ich hab nichts erfunden. Ich hab's gehört. Es ist kein Traum.
Jim: Sei Mutti. Mutti, was willst du sagen?
Linda *(als Mutti):* Ich habe Angst.
Jim: Sag's der kleinen Linda.
Linda *(als Mutti):* Ich hab auch Angst. Es tut mir leid. Du hast's nicht erfunden. *Ich* wollte, daß es nur ein Traum wäre. Ich heiße auch Linda. Dein Vater rief mich.
Jim: Sei wieder die kleine Linda.
Linda *(als sie selber):* Meine Augen und Ohren funktionieren auch. Ich weiß, was ein Traum ist, und ich kenne den Unterschied zwischen Traum und Wirklichkeit. *(Schaut Jim an und nickt.)*
Jim *(nickt und lächelt):* Sag das auch den anderen.
Linda *(schaut in die Runde):* Ich bin nicht verrückt. Ich kenne den Unterschied zwischen Traum und Wirklichkeit! *(Lächelt!)*
Jim: Wo bist du jetzt?
Linda: Durch. Ich bin ganz aufgeregt . . . und ein bißchen traurig.
Jim: Im reinen mit der Mutti?
Linda: Für den Augenblick, ja. Danke.
Jim: Bedank dich auch bei der kleinen Linda!

Bei einer anderen Sitzung schließt sie die Arbeit ab, indem sie von ihrem Vater Abschied nimmt. Und sechs Monate später berichtet sie, daß sie den Traum nicht mehr hat.

Wir werden oft gefragt, woher man wissen soll, welchen Szenentyp man am besten für die Arbeit wählt. Als Leitlinie orientieren wir uns an den folgenden, nicht starr zu handhabenden Regeln: 1. Immer wenn die Realität wichtiger ist, wechseln wir von der Phantasieszene zur Realität, so wie Jim bei der Bearbeitung von Lindas Traum. 2. Wir greifen eine Szene auf, die den Klienten und uns gleichermaßen interessiert und von der mit hoher Wahrscheinlichkeit zu erwarten ist, daß der Klient in ihr die Energie des unbefangenen Kindes spürt. 3. Wenn der Klient keine Neuentscheidung trifft, wählen wir beim nächsten Mal, wenn er arbeitet, eine andere Szene. Wenn er jetzt eine Neuentscheidung getroffen hat, greifen wir möglicherweise die erste Szene wieder auf, um die Neuentscheidung zu verstärken. 4. Wenn wir von einem Klienten zum nächsten Klienten übergehen, wechseln wir auch den Szenentyp, mit dem wir arbeiten, um Wiederholungen und stereotype, an die jeweils vorausgehende Sequenz angepaßte Abläufe zu vermeiden. Trifft ein Klient eine Neuentscheidung im Rahmen der Bearbeitung eines Kindheitserlebnisses, so wird das nächste Mal mit einer Szene aus der jüngsten Vergangenheit, einer Szene aus der Gegenwart oder einer Phantasieszene gearbeitet. 5. Arbeitet ein Klient regelmäßig mit einem bestimmten Szenentyp, schlagen wir ihm vor, auch mit anderen Szenentypen zu experimentieren. 6. Überschlagen sich bei einem von uns plötzlich die Einfälle, dann hat das Vorrang. Wenn sich die Einfälle als Blindgänger erweisen, kehren wir zu den Regeln 1 bis 5 zurück.

Der Kontext, die anderen und der Klient

Klienten lernen leicht, reale Situationen oder solche aus ihrer Erinnerung oder frei erfundene szenisch darzustellen und sich im Rahmen solcher Szenen in ihrem Kind-Ich zu erleben. Wenn das alles ist, was passiert, sind die Ergebnisse in hohem Maße antitherapeutisch. Der Klient erlebt immer wieder die gleichen Szenen, formuliert die gleichen Glaubenssätze und hat die gleichen Gefühle – und verstärkt damit viel eher sein pathologisches Verhalten und Erleben, als daß er sich ändert. Mary erinnert sich an eine Klientin aus einem Workshop, die in einer sehr schönen und rührenden Szene von ihrer Tante Abschied nahm und zum Schluß sagte: »Jetzt hab ich zum letzten Mal Abschied von dir genommen.« Mary fragte nach, wann ihre früheren »Abschiedsszenen« stattgefunden hätten. »Ach, ich hab in Esalen mit Fritz Perls Abschied genommen und in New York und ...« Sie zählte ein halbes Dutzend prominenter Therapeuten auf, bei denen sie ihre Vorstellung gegeben hatte. Um eine Neuentscheidung zu treffen und nicht nur eine Vorstellung zu liefern, muß die Klientin ein Stück neuer Einsicht in ihr Kind-Ich integrieren – Einsicht, die stark genug ist, daß sich das Kind-Ich die Erlaubnis geben kann, sich zu ändern.

Unsere Aufgabe als Therapeuten besteht darin, in jeder Sekunde und bei jeder Szene auf das »fehlende Etwas« zu hören, das die Szene aus einer Tragödie in ein Drama mit gutem Ausgang verwandelt. Wir konzentrieren uns ausschließlich auf das, was der Klient braucht, damit er die Opferrolle aufgibt. Um das zu erreichen, unterteilen wir jede Szene abstrakt in drei Komponenten: das Selbst (der Klient), der Kontext der Szene, in dem der Klient handelt, und die anderen Personen in der Szene. Wir achten genau darauf, welche spezifischen Fakten, Gedanken, Verhaltensweisen oder Gefühle der Klient in bezug auf sich selbst, die anderen Personen oder den Kontext unterdrückt, damit er ein Opfer der alten Entscheidung bleiben kann.

Alle Menschen sind selektiv in ihrer Wahrnehmung und Aufmerksamkeit. Wenn Mary liest, hört sie nichts. Um sie aufmerksam zu machen, monologisiert Bob Blödsinn vor sich hin: »He, Mary, tanzen da nicht Elefanten vorne auf dem Rasen? Ich glaub wirklich! Und, schau mal, da klettern Affen die Palmen rauf.« Irgendwann hört sie. Eric Berne sah manchmal nichts. Obwohl er mit Bob im gleichen Haus arbeitete und sie sich oft trafen, fragte er erst ein Jahr, nachdem Bob sich den Bart abrasiert hatte: »Seit wann trägst du keinen Bart mehr?« Ein Kind spielt den ganzen Nachmittag glücklich und zufrieden, ohne zu merken, daß es Fieber hat oder Ohrenschmerzen. In der Therapie interessieren uns die großen blinden Flecke der Klienten.

Virginia Satir[6] schreibt, daß Klienten immer an den gleichen Punkten im Hinblick auf sich selbst, den Kontext und die anderen blind sind. Wer ständig andere beschuldigt und herabsetzt, der ist gleichzeitig blind für die Bedürfnisse und Wünsche der anderen. Wer ständig beschwichtigt und es allen recht machen will, der nimmt sich selbst nicht für voll. Wer nur nach dem Verstand geht und »Tatsachen« verlangt, wertet gleichzeitig sich und andere ab. Wer sich irrational verhält, nimmt nichts und niemand für voll. Virginias Aufzählung ergänzen wir durch das »Blumenkind«, das den Kontext ignoriert und daher nicht in der Lage ist, reale Probleme zu lösen.

Wenn sich der immer Vorwurfsvolle gegen die Neuentscheidung sträubt, dann wartet er gewöhnlich darauf, daß sich der andere ändert. Und er sagt praktisch: »Ich gebe erst auf, wenn jene Person etwas für mich getan hat.« Sobald er bereit ist, den anderen in einem neuen Licht zu sehen und zu erkennen, daß der andere ihm keine Gefühle »macht«, kann er sich neu entscheiden.

Derjenige, der es allen recht machen will, bleibt in einer Sackgasse stecken, wenn er sich nicht seinen eigenen Bedürfnissen, Wünschen und Gefühlen aussetzt. Er muß den anderen aus seiner Vergangenheit entgegentreten und erkennen, daß er nicht für sie verantwortlich ist, daß er ihnen keine Gefühle »gemacht« hat.

Der Verstandesmensch erkennt weder seine eigenen Gefühle noch die der anderen und macht es sich dadurch schwer, sich selber in seinem Kind-Ich zu erleben. Wir bestätigen ihn, wenn er Situationen inszeniert und es wagt, dabei Gefühle zu haben. Wir achten sehr genau darauf, daß wir ihn nicht in eine dramatische Pose drängen, da wir wissen, daß seine Neuentscheidungen, die er oft nur sehr sparsam zum Ausdruck bringt, für ihn genauso bedeutungsvoll sind wie die Neuentscheidungen, welche andere mit viel mehr Pathos treffen.

Der irrationale (psychotische) Klient trifft Entscheidungen zunächst nur auf der Ebene des Erwachsenen-Ich. Er überprüft aktuelle und kurz zurückliegende Erlebnisse und entscheidet sich dann. Wenn er in einer Szene den Realitätsbezug verliert, unterbrechen wir sofort: »He, setz dich hier neben mich in den Beobachterstuhl. Sei mein Ratgeber. Was ist schiefgelaufen, daß der Klient – du – sich entschloß, sich verrückt zu verhalten?« Wir unterbrechen, damit sich die Erwachsenen-Ich-Funktionen wieder stabilisieren. Erst wenn der Klient klar zeigt, daß sein Erwachsenen-Ich jederzeit die Kontrolle hat, kann er ohne Gefahr mit dem Kind-Ich arbeiten.

Das »Blumenkind« scheint so leicht Neuentscheidungen zu treffen, daß Therapeuten manchmal glauben, der Klient habe grundlegende Fortschritte gemacht. Sie müssen dann aber bei der nächsten Sitzung erfahren, daß sich nichts verändert hat. Das Blumenkind hat eine ausgeprägte Fähigkeit, sich und andere zu verstehen, und kann auch alte Gefühle geschickt jederzeit abrufen. Der Klient wird beeindruckende Darbietungen vorführen und sich überhaupt nicht ändern, wenn der Therapeut nicht ganz außergewöhnlich konkret bleibt. Das Blumenkind muß nach jeder Neuentscheidung genau gefragt werden, was es aufgrund seiner Neuentscheidung konkret anders machen will.

Der Kontext

Wir fragen uns fortwährend im Rahmen des Kontextes der Szene, was die betreffende Person ignoriert, um alte destruktive Grundgebote und als Antwort darauf getroffene Entscheidungen rechtfertigen zu können. Was muß sie über den Kontext der Szene wissen, damit sie ihren Vertrag erfüllen kann?

Erika, die als Alleinstehende zwei kleine Kinder großzieht, schließt einen Vertrag, daß sie ihr Leben mehr genießen und besser in den Griff bekommen will, statt sich »von allem wie am Boden zerstört zu fühlen«. Ihre destruktiven Grundgebote lauten: »Sei kein Kind« und »Schaff's nicht«. Ihre typischen negativen Gefühlsreaktionen sind Trauer und Angst vor der Zukunft.

Erika greift ein Kindheitserlebnis auf. Man sagt ihr, daß sie bei einem Theaterstück in der Schule keine Hauptrolle spielen kann. Statt dessen muß sie im winzigen Süßwarenladen der Familie in New York City arbeiten. Sie sagt: »Was macht das schon? Ob ich mitspiele oder nicht, es ist doch alles so beknackt. Uns ist das Glück sowieso versperrt.« Wie wir das hören, lassen wir das Problem mit der Hauptrolle im Theaterstück beiseite. Das mag später hilfreich für die Neuentscheidung sein, »es zu schaffen«, sofern sie auf ihrem Recht auf eine »Starrolle« bestehen will. Statt dessen konzentrieren wir uns auf ihre frühe Entscheidung, daß ihr das Glück ohnehin versperrt sei, sofern sich nicht die soziale Lebenssituation ändert.

Sie beschreibt ihr Elternhaus und den Süßwarenladen, und dann geben wir ihr folgende Aufgabe: »Stell dir vor, du bist dort ... im Süßwarenladen. Mit dem einzigen Unterschied: Stell dir vor, daß am Tag deiner Geburt eine gute Fee ins Zimmer geflogen kam und dich mit Glückspuder bestäubt hat. Sei dort im Süßwarenladen, und denk dir aus, wie du TROTZDEM glücklich sein kannst!« Sie macht das und erkennt, daß der Süßwarenladen in gleicher Weise den Hintergrund für mögliche Freude wie für mögliches Elend abgeben kann. Ihre Familie hatte ihn in den Farben des Elends erlebt, und Erika hatte die Gefühle der anderen Familienmitglieder als die einzigen möglichen Reaktionen auf die Lebensumstände akzeptiert. Das Phantasieerlebnis machte sie frei, in ihrem gegenwärtigen Leben Glück zu suchen und gleichzeitig ihre jetzige Lebenssituation zu verändern.

Auch Uwe konzentriert sich auf das, was in seinem Umfeld alles nicht in Ordnung ist. Laut seinem Vertrag will er sich entscheiden, entweder bei seiner Familie glücklich zu leben oder von seiner Familie getrennt glücklich zu leben. Zweimal hat er sich schon von seiner Frau getrennt. Zur Zeit haben sie sich wieder versöhnt. Sein destruktives Grundgebot lautet: »Laß dich nicht näher ein.« Aus seinem ganzen Leben erinnert er eine einzige glückliche Periode. Damals wohnte er auf einem Bauernhof bei seiner Großmutter. Danach zwang man ihn, zu seinen Eltern nach Chicago zu ziehen und die »miserablen und sadistischen Schulen Chicagos« zu besuchen. Bei der Auswahl therapeutisch zu bearbeitender wichtiger Szenen aus der Kindheit drängen sich viele Möglichkeiten auf. Irgendwann wird er von seiner Großmutter Abschied nehmen und ihr und seinen Eltern klarmachen müssen, daß er sich entschieden hat, sich einzulassen, selbst wenn man ihn wieder wegschicken sollte. Da jedoch nur noch fünfzehn Minuten bis zum Ende der Therapiesitzung zur Verfügung stehen, wollen wir, daß er eine Szene bearbeitet, die schnell abgeschlossen werden kann. Abschiednehmen dauert oft länger.

Mary: Stell dir vor, du bist in Chicago und gehst zur Schule. Was siehst du?

Uwe: Einen Haufen sadistischer Jungs, die sich balgen.

Mary: Schau dich genau um. Geh in die Schule rein und sieh dich um.

Uwe berichtet von den baufälligen und verdreckten Klassenräumen, von den überfüllten Klassen, den sauertöpfischen Lehrern und den Jungs, die einander bekriegen.

Mary: Sehr gut. Du kannst dich sehr gut in die Situation zurückversetzen. Jetzt geh auf den Schulhof. Siehst du, wie die Jungs sich balgen?

Uwe: Ja. *(Er beschreibt die Szene.)*

Mary: Sind alle Jungs daran beteiligt?

Uwe: Nicht alle. Einige spielen mit einem Ball.

Mary: Interessant. Was macht Uwe?

Uwe: Sitzt auf einer Bank herum und ist traurig.

Mary: Sitzen andere Jungs auch auf Bänken herum?

Uwe: Ja.

Mary: Ich frag mich, warum sich Uwe nicht mit denen zusammentut?

Uwe: Weiß ich nicht, er macht's halt nicht. Es ist eine riesige Schule. Ich erinnere mich an einen Jungen. Der war wie ich . . . der wohnte im gleichen Haus. Ich habe nicht viel mit ihm gespielt. Ich weiß nicht. Ich war traurig.

Bob: Sei Uwe. Auf der Bank. Und sag: »Ich bleibe so lange traurig, bis . . .«

Uwe: »Ich bleibe so lange traurig, bis ... bis ... bis ich wieder zu meiner Großmutter kann.« *(Weint kurz.)* Ich kam nie mehr zu ihr.

Bob: Jetzt stell dir deine Frau vor, und sag zu ihr: »Wenn wir zusammen sind, bleib ich so lange traurig, bis ich wieder zu meiner Großmutter kann.«

Uwe: Um Himmels willen! *(Lacht.)*

José, Sohn eines Landarbeiters mexikanischer Abstammung, äußert sich abfällig über die Bösartigkeit der Schule, in die er ging. Obwohl er das Vorurteil seiner Lehrer gegen spanischsprachige Schüler kennt, glaubt er, daß seine »Dummheit« das Hauptproblem war. Er besteht darauf, daß er seine Probleme leicht in den Griff bekommen hätte, hätte er nicht einen so niedrigen Intelligenzquotienten gehabt. In vorausgehenden Sitzungen hatte ihm die Gruppe für seine klugen Bemerkungen zu den Problemen anderer viel Anerkennung gezollt. Er hat außerdem mit zwei Stühlen gearbeitet und einen Dialog zwischen seinem »klugen« und seinem »dummen« Selbst geführt. Er durchschaut auch sein Spiel, daß er immer wieder unpassende Bemerkungen macht, sich dafür Kritik einhandelt und sich dadurch Bestätigung für seine Überzeugung holt, daß er dumm sei.

Wir fordern ihn auf, in der Phantasie noch einmal in seine Schule zu gehen. Diese Erfahrung ist für ihn sehr schmerzlich, und er schluchzt. Er kann sich dem Lehrer nicht verständlich machen, wenn er zur Toilette muß, wird mit dem Lineal geschlagen, wenn er Spanisch spricht, bekommt zerschlissene Schulbücher, während die englischsprachigen Kinder neue bekommen, und wird in Klassen für »Langsamlerner« gesteckt. Eine halbe Stunde lang führt er sich durch seine schreckliche Schulzeit; als er schließlich zu Ende kommt, weint fast die ganze Gruppe. Wir fordern ihn auf, sein Erwachsenen-Selbst zu sein und dem kleinen José zu sagen, wie gescheit er gewesen sein muß, daß er trotz allem, was man ihm angetan hat, Englisch lernte und das Abitur machte. Am Schluß dieser Sitzung nimmt er sich mit seiner wahren Intelligenz an.

Die anderen

Die anderen wichtigen Personen im Leben der Klienten spielen innerhalb der Szenen jeweils die Rolle, welche die Klienten ihnen aufgrund ihrer Erinnerungen oder ihrer phantasierten Erfindungen zuschreiben. Die anderen sind *nicht* zu ändern. Wenn der Vater zum Beispiel nach allem, was man über ihn erfährt, keine Liebe gab, werden wir die Szene nicht dem Ziel widmen, daß sich der Vater in einen liebevollen Menschen wandelt. Der Klient kann dahin kommen, seinen lieblosen Vater zu verstehen, er kann ihn angreifen und ihm sagen, daß er, der Klient, in seinem Leben heute liebevolle Menschen gefunden hat, und er kann sich *selber* und seine Beziehung zu ihm verändern, wie er will. *Ihn* kann er nicht ändern. Dies ist wesentlich, weil die meisten Klienten an ihrem Unglück festhalten, um dadurch die Eltern zu anderem Verhalten zu zwingen. Hier lernen sie, daß sie für sich selber verantwortlich sind, ganz unabhängig davon, wie ihre Umwelt aussieht.

Nachdem José den destruktiven und fatalen Charakter seines schulischen Hintergrundes erkannt hat, befaßt er sich als nächstes mit seiner ersten Lehrerin. Er spielt ihre Rolle, und dabei erinnert er sich wieder an sie. Er ändert nicht die Lehrerin, sondern sich.

José: »Fräulein Jones, ich bin neun Jahre alt, als ich in Ihre Klasse komme. Sie sind meine erste Lehrerin. Bisher war ich noch nicht zur Schule gegangen. Die anderen Kinder gehen schon drei Jahre zur Schule, sie können lesen und schreiben und auch etwas Englisch sprechen. Selbstverständlich können sie Englisch. Wenn ich kein Englisch verstehe, bin ich deshalb nicht dumm.«

Bob: Sag ihr: »Sie sind dumm, Fräulein Jones ...«

José: »Ja, Sie sind wirklich dumm! Dumm und gemein ... sehr dumm. Wenn Sie klug gewesen wären, hätten Sie gewußt, daß ich nicht dumm bin, ich konnte eben nur kein Englisch.«

Bob: Wie lange brauchst du bei ihr in der Klasse, bis du Englisch verstehst?

José: Ich glaube, länger als nötig gewesen wäre. Wir mexikanischen Kinder sprachen untereinander kein Englisch. Und meine Eltern haben nie Englisch gelernt. Meine älteren Brüder haben nie richtig Englisch gelernt. Also ... vielleicht doch ein ganzes Jahr.

Bob: Wieviele mexikanisch-amerikanische Kinder sind in der Klasse?
José: Etwa ein Drittel. Wir wurden alle als dumm bezeichnet, und ich war der Dümmste. Das hat sie jedenfalls gedacht.
Bob: Gut. Also, Fräulein Jones hört in der Schule täglich Spanisch, und du hörst in der Schule täglich Englisch. Du lernst Englisch in einem Jahr? Wie lange braucht Fräulein Jones, um Spanisch zu lernen?
José: Das hat sie nie gelernt.
Bob: Wer ist da also dumm? *José und die Gruppe lachen vergnügt.*

Am Anfang einer Behandlung konzentrieren wir uns darauf, herauszufinden, inwieweit andere früher zu kurz gekommen sind, insbesondere die Eltern und ältere Geschwister. Wir tun das, um die destruktiven Grundgebote und entsprechende Entscheidungen klarer herauszuarbeiten oder um aktuelle stark aufgeladene Situationen zu entschärfen. Ein Mann und eine Frau, die sich ständig in den Haaren liegen, sind gegenüber der Behandlung viel aufgeschlossener, wenn ihnen klar wird, daß er von seinem Vater beigebracht bekam, sich herumzustreiten, um nicht-sexuelle Intimität zu vermeiden; und daß sie von ihrer Mutter beigebracht bekam, sich herumzustreiten, um sexueller Intimität aus dem Weg zu gehen. Ein suizidaler Klient schließt dann seinen ersten Vertrag, wenn ihm klar wird, daß seine suizidalen Impulse nicht primär der Reaktion auf seine gegenwärtige Situation entspringen, sondern Reaktionen auf sehr alte Zuschreibungen sind, die er angenommen hat.

Zu Anfang der Behandlung mußte Walter mit der Barschheit und dem Perfektionismus seines Vaters in Berührung kommen. Walter war depressiv und suizidal und machte sich seine eigene schlimme Lage zum Vorwurf. In der Durcharbeitung eines Kindheitserlebnisses mit seinem Vater erkennt er, daß ihn sein Vater nie positiv verstärkt hat, weder dafür, daß er überhaupt da war, noch dafür, daß er irgend etwas gemacht hat. Wenn Walter etwas zustande bringt, verlangt der Vater, daß er es das nächste Mal noch besser machen soll. Wie ihm dies klar wird, mobilisiert er seine früh unterdrückte Wut und wehrt sich. Er schreit: »Ich bin wert, geliebt zu werden, verdammt nochmal! Ich bin wert, geliebt zu werden! Es ist nicht meine Schuld, es ist deine Schuld, daß du mich nicht lieben konntest!« Das ist seine erste Neuentscheidung. In einer späteren Szene trifft er folgende Neuentscheidung: »Um am Leben zu bleiben, brauche ich nicht perfekt zu sein! Auch wenn ich deinen Erwartungen nicht entspreche, werde ich mich nicht umbringen!«

Manche Klienten verteidigen ihre Eltern und weigern sich, die Pathologie der Eltern zu sehen. Sie hindern sich dadurch, notwendige Neuentscheidungen zu treffen. In solchen Fällen fordern wir die Person oft auf, sich selber aus der Szene herauszunehmen, um sie besser zu verstehen.

Mary: He, komm her, und setz dich neben mich. Schau dir die kleine Cora und ihren Vater an. Tu so, als seist du die Therapeutin.

Oder:

Mary: O je, wenn ich in dieser Familie ein kleines Mädchen wäre, ich würde mich bestimmt elend fühlen. Ich wette, Cora will bloß nicht, daß die anderen Kinder erfahren, wie elend sie sich fühlt.

Oder:

Mary: Ich weiß, daß deine Familie darauf Wert legt, daß die Nachbarn nicht erfahren, was los ist. Versetz dich in die Rolle eines Nachbarn, und schau mal, was der Nachbar schon weiß.

Oder:

Bob: Ich wette, du mußtest deinen Vater schützen. Als Aufgabe fürs Leben. Wie hast du ihn als Kind geschützt?

Oder:

Mary: Ja, du hast also versucht, deine Mutter glücklich zu machen? War sie denn glücklich, bevor du geboren wurdest?
Anton: Nein, ihre Mutter starb, als sie noch sehr jung war.
Mary: Und es war keine Ersatzmutter da, die sie glücklich machte? Ist sie jetzt glücklich?

Anton: Nein.
Mary: Offensichtlich hat es niemand in ihrem langen Leben seit dem Tod ihrer Mutter geschafft, sie glücklich zu machen. Wie ist's mit dir? Sag ihr: »Niemand schafft es, dich glücklich zu machen.«

Hugo will als Familientherapeut erfolgreicher sein. Er bringt eine Tonbandaufzeichnung von einer Familientherapiesitzung, in der alle gut arbeiten, bis die Mutter in Tränen ausbricht. Hugo und der Ehemann versuchen, sie zu beschwichtigen, und die Arbeit kommt völlig zum Erliegen. Die ältere Tochter schließt sich den Beschwichtigungsversuchen an; die jüngere Tochter entzieht sich und muß plötzlich zur Toilette, und der Sohn beschäftigt sich mit Nebensächlichkeiten.

Wir schalten das Tonbandgerät ab.

Bob: Inwiefern entspricht die Situation deinen eigenen Erfahrungen in der Kindheit?
Hugo: Ich sehe keine Parallele. Ich . . . mein Vater hat alle manipuliert. Mutter war die Starke, die uns zusammenhielt.
Mary: Irgendwie paßt es schon. Stell dir vor, deine Mutter oder dein Vater weint, und du bist hilflos. Das einzige, was du machen kannst, ist Trösten.

Hugo fängt an zu weinen, wie er von Situationen spricht, in denen seine über ihre Ehe verzweifelte Mutter in sein Schlafzimmer kam und dort die ganze Nacht weinend im Schaukelstuhl saß. Hugo versuchte, sie zu trösten. Wir arbeiten so lange mit ihm, bis er langsam spürt, wie verärgert er über seine Mutter ist, daß sie ihm den Schlaf raubt. Er schließt seine Arbeit mit dem Satz ab: »Mutter, es tut mir leid, daß du so traurig bist. Ich kann an deiner Beziehung mit Vater wirklich nichts ändern. Du und er, ihr könnt etwas ändern. Noch bin ich ein Kind, das seinen Schlaf braucht. Nimm deinen Schaukelstuhl und stell ihn in ein anderes Zimmer.« Hugo lernt hier zu differenzieren, auch im Umgang mit seinen Klienten, was unter seine und was unter deren Verantwortlichkeit fällt.

Der Klient sucht auch nach den guten Seiten seiner Eltern. Nachdem er die Neuentscheidung zum Leben getroffen hat, obwohl sein Vater ihn nicht akzeptierte, hat Walter weiterhin das Gefühl, von seinem Vater betrogen worden zu sein.

Bob: Was weißt du von deinem Vater, als er noch klein war?
Walter: Nicht viel. Er wuchs in China auf.
Bob: Sei dein Vater als Junge in China.
Walter *(als Vater)*: Ich bin etwa ... ach ... irgendein Alter. Ich hab in den Reisfeldern gearbeitet, da konnte ich gerade laufen.
Bob: Wie war das? Setz dich dem Gefühl aus.

Walter schildert seine Phantasien über ein Leben, das aus harter Arbeit bestand und in dem es kein Geld gab.

Mary: So ein kleiner Junge und muß so hart arbeiten. Sag mir, wer lobt dich für die schwere Arbeit?
Walter *(als Vater):* Niemand. Man muß arbeiten, damit man was zu essen bekommt. Niemand hat ... hat Zeit für Lob. *(Walter weint still vor sich hin, das Gesicht in den Händen vergraben. Dann verläßt er »Vaters« Stuhl und geht auf seinen eigenen Platz zurück.)* Ja, ich erwarte zuviel von ihm.
Mary: Ja.
Bob: Laß dir eine Geschichte erzählen. Ich will dir eine Geschichte erzählen. Mein Vater hat auch nicht gelobt. Er hat für den Lebensunterhalt gesorgt und die Arbeit als was Gutes dargestellt. Vor einigen Jahren, er lebte damals noch, merkte ich plötzlich, daß ich ihn auch wenig lobte. Bei einem Besuch sagte ich ihm dann: »Du warst ein guter Vater. Ich kann mich daran erinnern, wie du mich ins Yankee-Stadion mitgenommen hast und wir Babe Ruth spielen sahen. Das waren schöne Zeiten mit dir.« Also, er grunzte bloß. Am Nachmittag legte ich mich zu einem Mittagsschlaf hin. Er kam ins Schlafzimmer und faßte meinen großen Zeh an. Ich schätze, das war das Äußerste an Berührung, das er gerade noch als sicher erlebte. Und er sagte: »Du warst auch ein prächtiger Sohn«, drehte sich um und ging aus dem Zimmer.

Walter verstand das und machte sich an Pläne, wie er seinen Vater bestätigen wollte, selbst wenn sein Vater das nicht erwiderte. Seine Neuentscheidung hieß, die Bitterkeit aufzugeben und dadurch menschlicher zu werden. Für Walters Gesundung war die Reihenfolge, in der er neue Einsichten gewann, von entscheidender Bedeutung. Hätte er mit einer Szene begonnen, in deren Mittelpunkt »Verzeihen« gestanden hätte, dann hätte er möglicherweise seine Wut unter der Oberfläche behalten und sich viel langsamer von seiner Depression gelöst.

Wir möchten, daß die Klienten, bevor sie die Behandlung beenden, erkennen, daß ihre Eltern Stärken und Schwächen haben und in keiner Weise mehr für die psychische Gesundheit ihrer erwachsenen Kinder verantwortlich sind.

José lastete seine schlechten schulischen Leistungen nicht seinen Eltern an, aber er war traurig, als er deren Grenzen erkannte.

José: Es war nicht nur die Schule. Zu Hause hat niemand viel Worte gemacht. In meiner Familie. Ich erinnere mich, als ich einmal mit meinem Vater auf dem Acker war. Er spricht nie. Er sieht . . . Wenn er einen Feldhasen sieht, sagt er nicht: »Schau, da läuft ein Hase.« Er gibt mir einen Rippenstoß mit dem Ellbogen und zeigt mit dem Finger.

Bob: Ja. Er sieht den Hasen. Und er teilt dir das mit. Manche Väter sehen nicht mal Hasen und zeigen sie ihren Söhnen auch nicht.

José *(lächelt):* Schon recht, Bob. Danke.

Familientherapie hat den Vorteil, daß Kinder und Eltern ihre Neuentscheidungen gemeinsam treffen. Unsere Mitarbeiter Ruth McClendon und Les Kadis[7] behandeln eine Familie, die wegen des »gewalttätigen Verhaltens« ihres zehnjährigen Sohnes zu ihnen kam. In der sechsten Sitzung lebt der Vater ein Kindheitserlebnis noch einmal durch und erkennt dabei, wieviel Angst er in seinem wortlosen, vielleicht sogar psychotischen Elternhaus hatte. Im Rahmen der Kindheitsszene versichert er sich seines Rechtes auf Leben. Wieder in der Gegenwart, sagt er seiner Familie: »Ich habe ein Recht auf Leben in dieser Familie.« Dann: »Ich lebe in dieser Familie, und nichts, was einer von euch tut, wird mir dieses Recht nehmen.« Er wendet sich an seinen Sohn: »Ich mag dich, und ich will dich haben. Du hast auch ein Recht auf Leben in unserer Familie, und ich werde dieses Recht schützen. Du wirst von jetzt ab in der Familie niemanden mehr angreifen. Und niemand wird dich angreifen. In unserer Familie werden alle sicher sein.« In der nächsten Sitzung verkündete der Sohn: »Ich mag meine Familie, und ich werde keinen mehr verletzen.« An diesem Wochenende organisierte er einen Flohmarkt – und verkaufte seine sämtlichen Spielzeugpistolen.

Der Klient

Bei der Neuentscheidungstherapie ist der Klient König, und das Drama wird so inszeniert, daß es mit seinem Sieg endet. Weder ist es Zufall noch beruht es auf Fälschung, wenn so viele Transkripte in diesem Buch damit enden, daß der Klient gelöst lacht oder seine Begeisterung zum Ausdruck bringt. Neuentscheidungsszenen *müssen* fast so ausgehen, sofern die Neuentscheidung der Haltung des unbefangenen Kindes entspringt.

Der Therapeut ist Regisseur des Dramas, Autor einzelner Sätze und gelegentlich Interpret. Die Schauspieler sind manchmal die »anderen« im Drama, manchmal die Kotherapeuten und immer das begeistert mitgehende Publikum. Die Szene und die anderen bilden den Hintergrund für die Veränderung und das Wachstum des Stars, des Klienten. Endet das Drama mit Erfolg, dann ist der Star der Gewinner. Wir wollen keine Tragödien schreiben – uns liegt an einem guten Ausgang. Deshalb würden wir Ludwig nicht ermutigen, immer wieder Szenen aufzuführen, in denen er sich als Opfer darstellt, als Opfer von schönen Mädchen oder von Müttern, die litauischen Fraß servieren. Erika kam aus ihrem Süßwarenladen zu unserem Workshop und wollte eine Tragödie nach der anderen aufführen. Hätten wir an ihren Tragödien Interesse gezeigt, hätte sie sicherlich die Tragödien ihrer Ahnen über fünftausend Jahre inszenieren können, bis zurück zu Mose.

Wir fangen dagegen mit der Planung des glücklichen Ausgangs an, bevor wir noch die Szene kennen. Wir wissen, wie sich ein Klient ändern will, und im allgemeinen wissen wir auch, was er tun muß, um die Änderung zu erreichen. Ludwig mußte offensichtlich wie ein Kind trotzig sein, damit er das Patt zwischen dem Eltern-Ich, das ihn zum Höflichsein und zum »Ja-Sagen« auffordert, und dem Kind-Ich, das »Nein« sagen will, überwinden konnte.

Ein Klient mag eine Szene aus einer beliebigen Ich-Haltung heraus beginnen. Sehr wahrscheinlich erlebt er sich jedoch in der

Haltung des angepaßten Kindes, weil dieses die ursprüngliche Entscheidung traf. Die Haltung des angepaßten Kind-Ich ist eine Opferhaltung – und oft eine reichlich langweilige. Man sehe sich den Kontrast an zwischen Ludwigs: »Ich bin oft ein bißchen schüchtern und will es den Leuten recht machen« und dem leidenschaftlichen: »Ich werde schreien, wann immer ich will, und ich werde zum Strand gehen!« Margot wurde ganz leicht übersehen, wie sie schüchtern an der Tür stand und darauf wartete und hoffte, daß jemand sie einlassen würde. Erlebt die Person zuerst ihre Anpassung, dann zeigt sich die Veränderung aufgrund der Neuentscheidung besonders eindrucksvoll und kraftvoll. Margot kennt jetzt bis in die letzte Faser ihres Körpers den Unterschied zwischen Sich-Raushalten und Ins-Horn-Stoßen! Das wird ihr in Zukunft immer helfen, wenn sie wieder in Versuchung geraten sollte, die alte, schüchterne Rolle zu spielen.

Hat eine Klientin ihre angepaßte Rolle einmal etabliert, dann (und manchmal sogar schon vorher) machen wir sie auf jede Geste, jeden Tonfall und jedes Wort aufmerksam, die darauf hindeuten, daß sie an der Festigung ihrer alten Opferrolle bastelt. Wir streichen den Galgenhumor heraus, die »Wünsche« und »Hoffnungen«, das Kopfschütteln, wenn die Klientin »Ja« sagt, die piepsige hohe Stimme bei einer erwachsenen Frau, das Ausspielen allgemein akzeptierter Eigenschaften. Und ganz besonders greifen wir die Vorstellung an, daß irgend jemand oder irgend etwas die Klientin zu bestimmten Gefühlen zwingen könne.

Dann suchen wir nach einem Weg, auf dem die Klientin als Siegerin und als Star aus der Szene hervortritt. Vielleicht erreicht sie dies, indem sie an anderen in der Szene einen neuen Aspekt entdeckt oder etwas Neues in der Situation erkennt. Sie *muß* etwas Neues finden, eine neue, verborgene Kraft in sich selber. Als Edith daran arbeitete, ihren Block loszuwerden (vgl. S. 241 f.), hätte man sie für eine schwierige Klientin halten können, weil sie ihre Verwirrung zunächst auflöste und sie fast unmittelbar danach erneut herstellte.

Edith *(lacht)*: Ja. Ich brauch dich nicht. Ich werde dich wegstoßen.
Bob: Was ist los?
Edith: Er hat sich verflüchtigt, bevor ich Zeit zum Stoßen hatte.

Die Feststellung »›er‹ hat sich verflüchtigt...« heißt soviel wie, daß Edith glaubt, sie selber habe nichts getan. Sie feiert ihren eigenen Sieg nicht. Es gibt an dieser Stelle viele Möglichkeiten. Bob hätte sie auffordern können, noch einmal der Block zu sein und herauszufinden, wie »er« sich verflüchtigt. Statt dessen bietet er ihr eine Formulierung an, die sie zur aktiv Handelnden bei der »Verflüchtigung« macht, sozusagen als Abkürzung auf dem Weg zum Sieg, sofern Edith die Formulierung in der Haltung des unbefangenen Kind-Ich annimmt. Das tut sie nicht.

Bob: Du hast so viel Macht, daß du ihn nicht einmal wegstoßen mußtest? Du hast ihn dafür einfach sich verflüchtigen lassen.
Edith: Wirklich?

Edith fängt wieder bei Null an – so jedenfalls scheint es. Mary übertreibt Ediths Hilflosigkeit. Und das ist oft eine erfolgreiche Technik, weil man den Klienten in seiner unbefangenen Kind-Haltung provoziert, sich zu wehren.

Mary: Nein, du hast nichts dazu getan. In Wirklichkeit war es Bob. Ich hab gesehen, wie er ihn mit seiner geheimen Antiblock-Strahlenkanone in Luft aufgelöst hat. Hast du ihn nicht gesehen? Und jetzt versucht er, uns weiszumachen, daß du kleines hilfloses Geschöpf das gemacht hast.
Edith: Ich bin... Mensch, ich bin so klar im Kopf. So klar. Ich habe meine eigene Antiblock-Strahlenkanone, und die könnt ihr mir nicht wegnehmen. So klar wie jetzt fühle ich mich fast nie. Ich kann denken... ich denke.

Ihre letzte Feststellung ist vollkommen klar – und sie ist am Ende der Star!

Wird die Klientin am Ende nicht zum Star und trifft keine Neuentscheidung, dann sind wir sicher, daß sie es bei einer späteren Sitzung tun wird. Diesmal mag sie keinen Zugang zu ihrer unbefangenen Kind-Haltung gefunden haben und fand vielleicht, daß die Szene irgendwie nicht genau traf. Oder sie und der Therapeut haben sich nicht gut auf das, was sie brauchte, abgestimmt. Was auch der Grund sein mag, sie oder der Therapeut werden beschließen aufzuhören, ohne sich gegenseitig die Schuld zuzuschieben.

Das ist überaus wichtig. Wir haben gehört, wie Therapeuten über Klienten sagten, daß sie »sich nicht ändern wollen« oder »in ihrem Elend sitzen bleiben wollen«. So etwas ist einfach nicht wahr. Klienten werden auch als zu passiv, zu symbiotisch oder zu widerspenstig beschrieben – alles Worte, um erfolglose Arbeit zu erklären. Wir glauben, daß sich Klienten ändern wollen und daß manchmal weder der Klient noch der Therapeut wissen, wie die Änderung herbeigeführt werden kann.

Wir wissen, daß unsere Klienten, die sich heute nicht neu entscheiden, sich morgen neu entscheiden werden – wenn man sie nicht beschuldigt oder ihnen droht.

Arbeit mit Neuentscheidungen geht schnell, macht oft Spaß und heilt. Ludwig tritt für sich selber ein und artikuliert seine Wichtigkeit durch Grunzen und Brüllen. Bei einer späteren Sitzung gibt er seine selbsterniedrigende Unsicherheit auf und drückt dies in seinem Lachen über den »litauischen Fraß« aus. Philipp weiß jetzt in seinem Kind-Ich, was sein Erwachsenen-Ich schon immer wußte, nämlich daß er nicht der Erste sein muß, um etwas wert zu sein. Heiko gibt sein Kopfweh auf. Margot stößt ins Horn. Edith denkt an ihre geheime Strahlenkanone und schießt sich damit den Weg durch die Verwirrungen ihres angepaßten Kind-Ich frei. Erika merkt, daß auch ein Süßwarenladen hätte Spaß machen können, und richtet sich darauf ein, ihr Leben jetzt auszukosten. Ein Pfarrer stellt sich den Himmel vor, damit er sich neu entscheiden kann, auf Erden glücklich zu sein. Eine Frau bricht einen Durchgang in ihre Mauer. Hertha befreit sich von den Schmerzen ihrer Eltern. Uwe wartet nicht mehr darauf, daß ihn seine Großmutter aus den Schulen Chicagos erlöst. José erkennt, wie intelligent er ist. Walter entscheidet sich fürs Leben und vergibt seinem Vater. Ein Junge verkauft seine Spielzeugpistolen.

9 Die Heilung der Depression

In diesem Kapitel diskutieren wir die Behandlung und Heilung einer Reihe von Verhaltens-, Gefühls- und Denkstörungen, die nach unserer Ansicht zusammengehören. Nicht alle entsprechen dem, was man allgemein als Depression bezeichnet. Sie umfassen suizidale Klienten; depressive Klienten, die zur Zeit nicht akut suizidal sind; und Klienten, die sich durch Überarbeitung, gefährliche Aktivitäten, süchtiges Verhalten oder andere Manifestationen suizidaler Tendenzen allmählich umbringen, ohne daß sie dessen voll gewahr werden.

Wir haben weiter oben die destruktiven Grundgebote beschrieben, die aus der Kindhaltung der Eltern gegeben werden. Das wichtigste destruktive Grundgebot im Hinblick auf das Lebensrisiko heißt: *»Sei nicht.«* Wir meinen, daß das Kind als Reaktion auf das destruktive Grundgebot »Sei nicht« eine oder mehrere frühe Entscheidungen treffen kann, die entweder in die Depression führen können oder zum Suizid oder zum »zufälligen« Suizid, sofern sie nicht revidiert werden. Diese Entscheidungen lauten:

1. *Wenn alles schiefläuft, bring ich mich um.*
2. *Wenn du dich nicht änderst, bring ich mich um.*
3. *Ich bring mich um, dann wird's dir leid tun. (Oder: dann wirst du mich endlich lieben).*
4. *Ich sterbe beinahe, dann wird's dir leid tun. (Oder: dann wirst du mich endlich lieben.)*
5. *Ich bring dich noch so weit, daß du mich umbringst.*
6. *Ich zeig's dir, selbst wenn ich dabei draufgehe.*
7. *Ich krieg dich (geb's dir) schon noch, selbst wenn ich dabei draufgehe.*

Jede dieser Entscheidungen kann mit einer Reihe verschiedener Verhaltensweisen, Gefühlsreaktionen oder Gedankenabläufe verknüpft sein, die wir für depressiv halten, *selbst wenn der Klient von außen betrachtet nicht depressiv scheinen mag.* Wenn wir bei einem Klienten mit klassischen depressiven Symptomen die Diagnose stellen, unterscheiden wir nicht zwischen endogenen und reaktiven Depressionen. Endogene Depressionen entspringen, so nimmt man an, aus der Person selber, während reaktive Depressionen ihre Ursache außerhalb der Psyche haben. Wir glauben, daß manche Menschen schon von der frühen Kindheit an depressiv sind und man sie deshalb als endogen depressiv klassifiziert. Sie haben schon sehr früh beschlossen, sich umzubringen, falls das Leben sich nicht zum Guten ändert. Im allgemeinen ist Trauer ihre typische negative Gefühlsreaktion. Sie richten ihr Leben so ein, daß sie aus ihrem depressiven Skript nicht herauskommen. Sie stecken in einer Sackgasse dritten Grades, insofern sie glauben, daß sie schon immer depressiv waren.

Andere machen äußere Kräfte dafür verantwortlich, daß sie depressiv »gemacht« werden. Oder sie reagieren depressiv auf eine veränderte Lebenssituation, weil depressives Verhalten ihre übliche Reaktion ist. Vielleicht zeigen sie ihre Depression nur, wenn sich in ihrem Leben eine Veränderung abzeichnet. Einige Frauen leiden zum Beispiel an »Depressionen in den Wechseljahren«, weil sie in dieser Lebensphase auf innere und äußere Belastung depressiv reagieren. Dieselbe Belastung, sei es die Erwartung der Wechseljahre oder die Tatsache, daß sie bereits eingesetzt haben, läßt andere auf ganz unterschiedliche und vielfältige Weise reagieren – sie ärgern sich, haben Angst oder freuen sich! Eine depressive Frau reagiert mit Depression. Suchen wir nach früheren depressiven Episoden, und das tun wir jedes Mal, dann finden wir, daß die Klientin Belastungen schon früher oft mit Depression, Trauer, Verlust des Selbstwertgefühls und Gefühlen des Überwältigtwerdens oder der Überforderung beantwortet hat.

Uns interessiert auch nicht ein anderes Lieblingsthema bei Visiten und Klinikkonferenzen: Ist der Klient wirklich suizidal, und wie ernst ist sein suizidaler Impuls? Wir sind nicht daran interessiert, in Abwesenheit des Klienten zu diskutieren, ob er, wenn er sagt, er wolle sich umbringen, »wirklich diese Absicht hat«. Wenn wir einen Klienten sehen, der depressiv ist oder der sein Leben so einrichtet, daß ein vorzeitiges Ableben wahrscheinlich ist, fordern wir *ihn* zu einer Erklärung aus dem Erwachsenen-Ich auf, sich nicht umzubringen. Manchmal sagt der Klient: »Ich bin nicht depressiv. Warum sollte ich beschließen, mich nicht umzubringen? Ich hab nie daran gedacht.« Wir sagen dazu: »Sehr gut! Wenn du nicht suizidal bist, sollte es dir nicht schwerfallen, die Entscheidung zu treffen, dich weder absichtlich noch unabsichtlich umzubringen. Wir möchten, daß du diese Erklärung abgibst.«

Manchmal stimmt die abgegebene Erklärung nicht mit dem Verhalten des Klienten überein. Er gibt zum Beispiel seiner Stimme einen fragenden Tonfall, nickt mit dem Kopf, wenn er erklärt, daß er es nicht tun werde, oder drückt sich unbestimmt aus, wie etwa: »Ich glaube, ich kann sagen, daß...« Wir fordern den Klienten dann auf, beide Seiten zu übernehmen: »Ich bringe mich um« und »Ich bringe mich nicht um«, bis er den Konflikt gelöst hat und sich vertraglich festlegt, sich nicht umzubringen. Ein Klient mag das Am-Leben-Bleiben an bestimmte Bedingungen knüpfen. Ein Psychiater, der eine Freundin hatte und dessen Ehefrau mit Scheidung drohte, sagte: »Ich werde mich nicht umbringen, es sei denn, meine Frau verläßt mich.« Ganz offensichtlich trieb er sie in die Trennung, auf die er mit Depression und Selbstmord reagieren würde.

DIES IST ZWINGEND: Unserer Meinung nach kann eine Depression so lange nicht geheilt werden, bis sich der Klient mit seinem Erwachsenen-Ich sich selber gegenüber vertraglich festgelegt hat – wobei wir Zeugen sind –, daß er sich nicht umbringen wird. (Vgl. Kapitel 4, »Verträge, sich und andere nicht umzubringen«). Wir akzeptieren, daß einige Klienten, die schwer depressiv und suizidal sind, beim ersten Kontakt nicht dazu bereit sind, einen Vertrag zu schließen, sich niemals umzubringen. Sie schließen statt dessen einen zeitlich begrenzten Vertrag. In einem einwöchigen oder vierwöchigen Workshop schließen unsere depressiven Klienten einen Vertrag, sich während der Dauer des Workshops nicht umzubringen. Wenn die entsprechende Erklärung abgegeben ist, sind wir nicht mehr besorgt, daß sich ein Klient umbringen könnte, und wir können unsere und er seine Energie ganz der Heilung widmen. Muß er dagegen täglich um die Entscheidung gegen Selbstmord kämpfen, hat er ganz eindeutig sehr viel weniger Energie für die Arbeit frei.

Der Vertrag aus dem Erwachsenen-Ich ist also der Auftakt für eine Neuentscheidung. Er ist noch keine Neuentscheidung. Die Neuentscheidung ist die endgültige und unter die Haut gehende Erklärung aus der Haltung des unbefangenen Kind-Ich: »Ich werde mich niemals umbringen.« Das ist keine leere Versprechung; das ist ein Faktum und ein Glaube, der stark genug ist, daß das Kind-Ich aus seinem lebenslänglichen selbstmörderischen Skript ausbricht.

Bei dieser Arbeit mit Neuentscheidungen sind die Rahmenbedingungen wichtig. Wir halten die Erarbeitung von Neuentscheidungen für schwieriger, wenn der Klient dabei von den gleichen Belastungen durch Familie, Arbeit, soziales und kulturelles Milieu betroffen ist, die ihn auch sonst immer umgeben.

In der Zeit zwischen Vertrag und Neuentscheidung genießt der Depressive in einem unserer Workshops eine Umgebung, die ihn stützt, stärkt und anregt. Unser Gelände ist herrlich, das Personal kümmert sich um die Teilnehmer, und der Koch sorgt für gutes Essen. Und das Beste von allem ist: Die Teilnehmer wachsen schnell zu einer vertrauten Gruppe zusammen, in der einer den anderen unterstützt. Sie weigern sich, Menschen, die es darauf anlegen, daß sie getreten werden, zu treten und applaudieren statt dessen jeden Schritt nach vorne, den der einzelne macht. Wir sind der Meinung, daß unsere Rahmenbedingungen, die wenig Belastungen, dafür aber viel Unterstützung im Falle von Änderungen bieten, sich besonders gut eignen, die Bühne für die Neuentscheidung abzugeben. Die gleiche Arbeit kann jedoch auch mit Klienten geleistet werden, die zu Hause wohnen und an kontinuierlichen Gruppen teilnehmen; gewöhnlich nimmt die Arbeit dort einen längeren Zeitraum in Anspruch.

Wenn alles schiefläuft, bring ich mich um

Gisela ist Klientin bei einem vierwöchigen Workshop. Wir sehen sofort, daß sie schwer depressiv ist. Ihr Gesichtsausdruck ist versteinert und traurig, ihr Körper gespannt, ihre Stimme gepreßt, und sie bewegt sich langsam, als hingen Bleiklötze an ihr. In der ersten Vertragssitzung fragen wir sie, ob sie suizidal sei, und sie bestätigt das. Sie berichtet, daß sie mit ihrer Therapeutin am Heimatort einen Vertrag geschlossen hat, sich nicht umzubringen – vor ihrem 40. Geburstag wird sie sich nicht umbringen. Bis dahin sind es noch zwei Monate. Sie erlebt sich als wertlos und erklärt, daß sie nichts wert ist, außer wenn sie arbeitet. Sie glaubt, daß sie schon immer wertlos war. Das Leben ist ihr »zu schmerzlich«, und sie will nicht leben. Sie ist auf Anraten ihrer Therapeutin zu diesem Workshop gekommen, hat aber wenig Hoffnung, daß sie sich ändern werde.

Wir hören ihr zu, ohne sie zu drängen oder mit ihr zu rechten. Während der ersten zweieinhalb Wochen beteiligt sie sich an der therapeutischen Arbeit mit einigen kleineren Problemen, wobei wir und die anderen jede kleine Änderung bei ihr verstärken. Die Gruppe beteiligt sie soviel wie möglich an den Aktivitäten außerhalb der Arbeitssitzungen. Sie fängt an, mit den anderen zusammen zu singen, und schließt sich ihnen auch beim Baden im geheizten Schwimmbad an.

Langsam entspannt sie sich etwas, lacht ein bißchen und ist ein wenig vergnügt. Sie lockert den versteinerten Gesichtsausdruck und entspannt ihre Muskeln. Von Zeit zu Zeit erinnern wir sie daran, daß sie, sobald sie sich bereit dazu fühlt, noch wichtige Neuentscheidungsarbeit tun muß. Am Ende der dritten Woche bittet sie um Hilfe, um diese wichtige Arbeit zu erledigen.

Wir fordern sie auf, sich auf einen anderen Stuhl zu setzen und von ihrem wertlosen Selbst zu sprechen. Das fällt ihr leicht. Dann fordern wir sie auf, einen anderen Stuhl zu nehmen und von ihrem wertvollen Selbst zu sprechen. Es fällt ihr schwer, aus der Haltung des unbefangenen Kindes überhaupt etwas zu sagen, das sie an sich wertvoll findet, ja selbst aus der Erwachsenenhaltung fällt ihr dazu kaum etwas ein. Schließlich fordern wir sie auf, wieder auf ihren alten Platz zu gehen und sich vorzustellen, wie sie sich selber als neugeborenes Kind anschaut, das in einem Kinderwagen vor ihr liegt. Sobald sie sich die Szene plastisch vorstellen kann, fordern wir sie auf, sich vorzubeugen, sich als Kind aufzuheben und im Arm zu halten. Sie bückt sich, tut so, als würde sie ein Kind aufheben, und wiegt das Kind in ihren Armen. »Sprich zu deinem Kind«, sagt Bob. Sie sagt:

Gisela: Ich werde dich liebhaben.
Bob: Ich *hab* dich lieb. *(Es ist wichtig, hier im Präsens zu bleiben.)*
Gisela: Ich hab dich lieb, ich hab dich wirklich lieb, o ich hab dich wirklich lieb. Und ich werde auf dich aufpassen. Ich werde dir nie weh tun, ich werde dich nie umbringen. Ich werde gut zu dir sein.

Ihre Augen quellen über von Tränen, wie auch die der anderen Gruppenteilnehmer im Raum. Sie wiegt das Baby in ihren Armen, schaukelt es und summt ihm etwas vor. Nachdem sie sich dieser Erfahrung eine Weile ausgesetzt hat, fordern wir sie auf, sich auf den Stuhl des unbefangenen Kind-Ich zu setzen und auf ihre Gefühle zu hören. (Obwohl sie sich in dieser Szene entschieden hat, das Kind zu umsorgen, hat sie, soweit wir sehen können, noch keine Neuentscheidung aus ihrem Kind-Ich getroffen.)

Gisela: Ich fühle mich jetzt anders. Viel lebendiger als je. Ich habe das Gefühl, daß ein Kampf zu Ende ist. Das ist mir noch nie so gegangen.

Bob: Gut. Sag's deiner Mutter. Setze sie auf diesen Stuhl. *(Holt noch einen Stuhl herbei.)*

Gisela: Ich fühle mich anders. Ja. Egal, was du willst, ich bring mich nicht um. Ich bin frei von dir, frei davon, daß du mich nicht wolltest.

Bob: Jetzt setz dich auf den Anpasser-Stuhl. Was machst du dort?

Gisela: Für hier ist nichts mehr übrig. Ich will nicht sterben. Ich bin auch hier stark.

Bob: Ich hab den Eindruck, wir sind fertig. Wie steht's mit dir?

Gisela: JA, SICHER.

Die Gruppenmitglieder scharen sich um Gisela, um sie in die Arme zu schließen und zu sagen, wie sie sich über ihre Neuentscheidung freuen. Ihre Arbeit ist vollbracht.

Bei dieser Heilung gibt es einige besondere Gesichtspunkte. Gisela hatte eine sehr destruktive Mutter gehabt und geglaubt, daß diese ihr vom Tag der Geburt an den Tod gewünscht habe. Ob das stimmt, ist unwesentlich, solange sie *glaubt,* daß es stimmt; solange es sich so in ihre Erinnerung eingeprägt hat. Ihre frühe Entscheidung lautete: »Wenn es hier noch schlimmer wird, hau ich ab.« Im weiteren Verlauf ihrer Kindheit beschloß sie: »Wenn alles schiefläuft, bring ich mich um.« Als Kind erlebte sie, daß ihre Mutter sie tot haben wollte, und der Elternanteil (EL_1) in ihrem Kind-Ich sagte deshalb: »Sei nicht.« Darüber hinaus hatte sie von ihrer Mutter wenig Fürsorge erlebt, und dieser Aspekt war in ihrer eigenen Elternhaltung entsprechend gering ausgeprägt.

Insofern hatte die Arbeit mit ihr ein Stück weit das bei den Eltern Versäumte nachzuholen, um die fatalen Elternanteile sowohl in ihrer Elternhaltung als auch in ihrer Kindhaltung zu modifizieren. Wir glauben nicht, daß *wir* einen guten Elternersatz bieten. Wir halten es vielmehr für wirksamer, wenn die Klientin sich aus ihren derzeitigen Lebenserfahrungen selber einen Elternersatz schafft. Bei der Arbeit entscheidet sie sich entsprechend mit ihrem Kind-Ich, am Leben zu bleiben, und mit EL_1 und EL_2, sich selbst gegenüber fürsorglich zu sein und auf sich selber achtzuhaben. Nach der Neuentscheidungsarbeit hat sie nach Wegen gesucht, wie sie besser auf sich achten kann. Nach vier Monaten schickte sie Bob einen Leitfaden, vom Umfang her fast ein Buch, in dem sie aufgeschrieben hatte, wie sie sich selber besser behandelte und was sie für sich tat. Sie aß besser, betrank sich nicht mehr, legte beim Autofahren den Sicherheitsgurt an, hörte mit dem Rauchen auf, gestattete sich mehr Freizeit, arbeitete nicht mehr soviel mit der Begründung, sich nur dann als etwas wert zu fühlen, kaufte sich mehr und schönere Kleider und weitete ganz allgemein die Fürsorge für sich selber wesentlich aus. Vieles davon tat sie selbstverständlich aus ihrer Erwachsenenhaltung, aber ihr neues Verhalten war sicherlich ebenso zum festen Bestandteil ihrer Elternhaltung geworden.

Klientinnen wie Gisela werden oft hospitalisiert, mit Antidepressiva behandelt, und man macht sich Sorgen um sie. Wir halten eine stützende und stärkende Umgebung für viel wichtiger als Tabletten. Hätten wir ihr auch nur einmal Tabletten gegeben, dann hätte sie (und wir auch) wenigstens einen Teil ihrer Besserung den Tabletten gutgeschrieben, und sie hätte sich nicht als so autonom erlebt. Es ist schon richtig, daß nicht alle Psychotherapeuten die Rahmenbedingungen haben, welche wir den Fachkollegen, die gleichzeitig unsere Klienten sind, bieten. Die Frage ist nur: Warum eigentlich nicht? Die Klientin zahlt hier 2400,– DM für einen Monat. Was hätte es gekostet, wäre sie in die Psychiatrische Klinik gegangen? Und was wäre dabei herausgekommen?

Würden wir im stationären Bereich arbeiten und Klienten stationär behandeln, dann würden wir alles unternehmen, dort entsprechende Bedingungen zu schaffen: Trennung von der Familie, von Freunden und Belastungen; viel Verstärkung, mindestens sechs Stunden Behandlung täglich; Unterstützung, damit und wenn der Klient sich ändert; und enge Zusammenarbeit mit einer aktiven und engagierten Gruppe. Tabletten würden wir nur verschreiben, wenn die Klienten 1. in keiner Weise auf das Behandlungsprogramm ansprechen, 2. die Depression sich auch physiologisch manifestiert – starker Appetitverlust, Gewichtsverlust, Durchschlafstörungen, gesenkter Metabolismus und weitere Anzeichen, daß sie sich tief in die Depression fallenlassen, so daß die Verschreibung von Tabletten zur Aktivierung ratsam sein könnte. Wir würden niemand mit Elektroschocktherapie behandeln.

Wenn du dich nicht änderst, bring ich mich um

Nina nimmt an einem dreitägigen Workshop in einer anderen Stadt teil. Mary ist die Therapeutin. Zwanzig Klienten arbeiten täglich von 9–17 Uhr mit Mary und gehen abends nach Hause. Sie sind von ihren Therapeuten, die alle entweder als Beobachter oder als aktive Teilnehmer an dem Marathon teilnehmen, überwiesen worden.

Erste Sitzung

Mary erfährt die Fakten: Nina hat in den letzten sechs Monaten vier Selbstmordversuche gemacht und den letzten fast nicht überlebt. In ihrer laufenden Therapie weigert sie sich, einen Vertrag des Inhalts abzuschließen, daß sie sich nicht umbringt. Deshalb ist sie zu dem Workshop überwiesen worden. Sie sagt, sie wird während des Workshops keinen Suizidversuch machen. Ihr dunkles Haar und ihr ungeschminktes und ausdrucksloses Gesicht lassen sie aussehen, als trüge sie eine Totenmaske.

Sie berichtet über ihr derzeitiges Leben. Beruflich ist sie erfolgreich, aber sie sagt, daß sie »noch nie« glücklich war. Daß ihre Brüder keinen Erfolg haben, bedrückt sie außerordentlich. Ihre Eltern haben alle ihre Kinder vernachlässigt und mißbraucht.

Zweite Sitzung

Mary: Wie lange bist du schon für deine Brüder verantwortlich?

Nina: Schon mein ganzes Leben. Seit ihrer Geburt.

Mary: Das verstehe ich nicht. Du warst drei, als Hans geboren wurde, vier, als Michel und fünf, als Christian geboren wurde. Am besten, du schilderst uns eine bestimmte Situation, damit wir sehen können, wie du für sie verantwortlich warst.

Nina: Ich war immer verantwortlich.

Mary: Willst du eine typische Situation herausgreifen? Erzähl sie so, wie wenn sie sich jetzt abspielen würde.

Nina: Ich bin sieben. (Sie beschreibt eine Situation, in der ihr Vater auf Hans wütend ist und droht, ihn zu schlagen. Mutter argumentiert erfolglos gegen das Schlagen, und Nina bringt Hans und die kleineren Geschwister schnell aus dem Zimmer. Mutter und Vater streiten weiter und beschimpfen dann Nina, weil sie Hans in Schutz genommen hat. Sie sagen, sie sei »an dem ganzen Ärger schuld«. Sie ist sehr traurig, freut sich aber auch, daß sie die Jungen retten kann.)

Mary: Gut. Jetzt mit vierzehn. Was spielt sich da ab?

Nina beschreibt eine fast identische Szene. Immer noch bringt sie die Jungs vor dem Vater in Sicherheit. Die Mutter ist noch viel wütender auf Nina und hört sich in dieser Szene an, als wäre sie psychotisch.

Mary: Du warst sehr mutig; das war schön und mutig, wie du als Siebenjährige deine Brüder gerettet hast. Sie hätten sich selber nicht retten können. Jetzt möchte ich, daß du die vierzehnjährige Nina was Neues zu den Jungs sagen läßt: »Ich hab euch, als ich sieben war, in Schutz genommen.« Sag's aus deiner Position als Vierzehnjährige.

Nina: Ja. Ich hab euch verteidigt.

Mary: »Und jetzt, wo ich vierzehn bin und ihr elf, zehn und neun, seid ihr älter, als ich mit sieben war. Ihr seid alt genug, euch selber zu verteidigen.«

Nina: Möglich. *(Beginnt zu weinen.)*

Mary: Sag's ihnen.

Nina: Nein.

Mary: Sie sind alt genug. *(Lange Pause.)*

Mary: Und jetzt, wo Christian fünfundzwanzig ist, ist er ganz sicher alt genug.

An dem Workshop nehmen noch zwei weitere suizidale Klienten teil, und Nina hört deren Arbeit still zu. Einer ist richtig erleichtert und fröhlich, als er sich entscheidet, das Kind, das er einmal war, zu mögen und sich nicht umzubringen. Berstend vor Energie, bittet er viele Gruppenmitglieder, ihn in die Arme zu schließen. Nina sitzt unbeweglich da und beglückwünscht ihn nicht.

Dritte Sitzung

Mary: Wo bist du jetzt?

Nina: Ich weiß nicht. Immer noch das alte Lied.

Mary: Denkst du an Selbstmord?

Nina: Ich weiß nicht. Ich habe kein Verlangen zu leben. Ich hab nichts, wofür es sich lohnt zu leben. Ich will einen Schlußstrich. Mit meiner Familie kann ich nicht leben, und eine andere Möglichkeit gibt es nicht.

Mary: Ich sehe drei Möglichkeiten, außer der, daß du dich umbringst. Eine ist, so weiterzumachen wie bisher, weiter zu versuchen, deine Brüder zu retten. Das ist deprimierend und traurig für dich. Die zweite ist, dich von deinen Brüdern zu trennen. Die dritte ist, daß du dir Zeit läßt, in der Therapie, damit du lernst, mit deinen Brüdern Kontakt zu haben, ohne dich von ihrem Verhalten beeinflussen zu lassen.

Nina: Ich will darüber nachdenken.

Vierte Sitzung

Nina: Ich will arbeiten.

Mary: Gut. Hast du schon früher an Selbstmord gedacht? *(Mary fordert sie auf, die Geschichte ihrer Selbstmordabsichten zurückzuverfolgen, und Nina erinnert sich, daß sie sich zum ersten Mal im Alter von acht Jahren umbringen wollte.)*

Mary: Du bist acht Jahre. Was passiert?

Nina: Mutter wirft mir was vor, was ich gar nicht gemacht habe. *(Beschreibt die Szene.)*

Mary: Gut. Als ein Versuch sag deiner Mutter: »Wenn du nicht aufhörst, bring ich mich um.«

Nina: »Wenn du nicht aufhörst, bring ich mich um.« Das stimmt, Mary.

Mary: Nein. Das stimmt nicht. Weil du dich nicht umgebracht hast, als du acht warst. Sei jetzt acht, und sag ihr: »Egal was du machst, ich bring mich nicht um.«

Nina: Das kann ich nicht.

Mary: Doch, das kannst du. Weil es stimmt. Du hast dich nicht umgebracht, egal was deine Mutter gemacht hat.

Nina: Ich weiß nicht, wie man das macht.

Mary: Alle Achtjährigen wissen, wie man sich umbringt – vom Dach springen, vor Autos laufen. Du hast es vorgezogen, dich nicht umzubringen. Es ist sehr wichtig, daß du das verstehst.

Nina: Das stimmt. »Egal was du mir sagst, ich bring mich nicht um.«

Mary: Stimmt's?

Nina: Damals, ja. Ich spür's jetzt.

Mary: Jetzt, immer noch mit acht, sag's deinem Vater. *(Sie macht das.)*

Mary: Und jetzt deinen Brüdern, jedem einzeln.

Nina: »Ich bin acht. Ich bleib leben für euch. Für euch bring ich mich nicht um.« *(Sie sagt es ihren Brüdern und spricht jeden mit Namen an.)*

Mary *fordert sie auf, nun vierzehn zu sein und das gleiche noch einmal zu tun. Nina macht das und weint dabei.*

Mary: Und jetzt du, heute. Stell dir deinen Vater vor. Probier den Satz aus: »Wenn du dich nicht änderst, bring ich mich um.«

Nina: Der ändert sich nicht. Und mir ist das auch egal. Mir ist das egal.

Mary: Dann probier den Satz: »Egal, was du machst, ich bring mich nicht um.«

Lange Pause. Dann:

Mary: Wo bist du?

Nina: »Du spielst keine Rolle. Wegen dem, was du machst, bring ich mich nie im Leben um.«

Mary: Und jetzt deiner Mutter. »Egal was . . .«

Nina *weint jetzt hysterisch:* »Für dich bring ich mich um. Das hast du doch immer gewollt.«

Mary: »Für dich bring ich mich um, und dann wirst du . . .«

Nina: Es wird ihr nicht leid tun. Sie wird sich freuen. Für sie bin ich an allem schuld. An allem, was schiefläuft.

Mary: Nina, merkst du, daß deine Mutter spinnt?

Nina: Das hat meine Therapeutin auch gesagt. Sie sagt, meine Mutter sei paranoid.

Mary: »Ich bring mich um, weil du geisteskrank bist. Weil du nicht zwischen der Realität und der Phantasie unterscheiden kannst.«

Nina *(lange Pause):* Nein!

Mary: Also?

Nina: Ich weiß nicht. *(Eine Viertelstunde schwankt sie zwischen*

Wut und Mitleid und prüft schließlich, was wirklich stimmt, nämlich daß sie gesund ist und daß sie nicht die Psychose der Mutter verursacht hat. Dann, leise:) »Was du machst, ist unwichtig. Egal was du machst, ich bring mich nicht um.«

Mary: Stimmt das?

Nina: Teilweise. Eher ja.

Mary: Nimm die andere Seite: »Für dich bring ich mich um.« *(Solange die Ambivalenz noch nicht ganz aufgelöst ist, hilft der Wechsel zur anderen Seite, daß der Klient die Absurdität sieht und sich neu entscheidet.)*

Nina: »Nein. Du bist nicht wichtig. Mir ist egal, was du machst. Ich bring mich nicht um.«

Mary: Stimmt das?

Nina: Ich glaub schon.

Mary: Sag's nochmal und überprüf's.

Nina *wiederholt den Satz mehrmals, bis sie sagt, daß er zutrifft.*

Mary: Und jetzt deine Brüder, einer nach dem andern. Fang mit Hans an.

Nina: »Es ist mir egal ...« Ich kann das nicht sagen! »Es ist mir nicht egal, was aus dir wird. Ich hab dich lieb.«

Mary: Dann sag: »Es ist mir wichtig, was du machst. Ich mach mir Sorgen, was aus dir wird. Und was immer du machst oder was aus dir wird, ich bring mich nicht um.«

Nina nimmt beide Seiten: »Ich bring mich um« und »Ich bring mich nicht um«, und zum Schluß weiß und spürt sie, daß sie sich wegen Hans nicht umbringen wird. Sie führt den gleichen Dialog mit Michel und Christian.

Nina *(schluchzend):* »Christian, für dich war es am schlimmsten. Die wurden immer verrückter, und du hast es am schlimmsten gehabt. Ich wollte dich retten. Ich möchte dich so gerne retten. *(Sie schluchzt fast fünf Minuten lang.)* Christian, du liegst mir so am Herzen. Aber, was du auch tust, ich werde dich immer liebhaben. Und was du auch tust, ich bring mich nicht um.

Mary: Stimmt das?

Nina: Ja. »An euch alle: Ich ... ich liebe euch. Und was ihr auch tut und was aus euch wird, ich bring mich nicht um. Ich will leben, egal was ihr macht.«

Mary: Gibt es noch jemand, dem du das sagen mußt?

Nina: Ja. Das will ich nicht erklären.

Mary: Gut. Es genügt, wenn du es dem Betreffenden sagst.

Nina: »Was du auch tust, ich begehe keinen Selbstmord.«

Mary: Noch jemand?

Nina: Nein.

Mary: Und jetzt du selber. »Egal was ich getan habe oder tun werde ...«

Nina: Ja. »Ich bring mich nicht um. Für niemand. Wegen niemand. Mich inbegriffen. Egal was ich mache oder was aus mir wird, ich bring mich nicht um.« *(Lange Pause.)*

Mary: Was empfindest du jetzt?

Nina: So einsam wie in meinem ganzen Leben noch nicht. Ich bin völlig allein. Völlig traurig. Und ich bring mich nicht um.

Mary: Ich freu mich darüber. Kennst du das Buch von Hannah Green: *Ich hab dir nie einen Rosengarten versprochen?* Genau davon handelt es. Sich fürs Leben entscheiden, kann sehr traurig und einsam sein. Aber du hast jetzt einen Grund. Einen Grund, auf dem du wachsen kannst. Eine Zeit, um Erfahrungen zu machen und neue Leute zu finden, mit denen du dich einlassen kannst. Und zu lernen, wie du glücklich sein kannst. Und wenn du gelernt hast, wie du jemand nahe sein und glücklich sein kannst, dann findest du vielleicht eine neue Nähe zu deinen Brüdern. Versprechen kann ich dir das allerdings nicht.

Nina: Ich verstehe.

Nina redet mit ihrer Therapeutin. Während Nina arbeitete, weinte ihre Therapeutin. Jetzt sagt sie ihr, wie glücklich sie darüber ist, daß Nina sich nicht umbringen wird. Sie machen ab, die Behandlung fortzusetzen, und Nina sagt, falls sie wieder einen Selbstmordimpuls spürt, werde sie ihm nicht nachgeben, sondern mit ihrer Therapeutin beim nächsten Mal darüber sprechen.

Anders als viele Klienten, die nach dem Motto handeln »Wenn du dich nicht änderst, bring ich mich um«, versuchte Nina nie, ihre Brüder zu erpressen, daß sie sich änderten. Sie gab sich große Mühe, wie eine Mutter zu ihnen zu sein – und ließ sich in die Depression fallen, als sie ihre Bemühungen als Fehlschlag einschätzte. Sie forderte aber ihre Brüder nicht auf, sich deswegen schuldig zu fühlen.

Im Buch von Sager und Kaplan *Progress in Group and Family Therapy*[1] beschreibt Bob eine erpresserische Frau, die unbedingt von ihm behandelt werden wollte, obwohl sie wußte, daß er keine Privatklienten mehr annahm. Einmal kam sie in seine Praxis und drohte, sich umzubringen, falls er sie nicht als Klientin annähme. Bob sprach ein paar Minuten mit ihr und erfuhr, daß sie depressiv war, weil ihr früherer Mann wieder geheiratet hatte. Bob fragte sie dann, wann sie ihre Depression zum ersten Mal dazu benutzt hatte, etwas, das sie wollte, durchzusetzen. Sie erinnerte sich, daß sie sich einmal eine bestimmte Puppe zu Weihnachten gewünscht und sie nicht bekommen hatte und dann depressiv geworden war. Da kauften ihre Eltern die Puppe. Noch heute benutzte sie die gleiche »hysterische« Technik.

Bob forderte sie auf, noch einmal zu ihm zu sagen, sie werde sich umbringen, falls er sie nicht als Klientin annehmen würde. Das tat sie. Daraufhin forderte Bob sie auf, sich in das Alter von fünf Jahren zurückzuversetzen und ihren Eltern zu sagen, daß sie sich umbringt, falls sie die Puppe, die sie sich so sehr wünscht, nicht bekommt. Sie erklärte, daß sie dazu nicht bereit sei. »Gut«, sagte Bob, »dann sag ihnen, daß du dich noch lange nicht umbringst, bloß weil sie dir nicht die richtige Puppe besorgt haben.« Sie sagte das und lachte dabei. »Gut, und jetzt sag deinem Ex-Mann, was dir richtig erscheint.«

Sie sagte: »Hans, wenn du dich nicht von deiner neuen Frau scheiden läßt und zu mir zurückkommst, bring ich mich um.« Dann schaute sie Bob an und fing an zu kichern. »Das ist ganz schön blöd, oder? Ich hätte mich bestimmt nicht umgebracht, wenn ich die Puppe nicht bekommen hätte, und ich bring mich auch nicht um, wenn ich diese Puppe von einem Ehemann nicht zurückbekomme. Außerdem war er gar nicht so eine süße Puppe!« Damit war ihre Arbeit selbstverständlich nicht zu Ende, aber es war eine dramatische Veränderung im Vergleich zu ihrer Ausgangssituation. Sie setzte die Behandlung bei unseren Kollegen fort und wurde gesund.

Bei Klienten wie dieser Frau rufen häufig die Mitarbeiterteams eine Konferenz zusammen und beraten: Wollen die sich wirklich umbringen, oder »drohen sie nur damit«? Nach unserer Überzeugung ist diese Argumentation nutzlos. Der erste Schritt in der Therapie besteht immer darin, daß Klienten dazu gebracht werden, einen ernstgemeinten Vertrag zu schließen, sich nicht umzubringen; oder daß man sie in ein Krankenhaus bringt, wo sie dazu keine Gelegenheit haben. Vielleicht haben sie nicht »die Absicht«, aber manchmal machen sie einen Fehler und tun's trotzdem. Sie müssen so lange vor sich selber geschützt werden, bis sie auf ihre Erpressungen verzichten und sich den Satz zu eigen machen: »Der einzige Mensch, der mit Sicherheit bis zu deinem Lebensende bei dir bleibt, bist du selber.« Wie groß die Erpressung auch sein mag, sie wird doch nie dazu führen, daß jemand für immer dableibt. Sie führt nur dazu, daß der Erpresser weiterhin depressiv und suizidal bleibt.

Wie wir bereits erwähnt haben, sind diese Klienten nicht leicht zu behandeln. Vor einigen Jahren sagte ein bekannter Psychiater bei einem Kongreß, daß kein suizidaler Klient wirklich »geheilt« werden könne. Dann demonstrierte er seine Behandlungsmethode für Suizidklienten und führte ein Videoband über die Behandlung einer Klientin vor, die ihm nach einem ernsten Suizidversuch überwiesen worden war. Das Videoband demonstrierte, mit welchen technischen Mitteln das Team auf der Intensivstation das Leben des Mädchens rettete. Er erklärte, daß er dieses Band den Eltern des Mädchens vorgeführt hatte. Dann spielte er den Kollegen das Band mit dem Gespräch mit den Eltern und dem Mädchen vor. Er fragte das Mädchen: »*Was veranlaßte dich* zu dem Versuch, dich umzubringen?« (Die Kursivschrift stammt von uns, um unsere Überzeugung zu unterstreichen, daß niemand irgend jemanden zu so etwas veranlassen kann.) Sie sagte, daß sie den Suizidversuch unternommen habe, weil ihre Eltern ihr etwas verboten hatten. Am Schluß, nachdem alle Tränen vergossen sind, wendet sich der Therapeut an die Eltern und fragt: »Und welches Gefühl *macht* Ihnen das?« (Wieder stammt die Kursivschrift von uns.) Diese Familie war in einem familiären System festgefahren, in dem jeder den anderen durch Weinen, Suiziddrohungen und tatsächliche Suizidversuche erpreßte, um ihn dazu zu bringen, daß er einen so machen ließ, wie man es wollte. Der Therapeut darf sich in dieses Spiel nicht einlassen, sondern muß jedem Familienmitglied die Erkenntnis entlocken, daß es autonom ist und sich nicht dazu erpressen läßt, sich schlecht zu fühlen oder die Schuld und Verantwortung für das Tun des anderen zu übernehmen. Die Frage dieses Therapeuten: »Und welches Gefühl *macht* Ihnen das?« lud dazu ein, daß die Familie in ihrem Skript blieb. Und sie zeigte dem Mädchen, daß es nur mit Selbstmord zu drohen braucht, wenn es von den Eltern etwas will. Unter den gegebenen Bedingungen antworteten die Eltern: »Wir fühlen uns schrecklich; wir wußten nicht, daß es dir so wichtig war; natürlich kannst du machen, was du willst.« Von da an wird dieses Mädchen immer, bis an ihr Lebensende, oder bis sie sich eines Tages entweder spontan oder auch im Rahmen einer anderen Behandlung ändert, Selbstmord als gangbare Alternative betrachten.

Ich bringe mich um, dann wird's dir leid tun (oder: dann wirst du mich endlich lieben)

Der diesem Satz zugrundeliegende heimliche Glaube, daß der Tod nicht der Tod sei, muß offengelegt werden. Mama und Papa werden ihn lieben, wenn er tot ist, und irgendwie kann er ihre Trauer oder Liebesbekundungen beobachten. Wir nennen das ein »Supergeschäft«. Wir machen uns über diese Phantasie lustig und wollen damit die Weigerung des Klienten, mit seinem Kind-Ich zu verstehen, daß es unwichtig ist, was die Eltern tun oder fühlen, wenn er erst einmal tot ist, durchbrechen. Er ist derjenige, der tot sein wird.

Manche Klienten variieren dieses Thema und wollen sterben, um mit einem toten Elternteil wiedervereint zu sein. Yvonne, eine junge Gymnasiastin, deren Mutter gestorben war, aß nicht mehr. Die Diagnose lautete auf Anorexia nervosa, nachdem das Mädchen von 49,5 Kilogramm auf 29,5 Kilogramm abgenommen hatte. Ihre Phantasie war die: Wenn sie sterben und zur Mutter in den Himmel kommen würde, dann hätte die Mutter sie endlich lieb. Manche Eltern, ebenso wie manche Pfarrer und andere Menschen, geben der Täuschung Nahrung, der Himmel sei ein realer Ort, wo alles gut sein werde. Mag sein, daß es so ist – wir wollen hier nicht gegen die Religion streiten –, aber ein Kind, dem man sagt: »Im Himmel wirst du die Oma wiedersehen«, glaubt, der Himmel sei nur ein Stück weit die Straße runter. Mit der trügerischen Vorstellung des Kindes muß man sich auseinandersetzen.

Bob arbeitete mit Yvonne, damit sie akzeptierte, daß ihre Mutter tot, tot, tot war. Der Vater, dessen einzige Verstärkung für Yvonne in seiner besorgten Ermutigung bestand, sie möge doch essen, wurde von Bob aufgefordert, Yvonne beim Interview auf seinen Schoß zu setzen. Bob wies ihn an, sie nicht mehr zu bitten, sie möge doch essen, und sie statt dessen auf andere Art und Weise zu verstärken. Yvonnes Seelsorger wurde dazu überredet, die Redensart: »Was würde deine Mutter im Himmel davon halten, daß du nicht ißt?« aufzugeben, weil sie nur die irrigen Vorstellungen des Mädchens unterstützte. Der wichtigste Ansatzpunkt war, daß Yvonne einen Vertrag schloß und dann die Entscheidung traf, sich nicht umzubringen. Sie wurde gesund und nahm schnell wieder zu.

Ich sterbe beinahe, dann wird's dir leid tun (oder: dann wirst du mich endlich lieben)

Diese Entscheidung ist der anderen, »Ich bring mich um, und dann wird's dir leid tun«, sehr ähnlich, nur daß der Klient sich hier weder für depressiv noch für suizidal hält. Im typischen Fall wird diese frühe Entscheidung zu einem Zeitpunkt getroffen, in dem das Kind erkrankt und dabei einen dramatischen Wechsel von Vernachlässigtwerden oder negativer Beachtung zu besonderer Fürsorglichkeit erlebt. Manchmal sind Vater oder Mutter, oder beide, Ärzte, die wenig Anerkennung zollen, außer wenn das Kind krank ist. In anderen Fällen stammt das Kind aus einer kinderreichen Familie, wo die Eltern einfach nicht die Zeit oder Kraft haben, jedes Kind einzeln zu beachten. Wenn das Kind aber krank wird, erfährt es, daß sich die ganze Familie Zeit nimmt und sich um es kümmert. Obwohl oft gleichzeitig das destruktive Grundgebot »Sei nicht« vorhanden ist, glauben wir nicht, daß dieses Grundgebot die Voraussetzung ist für die Entscheidung des Kindes »Ich sterbe beinahe . . .«

Wir kennen einen Mann, Sohn eines Arztehepaars und selber Arzt, der in der Vorschulzeit mehrere Ohrenentzündungen hatte. Wurde er krank, dann warf die Mutter ihren Zeitplan um, damit sie bei ihm zu Hause bleiben konnte. Später hatte er eine Stichverletzung, bekam eine Tetanus-Antitoxin-Spritze (nicht einfach nur eine Wiederholungsimpfung) und entwickelte daraufhin eine schwere anaphylaktische Reaktion, an der er beinahe starb. Er bekam Adrenalin ins Herz gespritzt, wurde künstlich beatmet, und was sonst noch an ungewöhnlichen Maßnahmen zur Rettung seines Lebens notwendig war, das wurde auch gemacht. Dies ist eine seiner prägnantesten Erinnerungen an die Kindheit. Nachdem er aus der Notfallstation entlassen war, entwickelte er schwere allergische Hautreaktionen, und sowohl Vater wie Mutter blieben zu Hause und kümmerten sich um ihn. Seitdem hat er immer wieder Infektionen gehabt. An einer wäre er möglicherweise gestorben, wäre damals nicht gerade Penizillin auf den Markt gekommen. Also auch hier wäre er beinahe gestorben.

Er erzählt atemraubende Geschichten, wie er bei einem Sprung mit dem Fallschirm fast ums Leben kam und wie er als Pilot zweimal in Lebensgefahr geriet, als eines seiner Waldbrandbekämpfungsflugzeuge Feuer fing. Er »entkam gerade noch« dem sicheren Tod, weil die Luftwaffe ihn, kurz vor Pearl Harbor, nicht haben wollte, während ein Jahr darauf alle seine Freunde in den Kämpfen im Guadalcanal ihr Leben lassen mußten. Sein Leben ist voll solcher Abenteuer oder Mißgeschicke, und seine Geschichten sind regelmäßig voll Galgenhumor, von dem sich die Zuhörer anstecken lassen. Obwohl er jetzt keine Geschichten mehr erzählt, in denen er beinah ums Leben kommt, hat er mit dem Rauchen noch nicht aufgehört und ist wahrscheinlich noch immer in seinem Skript, trotz »heldenhafter« Anstrengungen, es hinter sich zu lassen.

Solche Klienten sind besonders schwierig, weil man sie auffordert, auf viel Anerkennung für das Kind-Ich zu verzichten, Anerkennung, die sie dafür einheimsen, daß sie immer »beinahe sterben«, aber gerade noch dem Tode entkommen. Es *stimmt* nämlich, daß sie geliebt wurden, wenn sie »beinahe starben«; das ist keine Einbildung. Das Kind-Ich fragt natürlich: »Was hab ich davon, wenn ich das aufgebe? Was ist das Leben schon wert, wenn ich auf die wohltuende Anerkennung verzichte?« Obwohl der erwachsene Klient *weiß*, daß ihm andere Möglichkeiten offenstehen, eine solche Anerkennung zu bekommen, kämpft das Kind im buchstäblichen Sinne bis zum letzten Atemzug. Das ist der Grund, warum es, vom Therapeutischen her, so wichtig ist, in die Therapie etwas einzubauen, womit das Kind-Ich des Klienten soviel wie möglich dafür belohnt wird, daß es lebt, und nicht dafür, daß es »beinahe« stirbt.

Dies ist eine verzweifelte Position. Sie findet sich typischerweise bei den Opfern von Kindesmißhandlungen. Durch den Schmerz, den diese jungen Menschen bei den Mißhandlungen erleiden, werden sie so verzweifelt, daß sich als scheinbar einzige gangbare Alternative der Wunsch einstellt, tot zu sein, ebenso wie die Opfer von Krebs im Endstadium ihr Leiden verkürzen wollen. Ein Psychologe, der das Opfer von Kindesmißhandlungen war, lebte immer noch nach dem Skript »Ich bring dich noch so weit, daß du mich umbringst«, indem er nachts alleine durch gefährliche Straßen ging und in Bars Streit anzettelte. In der Therapie erkannte er, daß sein Verhalten darauf angelegt war, sich umbringen zu lassen. Er durchlebte dann noch einmal ein Kindheitserlebnis, bei dem ihn seine Mutter gegen die Wand geschmettert hatte. Er durchlebte noch einmal, wie er sie weiter aufstachelte, indem er sich weigerte, zu schreien oder zuzugeben, daß er im Unrecht war. Er erinnerte sich, daß er damals dachte, sie würde ihn umbringen und er wäre bald tot. Bei seiner Neuentscheidung stellte er positiv fest, daß er nicht umgebracht worden war und daß er sich schließlich aus den Klauen seiner Mutter befreit hatte. Und dann versicherte er spontan, er wolle sich nie mehr einen Menschen zu dem Zweck suchen, von ihm verletzt zu werden.

Der erste Schritt bei einer solchen Therapie ist, die Szene so aufzubauen, daß der Klient sieht, wie er selber darauf hinarbeitet, getötet zu werden. Viele Klienten leugnen das. Der Therapeut muß die Hinweise aus ihrer Lebensgeschichte, daß sie sich tatsächlich so verhalten, aufgreifen. So unterhielt sich zum Beispiel ein Therapeut/Klient gerade mit Bob auf der Terrasse, als unser früherer Koch ohne Sturzhelm auf seinem Motorrad die Straße heraufgedonnert kam. Bob brüllte ihn an: »Setz deinen verdammten Sturzhelm auf!«, und der Therapeut lachte. Auf Bobs Frage, was daran so witzig sei, antwortete er, daß er auch einen solchen heißen Ofen fahre und *nie* einen Helm trage. Dann berichtete er stolz und »mit viel Humor« von mehreren Situationen, wo ihn sein Renner fast umgebracht hätte. Bob sagte, am Getötetwerden könne er nichts Witziges finden. Und er fragte, wann der Therapeut bereit sei, daran zu arbeiten, daß er sich davor schützt, von anderen, inklusive von Motorrädern, getötet zu werden. Der Therapeut leugnete zunächst seine suizidale Neigung, arbeitete aber später doch daran, aus seinem tödlichen Skript herauszukommen. Bob erregt manchmal Anstoß, wenn er außerhalb der Therapiesitzungen, etwa bei Tisch oder im Schwimmbecken, Personen konfrontiert, sobald er makabres Lachen hört. Der Schock, den die Konfrontation auslöst, ist allerdings so viel wert, daß er den Groll, den diese Personen in dem Moment gegen Bob hegen, voll aufwiegt. Es könnte sonst sein, daß sie sich auch an uns vorbeidrücken, wie sie sich schon ihr ganzes Leben an anderen vorbeigedrückt haben.

Bob ergänzt hier als persönliche Anmerkung: »Ich finde es für mich in Ordnung, jemanden, der makaber lacht oder sich in Galgenhumor großtut, zu konfrontieren, auch wenn ich keinen Therapievertrag mit ihm habe. Jeder, der mich auch nur ein bißchen kennt, weiß: Ich glaube fest daran, daß ich in gewisser Weise *doch* ›meines Bruders Hüter‹ bin und daß ich als Arzt mindestens so viel Verantwortung habe, jemand auf sein tödliches Skript hinzuweisen, wie ich jemandem eine Schwarze Witwe vom Hemdkragen verjagen müßte.«

Ich zeig's dir, selbst wenn ich dabei draufgehe

Solche Menschen kann man in zwei Gruppen einteilen: Die einen wollen »es allen Eltern zeigen«, indem sie um immer größere Erfolge kämpfen; die anderen, indem sie rauchen, trinken und Drogen einnehmen. Diejenigen, die zur zweiten Gruppe gehören, können aus Trotz alkohol- oder drogensüchtig werden. Nicht alle Süchtigen haben mit einer aus Trotz getroffenen Entscheidung angefangen, aber viele von ihnen. Wir meinen, daß sie mit ihrer Wut das überdecken, was sonst als Depression zutage treten würde.

Wer zur ersten Gruppe gehört – zu den Superschaffern und Kämpfernaturen, zu jenen, die nach Friedmans Klassifikation[2] dem Typ A zuzuordnen sind – trifft die Entscheidung »Ich zeig's dir, selbst wenn ich dabei draufgehe«. Die Entscheidung »Ich zeig's dir«, scheint eine gute Entscheidung zu sein; der zweite Teil des Satzes ist es, mit dem sich diese Gruppe in Schwierigkeiten bringt. Unter Psychotherapeuten wimmelt es von solchen Leuten: hart arbeiten und nach Anerkennung streben, ein Diplom nach dem anderen machen, eine Beförderung nach der andern erreichen, Jahre für die Ausbildung zum Psychoanalytiker drangeben – und dann nicht wissen, was sie als nächstes tun sollen, und Magengeschwüre entwickeln oder Hochdruck oder Kranzarterienverschluß; oder schließlich depressiv und suizidal werden, weil es niemand interessiert oder weil es nichts mehr gibt, was sie noch nicht erreicht hätten. Als Bob vor einigen Jahren für eine psychotherapeutische Gesellschaft einen Workshop mit Demonstrationen durchführte, forderte ihn einer der Teilnehmer zum Ringkampf heraus. Normalerweise vermeiden wir, uns auf so etwas einzulassen, aber dieses Mal nahm Bob an. Nach dem Kampf erwähnte der Teilnehmer, daß er vor kurzem von einem Kranzarterienverschluß genesen war. Er »zeigte es ihnen« immer noch durch körperliche Überbeanspruchung bis hin zu dem Punkt, wo ein neues Koronarversagen durchaus im Bereich des Möglichen lag. Auch ein anderer Psychotherapeut war wegen Kranzarterienverschluß im Krankenhaus gewesen. Nach seiner Entlassung war er zum Skilaufen gefahren und hatte auf dem Skihang einen schweren Angina-pectoris-Anfall bekommen. *Danach* fuhr er zum Workshop, wo er sich immer noch körperlich überbeanspruchte. Er »zeigte es ihnen immer noch, selbst wenn er dabei draufging«. Es hat ihn fast das Leben gekostet. Auf dem Workshop arbeitete er (selbstverständlich) viel, bearbeitete ein Kindheitserlebnis aus seinem sechsten Lebensjahr, als sein Vater ihn heruntergemacht und ihm gesagt hatte, er sei nicht männlich genug (männlich mit fünf Jahren?). Er krampfte sein Gesicht und die Fäuste zusammen und schrie seinen Vater an: »Ich werd's dir zeigen, und wenn ich draufgehe!« So bestimmte dieser unbeugsame tapfere kleine Fünfjährige noch immer einen Teil seines Lebens. Er hörte seine eigenen Worte, erlebte seine Wut und erkannte in ihr eine Unterströmung von Traurigkeit darüber, daß der Vater ihn scheinbar nicht so gerne mochte wie seinen älteren Bruder. Dann, noch immer in der Szene, sagte er seinem Vater: »Du bist ein Idiot, Vater. Ich bin ein dufter Kerl, und wenn du das nicht siehst, liegt's an dir. Ich bring mich nicht um, bloß um dir zu zeigen, daß ich ein dufter Kerl bin. Ich muß dir nichts beweisen und auch sonst niemandem.« Nach dieser Arbeit wurde er lockerer, arbeitete weniger, machte weniger Sport, hatte mehr Spaß und genoß das Leben, statt »es ihnen zu zeigen«.

Menschen, die nach dem Motto leben: »Ich werd's euch zeigen, selbst wenn ich dabei draufgehe«, müssen zwei frühe Entscheidungen überwinden. Zuerst müssen sie sich fürs Leben entscheiden. Und dann müssen sie sich neu entscheiden, daß sie wichtig, einzigartig wichtig sind, egal was sie machen oder nicht machen. Sie haben bisher um Anerkennung für ihre Taten gekämpft und bekamen immer nur bedingte statt unbedingte Verstärkung. Für einen solchen Menschen ist es schwer, unbedingte Anerkennung anzunehmen. Wenn er sich erst einmal für seine eigene Wichtigkeit entschieden hat, wird es leichter. Gewöhnlich ist es von entscheidender Bedeutung, einen solchen Klienten in eine Kindheitsszene zu bringen, in der er beides kann: erstens seinen Eltern sagen, daß er leben wird, und zweitens ihnen sagen, daß er wichtig ist, einfach weil er da ist. Manchmal muß erst eine Sackgasse dritten Grades durchbrochen werden, weil ein solcher Klient sich noch *nie* allein aufgrund der Tatsache, daß es ihn gibt, als wichtig erlebt hat.

Der wichtigste Schritt zur Heilung ist auch hier wieder, daß der Therapeut die Sackgasse erkennt. Menschen, die den Satz ausleben *»Ich werd's dir zeigen, auch wenn ich draufgehe«*, wirken selten depressiv und hören sich nicht suizidal an, sofern sie uns nicht erst am Ende ihres Skripts aufsuchen. Es ist wichtig, eine solche Kämpfernatur früh zu fassen zu bekommen, bevor der Betreffende körperliche Schäden entwickelt. Einer von Bobs ersten Analytikern sagte von sich selbst, er habe es endlich zu etwas gebracht im Leben – gute Praxis, schönes Haus, neues Cadillac-Kabriolett, kurz alles, was er sich schon immer gewünscht hatte –, und nun gebe es nichts mehr, was er noch anstreben könne, nur noch den Tod. Er starb wenig später an Koronarversagen, und er war nicht älter als Bob!

Die zweite Gruppe von Menschen, die nach dem Satz leben: »Ich zeig's euch, auch wenn ich dabei draufgehe«, ist abhängig von Alkohol, Essen, Drogen, Nikotin und bringt sich damit langsam um. Am Anfang sind sie depressiv, weil sie zuwenig Anerkennung bekommen haben. Dann setzen sie ihre Wut ein, um die Depression zu vertuschen, und beginnen mit ihrer Selbstzerstörung, um »es ihnen zu zeigen«. (Wieder gilt: Andere Menschen können mit ihren selbstdestruktiven Gewohnheiten auf andere Botschaften reagieren, wie etwa: »Wenn du dich nicht änderst, kann ich mich ganz gut durch Fressen umbringen« oder »Das Rauchen bringt mich fast um, aber wirklich sterben will ich nicht, und dann wirst du mich liebhaben.«) Die Aufmüpfigen unter ihnen kämpfen gegen

Botschaften aus der Elternhaltung an, wie etwa »Sei gut«, »Sei ordentlich«, »Sei höflich«, und gehorchen damit dem destruktiven Grundgebot »Sei nicht«.

Hierzu ein Beispiel. Ein Klient berichtete: »Ich weiß noch, wie ich mit dem Rauchen anfing. Ich nahm eine Zigarette aus dem Päckchen meiner Mutter, das auf dem Kaffeetisch lag, und rauchte sie aus Trotz, als ich allein zu Hause war. Ich habe vergessen, worüber ich wütend war, aber ich weiß noch, daß ich sehr wütend war und glaubte, daß meine Mutter sich mir gegenüber absolut unfair verhalten hatte. Mit dem Trinken fing ich an, als ich wütend war, weil ich kein Geld für mein drittes Studienjahr bekam und merkte, daß sie mir ruhig etwas hätten geben können, ohne selber in finanzielle Bedrängnis zu geraten. Auch heute noch zünde ich mir manchmal aus Wut eine Zigarette an oder trinke aus Wut, obwohl ich viele andere Möglichkeiten habe, mit meiner Wut fertigzuwerden.«

Der erste Behandlungsschritt ist auch hier, dem Klienten zu helfen, daß er eine Entscheidung trifft, damit aufzuhören, sich weiter mit Hilfe von Alkohol, Essen, Rauchen oder Drogen umzubringen.

Simon zum Beispiel sagte, er wolle mit dem Rauchen aufhören. Bob fragte ihn, ob er schon aufgehört habe. Als er das verneinte, sagte Bob, er sei bereit, mit ihm zu arbeiten, sobald er 72 Stunden nicht geraucht hätte. Das ist ein Schachzug, den wir oft anwenden, um den Süchtigen dahin zu bringen, daß er *erst einmal* aufhört, sich das Gift zuzuführen. Wenn er dazu nicht bereit ist, haben wir es mit einem Vertrag zu tun, den der Klient von seinem Eltern-Ich her schließen will und den zu halten er nicht die Absicht hat. Willigt der Klient ein und kommt nach drei Tagen wieder zum Arbeiten, so lassen wir ihn einen Dialog führen. Entsprechend machte es Bob mit Simon:

Bob: Stell zwei Stühle vor dich hin. Gut. Auf dem ersten Stuhl bist du deine Lunge. Du bist von diesem Kerl seit Jahren mit Rauch angegriffen worden. Sprich zu ihm.

Lunge: He, Mensch, was machst du mit mir? Du bringst mich um.

Bob: Nein. Du, Lunge, bist die Lunge. Was tut Simon dir, der Lunge?

Lunge: Du füllst mich mit Kehricht, Mann. Ich kann nicht genug

Luft reinlassen, um dir genug Sauerstoff zum Leben zu geben. Mensch, hör auf mit dem Unsinn.

Simon *(wechselt den Stuhl):* Ach, stell dich nicht so an, Lunge, so sehr schadet's dir ja gar nicht.

Lunge: Genug ist genug, Mann. Wenn das so weitergeht, kann ich jedenfalls nicht mehr funktionieren.

Simon: Uff. *(Hört auf, scheint nicht bereit, die Sackgasse zu durchbrechen.)*

Bob: Sei dort auf dem andern Stuhl die Lunge, nach zehn Jahren, falls Simon weitergeraucht hat.

Lunge: Mich gibt's in zehn Jahren nicht mehr. Ich liege im Sarg.

Bob: Sag das Simon, und geh davon aus, daß du noch nicht ganz im Sarg bist.

Lunge: Schau dir an, was du gemacht hast. Du bist fast tot, weil ich geteert und geheizt und erstickt wurde in dem vielen Rauch, den du in mich reingesogen hast. Um Himmels-, nein, um *deinetwillen*, hör schon auf, bevor wir alle tot sind – das Herz, ich, jeder von uns.

Simon: Tut mir leid, Kumpel. Ich hör auf.

Bob: In zehn Jahren? Oder jetzt?

Simon: Ich hör auf.

Bob: Wann?

Simon: Jetzt.

Bob: Sag's deiner Lunge.

Simon: Gut, Lunge, du gewinnst. Hei, und ich auch.

Bob: Okay. Jetzt sei deine Lunge nach zehn Jahren, in denen Simon nicht mehr den ganzen Rauch in sie hineingepumpt hat.

Lunge: Ja. He, Simon, vielen Dank! Ich fühle mich jetzt wahrhaft prächtig. Ich bekomme wieder mehr rosa Farbe und fasse viel mehr Luft.

Die Intensität dieser Erfahrung ist immer recht beeindruckend. Klienten erleben gewöhnlich, wie es ihrer geteerten Lunge gehen muß. Wenn das nicht der Fall ist, lassen wir solche Klienten sich (als Lungen) detailliert beschreiben und ergänzen aus unserem Wissen über die Pathologie, falls sie beteuern, darüber nichts zu wissen. Wir geben auch möglichst viel Informationen über das Rauchen, die wir von anderen übernommen haben: Das starke Verlangen hält jedesmal nur ein paar Minuten an; Atmen geht bereits nach 72 Stunden erheblich besser, weil das ans Hämoglobin gebundene Kohlenmonoxid abnimmt und mehr Sauerstoff vom Hämoglobin transportiert wird. Wir legen den Klienten dringend nahe, sich etwas Gutes (keine Süßigkeiten) zu gönnen und während der ersten 72 bis 96 Stunden viel ungesüßte Flüssigkeit zu sich zu nehmen, um den Körper schneller zu entgiften und den Rauch durch etwas Wohlschmeckendes zu ersetzen.

Klienten, die zuviel essen, alkohol- oder drogenabhängig sind, kann man entlang derselben Leitschiene erreichen. Eine dicke Person zum Beispiel kann einen Dialog zwischen ihrem Fett und ihrem Mund führen oder zwischen ihrem Körper, wie er in zehn Jahren ist, falls sie weiter zuviel ißt, und ihrem Körper in zehn Jahren, falls sie vernünftig ißt. Wie der Dialog auch arrangiert werden mag, die Absicht ist, daß der Klient spürt, wie schwerwiegend und wie traurig das ist, was er sich antut. Danach gehen wir an die Neuentscheidung, sich nicht umzubringen.

Das folgende Beispiel betrifft einen süchtigen Esser. Er heißt Joachim. Mit seiner Arbeit fängt er spät in einer Nachmittagssitzung an.

Joachim: Ich möchte damit aufhören, daß ich esse, wenn ich nicht hungrig bin. Und ich möchte damit aufhören, mir selber Vorwürfe zu machen, wenn ich doch esse.

Bob: O je! Ich hab heute nachmittag eigentlich genug gearbeitet und ich bin mir nicht sicher, ob ich noch mehr arbeiten will – aber mach erst mal weiter. Und laß mich die Entscheidung erst treffen, wenn ich etwas mehr gehört habe.

(Es ist völlig in Ordnung, wenn ein Therapeut einen Vertrag nicht annimmt, genauso wie es in Ordnung ist, daß ein Therapeut ab und zu Fehler macht. Zu den größten Problemen junger, unerfahrener – oder alter, zu erfahrener – Therapeuten gehört, daß sie sich nicht weigern zu arbeiten oder daß sie »versuchen«, perfekt zu sein. Ein guter Therapeut wird sich immer zu dem Risiko bereit finden, einen Fehler zu machen, und sich dann mit dem, was möglicherweise aus dem Fehler erwächst, auseinanderzusetzen.)

Joachim: Manchmal ist Essenszeit, und dann esse ich; ich hab gar keinen Hunger, aber ich esse, bis mir der Magen weh tut und ich mich richtig unwohl fühle.

Bob: Wie hat sich das mit dem Essen denn früher bei dir zu Hause abgespielt? Wie geht's da zu, und wen gibt's da alles? *(Bob wechselt bereits jetzt ins Präsens, um die Arbeit mit dem Kind-Ich möglichst zu erleichtern.)*

Joachim: Also ich kam zu meiner Großmutter zurück. Nach der Oberschule. Vorher hatte ich bei einer Tante gewohnt. Sie gab einem gerade genug zu Essen, daß man seine Kalorien halten konnte.

Bob: Wer machte das? *(Bob arbeitet hier nicht im Präsens – ein Fehler).*

Joachim: Die Tante. Und dann kam ich zu meiner Großmutter. Und wenn man sich da nicht wie ein Müllschlucker verhielt, wurde man für krank gehalten. *(An dieser Stelle hätte Bob mit dem »man«, das ein Eltern-Introjekt ist, arbeiten sollen, aber er gab schon wieder auf. Bob war müde, und es wäre wohl besser gewesen, er hätte die Arbeit zum gegenwärtigen Zeitpunkt nicht angenommen.)*

Mary: Wo war deine Mutter?

Joachim: Meine Eltern wurden geschieden, als ich fünf war. Ich kam zuerst zu meiner Tante und dann zu meiner Großmutter.

Mary: Ist deine Mutter verrückt oder krank, oder was hat sie?

Joachim: Ja, sie ist verrückt.

Mary: In einer Heilanstalt?

Joachim *(traurig):* Zu meiner Großmutter kam ich, weil meine Mutter immer nur kurz da war. Sie war Krankenschwester. Sie arbeitete von nachmittags um drei bis elf Uhr nachts und kam morgens nicht aus den Federn. Wenn wir also was zu essen wollten, konnten wir uns Toast mit Erdnußbutter machen. Wir sahen sie oft fünf Tage hintereinander nicht.

Mary: Wie alt warst du da? *(Auch Mary hat es offensichtlich aufgegeben, im Präsens zu arbeiten.)*

Joachim: Neun.

Mary: Also warst du deine eigene Mutter. Und dann bist du zu einer Frau gekommen, die nicht mehr als das Existenzminimum hergibt, und dann hast du deine Oma bekommen. Kein Wunder, daß du dich gemästet hast.

Joachim: Ja. Und ich esse auch außerhalb der Mahlzeiten zuviel, wenn ich angestrengt bin. Zum Beispiel, wenn ich was machen muß und nicht genau weiß, wie ich's anfangen soll.

Mary: Was tust du dir sonst Gutes?

Joachim: Ich setz mich in die Badewanne.
Mary: Bist du verheiratet?
Joachim: Ja.
Mary: Deine Frau umsorgt dich und du sie?
Joachim: Ja. Das kriegen wir so langsam hin. Und meine Frau ist ungefähr so ähnlich wie meine Großmutter. Wenn ich sie um ein belegtes Brot bitte, weil ich irgendwohin gehe, dann bekomme ich gleich eine ganze Tüte voll.

Bob will nicht mehr arbeiten. Wir sind, so scheint ihm, dabei, Joachim *über Erlebnisse reden* zu lassen, statt ihn *in der Situation sein* zu lassen. Was wir kriegen, ist ein Bericht, aber keine Gelegenheit zu therapeutischer Arbeit. Deshalb entschließt sich Bob, Joachim eine »Hausaufgabe« zu geben und später zu arbeiten, wenn die Wahrscheinlichkeit größer ist, eine Neuentscheidung aus dem Kind-Ich zu erzielen.

Bob: Ich will dir eine Hausaufgabe geben. Tu in der nächsten Woche so viel auf den Teller, wie du glaubst, daß du essen wirst. Und hör auf zu essen und laß den Rest auf dem Teller liegen, wenn du genug gehabt hast, egal wieviel Essen du damit vergeudest. Du kannst hier sowieso nichts vergeuden, weil die Hunde oder die Enten oder die Pferde oder der Ochse oder sonst ein Tier alle Reste zu fressen kriegen!
Joachim: Ja.
Bob: Hör einfach auf, und schau mal, was passiert. Als Experiment.
Mary: Ich hab auch herausgehört, daß sich ganz viel um die Frage dreht, wer wen umsorgt. Du bist nicht depressiv?
Joachim: Im Moment nicht.
Bob: Wann hast du zuletzt an Selbstmord gedacht?
Joachim: Vor einigen Jahren.
Bob: Hast du schon mal was dagegen unternommen?
Joachim: Ich habe einen Vertrag geschlossen, daß ich das Problem anders lösen sollte. Und das hab ich auch gemacht. Damals hab ich wieder mit der Fresserei begonnen.
Mary: Machst du zur Zeit eine Therapie?
Joachim: Nein.
Mary: Bist du bereit, in dieser Woche einen Vertrag zu schließen

mit dem doppelten Ziel, dich zu entscheiden zu leben und das Leben zu genießen?

Joachim: Ja.

Gruppenmitglied: Wie kommt ihr jetzt auf das Selbstmordproblem? Ich hab nichts davon gehört.

Mary *(antwortet dem Klienten, nicht dem Gruppenmitglied. Um es nochmals zu betonen: Wir reden nicht gerne über Leute, nur mit ihnen.):* Du bist aufgewachsen, ohne ausreichend ernährt und umsorgt worden zu sein. Erzogen von einer Mutter, die dich, aus welchem Grund auch immer, nicht haben wollte. Sie hat dich an verschiedene andere Leute abgeschoben, und wenn du bei ihr warst, hat sie sich auch nicht um dich gekümmert. Krankenschwestern können sich bessere Schichten aussuchen als immer nur zwischen fünfzehn und dreiundzwanzig Uhr, vorausgesetzt, sie wollen.

Bob: Also hieß das destruktive Grundgebot – zumindest indirekt –: »Sei nicht«.

Mary: Und deine Tante will dich auch nicht genug, sonst würde sie dich ordentlich ernähren. Es hört sich an, als hätten eine ganze Menge Leute nicht begriffen, was für ein nettes, aufgewecktes Kind du warst.

In dem Dialog tauchen noch weitere wichtige Punkte auf: Der kleine Pfiffikus spielt ein kompliziertes Spiel. Als Joachim einen *Vertrag* schließt, sich nicht umzubringen – das war noch keine Neuentscheidung –, fängt der »kleine Pfiffikus« an, immer mehr zu essen, und unterläuft damit den Vertrag. Und die Botschaft, liest man sie andersherum, heißt: »Wenn du nicht ißt, bist du krank.« Der kleine Pfiffikus kann damit alle austricksen und sagen: »Schaut doch, ich mach ja bloß, was man mir gesagt hat!« Besser wäre gewesen, der frühere Therapeut hätte zusätzlich zum Vertrag eine Neuentscheidung mit Joachim erarbeitet, daß dieser sich nicht umbringt; das hätte Joachim möglicherweise davon abgehalten, sich langsam durch seine Fresserei umzubringen.

Die anderen Punkte: Dicke Menschen können lernen, nur das zu essen, was ihnen das Wasser im Munde zusammenlaufen läßt, und alle anderen Speisen liegen zu lassen. Wenn sie sich daran halten, schützt sie ihr Körper früher oder später ganz von selbst. Außerdem: Die meisten dicken Menschen essen ihren Teller auch aus

Gehorsam gegenüber Stimmen von früher leer. Indem wir sie auffordern, ihren Teller nicht leer zu essen, geben wir ihnen eine neue Botschaft, die sie zunächst mit dem Erwachsenen-Ich hören und später in ihre Eltern-Haltung integrieren können. Indem wir Joachim zu diesem Experiment auffordern, ihm diese Erfahrung ermöglichen, geben wir ihm die Gelegenheit, daß er seine Eltern-Haltung neu strukturiert.

Daß wir Joachim zum Thema Suizid befragten, hat nichts mit Gedankenlesen zu tun. Sobald wir die geringsten Hinweise dafür finden, daß ein Kind vernachlässigt wurde, fragen wir uns, wie es um die Selbstmordgefährdung steht, und wir fragen auch den Klienten danach. Es ist dadurch viel unwahrscheinlicher, daß uns eine offene oder auch eine versteckte Suizidabsicht entgeht.

Ich krieg dich (geb's dir) schon noch, selbst wenn ich dabei draufgehe

Solche Klienten wirken eher wütend als offen depressiv. Sie steuern aber einen frühen Tod ebenso sicher an wie der offen suizidale Klient, der verzweifelte Klient, der süchtige Klient und der Klient, der sich mit Arbeit totmacht, »um es ihnen zu zeigen«.

Man denke nur an die Verfolgungsjagden auf der Autobahn, wenn die Polizei Bankräubern auf den Fersen ist. Man denke an die Einbrecher mit Schußwaffen, die sich an bewaffneten Raubüberfällen beteiligen, ins Gefängnis wandern und im Gefängnis ihre Wut behalten, andere Gefangene niederstechen, Wächter töten. In Elternhäusern aufgewachsen, in denen das vorherrschende Gefühl Wut war, erhalten diese Menschen ihre Wut aufrecht, bis sie erwachsen sind. Kommen sie um, weil sie nach dem Skript leben, es anderen »schon noch zu geben«, dann sind sie genauso tot wie manifest depressive Klienten, die sich selber umbringen. Im fortgeschrittenen Stadium ist der Klient, der nach dem Motto lebt, »Ich krieg dich schon noch, selbst wenn ich dabei draufgehe«, paranoid und erfindet sich seine Feinde sogar noch selber.

Seit vierzehn Jahren schulen wir die Mitarbeiter der Kalifornischen Jugendbehörde. Diese großartigen Menschen haben es täglich mit wütenden Fürsorgezöglingen zu tun, die unter ihrer Wut und ihrer lässigen Attitüde furchtbar depressiv sind. Ein Weg, den die Mitarbeiter der Kalifornischen Jugendbehörde einschlagen, um diese Jugendlichen zu erreichen, besteht darin, ziemlich am Anfang nach Kontaktaufnahme gemeinsam mit dem Fürsorgezögling eine Prüfliste zu dessen Skript auszufüllen. Wenn der Jugendliche beim Ausfüllen der Liste erkennt, daß er sein Leben so geplant hat, daß er mit fünfundzwanzig Jahren tot sein wird, dann zeigt er unter Umständen Interesse, sich ernsthaft in Behandlung zu begeben. Er entdeckt, daß es in *seiner* Hand liegt, ob er zugrunde geht, daß es nicht einfach alle darauf abgesehen haben, es ihm zu geben, es sei denn, er bringt alle gegen sich auf. Und allmählich lernt er seinen eigenen Wert hinreichend schätzen, so daß er am Leben bleiben will.

Für den erwachsenen Straffälligen gilt das gleiche. Martin Groder, der früher am Marion Federal Penitentiary arbeitete, hat ein hervorragendes Programm für erwachsene Straffällige entwickelt, von denen viele wegen Mordes zu lebenslangen Haftstrafen verurteilt waren, ohne Aussicht auf bedingte Entlassung. Während eines dreitägigen Workshops, den wir dort vor einigen Jahren durchführten, schmiedete einer der Inhaftierten Ausbruchspläne, bei denen er mit hoher Wahrscheinlichkeit andere hätte töten müssen oder selbst getötet worden wäre. Die therapeutische Alternative bestand für ihn darin, sich zu entscheiden, sich nicht umbringen zu lassen, sein Skript »Ich geb's euch, selbst wenn ich dabei draufgehe« aufzugeben. Die von Groder und anderen begonnene Bewegung verwandelte Kriminelle mit hohem Erfolg in Therapeuten, die sehr geschickt mit anderen Inhaftierten (und mit einzelnen Nicht-Inhaftierten) umgehen konnten. Groder wandte eine Kombination von TA, Gestalt, Urschrei, Synanon und anderen Techniken an.

Zusammenfassung

Für die Neuentscheidung bei Depressiven sind mindestens vier Schritte notwendig:

1. Der Vertrag mit dem Erwachsenen-Ich, sich nicht umzubringen.
2. Die Bearbeitung der Sackgasse zweiten Grades mit dem Kind-Ich, wobei sich das Kind-Ich gegen das destruktive Grundgebot zur Wehr setzt und sich neu entscheidet zu leben.
3. Die Bearbeitung der Sackgasse dritten Grades mit dem Kind-

Ich, wobei der Klient das in seiner reaktiven Kindhaltung verankerte Gefühl der eigenen Wertlosigkeit und Bedeutungslosigkeit aufgibt, in seiner unbefangenen Kindhaltung seinen eigenen Wert anerkennt und erklärt, daß er wert ist zu leben.

4. Die Umstrukturierung der Elternhaltung, so daß der Klient mit seiner neuen Elternhaltung für sein Kind-Ich sorgt und sich in seiner Kindhaltung liebt und annimmt.

10 Zwänge: Eine Fallgeschichte

Ernst ist ein ganz besonderer Klient. Er arbeitet sehr mutig und gibt in einem dreitägigen Workshop sein zwanghaftes Verhalten für immer auf. Wir behaupten nicht, jede Person mit einem seit zehn Jahren bestehenden Waschzwang, einem Zählzwang und Zwangsgrübeln könne in drei Tagen gesund werden. Weil jedoch ein Großteil der einschlägigen Literatur behauptet, daß Klienten wie Ernst so gut wie unheilbar seien, fügen wir diesen Abschnitt ein, um zu demonstrieren, daß Heilung möglich ist.

Am Freitagmorgen beginnen wir den Workshop mit gegenseitigem Vorstellen. Von den vierzehn Teilnehmern sind die Hälfte Therapeuten. Außerdem sind sechzehn Therapeuten, die derzeit an einem vierwöchigen Workshop teilnehmen, als Beobachter dabei. Nachdem sich jeder vorgestellt hat, fordern wir zu Verträgen auf. »Versetzt euch in die Situation am Sonntagnachmittag. Der Workshop ist zu Ende. Ihr fahrt wieder ab von Mount Madonna. Das, was ihr hier erreichen wolltet, habt ihr erreicht. Jetzt, wo ihr wegfahrt: Wie habt ihr euch verändert?« Ernst antwortet als fünfter Teilnehmer:

Ernst: Ich leide nicht mehr unter Zwängen. *(Beim Sprechen reibt er häufig die Hände gegeneinander, als würde er sie waschen, und er starrt unbeweglich auf den Boden. Er ist blond und stattlich und sieht jünger aus, als es seinem tatsächlichen Alter von zweiundzwanzig Jahren entspricht; auf der anderen Seite jedoch erscheint er wegen seiner offensichtlichen Gespanntheit älter.)*

Bob: Was heißt das für dich, unter Zwängen leiden? Wie bist du anders, wenn du am Sonntag wegfährst?

Ernst: Ich mach mir keine Gedanken mehr darüber, daß ich jemanden überfahren habe, obwohl ich genau weiß, daß ich's nicht getan habe. Ich halt nicht mehr an, wende und fahr zurück, um ganz sicher zu sein, daß ich niemand überfahren habe. (Er berichtet von anderem Zwangsverhalten, zum Beispiel, daß er sich wiederholt die Hände wäscht oder immer wieder kontrolliert, ob er das Licht ausgeschaltet hat.)

Bob: Gut. Bist du bereit, dich für die Dauer des Workshops nicht zwanghaft zu verhalten?

Ernst: Ja. Ich weiß, daß dies hier eine Regel ist. Das hat mir Doktor Ypsilon erklärt. (Dr. Y. hat Ernst zweimal gesehen. Ernst war von seinem Arbeitgeber dorthin geschickt worden. Dr. Y. hat ihn dann zu diesem Wochenend-Workshop zu uns überwiesen. Nach dem Workshop will Ernst die Behandlung bei ihm fortsetzen.)

Bob: Willst du, sobald du den Drang zu einer Zwangshandlung verspürst, dich dagegen entscheiden, sie auszuführen, und dich statt dessen dafür entscheiden, eine sexuelle Phantasie zu haben?

Die allerwichtigste Arbeit für dieses Wochenende ist bereits geleistet: Ernst ist bereit, sein *Verhalten* zu ändern. Indem er diese Bereitschaft erklärt, muß er zugleich erkennen, daß er die Kontrolle über seine Symptome hat. Wir hatten seinem Therapeuten gesagt, daß wir Ernst nicht nehmen würden, wenn er dieser Regel nicht vorab zustimmen würde.

Auch Bobs Vorschlag mit der »sexuellen Phantasie« ist dramaturgisch wichtig. Bob sagt damit, daß Ernst in der Lage ist, seine *Gedanken* frei zu bestimmen. Bob fordert ihn zu sexuellen Phantasien auf, weil Zwangsgedanken und -verhalten nach unserer Erfahrung sehr oft der reaktiven Kindhaltung entspringen und als Abwehr gegen verbotene sexuelle Gedanken und Empfindungen dienen. Die Aufgabe durchkreuzt die frühen Verbote und macht uns zum Verbündeten des unbefangenen Kind-Ich. Geht der Klient auf den Vorschlag nicht ein, dann ist das die Kernfrage für die weitere Arbeit. Sagt er »Ich kann nicht«, dann werden wir für ihn nach einer Möglichkeit suchen, bei welcher er sich selber demonstriert, daß er seine Gedanken frei bestimmen »kann«.

Erlaubt er sich dagegen sexuelle Phantasien, dann kann dies die Neuentscheidung fördern, daß er sich als sexuelles Wesen erkennt und annimmt und seine Zwänge fallenläßt.

Ernst: Ich weiß nicht, was du meinst.

Bob: Willst du, statt dich für Zwangsgedanken und für Zwangshandlungen zu entscheiden, eine sexuelle Phantasie haben?

Ernst: O nein! Nein, das ist es nicht, was ich wollte. Ich will nur nicht zwanghaft grübeln und dabei eigentlich über gar nichts nachdenken. Ich wollte nicht ... *(Er ist verwirrt und glaubt, Bob beschuldige ihn, daß er sexuelle Phantasien haben wolle.)*

Bob: Bist du bereit, dich auf ein Experiment einzulassen? Bist du bereit, dir bis heute abend jedesmal eine sexuelle Phantasie einfallen zu lassen, sobald dir der Gedanke an eine Zwangshandlung kommt? Statt die Handlung auszuführen oder darüber zu grübeln, ob du sie ausführen sollst?

Ernst: Ich versteh nicht, was du meinst.

Bob: Mal dir eine schöne sexuelle Phantasie aus, statt zwanghaft zu grübeln oder entsprechend zu handeln.

Normalerweise wiederholen wir uns nicht und fragen statt dessen den Klienten, was er verstanden zu haben glaubt. Oder wir anerkennen und verstärken den Klienten für seine rebellische Kindhaltung mit einer Bemerkung wie etwa der folgenden: »Mensch, ich wette, du wußtest, wie du deine Eltern an die Decke gehen lassen konntest. Ich wette, daß es dir immer, wenn du etwas nicht machen wolltest, sehr überzeugend gelungen ist, so zu tun, als hättest du nicht verstanden!« Ernst unterscheidet sich von anderen Klienten. Er hat Angst und braucht die ruhigen Wiederholungen, die Bob ihm gibt. Diesmal erlaubt er sich jedoch, die Aufgabe zu verstehen.

Ernst: Wenn ich das machen würde, hätte ich Schuldgefühle. *(Wieder reibt er die Hände und wirkt beunruhigt.)*

Bob: Genau das ist das Problem. Davon spreche ich die ganze Zeit. Willst du jetzt einfach weitergehen und dir eine sexuelle Phantasie einfallen lassen, statt zu grübeln und Zwangshandlungen auszuführen?

Ernst *(reibt die Hände)*: Meinst du spezielle Phantasien? Mit meiner Frau oder mit anderen Frauen?

Bob: *Du* hast die Wahl, Mann. Nicht ich. Es sind *deine* Phantasien.

Ernst *(lange Pause)*: Ich bin nicht sicher, ob ich's richtig verstehe.

Mary: Es kommt mir so vor, als sei dir als Kind nie gestattet worden, »Nein« zu sagen. *(Mary konfrontiert ihn mit seinem Widerstand auf »freundliche« Art und Weise).*

Ernst: Es war praktisch immer vorgeschrieben, was man tun mußte.

Mary: Also durftest du nur sagen »Ich mach's« oder »Ich kann's nicht«.

Ernst: Meistens »Ich mach's«.

Mary: Also, spielst du dann bitte hier während des Marathons, sobald dir was nicht paßt, wozu dich jemand auffordert, den Satz aus: »Ich mach's nicht«?

Ernst: Das ist sehr schwer für mich.

Mary: Ich weiß. Bisher hast du zu Bobs Vorschlag mit den sexuellen Phantasien noch nicht »Nein« gesagt, aber auch nicht »Ja«. Und auch zu meinem Vorschlag hast du nicht »Ja« und nicht »Nein« gesagt.

Ernst *macht eine lange Pause. Er reibt die Hände und antwortet nicht.*

Bob: Was erwartest du noch von diesem Wochenende?

Ernst: Sobald ich meine Stelle wiederbekomme, falls ich sie wiederbekomme, daß ich sie dann ausfüllen kann... nicht mit Glanzleistungen... das will ich gar nicht. Aber ich kann sie ausfüllen, ohne wegen Zwangsgedanken und Zwangshandlungen auf der Stelle zu treten.

Mary: Was arbeitest du?

Ernst erklärt, er sei technischer Zeichner und zum Aufsichtsführenden befördert worden. Er hat dies so ernst genommen, daß er jeden Strich überprüft und bisher noch keiner einzigen Arbeit der ihm Unterstellten sein Plazet gegeben hat: »Was ist, wenn irgendwas nicht stimmt?« Seine Angst ist extrem groß. Die ganze Gruppe scheint besorgt. Die Teilnehmer sitzen vorgebeugt, beobachten uns genau, und der Mann neben Ernst streckt immer wieder seine Hand nach ihm aus und zieht sie dann zurück. Es ist mucksmäuschenstill. Ernst erklärt, man habe ihn aufgefordert zu kündigen, aber er hoffe, geheilt zu werden und seine Stelle zu behalten.

Ernst: Und jetzt kommt's mir so vor, als sei alles irgendwie so trostlos. Ich werde arbeitslos sein, und meine Frau bekommt ein Kind. Wenn ich meine Stelle verliere, muß ich nach Hause und für meinen Vater arbeiten. Ich muß bei meinem Vater auf dem Hof arbeiten, und ich mag nicht in der Landwirtschaft arbeiten. Deshalb war ich auf die Fachhochschule gegangen. Ich hatte gehofft, es zu etwas zu bringen.

Mary: Bist du depressiv?

Ernst: Ich glaub nicht, daß man es Depression nennen kann. Eher ein Grausen. Man könnte auch sagen Angst und Hilflosigkeit. Ich möchte gerne etwas machen können. Mein Psychiater hat nichts von Depression gesagt. Er hat gesagt, es sei eine Zwangskrankheit.

Wir fragen nach Suizidabsichten, und er stellt klar, daß er sich nicht umbringen wird, selbst wenn er rausfliegt und/oder seine Symptome nicht aufgibt.

Ernst: Ich hab nämlich was gegen Selbstmord. Meine Mutter hat versucht, sich umzubringen, und sie deutet oft an, daß sie sich umbringen will.

Mary: Als sie zum ersten Mal mit Selbstmord droht, wie alt bist du?

Ernst: Elf, glaube ich.

Wir fragen nach weiteren Details und erfahren die Entscheidungen, die er als Kind getroffen und in seine Kindhaltung integriert hat.

Ernst: Was ich mir sagte, war praktisch, daß ich perfekt sein müßte. Wenn ich ihr alles recht mache, dann bringt sie sich nicht um.

Bob: Jetzt versteh ich! Wenn du einen Fehler machst, bringt sich deine Mutter eventuell um. Kein Wunder, daß du dir keine sexuellen Phantasien gönnst oder zu mir oder Mary nicht »Nein« sagst. Kein Wunder, daß dir vor allem und jedem graust. Du mußt alles, was du machst, perfekt machen, sonst würde sich deine Mutter umbringen. Kein Wunder, daß du so vorsichtig sein mußt, damit du ja alles richtig machst, und daß du immer wieder alles überprüfen mußt.

Ernst: Ja. Ich würde, wenn ich hier weggehe, mir gern nicht mehr soviel Gedanken über mögliche Fehler machen.

Bob: Gut, Ernst. Ich höre, was du sagst. Ich möchte an dieser Stelle gerne aufhören. *(Bob hört auf, weil er und Ernst sich unmittelbar begegnet sind. Außerdem ist Bobs Interpretation sehr wichtig, und er möchte, daß Ernst darüber nachdenkt.)*

In der nächsten Sitzung will Ernst arbeiten.

Ernst: Ich komme mir sehr ähnlich vor wie Albert, wenn er davon spricht, wie er die ganze Zeit grübelt. Damit bringe ich den ganzen Tag zu. Es sieht so aus, als würde ich vierundzwanzig Stunden am Tag grübeln. Ich kann mir mein Leben ohne Grübeln gar nicht vorstellen.

Bob: Hast du seit heute morgen irgendwelche sexuellen Phantasien gehabt?

Ernst: Nein. Ich hab's versucht. Hier im Zimmer hab ich's dreimal versucht. Ich hatte Angst . . . daß ich heulen würde. Ich hatte so große Angst.

Bob: Hast du Bedenken, ob du sexuelle Phantasien haben sollst?

Ernst: Ich hab eben darüber nachgedacht. Ich fühle mich . . . wie zugeschnürt.

Bob: Und dann?

Ernst: Und dann habe ich mir gesagt, du wirst so zugeschnürt, weil du darüber nachdenkst, ob du sexuelle Phantasien haben willst, und es besteht kein Grund, zugeschnürt zu sein. Dann hab ich nicht mehr daran gedacht. *(Ernst hält inne und verbreitet sich dann enthusiastisch über seine Erfahrungen am Arbeitsplatz. Er glaubt, daß ihm sein ständiges Grübeln dazu verholfen habe, der beste Angestellte in seiner Gruppe zu werden, und daß dies schließlich zu seiner ungewöhnlich schnellen Beförderung geführt habe. Nach seiner Beförderung schlief er wenig, grübelte ununterbrochen und verstärkte seine Symptome.)* Ich muß die Arbeit der anderen genehmigen und gegenzeichnen . . . was aber, wenn einer von ihnen sie nicht richtig macht? Es könnte jemand sterben. Wenn ich die Blaupause genehmige und es sind Fehler drin, und jemand stirbt deswegen, dann bin ich ein Mörder! An diesem Problem bin ich zerbrochen. *(Er vergräbt sein Gesicht in den Händen.)*

Mary: Bist du jetzt bereit einzuräumen, daß dein Grübeln übertrieben ist und deine eigene Produktivität erstickt hat?

Ernst: Ja. Da bin ich auch zum Psychiater gegangen.

Mary: Ich möchte gerne mehr von dir wissen. Worüber hast du vor fünf Jahren gegrübelt, falls du darüber reden willst?

Ernst: Daß mein Abschlußzeugnis nicht gut genug sein könnte. Daß ich nicht genug lerne. Daß ich meine Hände hundertmal waschen muß und mich doch nicht sauber genug fühle. Darüber hab ich schon immer gegrübelt.

Mary: Schon immer?

Ernst: Etwa seit ich elf war. Ich hab immer gegrübelt, ob die Türen abgeschlossen sind. *(Pause.)* Immer übers Masturbieren gegrübelt. Ich masturbiere nicht mehr. Aber bis ich den Psychiater aufsuchte, hatte ich mir Sorgen gemacht, ich könnte homosexuell sein, weil ich früher masturbiert hatte. Dann hab ich von Doktor Ypsilon erfahren . . . daß Masturbation und Homosexualität nichts miteinander zu tun haben. Ich schließ die Tür fünfmal ab und schalte das Licht sechsmal aus und zweifle immer noch, ob ich's wirklich gemacht hab.

Mary: Und du warst etwa elf, als deine Mutter mit Selbstmord drohte?

Ernst: Etwa elf.

Mary: Da ist alles auf einmal zusammengebrochen, wie?

Ernst: Ja. Und damals fing auch das an, was man sexuelle Gefühle nennen könnte.

Mary: Natürlich. Und niemand hat dir gesagt, daß das ein Beweis war, wie normal du warst.

Ernst: Nein. Das hat mir niemand gesagt. Über Sexualität hat man mir nichts gesagt. Nein. Und ich fing mit dem Masturbieren an.

Bob: Natürlich.

Mary: Und niemand hat dir gesagt, daß das normal ist und daß es zum Erwachsenwerden gehört.

Ernst: O nein. Meine Großmutter sagte, das gehört sich nicht. Sie fand meine Unterhosen in der Schublade und sagte: »Das machst du nicht noch mal! Ich hab keine Lust mehr, deine drekkigen Unterhosen zu waschen.«

Mary: Da war also niemand, der dir gesagt hat, wie toll es war, daß du erwachsen und ein Mann wurdest.

Ernst: Nein. Ich hatte niemand, mit dem ich reden konnte. Meine Eltern trennten sich, und meine Mutter wollte sich umbringen, und das war wichtiger.

Bob: Die waren wichtiger als du?

Ernst: Ich hab das gedacht. Ich wünschte, ich . . . ich hätte . . . man hätte sich mehr um mich gekümmert.

Bob: Was haben sie dazu gesagt, daß du sechsmal nachgeguckt

hast, ob das Licht ausgeschaltet ist, und fünfmal, ob die Tür abgeschlossen ist?

Ernst: Davon wußten sie nichts. Etwa ein Jahr lang. Weil ich in einem Zimmer außerhalb des Hauses wohnte, und ich hab das alles dort gemacht.

Mary: Du warst von deiner Familie getrennt! *(Mary staunt; ihr fällt eine junge Zwangskranke ein, die sie vor Jahren behandelt hatte und die in einem Verschlag hinter dem Haus, in dem die Familie wohnte, gehalten wurde und dort heranwuchs.)*

Ernst: Ein kleines Zimmer mit Bad und Toilette. Und einem Bett. Im Haus gab's nicht genug Schlafzimmer. Meine Großmutter hatte eins, meine Schwester hatte eins, und meine Eltern hatten eins. Ich war tagsüber immer zwei oder drei Stunden dort, duschte und kontrollierte alles.

Bob: Tu so, als wärst du jetzt dort. Sei in deinem Zimmer. Wie erklärst du dir, dem elfjährigen Ernst, warum du duschst und kontrollierst?

Ernst: Ich bin sehr vorsichtig, daß ich nur ja nicht dreckig bin. Ich muß ganz sicher sein, daß ich sauber bin. Ich mach mir Sorgen . . . wenn ich irgendwelche Keime habe und jemand anders kriegt die, dann könnte er sterben. Oder sehr krank werden. Ich hatte Hepatitis und mußte vier Wochen das Bett hüten, und vielleicht stammt daher die Vorstellung mit den Keimen.

Mary: Da sieh mal einer an . . . was sagst du da über Hepatitis . . . oder Keime? Sei dort.

Ernst: Ich bin . . . ich glaub, ich hab die Hepatitis von einem dreckigen Kind gekriegt. Ein dreckiger Junge, der neben uns wohnt. Ich weiß nicht. Ich hab ihn, ehrlich, nicht mal angefaßt, aber ich denk, ich muß sie von ihm haben, und ich bin sehr krank. Er war dreckig. Ich war sauber angezogen. Unsere Familie ist sauberer. Seine Kleider waren dreckig, und er erzählte dreckige Witze.

Bob: Ach, das ist es, wo er dreckig ist. Er denkt an Sex.

Ernst: Er wußte mehr von Sexualität.

Bob: Willst du ihn da sehen und ihm sagen, inwiefern Sex und Keime dasselbe sind?

Ernst: Ich weiß nicht genau, was du meinst. Leute, die dreckig sind und die sich nicht waschen, können genau wie der Junge sein und außerdem schmutzige Gedanken haben.

Bob: Sieh den Jungen vor dir; tu so, als sei er hier, und sag ihm: »Ansteckende Keime kommen aus den Gedanken« oder »Ansteckende Keime kommen nicht aus den Gedanken«.

Ernst: Nein. Keime kommen nicht aus den Gedanken.

Mary: Bist du sicher?

Ernst: Ja. Das ist nicht dasselbe, selbst wenn dieselben Leute sie haben. Selbst wenn ein Kind sich nicht sauberhält und auch dreckige Witze erzählt.

Bob: Recht so, mein Freund!

Sie arbeiten weiter, bis Ernst einräumt, daß niemand von sexuellen Gedanken und Phantasien körperlich krank wird. Ernst lächelt zum ersten Mal während des Marathons.

Wir teilen die Gruppe, einschließlich der Beobachter, in Kleingruppen von jeweils drei Klienten auf, die 45 Minuten zusammensein sollen. Innerhalb der Dreiergruppe wechseln sie sich als Klienten und Therapeuten ab und arbeiten weiter.

Zu Beginn der späten Nachmittagssitzung will Ernst arbeiten.

Ernst: Meine Dreiergruppe ist der Meinung, ich sollte euch sagen ... als ich zwölf oder dreizehn war, da wußte ich, daß irgendwas mit mir nicht stimmte. Als ich ... nach einiger Zeit ... dachte, so könnte ich nicht weitermachen. Ich ging also schließlich zu meinem Vater, und ... also ... ich hab ihm vom Waschen und dem allem erzählt. Ich sagte ihm, ich wollte zum Psychiater gehen. Mein Vater sagte: »Du solltest dir über so was keine Gedanken machen. Du machst aus einer Mücke einen Elefanten.«

Jetzt, vor einem Monat, sagte ich ihm, daß ich zum Psychiater gehen würde, und er war empört. Er sagte: »Geh nicht zum Psychiater. Ich mach mir auch über manches Sorgen. Ich bin auch sehr vorsichtig, aber ich seh nicht, was daran verkehrt sein soll.«

Bob: Es ist ohne Frage schwer, in deiner Familie Gehör zu finden.

Ernst: Ja. Da war nicht viel los in der Richtung. *(Lange Pause)*

Bob: Bist du bereit, einmal in Betracht zu ziehen, dein Grübeln und zwanghaftes Verhalten könnten sehr viel damit zu tun haben, daß du sexuelle Gedanken und Phantasien vermeidest? Jetzt, wo du Dreck von Dreck unterschieden hast, ist einer der schnellsten Wege, wie du dich heilen kannst, der, weiterzugehen und sexuelle Phantasien zu haben.

Ernst: Ich schlag mich da mit noch was anderem rum, gerade jetzt. Meine Religion. Ich bin katholisch. Und das hat auch damit zutun, daß ich nicht will, daß andere Leute meinetwegen sterben. Es ist eine Todsünde. Man kommt in die Hölle, wenn man den Tod eines Menschen verursacht.

Mary: Ich versteh nicht, wie du dadurch, daß du Gefallen an sexuellen Phantasien hast, den Tod von jemandem verursachen könntest. Wo ist da die Verbindung?

Ernst: Christus. Christus starb für unsere Sünden. Sündigen heißt praktisch, IHN ans Kreuz schlagen. Es ist nämlich tabu, über Sexualität nachzudenken. Über eine . . . Situation zwischen einem Jungen und einem Mädchen nachzudenken.

Mary: Also, Ernst, viele Katholiken machen das. Sie wären längst ausgestorben, schon die erste Generation, wenn sie nicht über Sexualität nachgedacht und das dann in die Tat umgesetzt hätten. *(Die Gruppe lacht.)*

Bob: Es gibt verdammt viele Katholiken auf der Welt, und es gibt nur eine Möglichkeit, wie sie entstanden sind: Irgend jemand hat mit irgend jemand gebumst.

Ernst: Du meinst also, ich soll über Sex nachdenken?

Bob: Immer wenn du mit deinem Grübeln anfängst, laß dir statt dessen eine sexuelle Phantasie einfallen. Nur heute. Um zu sehen, was du damit machst.

Ernst: Und was ist mit meiner Religion?

Mary: Zufällig bist du hier richtig. *(Lacht.)* Du wirst's nicht glauben: In diesem Zimmer sind drei Priester und zwei Nonnen.

Ernst *(schaut in die Runde):* Ich . . . Tatsächlich?

Mary: Wollt ihr euch alle mal vorstellen?

Alle fünf stellen sich vor. (Bei der Vorstellung am Morgen hatten sie nur gesagt, daß sie Berater seien.)

Ernst: Ich hatte schon daran gedacht, mal mit einem Priester zu sprechen. Sogar erst vor kurzem. Ich hab meinen Psychiater gefragt, und der sagte, ich sollte das nicht tun, weil sie voreingenommen sind . . . und mir nicht guttun würden.

Hans: Also, du und ich sind in derselben Dreiergruppe. Und Joachim auch. Du konntest nicht wissen, daß du bereits mit zwei Priestern gesprochen hast.

Ernst lacht. Mehrere reden zu gleicher Zeit.

Gruppenmitglied: Wenn du eine ganz unvoreingenommene Meinung von einem der größten Katholiken der Welt – größten, was sexuelle Phantasien anlangt – hören willst, dann frag nur mich!

Nonne: Dein Psychiater weiß nichts von den neuen theologischen Entwicklungen.

Die Gruppe diskutiert jetzt etwa eine Viertelstunde über Sexualität und Theologie. Alle sagen ihm, daß sexuelle Phantasien zu haben eine feine Sache ist.

Mary: He, Ernst, deine Eltern müssen viel Angst vor Sexualität gehabt haben und deine Großmutter auch. Sie haben dich nicht unterstützt beim Erwachsenwerden. Ich glaube nicht, daß es so furchtbar wichtig ist, was die Kirche sagt. Wären deine Eltern miteinander liebevoll, warmherzig und glücklich umgegangen und hätten sich an ihrer Sexualität gefreut, dann hättest du dem Teil deiner Religion, der von sexualfeindlichen Gedanken geprägt ist, wenig Beachtung geschenkt. Du hättest deinen katholischen Glauben anders eingesetzt.

Priester: Ich möchte dazu eines sagen: Immer wenn die Kirche in ihrer Geschichte eine Ketzerei beging, hatte es mit der Degradierung des menschlichen Körpers zu tun. Seinen Körper soll man mit Liebe und Zärtlichkeit behandeln und genießen.

Bob: Willst du deine sexuellen Phantasien genießen?

Ernst: Ja.

Vor dem Abendessen führen Ernst und eine der Nonnen ein langes Gespräch. Mary hört, wie die Nonne zu Ernst sagt: »Du möchtest gesund sein, nicht wahr? Wenn du gesund sein willst, mußt du machen, was der Doktor sagt. Wenn er dir Penizillin gäbe, würdest du es nehmen. Genauso solltest du sexuelle Phantasien haben!« Die Gruppe hatte sich um Ernst geschart. Alle mochten ihn. Bob verglich ihn in Gedanken mit einem angeschlagenen, aber sehr beliebten Torwart, für den die ganze Stadt sich zum Ziel gesetzt hat, daß er beim Großen Spiel gesund dabeisein muß.

Am Freitagabend arbeitet Ernst noch mal kurz:

Ernst: Ich hab herausgefunden, daß meine Angst mein ganzes Leben verhunzt.

Bob: Mach dir das zu eigen. »Ich mache mir Angst und verhunze damit mein Leben.«

Ernst: Ich weiß nicht. Ich hab nicht das Gefühl, daß ich mein Leben mit meiner Angst selber verhunze. Ich erlebe es so, daß meine Angst mein Leben verhunzt.

Bob: Wessen Angst ist es?

Ernst: Meine nicht.

Mary: Wessen dann?

Ernst: Die von anderen. Ich löse jedenfalls meine Angst nicht selber aus. Sie wird ausgelöst, wenn ich mir bestimmte Situationen anschaue und ...

Mary: Du schaust dir Situationen an und entscheidest dich, in bezug auf diese Situationen Angst zu haben.

Ernst: Nein. Die Situationen machen mir Angst.

Mary: Noch einmal: Das Allerwichtigste ist, daß du dessen gewahr wirst, daß du es bist, der mit Angst reagiert. Niemand macht dir Angst.

Ernst *(lange Pause):* Ich erlebe das so, daß meine Angst alles, was ich mache, unter Kontrolle hat. Und daß sie mich dahin bringen kann, auch noch die lächerlichsten Sachen zu machen.

Mary: Ich bin sicher, daß du das so erlebst. Du warst ein ängstliches Kind. Und du jagst dir immer noch selber Angst ein.

Bob: Willst du deine Augen offenhalten dafür, daß du deine Angst selber steuern kannst?

Ernst: Sie ist sehr schwer zu kontrollieren.

Bob: Ich weiß. Ich rede jetzt nicht davon, daß du deine Gefühle unter Kontrolle halten sollst. Willst du deine Augen offenhalten dafür, daß du deine Angst selber steuern kannst und sonst niemand?

Ernst: Ja.

Bob: Damit möchte ich für jetzt aufhören.

Sonnabendvormittag:

Ernst: Ich fühle mich für einige hier verantwortlich. Wir haben gestern abend lange geredet, und ich weiß, sie wollen, daß ich über meine Symptome wegkomme. Ich mach mir Sorgen, daß ich sie enttäuschen könnte. Wenn ich nicht gesund werde, könnten sie sich Sorgen machen, und ich wäre schuld daran.

Bob: Sag es ihnen direkt.

Ernst: Besonders du, Hans. Ich weiß, dir ist daran gelegen, daß ich über meine ganzen Symptome wegkomme. Und wenn ich es nicht schaffe, du bist Priester, wird es dich irgendwie verletzen?

Hans: Nein . . .

Mary: Warte, Hans, antworte noch nicht. Ernst, setz dich hier auf diesen Stuhl, und tu so, als wärst du Hans. Antworte, was du antworten würdest, wenn du Hans wärst.

Ernst als Hans: Ich würde für dich beten, und wenn sich meine Gebete nicht erfüllen sollten, würde ich glauben, daß es an mir liegt. Ich hätte dann irgendwas falsch gemacht.

Mary: Sag mehr. Überzieh es. Fang an mit: »Ich bin Priester, und es liegt deshalb ganz in meiner Hand, jedermann zu heilen.«

Ernst als Hans: »Ich bin Priester, und wenn irgendwas schiefläuft, ist es meine Schuld.«

Mary: »Nie würde jemand sterben oder ins Unglück stürzen, es sei denn, ich mache etwas falsch.«

Ernst: Das stimmt nicht. Nicht ganz.

Mary: Bleib dabei. Priester, sag Ernst genau, wie weit deine Verantwortung reicht in bezug auf Ernsts Lebensführung.

Ernst *(lange Pause):* »Ich bin verantwortlich . . . nein, ich bin nicht verantwortlich. Was du machst, kann ich nicht beeinflussen oder kontrollieren.«

Bob: Großartig! Ich denke, du hast's begriffen! Jetzt sieh deine Mutter und sag ihr dasselbe: »Ich bin nicht verantwortlich. Was du machst, kann ich nicht beeinflussen oder kontrollieren.«

Ernst: »Mutter, ich bin nicht verantwortlich. Was du machst, kann ich nicht beeinflussen oder kontrollieren. Wirklich nicht.« *(Er fängt an zu schluchzen.)* Ich fühl mich nicht schlecht. Ich bin . . . erleichtert. *(Hans legt den Arm um Ernst, während der weint.)*

Am Sonnabendnachmittag arbeitet Ernst sehr kurz eine Sackgasse dritten Grades durch, nämlich den Konflikt zwischen seinem autonomen und seinem hilflosen Selbst. Er akzeptiert, daß er seine Angst durch seine Ideologie selber aufbaut.

Am Samstagabend berichtet Ernst, seine Dreiergruppe wolle ihm zu der Erkenntnis verhelfen, daß er ein netter Mensch ist.

Hans: Ich sagte »liebenswert«. Ich sagte nicht »netter Mensch«. Ein netter Mensch bist du aber außerdem.

Mary: Toller Einfall. Ernst, bist du bereit, so zu tun, als wärst du der Teil von dir, der dich liebt? Und zu sagen, was an dir liebenswert und nett ist?

Ernst: Ich weiß nicht so recht, warum ich auf der Welt bin.

Bob: Weil sich die Samenzelle deines Vaters mit der Eizelle deiner Mutter vereinigt hat.

Ernst *(lacht)*: Das hier ist eine sehr merkwürdige Erfahrung. Du sagst Sachen, die man nicht sagen soll. Und mir geht's immer besser. Ich meinte, ich weiß nicht, ob ich sagen kann, daß ich etwas wert bin, wenn ich nicht weiß, warum.

Mary: Wann kommt dein Kind auf die Welt? *(Ernst antwortet.)* Gut. Tu so, als sei das Kind schon geboren, und sag ihm, ob es etwas wert ist oder nicht.

Ernst: Mir scheint er sehr viel wert. Oder sie. »Ja, du bist wertvoll. Ich weiß nicht, warum. Du bist wertvoll.« Ich wünsche mir sehr ein Kind.

Mary *(geht zum Tonbandgerät und spielt seine Worte nochmal vor)*: Sag dieselben Worte über dich.

Ernst: »Ich scheine sehr wertvoll zu sein. Ich weiß nicht, warum. Ich bin wertvoll. Ich mag mich sehr gerne.« Ich verstehe. Du willst sagen, ich kann in bezug auf mich genauso empfinden, wie ich gegenüber meiner Frau und dem Kind empfinde. Das wird einige Übung brauchen.

Bob: Du brauchst keine Übung. Fang gleich an. Es wird dir Spaß machen.

Sonntagmorgen. Ernst bringt seine Probleme am Arbeitsplatz zur Sprache und kommt zu dem Schluß, daß er auch dort nicht für alles verantwortlich ist. Für einiges fühlt er sich trotzdem noch verantwortlich.

Mary: Für einiges, ja. Hör dir deine Großartigkeit an. Bisher hast du so gehandelt, als sei die Welt voller Einfaltspinsel, die entweder sich oder andere umbringen. Und du bist der einzige, der sich für alles verantwortlich weiß. Willst du vielleicht die anderen ein klein wenig Verantwortung für ihr eigenes Leben übernehmen lassen?

Ernst: Ja. Aber was ist mit Leuten, denen alles wurscht ist?

Mary: Schmeiß sie raus. *(Ernst lacht.)*

Mary: Man hat dich bisher ausgenutzt. Insofern ausgenutzt, als du dachtest, du müßtest für jeden den richtigen Knopf drücken. Ich zeig's dir mal. Komm rüber und setz dich her. *(Mary beschreibt eine riesige Schalttafel, die vor ihm steht.)* Und jetzt mach dich eifrig an die Arbeit und versuch, alle Verbindungen herzustellen. Laß die Finger spielen – ja, genau –, laß das Schaltbrett funktionieren. So ist's richtig. Und jetzt, Ernst, wollen wir hinter die Maschine gehen. Schau – deine ganze Arbeit, und die Drähte hängen alle lose runter, ohne Verbindungsstücke.

Ernst: Huch. Ja. Ich kapiere. Die Verbindungsstücke erfinde ich bloß.

Bob *(geht zur Tafel und zeichnet eine Skript-Matrix;* vgl. Abb. 24): Von deinem Eltern-Ich: »Sei perfekt. Mach alles richtig. Arbeite hart.« Und von hier das destruktive Grundgebot: »SCHAFF'S NICHT. HAB KEINEN ERFOLG.« *(Bob ergänzt die anderen destruktiven Grundgebote.)* Ich möchte gerne, daß du über das »Hab keinen Erfolg« nachdenkst. Im Dienste dieses destruktiven Grundgebots hast du dich zwanghaft verhalten und warst deshalb unproduktiv. Das war's, was du bisher auf deiner Ar-

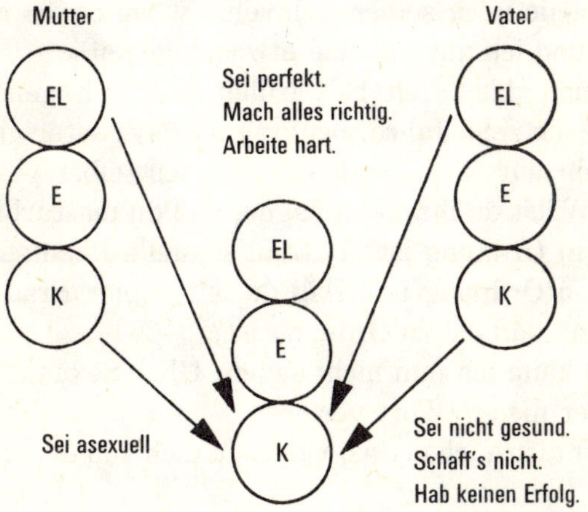

Abb. 24

beitsstelle gemacht hast. Deine früheren Zwangshandlungen dienen dazu, »es nicht zu schaffen«. Nicht umgekehrt. Wenn du deine Zwänge behältst, gibt es keine Chance, daß du dein Leben erfolgreich so gestaltest, wie du möchtest.

Ernst: Ich glaub nicht, daß mir irgend jemand gesagt hat, ich solle nicht erfolgreich sein.

Bob: Dein Vater sagt dir, du sollst nichts unternehmen, um von deinen Symptomen, die deine Erfolglosigkeit verursachen, loszukommen. Ich vermute, er hat es dir auch auf andere Art und Weise gesagt. Durch Kritik, Nicht-Zuhören, wie auch immer.

Ernst: Er ist schon kritisch. Ich möchte wirklich nicht für ihn arbeiten. Ich würde nie etwas so machen, daß es seinen Ansprüchen genügen könnte. Ich verstehe, was du meinst. Wenn ich mich an seine Ansprüche halte, werde ich nie erfolgreich. Ja. Er hat dieselben Probleme. Er macht sich dauernd Sorgen. Einkommenssteuer, jeden Pfennig, den er verdient, aufschreiben. Er hat immer Angst, daß er irgendwo eine Mark vergessen hat, und er hat trotzdem wirklich kein Geld. Ich weiß, daß das Finanzamt ihn nicht beobachten läßt. Um Himmels willen.

Bob: Willst du mal mit deinem Vater reden und ihm sagen, was euch unterscheidet?

Ernst: Also, körperlich betrachtet bin ich schwächer, kleiner, leichter, hab nicht soviel Muskeln. Ich bin . . . klüger. Ja, o Mann! Ich bin klüger. Und ich mache mir heute nicht halb soviel Sorgen. Ich glaub, ich werde langsam gesund.

Bob: »Ich heile mich selber. Ich sehe, wenn etwas mit mir nicht stimmt, und ich unternehme etwas dagegen.«

Ernst: Genau das. »Ich hab früher auf dich gehört. Deshalb brauchte ich zehn Jahre, bis ich zum Psychiater ging. Ich höre nicht mehr auf dich. Ich denke für mich selber.«

Bob: Gut! Willst du ihm jetzt sagen, daß du masturbiert hast und daß das in Ordnung ist? Daß du sexuelle Phantasien hast und daß das in Ordnung ist? Daß du mit deiner Frau sexuell verkehrst und daß das in Ordnung ist?

Ernst: Das kann ich ihm nicht sagen. Über Sexualität hat er mir gegenüber nie ein Wort verloren.

Bob: Das ist also auch etwas, worin du dich von ihm unterscheiden wirst.

Ernst: Hui! Ich . . . vor meiner Heirat habe ich masturbiert. Und für einen Jungen war das in Ordnung. Daß es für einen verheirateten Mann in Ordnung ist, glaube ich immer noch nicht.

Bob: In Ordnung. Es ist dein gutes Recht, dir deine Überzeugungen zu schaffen. Solange du dir gestattest, zu denken und flexibel zu sein.

Ernst: Ja. »Ich habe masturbiert und das war in Ordnung. Ich ... ich hab hier herausgefunden, daß praktisch alle masturbieren und sexuelle Phantasien haben. Selbst ... Leute, von denen ich das nicht gedacht hätte. Ich habe sexuelle Phantasien, und jetzt genieße ich sie. Und früher habe ich am Sex mit meiner Frau überhaupt keine Freude gehabt, bis mir mein Psychiater vor zwei Wochen ein Buch über Sexualität in der Ehe gab, und ich hab viel daraus gelernt und meine Frau auch. Ich genieße die Sexualität mit meiner Frau, und das ist in Ordnung.«

Bob: Und jetzt sag's deiner Mutter.

Ernst: Gut. Sie wäre schockiert. »Mutter, ich habe sexuelle Phantasien, ich habe früher masturbiert, und mit meiner Frau mache ich Sexualität. Das ist alles in Ordnung.«

Bob: »Wenn ich das mache, bin ich in Ordnung.«

Ernst: »Ich bin in Ordnung! Und ich fühle mich nicht schuldig ... selbst mit sexuellen Phantasien nicht!«

Die Gruppe bricht in stürmischen Beifall aus, und viele laufen zu Ernst, um ihn in die Arme zu schließen. Die Teilnehmer gratulieren ihm. Er strahlt und lacht.

Beim »Abschiednehmen« sammelt Ernst Adressen und verspricht, mit einigen Teilnehmern den Kontakt aufrechtzuerhalten. Er lacht und weint gleichzeitig und sagt, daß er bisher noch nie so glücklich gewesen sei. Er erklärt sich bereit, seinen Vertrag, »sich nicht mehr zwanghaft zu verhalten«, nach der Rückkehr vom Marathon mit seinem Therapeuten weiter zu bearbeiten.

In der Woche danach rief Ernsts Therapeut an und war über seine Fortschritte begeistert. Ernst setzte die Therapie noch einige Monate fort. Als er von dem Entschluß seines Arbeitgebers erfuhr, ihn trotz seiner Veränderung zu entlassen, suchte und fand er eine vergleichbare Stelle. Sein Sohn wurde geboren, und Ernst rief uns an, um uns all diese Neuigkeiten mitzuteilen.

Zwei Jahre später kam Ernst mit seiner Frau zu einem Marathon. Wir erkannten ihn zunächst gar nicht, erst am Sonnabendmorgen, als er von seiner früheren Symptomatik sprach. Er war selbstsicher, mit seiner Familie und seiner Arbeit sehr zufrieden und war hauptsächlich deshalb zum Marathon gekommen, so schien uns, um uns seine Erfolge vorzuführen. Er und seine Frau bearbeiteten einige kleinere Probleme, und Ernst setzte sich diesmal der Erfahrung aus, wie wütend er auf seine Eltern war. Am Ende des Marathons kam er zu der Einsicht, daß er inzwischen stabil genug ist, sich und seinen Sohn vor der Pathologie seiner Eltern zu schützen. Seine Frau berichtete den anderen Teilnehmern über sein früheres Erlebnis und sagte dabei: »Ich hatte so große Angst. Ich dachte, man hätte ihm irgendeine spezielle neue Tablette gegeben, weil er so glücklich und gelöst nach Hause kam. Ich dachte die ganze Zeit, das würde sich wieder verlieren ... aber es blieb. Er war ein ganz neuer Mensch.«

In den folgenden drei Jahren schrieben uns Ernst und seine Frau gelegentlich. Beim letzten Bericht ging es ihnen gut.

Für die Behandlung Zwangskranker halten wir uns an folgende Regeln:

1. Der erste Vertrag lautet, daß der Klient die Zwangshandlungen einstellt, mag dies auch noch so schwierig scheinen. Ohne diesen Vertrag nähren Therapeut und Klient die magische Vorstellung, daß der Klient sein Verhalten nicht kontrollieren »kann« und deshalb nicht gesund werden »kann«. Das wäre so ähnlich, wie wenn man einen Kleptomanen in Behandlung nimmt und der weiterstiehlt.

2. Weil der Klient möglicherweise viel Angst entwickelt, wenn er das zwanghafte Verhalten einstellt, bieten wir ihm mindestens eine Sitzung täglich an und halten es für besser, wenn der Klient im Rahmen eines Workshops behandelt wird. Kann sich der Klient eine solche kompakte Behandlung finanziell nicht leisten, so überweisen wir ihn zur Mitbehandlung an gemeinnützige Institutionen und versichern uns vorher, daß die beteiligten Therapeuten unsere Regeln genau kennen. Die zusätzlichen Sitzungen hätten dann besondere Ziele, so zum Beispiel zu lernen, wie man Anerkennung, Beachtung und Verstärkung austeilt und annimmt.

3. Wir bieten eher Kurztherapie als Langzeittherapie. Therapeuten und Klienten müssen gleichermaßen klar wissen, wann die Behandlung zu Ende ist, damit sie sich nicht unversehens in einer »endlosen« Behandlung wiederfinden.

4. Wir bieten Gruppentherapie an, weil Klienten mit Zwangssymptomatik isolierte Menschen sind, denen die von der Gruppe ausgehende Unterstützung und Ermutigung viel helfen. Außerdem brauchen sie Freunde, weil sie so einsam sind.

5. Wenn sich ein Klient auf die Religion beruft und damit sein pathologisches Verhalten, statt seine Gesundheit, zu festigen sucht, greifen wir gerne auf die Mitarbeit und Unterstützung aufgeschlossener Geistlicher zurück. Sind solche nicht verfügbar, dann konzentrieren wir uns auf die destruktiven Grundgebote, die in der Familie des Klienten maßgeblich waren. So machte es Mary, als sie sagte: »Deine Eltern und deine Großmutter müssen viel Angst vor Sexualität gehabt haben.«

6. Von Anfang an betonen wir die Autonomie des Individuums. Das Individuum entscheidet sich für sein spezifisches Verhalten, seine Gedanken und Gefühle. Deshalb kann es auch eine neue Wahl treffen. In dem Augenblick, wo Ernst verstand, daß er sich selber Angst einjagte, wurde er weniger ängstlich.

7. Alle Klienten mit Zwangssymptomen, die wir zu sehen bekamen, haßten sich selber. Therapeut und Gruppe müssen die Klienten lieben, damit sie lernen, sich selber zu lieben.

8. Zwangshandlungen entstammen dem reaktiven Kind-Ich, das mit Hilfe solcher magischen Rituale Unglück abwenden will. Der Therapeut konfrontiert den Klienten mit seinen magischen Vorstellungen sofort bei ihrem Auftauchen. Man muß jedoch noch nicht das gesamte magische System verstanden haben, damit der Klient seine Zwangshandlungen einstellt. Wenn der Klient einen Teil seiner magischen Vorstellungen aufgibt, so wie Ernst es tat, als er Dreck von »Dreck« unterschied, ist er auf dem Weg der Besserung. Der Therapeut braucht auch nicht sämtliche tieferliegenden Gefühle und Gedanken zu kennen, gegen die sich der Klient mit seinen Zwangshandlungen schützt. Ernsts Wut auf seine Eltern, ein äußerst wichtiger Aspekt seiner Pathologie, blieb noch zwei Jahre lang nach Abschluß seiner Arbeit begraben. Wir drängen darauf, daß sich Therapeuten lieber auf schnelle als auf gründliche Arbeit einlassen. Ein zwanghafter Klient wird bei einem zwanghaften Therapeuten *nicht* gesund.

9. »Laß dir eine sexuelle Phantasie einfallen« eignet sich gut als Einstieg.

11 Phobien: Ein Mittwochnachmittag

In jedem vierwöchigen Workshop setzen wir eine besondere Zeit zur Behandlung phobischer Klienten an. An diesem Mittwochnachmittag schreiben wir eine Liste der Teilnehmer und ihrer Ängste an die Tafel und fangen dann an.

Mary: Ich möchte mit der japanischen Maus anfangen. Das klingt lustig. Einverstanden, Aiko?

Aiko: Ich finde es nicht lustig. Ich fang gern an.

Mary: Es wird Spaß machen. Erst mal: Ich kenne amerikanische Mäuse und mexikanische Mäuse. Aber eine japanische Maus habe ich noch nie getroffen. Wie sieht sie aus?

Mary richtet die Bühne für eine Komödie her. Nach unserer Erfahrung bauen Klienten ihre Angst viel leichter ab, wenn sie spielen und Spaß haben, als wenn wir die eher klassischen Desensibilisierungsmethoden, die Entspannung und Ruhe erfordern, anwenden. Mary bittet um eine Beschreibung der Maus, damit sie und Aiko das gleiche Geschöpf sehen.

Aiko: Sie ist sieben bis acht Zentimenter lang, und der Schwanz ist nochmal so lang. Sie sieht häßlich aus. Sie ist braun und pelzig und hat schwarze Kugelaugen.

Mary: Ganz niedlich. Richtet sie Schaden an oder ist irgendwie gefährlich?

Aiko: Ja, sie überträgt ansteckende Keime.

Bob: Wie deine Finger und die Finger deines Nachbarn . . . und der Mund.

Aiko *(lacht)*: Sie geht an Lebensmittel.

Mary: Gut. Alle müssen essen. Also, stell dir jetzt vor, ich halte eine japanische Maus in der Hand und lege ein wunderschönes goldenes Halsband um ihren Hals. Es ist eine braune Maus, acht Zentimenter lang mit einem acht Zentimeter langen Schwanz dran. Eine Maus mit Kugelaugen.

Aiko: Kann sie sich losmachen? *(Bei dieser Frage ist Aiko offenbar mitten in der Szene.)*

Mary: Mitnichten! Das Halsband sitzt ganz fest, und eine sechzig Zentimeter lange feine Goldkette ist an ihr befestigt. Und an der Kette ist eine Nadel. Ich werde die Nadel in den Teppich stekken, und die Maus kann sich nur in einem Radius von sechzig Zentimetern bewegen. Wo soll ich die Nadel hinstecken – wie weit von dir entfernt?

Aiko: Da. *(Ungefähr viereinhalb Meter von ihrem Stuhl entfernt.)*

Mary: Gut. Siehst du sie da? Sie rennt in ihrem Kreis herum. Sag ihr, was du erlebst.

Aiko: Sie macht mir eine Gänsehaut.

Mary: Sag ihr, wie du zu der Vorstellung kommst, daß sie dir eine Gänsehaut macht.

Aiko *(lacht):* Weil sie ohne Vorwarnung herumrast.

Mary: Gut, du siehst sie mit der Kette herumrennen, die immer noch am Teppich festgemacht ist. Bist du bereit, ihr zu sagen, daß du dir bei ihrem Anblick selber Angst machst, daß du dir die Gänsehaut also selber machst?

Aiko: Ja, ich mach mir Angst.

Mary: Bist du dir auch wirklich gewahr, daß es so ist?

Aiko: Ja.

Mary: Sag ihr noch mehr dazu.

Aiko: Ich weiß noch, wie die Angst anfing. Es war zu der Zeit, als mein Vater im Krankenhaus lag. Ich war bei ihm und kümmerte mich um ihn, und ich holte frische Kleidung für ihn . . . um ihn anzuziehen . . . und da war eine tote Maus in den Kleidungsstükken. *(Man sieht, wie sie zittert.)*

Mary: Ach so, du hast dir wegen einer toten Maus Angst gemacht?

Aiko: Richtig. Und ich hab das Gefühl, als hätte sie aus Rache alle Mäuse Tokios auf mich angesetzt . . . ich sehe überall Mäuse und hab Angst vor den lebendigen.

Mary: Willst du erst mit dieser lebendigen arbeiten oder mit einer toten?

Aiko: Mit der lebendigen.

Mary: Gut, sag ihr, was du jetzt fühlst.

Aiko: Ich bin ruhig. Sie beachtet mich nicht.

Mary: Und was erlebst du?

Aiko: Daß meine Angst sich nach ihr ausstreckt, ihre Aufmerksamkeit anzieht. Ich hab so ein Gefühl, daß ein Tier, wenn es merkt, daß man Angst hat, angreift.

Mary: Ja, das ist ein alter Glaube. Und was würde die Maus machen, wenn sie angreifen würde? Was würde passieren?

Aiko: Ich weiß nicht. Ich habe Angst ... sie könnte auf mich raufkrabbeln, oder ich könnte zufällig auf sie treten und sie töten. *(Schaudert.)*

Mary: Ich höre, daß du Angst hast, sie könnte auf dich rauf krabbeln. Aber es klingt so, als hättest du noch mehr Angst vor der Vorstellung, daß du die Maus umbringen könntest.

Aiko: Daran hab ich noch nie gedacht. Ich glaub, das stimmt.

Uns ist es lieber, die Arbeit mit Phobien sehr einfach zu halten – mit jeweils nur einer Szene. Hier haben wir plötzlich viele Probleme, die die Arbeit komplizieren.

Mary: Aiko, ich höre viele Probleme, an denen man weitermachen könnte. Da ist dein Vater im Krankenhaus, und da ist deine Angst, Mäuse umzubringen, und deine Angst vor toten Mäusen und deine Angst vor lebendigen Mäusen. Das ist zuviel auf einmal. Bist du einverstanden, nur mit der lebendigen Maus weiterzumachen, weil wir nun einmal mit ihr angefangen haben, und die anderen Punkte für später aufzusparen?

Aiko: Ich glaub, das ist eine gute Idee. Ja. Und ich weiß, daß ich mich noch mit meinem Vater auseinandersetzen muß.

Mary: Gut, zurück zu dieser Maus. Ich werde sie jetzt hochheben und sie Bob geben, damit er sie für uns hält. *(Macht es in einer Pantomime.)*

Bob: Was soll ich mit ihr machen? Ich steck sie in diese kleine Schachtel. Dort ist sie sicher.

Mary: Fein. Nun, Aiko, ich möchte, daß du hier rüberkommst und dich auf den Boden setzt und eine niedliche japanische Maus bist – und dich beschreibst. Einverstanden?

Aiko *(lacht und krabbelt herum):* Ich lauf schnell und kann unter alles runterkrabbeln. Ich weiß, wo ich längslaufen muß und wie ich das kriege, was ich will.

Gruppenmitglied: Weiter so!

Aiko *(lächelt):* Das stimmt. Ich lauf schnell, weiß, wo ich längslaufen muß, und ich weiß, wie ich das kriege, was ich will. *(Sie nimmt diese Eigenschaften für sich in Anspruch. Die Gruppenmitglieder klatschen und applaudieren, weil sie auch finden, daß diese Beschreibung auf Aiko, die sehr intelligent und erfolgreich ist, zutrifft.)*

Mary: Sehr gut! Geh jetzt wieder auf deinen Platz. Ich bringe die Maus zurück und tu sie genau dahin, wo sie vorher war. *(Bob tut so, als würde er sie aus der Schachtel nehmen und sie Mary geben. Und Mary steckt die Nadel in den Teppich und setzt die Maus ab.)*

Gewöhnlich bringen wir an diesem Punkt das gefürchtete Objekt immer näher zur Klientin hin, immer ein paar Zentimeter näher, sobald die Klientin sagt, sie fühle sich gut und möchte es näher haben. Sobald sie sich irgendwie fürchtet, nehmen wir das Objekt weiter zurück und fordern die Klientin auf, der Maus zu sagen, mit welcher Phantasie sie sich selber Angst macht. Bevor wir vorschlagen konnten, Aikos Maus näher zu ihr hinzubringen, setzte sie sich neben die phantasierte Maus. Sie tut so, als würde sie sie hochheben und mit der anderen Hand streicheln.

Aiko: Sie ist eigentlich gar nicht so furchterregend. Sie bewegt sich nicht. Sie ist weich.

Mary: Du hast da eine japanische Maus, die sich gern massieren läßt.

Aiko *lacht.*

Mary: Kommst du mit ihr zurecht? Auch wenn sie sich bewegt?

Aiko: Ich will nicht, daß sie sich bewegt. Also, wenn ich loslasse, bewegt sie sich bestimmt. Ich will nicht, daß sie auf mich losrennt.

Mary: Wie wär's, wenn du sie mit den Händen wegstößt, falls sie so merkwürdige und unmäusische Geschichten macht, auf dich loszurennen statt von dir weg?

Aiko: Ja. *(Sie läßt die Maus los und tut so, als stoße sie sie weg.)* Mit der Vorstellung, sie umzubringen, will ich mich noch nicht befassen.

Mary: Bei einer anderen Gelegenheit?

Aiko: Ja. Mir geht's gut. Ich habe keine Angst. Danke.

Mary: Wenn du willst, kannst du mal gucken, wie du mit einer lebendigen Maus zurechtkommst. Jakob *(ein Junge aus der Nachbarschaft)* hat eine Maus oder eine Ratte – ich weiß jetzt nicht mehr genau, was – in einem Käfig.

Aiko: Ich probier das gerne aus. Ich mach es. *(Sie macht's und erzählt bei der nächsten Sitzung, daß sie überhaupt keine Angst hatte, als sie die Ratte in der Hand hielt.)*

Die nächste Klientin hat Angst vor Schmetterlingen und Motten und stellt sich einen leuchtendfarbigen Schmetterling in einem winzigen Silberkäfig vor. Sie sagt dem Schmetterling, daß sie Angst davor habe, wie er flattert, und daß sie fürchtet: »Du könntest in mein Haar fliegen oder in meine Ohren oder meinen Hals runter.« (Ihre Stimme klingt sehr jung.)

Mary: Gut. Sag's noch mal. Sag: »Du könntest in mein Haar fliegen oder in meine Ohren oder meinen Hals runter, und ich bin ein so winzig kleines Mädchen, daß ich dich nicht aufhalten kann.«
Klara: »Ich bin ein so . . .« Das ist Unsinn. Da müßte ich ja jünger als ein Jahr sein.
Mary: Dann sag, was stimmt.

Klara sagt dem Schmetterling, daß sie sich selber schützen kann und schützen wird. Um ihre Angst vollends abzubauen, tut sie so, als halte sie den flatternden Schmetterling in der Hand.

Mary: Er flattert. Auf deiner Hand. Was spürt deine Hand?
Klara: Sie fühlt sich leicht an. Ein bißchen kitzelig.
Mary: Ist das ein angenehmes Gefühl?
Klara: Ja. Ja, das ist es.
Mary: Ein klein bißchen sexy, nicht wahr?
Klara: Da bin ich nicht ganz sicher. *(Kichert.)* Aber ich hab überhaupt keine Angst.

Die dritte Klientin an dem Mittwochnachmittag wollte ihre Angst vor Vögeln loswerden. Da wir jetzt bereits zweimal mit Phantasieszenen gearbeitet haben, fragt Bob nach einem Kindheitserlebnis mit Vögeln. Rosemarie erinnert sich an eine Szene, als sie vier Jahre alt ist. Ein Spatz fliegt in ihr Haus, und ihre Mutter sperrt ihn im Badezimmer ein. Sie macht schnell die Tür zu, so daß der Vogel nicht in die anderen Räume fliegen kann. Die Mutter schluchzt die ganze Zeit und macht ein großes Theater, bis der Vater nach Hause kommt und den Vogel befreit. Bob fordert Rosemarie auf, sich in diese Situation zu versetzen und durch die geschlossene Tür mit dem Vogel zu sprechen: »Ich habe Angst vor dir, weil...« Rosemarie sagt das, findet aber keinen Grund, Angst zu haben. Sie sagt: »Der Vogel kann mich nicht verletzen.« Sie macht die Tür einen Spaltbreit auf, gerade genug, um hineinzugucken. Sie berichtet, daß der Vogel wild im Badezimmer herumflattert. Sie sagt: »Kleiner Vogel, du allein kannst verletzt werden.« Sie erlebt sich sehr jung und weint um den Vogel; dann fragt Bob, ob sie bereit ist, irgend etwas für den Vogel zu tun. In der Phantasie erlaubt sie sich, schnell ins Badezimmer zu stürzen und das Fenster aufzureißen, damit der Vogel wegfliegen kann. Ihrer Mutter sagt sie, daß sie deren Ängste nicht mehr akzeptieren will. Später am Nachmittag geht sie in unser großes Fasanengehege und füttert die Fasanen. Am nächsten Tag füttert sie die Hühner und Enten und spielt sogar mit ihnen. Sie findet Gefallen daran, die vielen verschiedenen Wildvögel in unserem Gelände zu beobachten, und hat keine Angst.

Nach Maus, Schmetterling und Vogel verkündet Bob, daß an diesem Nachmittag nur noch Zeit bleibt für Höhenangst und Wasserscheu.

Bob: Alle mit Höhenangst setzen sich bitte hier vor mich auf den Boden, wo ihr die Leiter sehen könnt, die dort drüben auf der anderen Seite vom Weg gegen das Dach gelehnt ist. *(Neun Teilnehmer setzen sich vorn auf den Boden, von wo aus sie durch die Glastür die Leiter sehen können.)*

Mary: Meine Güte, so viele Phobien in einer Gruppe! Nur die, die Angst haben, über die Leiter aufs Dach zu klettern. Andere Höhenängste kommen später dran.

Bob: Wenn ihr beim Leitersteigen Angst habt und nur hochklettert, um die Angst zu überspielen, kommt wieder her. Ich will euch jetzt ein paar Sachen phantasieren lassen. Und wenn ihr dabei auch nur ein bißchen Angst verspürt, hebt die linke Hand. Dann höre ich auf, auch wenn nur eine Hand oben ist. Ihr könnt frei entscheiden. Ihr braucht nirgends und nie eine Leiter hochzuklettern – es wird kein Druck ausgeübt. *(Oft machen Kinder etwas, wovor sie Angst haben, weil die Eltern oder die Gleichaltrigen Druck ausüben. Wir wollen die freie, nicht die ange-*

paßte Kindhaltung ansprechen.) Ich möchte nicht, daß sich irgendeiner selber Angst macht. Tut nur das, wobei ihr euch absolut sicher fühlt. Gut. Stellt euch vor, ihr macht die Glastüren auf und geht über den Weg. Ein Schritt nach dem anderen, bis hin zur Leiter. Diese Handwerker-Leiter ist sehr stabil, und obendrein werden alle Freunde aus dem Workshop sie festhalten. Sie packen sie fest an und halten sie ganz fest, und sie kann unmöglich in irgendeine Richtung wegrutschen. Kapiert? Ich möchte, daß ihr zur Leiter hinschaut und die Augen nicht zumacht; einige unter euch haben die Augen zu, und es ist gefährlich, mit geschlossenen Augen eine Leiter hochzuklettern. *(Gruppe lacht.)* Man klettert Leitern nicht mit geschlossenen Augen hoch. Ich steig eine Leiter nicht mit geschlossenen Augen hoch. *(Das »Man« klang so, als redete Bob aus seiner Elternhaltung, deshalb wiederholte er den Satz in dieser veränderten Form.)* Ihr lernt jetzt, wie ihr eine Leiter sicher besteigen könnt. Jeder von euch soll sich vorstellen, daß er als erster hochsteigt. Also pack die Leiter auf beiden Seiten, pack sie mit beiden Händen fest an, oder pack eine Sprosse fest an, wenn du dich lieber an Sprossen festhälst – eines ist so sicher wie das andere. Und deine Freunde stehen um dich herum und halten die Leiter. Stell einen Fuß auf die unterste Sprosse. Steh mit einem Fuß auf der untersten Sprosse und mit dem anderen Fuß auf dem Boden. Du hast die Leiter ganz fest angepackt, es gibt also keine Möglichkeit, daß du fällst. *(Wir formulieren absichtlich nicht, daß es keine Möglichkeit »zu fallen« oder »abzurutschen« gibt, weil diese Wörter eher passiv sind. Stürze »passieren« Leuten nicht. Leute stürzen.)* Versichere dich, daß du Schuhe anhast, die gut greifen, und falls du glatte Sohlen hast, geh von der Leiter runter, zieh die Schuhe aus und geh barfuß oder hol dir bessere Schuhe aus deinem Zimmer. Gut. Deine Füße sind sehr sicher – sehr, sehr sicher. Es besteht keine Chance, daß deine Füße abrutschen. Wenn du jetzt den ersten Fuß auf der untersten Sprosse der Leiter hast, nimm den anderen Fuß hoch und steh mit beiden Füßen fest auf der ersten Sprosse. Und was empfindet ihr jetzt?

Anne: Ich spüre Angst vor der Zukunft.

Bob: Geh runter. Wenn du in der Zukunft bist und nicht im Jetzt, geh auf den Boden zurück. Irgend welche anderen Ängste?

Fühlt ihr anderen euch wohl? Für die übrigen: Stellt euch für einen Augenblick vor, ihr steht auf einer anderen Leiter, solange ich mit diesen hier spreche. – Anne, wovor hast du Angst?

Anne: Ich könnte . . . runterfallen.

Bob: Wie wirst du, mit dem festen Griff an der Leiter und mit den Füßen fest auf der Sprosse, runterfallen?

Anne: Nur wenn ich mir Angst mache.

Bob: Selbst wenn du dir noch mehr Angst machst, wie kriegst du es fertig, runterzufallen?

Anne: Stimmt. Das krieg ich nicht fertig.

Bob: Dann sag: »Wenn ich mich festhalte, kann ich unmöglich von dieser Leiter runterfallen.«

Anne: Das stimmt. Es geht nicht, da ich mich festhalte.

Bob: Gut. Stell dir vor, deine Mutter und dein Vater sind dort unten im Publikum, und du sagst ihnen: »Ich falle nicht runter, und ich springe auch nicht runter.« (Das ist der Anfang der NEUENTSCHEIDUNG. Wir fordern sie auf, die ihr eigene Macht in ihrer Kindhaltung in Anspruch zu nehmen.)

Anne: Ich fall nicht runter, und ich spring auch nicht runter.

Bob: Was macht deine Mutter?

Anne: Sie ist nervös.

Bob: Sag was zu ihrer Nervosität.

Anne: »Du kannst so nervös sein, wie du willst. Ich spring nicht, und ich fall nicht runter.« (Viele Kindheitsängste basieren darauf, daß Eltern ihre Kinder ängstigen, weil sie selber Angst haben. Auf diese Weise geben sie ihre eigenen Befürchtungen an ihre Abkömmlinge weiter. In der TA-Literatur wird dieser Vorgang als »Episcripting«[1] beschrieben.)

Bob: Gut. Was macht oder sagt dein Vater?

Anne: Er ist stolz auf mich.

Bob: Gut. Was sagt er?

Anne: Nur zu!

Bob: Gut. Berta, womit machst du dir Angst?

Berta: Ich hab Angst vor dem Schritt von der Leiter aufs Dach.

Bob: Du bist auf der ersten Sprosse, nicht oben. Bleib auf der ersten Sprosse, stell dir vor, daß deine Mutter und dein Vater unten stehen, und sag ihnen, daß du weder springen noch fallen wirst. (Viele Phobien werden aufrechterhalten, indem man in die Zukunft geht, statt in der Gegenwart zu bleiben, wo es wirklich nichts zu befürchten gibt.)

Berta: »Ich spring nicht, und ich falle auch nicht.«

Bob: Gut. Was sagt deine Mutter?

Berta: Geh sofort von der Leiter. Du könntest dich verletzen.

Bob: Antworte ihr.

Berta: »Das ist Quatsch. Ich bin erst auf der ersten Sprosse.«

Bob: Sag's ihr nochmal: »Ich verletz mich nicht.«

Berta: »Ich verletz mich nicht.«

Bob: Was sagt dein Vater?

Berta: Ich weiß nicht.

Bob: Rate.

Berta: Du verletzt dich nicht.

Bob: Großartig. Nimm ihn in der Phantasie als Gegengewicht gegen deine Mutter mit, ja?

Berta: Ja.

Bob: Anne und Berta, seid ihr bereit, eure Füße wieder auf die erste Sprosse zu stellen? *(Sie nicken.)* Stellt einen Fuß auf die Sprosse, dann hebt den anderen langsam hoch, langsam und fest, und pflanzt ihn auf die Sprosse. Bleibt ganz ruhig und sicher dort stehen. Was empfindet ihr?

Anne und Berta: Ist gut so.

Bob: Sind die anderen noch auf der ersten Sprosse? Gut. Langt bitte nach oben, erst mit der einen Hand, dann mit der anderen und haltet euch dort fest. Haltet euch mit gutem Griff. Nun bringt eure Füße auf die zweite Sprosse. Bewegt erst den einen Fuß, dann den anderen. Ihr seid jetzt auf der zweiten Sprosse. Wenn ihr nervös seid, hebt die linke Hand. *(Niemand macht es diesmal.)* Gut. Schaut euch um. Seht eure Mutter und euren Vater dort unten und sagt ihnen: »Weder werde ich von dieser verdammten Leiter runterfallen noch werde ich runterspringen.« *(Alle machen das und lachen.)*

Daß wir so einfach reden und gelegentlich auch umgangssprachlich ordinär, geschieht nicht zufällig, sondern hat seinen Grund. Wir tun, was wir können, um die unbefangene Kindhaltung des Klienten anzusprechen. Und das geht mit Hilfe dieser Sprache besonders gut. Alle kleinen Kinder reden von Zeit zu Zeit im gleichen Jargon. Indem wir hier auch so reden, ermutigen wir die Phobiker, nicht mehr auf die destruktiven Grundgebote aus der Elternhaltung zu hören und nicht darauf zu reagieren oder sich anzupassen.

Bob: Wer von euch weiß, was die eigene Mutter antwortet?

Berta *(als ihre Mutter)*: »Ich hab dir gesagt, du sollst von der Leiter runter!«

Bob: Gib ihr Antwort.

Berta: »Kommt nicht in Frage.« *(Lachen.)*

Bob: Sonstige Reaktionen bei den Eltern?

Albrecht: Meine Mutter hat nichts dagegen, daß ich raufsteige, aber sie regt sich auf, weil ich »Scheiße« gesagt habe.

Jutta: Meine sagt: »Du machst mich nervös.«

Bob: Antworte.

Jutta *spricht ganz leise, nicht hörbar.*

Bob: Schrei, damit sie's hören kann!

Jutta: »*Ich* bin nicht nervös!«

Knut: Meine sagt: »Sei vorsichtig!«

Mary: Was heißt das? Antworte ihr.

Knut: Das heißt . . . »Also du . . . paß gut auf dich auf, und halt dich gut fest, sonst fällst du runter.«

Mary: Antworte.

Knut: »Keine Sorge, ich halt mich fest.«

Mary: Such dir eine Antwort, die sicher und dabei nicht so angepaßt ist.

Knut: »Ich paß schon selber auf mich auf.«

Bob: Gibt es noch andere Mütter, die was sagen wollen?

Dora: Meine sitzt da und lächelt und sagt: »Du hältst dich für mutig, warte nur, bis du weiter oben bist, dann rutscht die Leiter ab.«

Bob: Sag was darauf. Frag erst deine Freunde, ob sie die Leiter festhalten oder ob sie sie umstoßen, wenn du weiter oben bist.

Dora: Stoßt ihr sie um?

Gruppe: NEIN.

Bob: Glaubst du ihnen?

Dora: Absolut.

Berta: Ich klettere gut. Meine Mutter warnt mich vor Schwindelanfällen.

Bob: Antworte.

Berta: »Ich bin stark und nicht krank, und ich hatte in meinem ganzen Leben noch keinen Schwindelanfall, trotz deinem dauernden Gerede über Schwindelanfälle. Ich bin ganz sicher. He, das ist wahr. Mein ganzes Leben hatte ich wegen deiner verdammten eingebildeten Schwindelanfälle Angst. Und du ... du, Mutter, hast selber auch nie einen Schwindelanfall gehabt. Du hast sie bloß vorgetäuscht, um dich durchzusetzen.« He, ich hab keine Angst mehr! Ich bin richtig froh darüber.

Bob: Was haben die Väter zu sagen?

Albrecht: Mein Vater will, daß ich schneller mache.

Bob: Antworte.

Albrecht: »Mir macht es Spaß, und ich muß nicht schneller machen. Ich lass' mir Zeit.«

Bob: Bereit für die dritte Sprosse? Gut. Die Hände gehen an der Leiter weiter nach oben. *(Merkt, daß er nicht mehr im Imperativ spricht.)* Schiebt die andere Hand höher, haltet euch gut fest, stellt einen Fuß auf die nächste Sprosse, haltet euch im Gleichgewicht, jetzt den anderen Fuß. Hat jemand Angst?

Jutta: Ich.

Bob: Geh auf die zweite Sprosse zurück. Was empfindest du?

Jutta: Mein Magen wird flatterig. Ich krieg keine Luft mehr.

Bob: Du bist es, die deinen Magen flattern läßt, und du hältst die Luft an. Sag deiner Mutter das: »Wenn ich so hoch raufsteige, lass' ich meinen Magen flattern und halte die Luft an.«

Jutta sagt das ihrer Mutter.

Bob: Was sagt sie?

Jutta: »Natürlich, du hast ja auch Angst!«

Bob: Antworte.

Jutta: »Ich möchte das nicht, ich möchte ganz rauf.«

Bob: Du möchtest nicht. *(Bob macht sie auf den Unterschied zwischen »möchten« und »autonom sein« aufmerksam; man kann ewig »möchten«, ohne was zu »machen«.)*

Jutta: Ich atme jetzt leichter und lass' meinen Magen nicht mehr flattern. Ich mach mir keine Angst mehr.

Bob: Sag deiner Mutter: »Ich fall nicht runter, und ich spring nicht runter.«

Jutta: »Ich fall nicht runter, und ich spring auch nicht runter. Die Leiter wird unter mir nicht zusammenbrechen.«

Bob: Hat sie darauf was zu sagen?

Jutta: Nein, aber sie glaubt mir nicht, daß ich sicher bin.

Bob: Willst du ihr sagen: »Ich scheiss' darauf, ob du mir glaubst oder nicht«?

Jutta: Ja. »Ich scheiss' darauf, ob du mir glaubst oder nicht. Das ist dein Problem.«

Bob: Willst du jetzt auf die dritte Sprosse steigen?

Jutta: Ja.

Bob: Was empfindest du?

Jutta: Diesmal geht's mir gut.

Bob *(an die Gruppe gerichtet):* Gibt's Probleme auf der dritten Sprosse?

Anne: Ich bin stolz auf mich, und ich lasse mein Herz schlagen.

Bob: Was sagst du dir, damit du dein Herz schneller schlagen lassen kannst?

Anne: Ich könnte runterfallen und mich umbringen.

Bob: Willst du die andere Seite einnehmen: »Ich fall NICHT runter . . .«?

Anne: Ich weiß nicht.

Bob: Wer ist zuständig für dein Fallen?

Anne: Ich. »Ich fall NICHT runter. Ich bring mich nicht um.«

Bob: Sag's noch mal.

Anne: »Ich fall nicht runter. Ich bring mich nicht um.« Ich sehe, wie Mutter aus dem Zimmer kommt und ihr Gesicht in einem Kissen verbirgt, und mein Vater tröstet sie.

Bob: Was sagt er?

Anne: Er sagt, du bist ein richtig tapferes Mädchen, weil du hochkletterst, auch wenn du Angst hast.

Bob: Sag ihm, du bist eine Frau, kein Mädchen, und sag ihm, ob du dir *jetzt* Angst machst oder nicht.

Anne: »Ich bin jetzt groß. Ich bin eine Frau. Und ich mach mir keine Angst.«

Bob: Stimmt's? *(Ist sich in bezug auf sie nicht sicher. Sie nickt.)* Prima! Fühlt sich jetzt jeder wohl? Fühlt sich irgend jemand nicht wohl? *(Schaut in die Runde.)* Gut, wollt ihr jetzt auf die Gruppe runtergucken, die euch hilft und die Leiter hält, und den Leuten sagen: »Ich kann viel weiter sehen als ihr da unten auf dem Boden«?

Alle reden zur gleichen Zeit, manche ziemlich leise.

Bob: Kommt, sagt es mit Begeisterung. *(Lacht. Die Gruppe lacht auch.)* Gut. Jetzt steigt auf die vierte Sprosse, genau wie vorher, und haltet euch an der Leiter fest. Jetzt schaut euch um. Sind alle auf der vierten Sprosse? Fühlt ihr euch alle wohl dort? Was gibt's, Knut? *(Er hatte seine linke Hand hochgehoben.)*

Knut: Ich krieg langsam Angst. *(Bob entscheidet sich, sich nicht lange an dem Wort »kriegen« aufzuhalten, als ob es darum ginge, die Masern zu »kriegen«.)*

Bob: Gut, geh auf die dritte Sprosse zurück. Wie machst du dir selber Angst?

Knut: Ich könnte runterfallen. Ich schäme mich. Aber in Wahrheit bin ich noch nie so hoch auf eine Leiter gestiegen. Und ich könnte runterfallen.

Der Leser möge sich an diesem Punkt daran erinnern, daß wir uns immer noch im Tagungsraum befinden: Die Teilnehmer sitzen immer noch auf dem Boden und schauen durch die Glastür auf die Leiter. Niemand ist bisher wirklich auf der Leiter. So lebensecht ist die Phantasie inzwischen geworden.

Bob: Wie wirst du runterfallen?

Knut: Ich weiß es nicht.

Bob: Willst du loslassen und dich nach hinten fallen lassen?

Knut: Natürlich nicht.

Bob: Natürlich. Also sag deiner Mutter: »Natürlich fall ich nicht runter.«

Knut: »Natürlich fall ich nicht runter.«

Bob: Was sagen deine Eltern?

Knut: Mein Vater sagt: »Nur zu«, meine Mutter: »Sei vorsichtig.«

Bob: Antworte ihr auf norwegisch. *(Dies ist Knuts Muttersprache.)*

Knut *spricht norwegisch. Sein Freund, auch ein Norweger, übersetzt:* »Du brauchst dich nicht um mich zu kümmern, ich bin erwachsen.«

Bob: Fühlst du dich jetzt wohl? *(Knut nickt.)* Gut. Fühlt sich jeder wohl auf der vierten Sprosse? Gut. Und jetzt auf die fünfte Sprosse, und schaut mal, wieviel mehr ihr jetzt sehen könnt, viel mehr als auf den unteren Sprossen! Ihr könnt den Teich sehen und die Enten und das Pferd und die Kühe und auf der Wiese wunderschöne Pflaumenbäume in voller Blüte. Seht ihr das alle? Fühlt sich jeder wohl? Gut. Nehmt euch mehr Zeit – vielleicht können ihr den Falken gleiten sehen, vielleicht könnt ihr den Berg weiter oben sehen. Schaut euch all das Neue an, das ihr jetzt sehen könnt und das ihr vom Boden aus nicht sehen konntet. Gönnt euch den Genuß. Fühlen sich alle wohl?

Knut: Ich hab Angst.

Bob: Geh zurück auf die vierte Sprosse. Wie fühlst du dich dort?

Knut: Hier fühl ich mich gut.

Bob: Gut, dann sag deiner Mutter und deinem Vater, was der Unterschied zwischen der vierten und der fünften Sprosse ist.

Knut: Nun ja, da ist kein großer Unterschied. Ich geh rauf. Diesmal fühl ich mich gut.

Die Arbeit hat unter anderem zum Ziel, den Klienten zu helfen, daß sie ihre Angst leichter aufgeben, und zwar, indem sie sich mehr auf das konzentrieren, was im »Hier und Jetzt« Spaß macht, und nicht in die Zukunft projizieren, was möglicherweise passieren könnte. Deshalb beziehen wir alles Erdenkliche mit ein, um die Aufmerksamkeit des Klienten in die Gegenwart zu lenken – die Vögel, das Rindvieh, die schöne Aussicht, und so fort. Einer der einfachsten Wege – und zwar für jedermann –, aus schlechten Gefühlen herauszukommen, ist gewöhnlich der, daß man lernt, bewußt wahrzunehmen, was um einen herum geschieht: sehen, wie die Falken gleiten und die Pflaumenbäume in voller Blüte stehen; hören, wie die Enten quaken und die Nachtigall singt; spüren, wie der Wind über die Haut streicht und wie die Sonnenstrahlen wärmen.

Andrea: Ich finde die Leiter langweilig und sehe nicht, welchen Wert es haben sollte, weiter hinaufzusteigen.

Mary: Dann laß es. Wenn es nicht spannend ist, hat es überhaupt keinen Wert. *(Andrea ist eine Spielverderberin, und wir wollen nicht, daß sie den anderen das Besteigen der Leiter vermiest.)*

Bob: Du bist draußen. *(Bobs Reaktion ist etwas übertrieben, aber er kann immer noch auf Andrea zurückkommen und später mit ihr arbeiten. Es ist auch wichtig herauszufinden, was sie empfindet, wenn sie Zurückweisung provoziert, und ihr zu zeigen, wie sie das macht und was sie sich damit antut.)*

Berta: Ich habe keine Angst, aber ich möchte meinen Eltern jetzt gleich was sagen. In meiner Phantasie sah ich meinen Vater, wie er mit meiner Mutter streitet und sagt: »Um Himmels willen, laß sie doch. Es macht ihr Spaß.« Und meine Mutter antwortet ihm abfällig und verschreckt alle.

Mary: Du versuchst, deine Mutter zu ändern.

Berta: Schon gut. Aber ich sage ihr: »Ich höre nicht mehr auf dich.«

Mary: Prima. Fein.

Bob: Hat noch irgend jemand etwas zu jemandem zu sagen?

Albrecht: Ja, zu meiner Mutter. »Du warst dein ganzes Leben lang nervös und wirst auch in Zukunft nervös sein, und das ist dein Problem.« *(Beifall.)*

Elke: Und ich will sagen: »Mutter, du bist oft auf Bäume geklettert, und du hast mir oft erzählt, wie du bis in die Baumspitzen geklettert bist, und ich hatte immer Angst davor. So, und heute klettere ich rauf und fall nicht runter und brech mir nicht das Genick.«

Mary: Sag deiner Mutter, daß es in Ordnung ist, wenn du gut auf Bäume klettern kannst, selbst wenn es ihre Spezialität ist.

Elke: »Ich klettere genausogut wie du.«

Mary: Selbst wenn sie was dagegen hätte? *(Mary greift die eigentliche Befürchtung, die dahintersteckt, auf, nämlich mit einer eifersüchtigen Mutter zu konkurrieren, die im Endeffekt sagt: »Konkurriere nicht mit mir.«)*

Elke: Selbst wenn. »Ich mach es für mich. Auch wenn du es zuerst gemacht hast.«

Bob: Sonst jemand? Gut. Jetzt die sechste Stufe. Ich steh auf dem Dach und warte auf euch. Seid ihr alle in Ordnung?

Gudrun: Ich komm mir so weit weg vor von den Leuten, die die Leiter halten.

Bob: Und du bist näher bei mir. *(Kaum hat Bob das gesagt, denkt er, daß er damit vielleicht einen Fehler gemacht hat, weil er zu einer Übertragung ermutigt haben könnte, die er nicht will. Aber er beschließt abzuwarten, um zu sehen, ob dies nachher, bei der realen Leiterbesteigung, zum Störfaktor wird. Im Augenblick geht es noch um die Phantasiereise.)*

Gudrun: Das stimmt. *(Lacht.)*

Evi: Ich hab Angst. Gleich muß ich von der Leiter aufs Dach steigen, und ich höre meinen Vater sagen, daß die Leiter gleich abrutscht.

Bob: Ich garantiere dir, daß mit der Leiter nichts geschieht. (Das klingt vielleicht kühn, aber nach aller Erfahrung und statistischen Wahrscheinlichkeit wird die Leiter nicht abrutschen. Es ist eine sehr sichere Leiter und auf die Leute, die sie halten, ist Verlaß.) Die Leiter ist sehr sicher, und das Dach ist sicher. Die Leiter kann nicht abrutschen.

Evi: Mein Vater macht sich Sorgen, daß ...

Mary: Denkt dein Vater sonst auch für dich?

Evi: Ja.

Mary: Willst du ihm sagen, daß du die Situation selber einschätzen kannst? Oder sag ihm, daß du darauf angewiesen bist, daß er für dich denkt – je nachdem, was zutrifft.

Evi: Hmmm. »Papa, du denkst wirklich sehr viel für mich.«

Mary: »Papa, ich lass' dich viel für mich denken.«

Evi: »Du denkst gern für mich. Ich kann alleine denken.« *(Beifall aus der Menge.)*

Bob: Gut. Noch eine Sprosse. Jetzt spuckt mal alle nach unten und schaut, wer am weitesten spucken kann.

Teilnehmer: Ich halte die Leiter nicht länger, wenn alle auf mich runterspucken. *(Alle lachen.)*

Bob: Bloß diesmal. Nächstes Mal spucken wir vom Dach und mit dem Wind, so daß es diejenigen, die die Leiter festhalten, nicht trifft. *(Wieder lachen alle.)*

Bob: Jetzt stellt euren rechten Fuß aufs Dach. Und jetzt den linken. Laßt die Leiter los, und ihr seid auf dem Dach. Sind alle auf dem Dach?

Knut: Ich bin kurz erschrocken ... als ich ... als du sagtest, wir sollten loslassen. Ich dachte, es wäre besser zu warten ... dann ließ ich los. Ich glaube, ich fühl mich gut, aber ich werd ja sehen, wenn wir richtig raufsteigen.

Bob: Sehr gut! Kommt alle mit nach draußen. Alle, die sich dem realen Test stellen wollen. Und die anderen auch alle ... ihr haltet die Leiter fest.

Gruppenmitglied: Ich will schnell meine Kamera holen.

Einige laufen los und holen Kameras; einige der Leiterbesteiger ziehen ihre Sandalen aus und dafür Tennisschuhe an. Bob steigt die Leiter hoch aufs Dach.

Bob: Jetzt kann's losgehen. Immer nur einer! Wer ist erster?

Einige steigen schnell und ohne alle Schwierigkeiten hoch. Sobald sie auf dem Dach ankommen, jubelt die Menge unten, klatscht in die Hände und fotografiert. Als Knut oben ankommt, lacht er gelöst.

Knut: Ich hab's geschafft! Ich hab's geschafft! ICH HAB KEINE ANGST!

Auch die anderen und selbst die aufsässige Andrea klettern schnell über die Leiter aufs Dach. Sie stehen auf dem leicht abfallenden Dach und halten Ausschau.

Wir befinden uns am Hang eines der Berge des Santa-Cruz-Gebirges, des Mount Madonna, und wir überblicken das hügelige Vorland, auf dem sich Weideland, grüne Eichenwälder und Mammutbäume abwechseln. Die Bucht von Monterey liegt im Süden, und hinter der Bucht sieht man die Halbinsel von Monterey mit den Bergen von Big Sur im Hintergrund. Der Ausblick ist wunderschön. Direkt unter uns liegt unser »See« zwischen den Wiesen, und auf dem See schwimmen Enten. Die Gruppe quakt sie an, und sie quaken zurück, und alle lachen. Bob versichert sich bei allen (Klienten, nicht Enten), ob noch irgendwo ein Rest von Angst versteckt ist oder unterdrückt wird. Eine aus der Gruppe hat Angst davor, wieder herunterzusteigen. Bob fordert sie auf, sich vorzustellen, daß ihre Eltern unten stehen, und ihnen zuzurufen, daß sie nicht runterfällt und auch nicht runterspringt. Dann steigt sie mehrmals vom Dach auf die Leiter und wieder zurück. Die Gruppe unten jubelt, sie winkt ihnen zu und steigt dann ganz runter. Ein Teilnehmer hat Polaroid-Bilder geknipst und gibt jedem Exphobiker ein Bild mit der Gruppe auf dem Dach. Wir fordern sie auf, bis zum Ende des Workshops immer wieder die Leiter rauf- und runterzusteigen.

Einige verlangen zusätzliche Desensibilisierungen für andere Höhenphobien. Und andere meinen, diese einmalige Desensibilisierung reiche aus. Am Wochenende fahren einige Teilnehmer nach Big Sur zum Klettern in den Felsen, andere üben in offenen Fahrstühlen in San Francisco, und eine Woche später am folgenden Mittwoch fährt eine große Gruppe, zu der auch Evi, Knut, Gudrun und Albrecht gehören, im Freizeitpark am Strand von Santa Cruz mit dem Riesenrad und der Achterbahn.

Als nächstes gehen wir zum Schwimmbecken, das für die Arbeit mit phobischen Klienten auf etwa 30 Grad Celsius aufgeheizt ist, weil sie sich im warmen Wasser leichter entspannen. Bob nimmt die Teilnehmer mit zum Beckenrand, auf der Seite, wo das Wasser flach ist, und fordert sie auf, sich auf die Stufen zu setzen und die Füße ins Wasser zu halten. Die anderen, die auch hier Beifall spenden sollen, sitzen dort, wo das Wasser tief ist.

Bob fordert jeden auf, seine Angst genau zu beschreiben. »Hast du Angst davor, daß dir Wasser in die Nase läuft?« »In den Mund?« »In den Hals?« »In die Lunge?« Nachdem er sich ihre Ängste angehört hat, lädt er sie ein, mit ihm ins flache Wasser zu kommen. Alle bis auf Joachim kommen mit. Nacheinander tauchen sie das Gesicht ins Wasser und prusten und blubbern. Bob macht's ihnen vor und trompetet laut wie ein Wal. Sie lachen und machen's ihm nach. Sie schlagen eine akustische Schlacht und versuchen sich gegenseitig und auch Bob zu übertönen. Das macht Spaß, ist lustig und aufregend, und schon reduziert jedes Kind-Ich seine Angst. Nachdem sie sich so eine Weile gegenseitig angeprustet haben, geht Bob zu Joachim.

Bob: Wie lange willst du deinen Kopf untertauchen?
Joachim: Überhaupt nicht.
Bob: Sag das dem Wasser.
Joachim: »Wasser, ich tauch meinen Kopf nicht unter.«
Bob: Sag dem Wasser, daß du Angst hast, es ertränkt dich.
Joachim: »Wasser, du könntest mich ertränken.«
Bob: Sag dem Wasser, wie.
Joachim: »Du kannst in meine Lunge kommen und mich ertränken.«
Bob: Sag dem Wasser, daß du nicht weißt, wie du dich dagegen wehren sollst und wie du es draußen halten kannst.
Joachim *(lacht):* So ein Quatsch.
Bob: Ja, sag das dem Wasser.
Joachim: »Wasser, ich kann dich aus meiner Lunge draußen halten.«
Bob: Sag dem Wasser, daß du nicht zuläßt, daß es dich ertränkt.

Joachim: Wasser, ich lasse mich von dir nicht ertränken.
Bob: Jetzt sag's deinem Vater und deiner Mutter.
Joachim: Nein, es ist mein Bruder. Er hat mich reingeworfen.
Bob: Gut, sag's deinem Bruder.
Joachim: »Peter, ich lass' nicht zu, daß du mich ertränkst. Damals warst du größer als ich, aber jetzt nicht mehr. ICH LASS' NICHT ZU, DASS DU MICH ERTRÄNKST!«
Bob: Gut. Und jetzt tauch deinen Kopf unter.

Joachim taucht den Kopf ins Wasser, anfangs bloß ein paar Sekunden lang. Nach einer Weile ist er bereit, beim Prust- und Brüll-Wettstreit mitzuspielen. Die Zuschauer jubeln.

Manchmal desensibilisiert Bob mit der Stoppuhr und läßt immer eine oder zwei Sekunden länger untertauchen. Manchmal arbeitet er zuerst mit der Phantasie und fordert den Klienten auf, sich vorzustellen, wie er den Kopf immer länger untertaucht, und mißt die Zeiten mit der Stoppuhr. Diesmal war das nicht notwendig. Als Joachim nämlich mit dem Wasser sprach, spürte er langsam, woher seine Angst ursprünglich herrührte. Eine der Klientinnen erinnerte sich an ein Kindheitserlebnis, wo sie ihr Vater nicht, wie versprochen, unten an einer Rutsche aufgefangen hatte. Sie lebt die Szene mit dem Vater noch einmal durch, erkennt, daß sie ihn jetzt nicht mehr zum Auffangen braucht, und entscheidet sich neu. Auf diese Weise kombiniert Bob die Erarbeitung von Neuentscheidungen mit Desensibilisierung.

Bob fragt, ob irgend jemand noch immer Angst vor Wasser hat. Eine Teilnehmerin hat Angst, daß sie Wasser in die Luftröhre kriegt und dann einen Hustenanfall bekommt. Bob sagt ihr, sie soll einen Mund voll Wasser nehmen, den Kopf zurückbeugen und gurgeln. Unter Wasser macht sie den Mund auf und merkt, daß sie ohne zu husten Wasser reinlassen kann und es auch wieder ausspucken kann. Ein Mann hat Angst, daß er Wasser in die Nase kriegt. Bob fordert ihn auf, absichtlich Wasser in die Nase hochzuziehen. Das ist recht schwierig, und die, denen es gelingt, beklagen sich manchmal, daß es beißt. Bob fragt ihn, ob er seine Wasserangst aufgeben und schwimmen will oder ob er sich durch ein bißchen Beißen abhalten lassen will. Bob nimmt Wasser in die hohle Hand, zieht es in die Nase hoch und schneuzt es wieder aus.

Jetzt tauchen alle Teilnehmer glücklich den Kopf unter, prusten und blubbern und bespucken sich gegenseitig mit Wasserfontänen. Sie sind bereit, ins tiefere Wasser zu gehen. Bob fordert sie auf, sich auf den Beckenrand zu setzen und ihn beim Sich-treiben-Lassen zu beobachten. Er macht vor, wie leicht er auf dem Wasser treibt, auf dem Rücken liegend, die Arme über den Kopf ausgestreckt, entspannt, es dem Wasser überlassend, seinen Körper, seine Beine, seine Arme und seinen Kopf zu tragen. Er macht vor, wie seine Füße absinken, wenn er die Hände nicht mehr ausgestreckt, sondern an den Seiten hält. Nur sein Kopf schaut noch aus dem Wasser, und trotzdem trägt es ihn. (Die meisten Menschen können sich auf dem Wasser treiben lassen, bis auf sehr dünne Kinder und sehr magere Männer und Frauen. Bob ist nur drei Menschen begegnet, die das Sich-treiben-Lassen nicht lernen konnten. Ihnen empfahl er, zur Sicherheit einen Schwimmgürtel zu tragen.)

Jetzt macht Bob vor, wie er sinkt, wenn er die Luft aus der Lunge bläst. Er betont, daß die Klienten auch beim Sich-treiben-Lassen die Kontrolle über ihre Atmung haben und daß sie *nicht* untergehen, sofern sie tief einatmen und dann nur so viel Luft ausatmen, daß sie noch treiben, und dann wieder einatmen. Er führt das vor, indem er gerade so viel Luft ausatmet, daß er noch treibt, nicht jedoch so viel, daß sein Kopf untergeht. Dann fragt er, wer freiwillig als erster lernen will, sich auf dem Wasser treiben zu lassen.

Joachim meldet sich als erster.

Bob: Gut. Ich fordere dich gleich auf, dich so, wie ich es gemacht habe, ins Wasser zu legen, und ich halte dich mit meinen Händen, so daß du nicht untergehen kannst. Ich garantiere dir ohne Einschränkung, daß ich dich auf keinen Fall austricksen werde. Bei allem, was ich mache, frage ich dich vorher um Erlaubnis, wenn du langsam merkst, daß du dich treiben lassen kannst. Du hast keine Überraschungen zu befürchten. Sobald du dich treiben läßt, werde ich dich langsam immer weniger unterstützen. Glaubst du mir?

Joachim: Ja. Ich weiß, daß du mich nicht austrickst.

Bob: Gut. Leg dich auf meine Hände. Streck die Hände ganz über den Kopf, so wie ich es gerade gemacht habe. *(Joachim macht das. Aber wie die meisten ängstlichen Klienten hält er seine Hände über dem Wasser, als wolle er sich an der Luft festhalten. Sein Körper ist ganz steif.)*

Bob: Entspann die Hände im Wasser. Du brauchst die ganze Körperoberfläche zum Treibenlassen. Und wenn du die Hände oder Arme raushältst, hast du weniger Fläche, auf der dich das Wasser tragen kann. Das Wasser hält dich oben, wenn du es nur läßt. Laß die Hände treiben. *(Bob schreit, damit ihn Joachim, dessen Ohren unter Wasser sind, hören kann.)*

Bob: Deine Hände sind immer noch über Wasser. Tu sie wieder ins Wasser. Entspann die Ellbogen und die Unterarme, und laß die Hände einfach im Wasser. *(Joachim macht das.)* So ist es besser. Jetzt atme tiefer ein und aus, und schau mal, ob du über meinen Händen treiben kannst. Da, du bist fast schon weg von meinen Händen. Beifall, ihr Typen! *(Die Gruppe klatscht Beifall.)*

Bob: Ich werde dich jetzt nur mit einer Hand halten, damit ich die andere frei habe, ja? *(Joachim stimmt zu.)* Entspann die Hände wieder. Du hältst sie in die Luft. *(Bob nimmt erst die rechte und dann die linke Hand Joachims und schüttelt sie am Handgelenk, während er Joachim mit seiner anderen Hand in der Schwebe hält. Joachim entspannt die Arme.)* So ist es besser. Atme tief durch, und schau mal, ob du dich von meiner Hand lösen kannst. Das ist es, du warst eine Sekunde lang weg. *(Mit viel Beifall in der Stimme.)* Merkst du, wie leicht du bist, wenn du von meiner Hand wegschwebst? *(Joachim grinst.)* Bist du jetzt soweit, daß ich dich nur mit vier Fingern halte? *(Joachim nickt.)* Gut, vier Finger. Lös dich los. Entspann deine Arme, du hältst deine Hände wieder aus dem Wasser. Tu sie zurück. Laß die Beine locker, du hältst sie steif. *(Bob schüttelt mit seiner linken Hand Joachims Beine.)* Nicht mit den Beinen ins Wasser stoßen, sonst gibt das Wasser nach. Laß das Wasser dich halten. Das Wasser hält dich, wenn du es läßt. *(Er merkt, daß Joachim jetzt zwar die Beine entspannt hat, dafür aber den Nacken steif hält. Deshalb hält er Joachim jetzt mit der anderen Hand.)* Laß deinen Kopf im Wasser liegen. Wenn ich ihn abschneiden und wegwerfen würde, er würde treiben. *(Bob bewegt Joachims Kopf mit der Hand rauf und runter. Die Gruppe lacht, und Joachim lacht auch.)* So ist es besser. Laß ihn einfach da liegen.

Dein Hirn ist viel leichter als das Wasser. Dein Kopf ist hohl. Laß ihn einfach da liegen. *(Joachim macht das.)* Gut, jetzt werde ich dich nur mit drei Fingern halten, und schau mal, ob du dich von meinen Fingern lösen kannst. Sehr schön, du bist eine Sekunde geschwebt. *(Die Gruppe applaudiert wieder.)* Jetzt, wo du schon fast treibst, hol tiefer Luft. Atme tief durch. Atme von hier aus. *(Er legt die Hand auf Joachims Bauch.)* Zieh die Luft bis hier unten ein. Mach die Augen auf. Wenn du sie zumachst, siehst du nicht, wohin du treibst. Entspann deinen Kopf, und hol tief Luft. Lös dich von meinen Fingern. Das ist es, du warst wieder los. Hast du es gespürt? *(Joachim nickt.)* Gut. Noch mal. Mensch, das ist toll. *(Die Gruppe applaudiert wieder.)* Gut, jetzt zwei Finger. Bist du bereit? Joachim, du machst das großartig. Du kannst dich fast schon treiben lassen. Jetzt zwei Finger? *(Joachim nickt.)* Ich kann dich nicht hören. Antworte mir. *(Joachim sagt, er sei bereit.)* Gut. Zwei Finger. Lös dich, Joachim. Hol tief Luft, und zisch los. *(Joachim macht das und schwebt völlig frei im Wasser.)* Toll, das ist prima. Du bist toll. Mach's noch mal. *(Die Gruppe jubelt und applaudiert.)* Gut. Jetzt bloß noch ein Finger. Obwohl du den gar nicht brauchst. Merk, wie du dich löst. Spürst du, wie dein Körper hochtreibt, wenn du Luft holst? *(Joachim nickt.)* Gut. Jetzt lös dich von dem einen Finger, und dann werde ich ihn wegziehen, und du atmest ganz einfach und läßt dich treiben, atmest und läßt dich treiben. Bist du soweit? *(Joachim grinst wieder.)* Da, du hast es, du läßt dich treiben. *(Bob hebt beide Hände hoch über Joachims Gesicht, und die Gruppe jubelt und pfeift und applaudiert mit großem Lärm.)* Mensch, prima, prima. Du läßt dich treiben, du schwebst. Bleib einfach so liegen und laß dich ganz allein treiben. Eine Minute. Dann ruhen wir uns aus.

Mit einem breiten Lächeln liegt Joachim auf dem Wasser und läßt sich treiben. Dann zeigt ihm Bob, wie er die Beine runternehmen kann, um auf den Boden zu kommen und zu stehen.

Bob: Wie fühlst du dich Joachim?
Joachim: Toll. Ich fühle mich ganz toll. Ich bin toll.

Bob wiederholt diese Übung mit allen. Joachim war nicht schwierig, aber da er den Anfang machte, hatte er etwas mehr Angst als die anderen. Die anderen wissen das auch, und es geht ganz leicht, daß sie sich treiben lassen. Alle sechs lernen, sich treiben zu lassen, und die anderen stehen dabei, beobachten jede Bewegung, jeden siegreichen Zug und spenden Beifall.

Bob: Gut. Jetzt, wo ihr euch alle prima treiben laßt, möchte ich, daß ihr euch auf den Rücken legt und euch treiben laßt und dann die Hände nehmt und mit den Händen kleine Bewegungen macht, etwa so. *(Er macht vor, wie er auf dem Rücken liegend seinen Körper mit kleinen Handbewegungen fortbewegt. Die Arme hat er über dem Kopf ausgestreckt und treibt auf dem Wasser. Alle machen es nach, die einen schneller, die anderen langsamer, aber nach zwei bis drei Minuten schwimmen alle auf dem Rücken. Und Bob sagt mit großer Begeisterung:)* Ihr schwimmt. Ihr schwimmt. *(Die Gruppe jubelt.)* Übt mal ein bißchen, ich ruh mich derweil aus. *(Sie üben, und Bob schaut zu und feuert sie an.)*

Bob: Nun ist es Zeit für eine weitere Übung. Und dann hören wir für heute auf. Wer macht freiwillig den Anfang? *(Joachim stellt sich wieder zur Verfügung.)* Gut, Joachim, ich möchte, daß du zur Wand rübergehst und folgendes machst: *(Bob macht es vor. Er liegt mit dem Gesicht zum Wasser, stößt sich von der Beckenwand ab und treibt mit dem Gesicht nach unten in die Mitte des flachen Wassers. Dort dreht er sich um, so daß er jetzt auf dem Rücken liegend treibt, und holt Luft.)* Gut, ich möchte, daß das jeder von euch macht. Hier in Mount Madonna nennen wir es NICHT »Toter Mann«. Nicht in Mount Madonna. *(Alle lachen. Bob weiß, daß man überall, wo Schwimmen gelehrt und gelernt wird, das sich Auf-dem-Rücken-treiben-Lassen als »Toter Mann« bezeichnet, was einen Anfänger oder einen Phobiker nicht gerade zu Begeisterung inspiriert. Bob will diese Angst, die die meisten Nichtschwimmer haben, in Worte fassen, damit sie damit offen umgehen können. Das Lachen macht's. Dann übt jeder mit dem ihm eigenen Tempo, manche besser als andere, manche mit großen Schwierigkeiten.)*

Bob: Gut, ich möchte jetzt aufhören. Einige von euch haben es sehr gut gemacht, und alle haben was geschafft. Es ist nicht schwer, braucht aber Übung wie alles andere auch. Es kann sein, daß ihr euch Vorwürfe machen wollt, wenn ihr es nicht perfekt macht. Tut das nicht! Macht euch klar, daß ihr alle noch vor weniger als einer Stunde Angst hattet, überhaupt ins Wasser zu gehen. Und jetzt seid ihr alle geschwommen und habt euch treiben lassen. Ihr seid großartig, und ihr werdet alle ein paar Züge schwimmen lernen, bevor der Monat vorbei ist. Übt heute abend miteinander, wenn wir fertig sind. Übt erst, euch treiben zu lassen, und dann übt das Wenden. Denkt daran, daß ihr die Arme schon vorne habt. Laßt also den einen Arm vorn, und den anderen nehmt ihr zum Wenden. Ihr habt dann schon einen Arm vorn, und das hilft euch, oben zu bleiben. Macht das so. *(Er macht noch eine Wende, ganz langsam, und zeigt, wie die Wende geht, wobei ein Arm die ganze Zeit ausgestreckt bleibt.)* Gut. Laßt uns aufhören und später üben. *(Bob schwimmt jetzt vier oder fünf schnelle Züge im Schmetterlingstil, in Bauch- und Rückenlage, und die Gruppe klatscht jetzt ihm Beifall. Er steigt aus dem Wasser und sagt grinsend:)* Ganz schön gut für einen jungen Mann von sechzig Jahren, was?

Am nächsten und den folgenden Tagen arbeitet Bob weiter mit den Klienten im Wasser. Sie lernen, sich aus der Bauchlage in die Rückenlage zu drehen, und haben damit die Möglichkeit, sich auf dem Rücken treibend auszuruhen, sobald sie im tiefen Wasser schwimmen und müde werden. Das ist eine Überlebenstechnik, die alle Schwimmer brauchen.

Haben Leute erst einmal gelernt, sich zu entspannen und sich treiben zu lassen, so daß sie bis in die letzte Muskelfaser begriffen haben, daß es möglich ist, sich treiben zu lassen, dann geben sie auch ihre Angst auf und sind bereit, Schwimmzüge zu lernen. Bob bringt Rückenschwimmen bei, Brustschwimmen und manchmal Schwimmen auf der Seite. Ihm liegt nicht daran, sie zu Meistern im Schmetterling oder Kraulen zu machen. Bevor sie die anderen Züge nicht so gut beherrschen, daß sie im Wasser ganz sicher sind, würde er ihnen Kraulen gar nicht erst beibringen. Bei allen anderen Schwimmstilen können sie mit dem Kopf über Wasser schwimmen, leicht atmen und Selbstvertrauen gewinnen. Wenn sie sich sicher fühlen, schwimmen sie ins Tiefe, immer nur ein Stück weit auf einmal und dem Beckenrand entlang, und dann wieder zurück ins Flache. Dann üben sie die Wende von der Bauch- in die Rükkenlage und lassen sich im tiefen Wasser treiben. Am Schluß sind sie selbstsichere und sichere Schwimmer.

So zu arbeiten ist aufregend und macht Spaß. Bedingungen zu schaffen, unter denen sich Menschen selber heilen, ist aufregend und macht Spaß. Gönnt euch den Genuß!

12 Nach der Neuentscheidung

Die Neuentscheidung markiert eher einen Anfang als ein Ende. Nach der Neuentscheidung fängt der Klient an, in neuen Bahnen zu denken, zu fühlen und zu handeln. Unter Umständen entscheidet er sich, die Behandlung zu beenden. Wir loben diese Entscheidung. Nach unserem theoretischen Konzept von Behandlung sollte Therapie so konzentriert und so schnell wie möglich sein. Und der Abschluß ist ein Triumph wie eine Examensfeier. Wo immer es möglich ist, sehen wir es lieber, wenn Klienten ihre Neuentscheidungen ohne weitere Behandlung in die Tat umsetzen und einüben und die Behandlung nur dann wiederaufnehmen, wenn sie auf Schwierigkeiten stoßen. Wir sagen den Klienten auch, daß sie nicht erst nach Schwierigkeiten suchen müssen, damit sie mit uns in Verbindung treten können. Wir freuen uns über Anrufe und Briefe, in denen sie von ihren Triumphen berichten, und wir machen ihnen Mut, uns zu besuchen.

Da wir Kurztherapien bevorzugen, sind wir mit den verschiedenen Programmen, die wir für Wochenend-, einwöchige, zweiwöchige und vierwöchige Workshops entwickelt haben, sehr zufrieden. Am Ende eines Workshops ist die Arbeit getan. Wir sehen wohl, daß dies für manche Klienten nicht die Behandlung der Wahl sein kann; und, daß die meisten Therapeuten hauptsächlich kontinuierliche Behandlungen durchführen. Wie die Rahmenbedingungen auch sein mögen, wir glauben, man sollte dem Klienten Mut machen, die Behandlung zu beenden, wenn er sich so verändert hat, wie er es vorhatte; und daß er gerne wiederkommen kann, wenn er auf Schwierigkeiten stößt, mit denen er alleine nicht zurechtkommt. Dadurch werden Abhängigkeit und Übertragungsprobleme auf ein Minimum beschränkt.

Sobald ein Klient soweit ist, daß er abschließen möchte, fordern wir ihn auf, die Augen zu schließen und so zu tun, als sei er bei sich zu Hause. *»Konzentrier dich auf dich selber. Ruf dir die Neuentscheidungen, die du getroffen hast, vor Augen – wie setzt du sie in die Tat um? Inwiefern bist du jetzt anders? Hole deine Familie in die Szene, wenn du magst – oder sei allein. Egal wie du es machst, achte darauf, wie du jetzt anders fühlst – denkst – handelst.«*

Wir fordern ihn dann auf, sich vorzustellen, wie er mit der ganzen Familie beim Essen sitzt: *»Siehst du die anderen aus deiner Familie? Wie geht ihr miteinander um? Merken sie, wie du dich verändert hast? Stellst du dir vor, daß sie sich darüber freuen oder daß sie enttäuscht sind? Wenn du dir jetzt vorstellst, daß sie andere Veränderungen an dir beobachten als die, die sie – geht es nach deinen Wünschen – sehen sollten, wie wirst du ihnen die Veränderungen deutlich machen, die sie merken sollen? Erzähl ihnen nichts über deine Veränderungen, zeig sie ihnen!«*

Wenn der Betreffende berichtet hat, fordern wir ihn weiter auf: *»Geh noch einmal in die Szene bei dir zu Hause. Sieh nach, ob du dich auf irgendeine Weise von dir selber oder anderen abbringen läßt, die Fortschritte, die du in der Therapie erreicht hast, wieder aufzugeben.«*

Nun fordern wir den Klienten auf, sich vorzustellen, er sei an seinem Arbeitsplatz, und wir stellen ihm dazu die entsprechenden Fragen.

Stößt der Klient in seinen Phantasien auf Schwierigkeiten, so nehmen wir den Vertrag wieder auf und arbeiten mit ihm, damit er die Schwierigkeiten löst. Wenn der Klient nicht erkennt, daß die anderen auch enttäuscht sein können, sagen wir ihm unsere Ansicht dazu. Eine Frau zum Beispiel, die bisher nicht ohne den Rat ihrer Mutter ausgekommen war, steht jetzt ganz auf eigenen Beinen; die Mutter könnte darüber unglücklich sein. Unterläßt es ein Klient, über die Lösung eines seiner Probleme, das uns bekannt ist, zu sprechen, dann machen wir ihn darauf aufmerksam.

Bob: Mir gefällt deine Phantasie, wie du jetzt leben willst. Was ist mit deinem Sohn? Du hast ihn nicht erwähnt. Wie wirst du reagieren, wenn er betrunken nach Hause kommt und von dir Geld borgen will?

Ortwin: Ich habe so viele Probleme bearbeitet und so viel getan, daß ich ganz vergessen habe, euch etwas zu Eduard zu sagen. Es geht ihm, wie ihr ja wißt, zur Zeit gut. Wenn er wieder trinkt und nach Hause kommt . . . das ist sein Problem. Er weiß . . . ich hab mit ihm darüber gesprochen . . . daß er willkommen ist, wenn er nüchtern ist. Und ich hab's endgültig aufgegeben, ihn immer wieder ohne Effekt bei seinem Alkoholproblem zu beraten. Wenn er nicht trinkt, kann er um Geld bitten, und vielleicht gebe ich ihm welches. Das Wichtige daran ist, daß ich nicht an dem schuld bin, was er aus seinem Leben macht. Und ich bin nicht verantwortlich dafür.

Bob: Gut!

Erika, die ihre Neuentscheidung getroffen hatte, während sie sich ausmalte, im Süßwarenladen ihrer Eltern zu sein, glaubte, daß ihre Eltern ihre Veränderung nicht gut aufnehmen würden.

Mary: Erika, du hast mich sehr beeindruckt. Als du kamst, hast du so viel über dein Leben geklagt. Und du warst wie ein richtiger stacheliger Kaktus. Jetzt bist du glücklich und zum Liebhaben. Wie willst du's machen, daß du so bleibst?

Erika: Ich hab auch darüber nachgedacht und hab schon Ideen.

Mary: Toll! Stell dir vor, du bist zu Hause und gibst deine Ideen bekannt. Sag, was jetzt anders ist an dem, was du machst und fühlst.

Erika: Gut. Ich bin dort. *(Pause.)* Ich bin in Ordnung. Es liegt an meinen Eltern. Nein. Ich bin in Ordnung, auch wenn meine Eltern zu Besuch kommen. Sie wissen nicht, daß sie in unserem Laden hätten glücklich sein können. Wenn mein Vater wieder damit anfängt, sich über alles zu beschweren, über mich, werde ich im stillen, im STILLEN, zurücksticheln, wenn er stichelt. *(Kichert.)* Ist er sarkastisch, tue ich so, als lutsche ich an einem Himbeer-Lolli. Lollis, das ist etwas, das ich zu Hause mochte.

Manchmal sagt Bob Klienten sein »todsicheres« Rezept, wie man das Verhalten von Eltern oder Freunden ändern kann:

Bob: Gut. Ich sehe, daß dir ihre Klagen zum Hals raushängen. Ich werde dir sagen, was du tun mußt, wenn du versprichst, nicht »Ja, aber« dazu zu sagen.

Lotte *(lacht):* Gut.

Bob: Wenn deine Mutter wieder mit ihren Klagen anfängt, frag sie als erstes: »Mutti, was hast du heute Schönes erlebt?« Wenn sie weiter klagt, frag sie: »Und wie geht es dir sonst?« Wenn das nichts hilft, sag »Auf Wiedersehen!« und geh. Wenn sie langsam lernt, dir zu berichten, was sie Schönes erlebt hat, dann verstärke sie mit allen dir zur Verfügung stehenden Mitteln.

Wir warnen Klienten auch davor, nach ihrer Rückkehr zu Hause als unbezahlte und ungerufene Familientherapeuten aufzutreten:

Mary: In ein paar Stunden fahrt ihr alle ab. Ich möchte euch einen Rat geben: Therapiert nicht eure Familie oder eure Freunde. Denkt daran, daß sie zu Hause geblieben sind, den immer gleichen alten Mist gemacht haben, während ihr hier wart, die Zeit ausgekostet und euch sehr verändert habt. Sie sind sicher nicht begeistert, wenn ihr ihnen erklärt, daß es nicht heißt »Ich kann nicht«, sondern »Ich will nicht«, oder daß ihnen niemand Gefühle »machen« kann. Sie werden sich noch lange nicht ändern, nur weil ihr ihnen in wenigen Strichen das Diagramm des Spiels erklärt, das sie spielen. Im Gegenteil, ihr seid es, die ein Spiel spielt, wenn ihr eure Familie psychisch auseinandernehmt, ein Spiel, das ich »Feindanalyse« nenne, Analyse mit Feindseligkeit als untergründigem Motiv. »Nicht etwa, daß ich auf dich wütend wäre, Liebling, aber laß mich dir wenigstens erklären, wie krank du bist!« Und ihr Therapeuten neigt sowieso dazu, die übelsten Missetäter zu sein. Gott im Himmel, es ist schon schlimm genug, ein Kind zu sein, wie erst, wenn man der Sohn oder die Tochter eines Irrenarztes ist! Also hört auf damit, eure Familie irrezumachen, und habt sie statt dessen lieb.

Bob: Ja. Dem stimme ich zu. Haut nicht wieder alles auf den Kopf, was ihr gewonnen habt.

Bei manchen Problemen reicht es aus, sich neu zu entscheiden. Das gilt besonders für Phobien. Wenn eine Person ihre Angst aufgibt und sich selbst erfolgreich einer realen Situation aussetzt, wird sie auch in Zukunft keine Angst haben. In den zehn Jahren, in denen wir Phobiker heilen, hat noch keiner davon berichtet, wieder die gleiche Phobie erlebt zu haben. Wenn sie einmal eine Phobie aufgegeben haben, gehen viele ganz von sich aus weiter und hören auch in anderen Situationen auf, Angst zu haben.

Bei bestimmten Problemen jedoch wird der Klient nach der Neuentscheidung weiter Übung brauchen. Keine Angst mehr vor Wasser zu haben ist schließlich erst dann bedeutsam für die betreffende Person, wenn sie lernt, so gut zu schwimmen, daß es ihr auch Spaß macht, im Wasser zu sein. Margot, der die Geburtstagsfeier Spaß gemacht hatte und die ihre »Schüchternheit« aufgegeben hatte, sagte, sie müsse noch viel lernen, damit sie im Umgang mit anderen Menschen selbstsicherer auftreten könne. Wir überwiesen sie an eine Frauengruppe zum Selbstbehauptungstraining. Eine andere Klientin mit einem ähnlichen Problem wollte mehr soziale Kompetenz erwerben. Wir überwiesen sie nach ihrer Neuentscheidung zu Stephan Karpman[1], der mit Therapiegruppen arbeitet, die über lange Zeit zusammenbleiben. In diesen Gruppen kann ein Klient das lernen, was Karpman beschreibt als Transaktionsanalyse zur »Kontrolle des eigenen Sozialverhaltens, zur Entwicklung eines Gespürs für Entscheidungen in sozialen Situationen und zu sozialer Offenheit«. In seinen Gruppen üben die Klienten, ihre Ich-Haltungen bewußt einzusetzen, um erfolgreich mit anderen zurechtzukommen. Soweit erforderlich, arbeitet er in der Therapie auch mit Neuentscheidungen.

Edith, die sich die »Antiblock-Strahlenkanone« nahm, ist eine Mutter, die von Sozialhilfe lebt. Und sie entschließt sich, Ärztin zu werden. Der Weg dahin wird weit sein und ihr so viel bringen, wie sie daraus macht. Sie wünscht sich Unterstützung durch eine langfristige Gruppe, von der sie in ihrer Neuentscheidung bestärkt wird, klar zu denken, klar zu planen und auf dem von ihr gewählten Berufsweg ans Ziel zu gelangen. Sie wird mehrere Gruppen ausprobieren, bis sie eine findet, deren Teilnehmer wie sie an ihre eigenen Fähigkeiten glauben und nicht Traurigkeit und Konfusion verstärken. Voll Erwartung geht sie auf diese Suche nach einer gesunden, unter der Leitung eines gesunden Therapeuten stehenden Gruppe, in einer Klinik, die ihr kostenlos Behandlung gewährt, solange sie ihre Ausbildung fortsetzt.

Manche Klienten, die sich neu fürs Leben entscheiden, brauchen nach der Neuentscheidung weitere Behandlung, andere nicht. Meistens brauchen sie noch weitere Behandlung, um zusätzliche Neuentscheidungen zu treffen – sich näher einzulassen, erfolgreich zu sein, Spaß an der Freude zu haben. Klienten, die Schwierigkeiten gehabt hatten, anderen zu trauen, und Klienten, die noch nie eine emotional nahe Beziehung erlebten, profitieren nach ihrer Neuentscheidung, zu vertrauen, mit Sicherheit von weiterer Behandlung. Der Therapeut muß jedoch darauf achten, ob sie nicht in der Behandlung nur verbleiben, um Nähe mit Gruppenmitgliedern zu erleben, sich also nicht außerhalb der Gruppe um enge Beziehungen bemühen zu müssen.

Impulsive Klienten brauchen Übung, um ihre destruktiven Verhaltensweisen zu ändern und angemessene Alternativen für die Anerkennung, die sie bisher bekommen haben, zu finden. Chronisch psychotische Klienten entscheiden sich oft dafür, sehr lange in einer Gruppe zu bleiben, und erproben dabei neue, nichtpsychotische Verhaltensweisen.

Wir sagen allen Klienten, hin und wieder würden sie ihre alten Spiele spielen und alte, stereotype Gefühle erleben. Sie können sich Selbstvorwürfe machen, weil sie nicht perfekt sind; oder sie können sich dazu beglückwünschen, daß sie die Spiele durchschauen und auf das, was sie vom Spiel haben, schneller verzichten als früher.

Manche Klienten erleben es als schwierig, die Neuentscheidung aufrechtzuerhalten. Ein Klient, dessen Ehepartner oder Freunde ewige Verlierer sind, bekommt wahrscheinlich nur negative Verstärkung, wenn er plötzlich Erfolg hat. Edith kann es passieren, daß ihr sogar das Sozialamt Steine in den Weg legt, falls die für sie zuständige Sozialarbeiterin sie um ihr Ziel, Ärztin zu werden, insgeheim beneidet. Eine Klientin, die sich neu entscheidet, zu vertrauen und sich auf Männer näher einzulassen, findet vielleicht keinen Mann, der sie heiraten will, besonders wenn sie zur Zeit ihrer Neuentscheidung schon über fünfzig ist. Sie muß sich dann möglicherweise damit auseinandersetzen, daß Nähe und Intimität auch außerhalb einer Ehe möglich sind.

Jeder von uns sieht sich immer wieder einmal scheinbar unerträglichen Krisen gegenüber. Wir glauben, daß Klienten, die einmal die Faszination und das Wunder erlebten, ihr Leben selber geändert zu haben, motiviert sind, sich konstruktiv mit Belastungen auseinanderzusetzen und, wenn sie es für richtig halten, wieder in Behandlung zu gehen.

Noch einmal: NEUENTSCHEIDUNG ist ein Anfang. Mit Magie hat sie nichts zu tun. Wer sich neu entscheidet, entdeckt seine Fähigkeit, autonom zu sein, und erlebt sein neues, freies Selbst voll Begeisterung, Erregung und Energie. Er geht in seine Welt hinaus, um die Veränderungen, die er vollzogen hat, zu erproben, und das ist ein Prozeß, der immer weitergeht. Er betrachtet die Welt durch eine andere Brille, mit anderen Augen, nicht getrübt durch seine ursprünglichen Entscheidungen. Er sieht klar und scharf, als hätte der Regen den Nebel weggewaschen.

Anmerkungen

Kapitel 1. Neuentscheidungstherapie – Einführung

[1] Lieberman, Morton A., Irving D. Yalom and Matthews B. Miles: Encounter Groups: First Facts. New York (Basic Books) 1973.

[2] Goulding, Mary McClure: Phobias. *Transactional Analysis Journal*, mit Robert Goulding. San Francisco (TA Press) 1978.

Kapitel 2. Überblick über die Transaktionsanalyse

[1] Berne, Eric: What Do You Say After You Say Hello? New York (Grove Press) 1970, S. 116. Deutsch: Was sagen Sie, nachdem Sie »Guten Tag« gesagt haben? München (Kindler) 1978.

[2] Dusay, John: Egograms. New York (Harper & Row) 1977.

[3] Stuntz, E. C.: Multiple Chair Technique. *Transactional Analysis Journal*, 3, 2, S. 29–32, 1973.

[4] Berne, Eric: Principles of Group Treatment. New York (Oxford University Press) 1966, und private Mitteilungen in Vorlesungen und Seminaren.

[5] Berne, Eric: Transactional Analysis in Psychotherapy. New York (Grove Press) 1961.

[6] Berne, Eric: Games People Play. New York (Grove Press) 1964. Deutsch: Spiele der Erwachsenen. Reinbek (Rowohlt) 1972.

[7] Kaufman, Jack D. S. W., Madison, Wisconsin, persönliche Mitteilung an R. L. Goulding.

[8] Karpman, Stephan: Fairy Tales and Script Drama Analysis. *TA Bulletin*, 7, 26.

[9] Goulding, Robert u. Mary McClure Goulding: The Power is in the Patient. San Francisco (TA Press) 1978.

[10] Kahler, Taibi u. Hedges Capers: The Miniscript. *Transactional Analysis Journal*, 4, 1, S. 26–42, 1974.

[11] George McClendon, MFC, ist Familientherapeut in Aptos, Kalifornien, und Fakultätsmitglied des Western Institute of Group and Family Therapy (WIGFT) in Seaside, Ka.

[12] Holloway, William: The Clinical Transactional Analysis with Use of the Life Script Questionnaire. Ohio (Holloway Books), ohne Datum.

[13] McCormick, Paul: Guide for the Use of the Life Script Questionnaire. San Francisco (Transactional Publications, ITAA) 1971.

Kapitel 3. Sackgassen und Neuentscheidungen

[1] Goulding, Robert: Thinking and Feeling in Psychotherapy: Three Impasses. *Voices*, 10, 1, S. 11–13, 1974. Siehe Goulding, Robert u. Mary McClure Goulding: The Power is in the Patient. San Francisco (TA Press) 1978.

Kapitel 4. Verträge

[1] Drye, Robert C.: Stroking the Rebellious Child. *Transactional Analysis Journal*, 4, 3, S. 23–26, 1974. Bob Drye, M. D., Psychiater und Psychoanalytiker, ist

Mitglied des Western Institute of Group and Family Therapy (WIGFT) in Seaside, Kalifornien.

Kapitel 5. Beachten, verstärken und anerkennen

[1] Dusay, John M.: Egograms. New York (Harper and Row) 1977.

[2] Howard, John, M. D., ist Psychiater in privater Praxis in Little Rock, Ark.

Kapitel 6. Gefühle

[1] Cupchik, Will, Ph. D., ist Gestalttherapeut in Toronto, Canada.

[2] »My Melancholy Baby.« Abgedruckt mit Erlaubnis der Jerry Vogel Music Company.

[3] Shepherd, Irma Lee, Ph. D., u. Joen Fagan, Ph. D., sind die Herausgeber von Gestalt Therapy Now, New York (Harper Colophon Books) 1971, und gehören dem Psychology Department des Georgia State College in Atlanta an.

Kapitel 8. Neuentscheidungen

[1] John McNeel, Ph. D., u. Ellyn Bader, Ph. D., sind Mitglieder der WIGFT Fakultät in Palo Alto, Kalifornien.

[2] Eugene Kerfoot, Ph. D., ist Therapeut in privater Praxis in Seaside, Kalifornien, und Mitglied der WIGFT Fakultät.

[3] W. Graham Barnes, M. A., ist Gründer des Southeast Institute, Chapel Hill, N. C., und Herausgeber von Transactional Analysis After Eric Berne. New York (Harpers College Press) 1977.

[4] George Thomson, Ph. D., praktiziert in Palo Alto, Kalifornien, und ist Mitglied der WIGFT Fakultät.

[5] James E. Heenan, Ph. D., praktiziert in privater Praxis in Palo Alto und gehört zur WIGFT Fakultät.

[6] Satir, Virginia: Peoplemaking. Palo Alto (Science and Behavior Books) 1972.

[7] Ruth McClendon, M. S. W. u. Les Kadis, M. D., sind Familientherapeuten und Mitglieder der WIGFT Fakultät.

Kapitel 9. Die Heilung der Depression

[1] Goulding, Robert L.: New Directions in Transactional Analysis: Creating an Environment for Redecision and Change. In: Sager, C. S. u. H. S. Kaplan (Hrsg.): Progress in Group and Family Therapy. New York (Brunner/Mazel) 1972, S. 105–134.

[2] Friedman, M. u. R. H. Rosenman: Type A Behavior and Your Heart. New York (Knopf) 1974.

Kapitel 11. Zwänge

[1] English, Fanita: Episcript and the Hot Potato Game. *Transactional Analysis Bulletin*, 8, S. 77–82, 1969.

Kapitel 12. Nach der Neuentscheidung

[1] Stephan B. Karpman, M. D., ist Psychiater in privater Praxis in San Francisco, Kalifornien.

Bibliographie

Bücher von Eric Berne:

[1] The Layman's Guide to Psychiatry and Psychoanalysis. New York (Simon and Schuster) 1947, 1957, 1968. Deutsch: Sprechstunden für die Seele. Psychiatrie und Psychoanalyse verständlich gemacht. Reinbek (Rowohlt) 1972.

[2] Transactional Analysis in Psychotherapy. New York (Grove Press) 1961.

[3] Games People Play. New York (Grove Press) New York 1964. Deutsch: Spiele der Erwachsenen. Reinbek (Rowohlt) 1972.

[4] The Structure and Dynamics of Organizations and Groups. New York (Grove Press). 1966. Deutsch: Struktur und Dynamik von Organisationen und Gruppen. München (Kindler) 1979.

[5] Principles of Group Treatment. New York (Oxford University Press) 1966.

[6] Sex in Human Loving. New York (Simon and Schuster) 1970.

[7] What Do You Say After You Say Hallo? New York (Grove Press) 1972. Deutsch: Was sagen Sie, nachdem Sie »Guten Tag« gesagt haben? München (Kindler) 1978.

[8] Intuitions and Ego States: The Origins of Transactional Analysis. San Francisco (TA Press) 1977.

Weitere Literatur zur Transaktionsanalyse:

[9] Abell, Richard: Own Your Own Life. New York (McKay) 1976.

[10] Barnes, Graham (Hrsg.): Transactional Analysis After Eric Berne. New York (Harpers College Press) 1977.

[11] Blankeney, Roger N. (Hrsg.): Current Issues in Transactional Analysis. New York (Brunner/Mazel) 1977.

[12] Dusay, Jack: Egograms. New York (Harper and Row) 1977.

[13] Ernst, Ken: Games Students Play. Millbrae, Ca. (Celestial Arts Publications) 1972.

[14] Forman, Louis H. u. Ramsburg, Janelle Smith: Hello Sigmund, This is Eric! Mission, Kansas (Sheed Andrews and McMeel Inc., Subsidiary of Universal Press Syndicate) 1978.

[15] Goulding, Robert u. Goulding, Mary McClure: The Power is in the Patient. San Francisco (TA Press) 1978.

[16] Goulding, Robert: Four Models of Transactional Analysis. *International Journal of Group Psychotherapy*, XXVI, 3, S. 385–392, Juli 1976.

[17] Goulding, Robert: Decisions in Script Formation. *Transactional Analysis Journal*, 2, 2, S. 62–63, April 1972.

[18] Haimowitz, Morris u. Haimowitz, Natalie: Suffering is Optional. Evanston, Ill. (Haimowoods Press) 1976.

[19] Harris, Thomas: I'm OK, You're OK. New York (Harper and Row) 1967. Deutsch: Ich bin o. k. – Du bist o. k. Eine Einführung in die Transaktionsanalyse. Reinbek (Rowohlt) 1975.

[20] James, Muriel u. Jongeward, Dorothy: Born to Win. Reading, MA. (Addison Wesley) 1971.

[21] James, Muriel: The Power at the Bottom of the Well. New York (Collin Associates) 1974.
[22] James, Muriel: Marriage is for Loving. Reading, MA (Addison Wesley) 1979.
[23] McCormick, Paul: Ego States. San Francisco (TA Publications) 1977.
[24] McCormick, Paul: Guide for Use of a Life Script Questionnaire in Transactional Analysis. San Francisco (Transactional Publications) 1971.
[25] McCormick, Paul u. Campos, Leonard: Introduce Yourself to TA. San Francisco (TA Publications) 1968.
[26] McCormick, Paul u. Campos, Leonard: Introduce Your Marriage to TA. San Francisco (TA Publications) 1969.
[27] Woollams, Stan u. Brown, Michael: Transactional Analysis. Ann Arbor, MI (Huron Valley Institute Press) 1978.

Literatur zur Gestalt-Therapie:
[28] Fagan, Joen u. Shepherd, Irma: Gestalt Therapy Verbatim. Palo Alto, CA (Science and Behavior Books) 1970.
[29] Hatcher, Chris u. Himelstein, Philip: The Handbook of Gestalt Therapy. New York (Jason Aronson) 1976.
[30] Perls, Fritz: Gestalt Therapy Verbatim. Lafayette, CA (Real People Press) 1969. Deutsch: Gestalt-Therapie in Aktion. Stuttgart (Klett-Cotta) [3]1979.
[31] Perls, Fritz: Ego, Hunger, and Aggression. New York (Random House) 1969. Deutsch: Das Ich, der Hunger und die Aggression. Stuttgart (Klett-Cotta) 1978.
[32] Perls, Fritz: In and Out the Garbage Pail. Lafayette, CA (Real People Press) 1969.
[33] Perls, Fritz: The Gestalt Approach and Eyewitness to Therapy. Palo Alto, CA (Science and Behavior Books) 1973.
[34] Perls, Fritz, Hefferline, Ralph F. u. Goodman, Paul: Gestalt Therapy. New York (Julian Press) 1951. Deutsch (zwei Bände): Gestalt-Therapie. Lebensfreude und Persönlichkeitsentfaltung, Stuttgart (Klett-Cotta) [2]1981. – Gestalt-Therapie. Wiederbelebung des Selbst. Stuttgart (Klett-Cotta) [2]1981.
[35] Polster, Erving u. Polster, Miriam: Gestalt Therapy Integrated. New York (Brunner/Mazel) 1973.
[36] Smith, Edward W. L. (Hrsg.): The Growing Edge of Gestalt Therapy. New York (Brunner/Mazel) 1976.

Weitere Literatur:
[37] Bandler, Richard, Grinder, John u. Satir, Virginia: Changing with Families. Palo Alto, CA (Science and Behavior Books) 1976. Deutsch: Mit Familien reden. München (Pfeiffer) 1978.
[38] Jongeward, Dorothy, u. Scott, Dru: Women as Winners. Reading, MA (Addison Wesley) 1976.
[39] Keys, Margaret Frings: The Inward Journey. Millbrae, CA (Celestial Arts) 1974.

Fort- und Weiterbildungsmöglichkeiten in Transaktionsanalyse im deutschsprachigen Raum

Genauere Informationen über Fort- und Weiterbildungsmöglichkeiten für Psychotherapeuten und andere Berufe im sozialen Feld sind zu erhalten bei der Geschäftsstelle der Deutschen Gesellschaft für Transaktionsanalyse (DGTA), Stettiner Weg 4, 7808 Waldkirch, Tel. 0 76 81/61 79.

Ausbildungsberechtigt nach den Richtlinien der Internationalen Gesellschaft für Transaktionsanalyse (ITAA) sind in Deutschland:

Adler, Manfred, Arzt, Burgstraße 35, 6780 Pirmasens
Dehner, Ulrich, Dipl.-Psych., Schützenstraße 23, 7750 Konstanz
Glöckner, Angelika, Im Wiesengrund 3, 6900 Heidelberg-Schlierbach
Gooss, Birger, Arzt, Stettiner Weg 4, 7808 Waldkirch
Harsch, Helmut, Prof. Dr. theol., Limesstraße 6, 6365 Rosbach-1
Hüsgen-Adler, Martha, Dr. med., Burgstraße 35, 6780 Pirmasens
Jellouschek, Hans, Dr. theol., Obere Straße 41, 7403 Ammerbuch-Entringen
Jessen, Fred, Dipl.-Psych., Tägermoosstraße 11, 7750 Konstanz
Knuth, Ingrid, Dozentin, Witzlebenstraße 23 a, 1000 Berlin-19
Kohlhaas, Anne, Arzt, Stettiner Weg 4, 7808 Waldkirch
Kottwitz, Gisela, Dr., Dipl.-Psych., Kundrystraße 1, 1000 Berlin-41
Marwedel, Christa, Dipl.-Päd., Funkstellenweg 36, 2300 Kiel-17
Moore, Arlene, Steinachstraße 8 a, 6905 Schriesheim (englisch-sprachig)
Pösentrup, Johanna, Prof., Bernadottestraße 86, 1000 Berlin-33
Rogoll, Rüdiger, Dr. med., Oberer Garwiedenweg 12, 7778 Markdorf
Schmid, Bernd, Dr. phil., Hauptstraße 133, 6900 Heidelberg

(Stand: Januar 1981)

Folgende Einrichtungen bieten Fort- und Weiterbildungskurse in Transaktionsanalyse an:

Contact, Institut für interpersonale Beziehungen, Kooperation und Kommunikation, Saseler Kamp 97 C, 2000 Hamburg 65
Fortbildungsstelle im Psychotherapeutischen Zentrum, Christian-Belser-Str. 75 A, 7000 Stuttgart 70 (Sonnenberg)
Konstanzer Seminare, Schützenstr. 23, 7750 Konstanz
Lüdenscheider Seminare, D. Barth, Stabergerstr. 32, 5880 Lüdenscheid
Odenwald-Institut, Tromm 25, 6948 Kocherbach
Transaktionsanalytische Seminare Breisgau, Stettiner Weg 4, 7808 Waldkirch
Transaktionsanalytische Seminare München (G. Jursch), Luitpoldstraße 21, D-8033 Krailing b. München

Die *Deutsche Gesellschaft für Transaktionsanalyse* vertritt die Interessen deutschsprachiger Transaktionsanalytiker. Ihr 1. Vorsitzender ist Dr. med. Rüdiger Rogoll, Facharzt für Neurologie und Psychiatrie, Psychotherapie.

Personenregister

Sachregister

Register der Fallbeispiele